排球教练员岗位培训教材
（高级）

国家体育总局科教司
中国排球协会
审定

人民体育出版社

图书在版编目（CIP）数据

排球教练员岗位培训教材：高级 / 国家体育总局科教司，中国排球协会审定 . -- 北京：人民体育出版社，2018（2021.11 重印）

ISBN 978-7-5009-5493-4

Ⅰ . ①排… Ⅱ . ①国… ②中… Ⅲ . ①排球运动—教练员—岗位培训—教材 Ⅳ . ① G842.2

中国版本图书馆 CIP 数据核字 (2018) 第 279028 号

*

人 民 体 育 出 版 社 出 版 发 行

北京中献拓方科技发展有限公司印刷

新 华 书 店 经 销

*

787 × 1092　16 开本　24.25 印张　530 千字

2018 年 12 月第 1 版　2021 年 11 月第 2 次印刷

*

ISBN 978-7-5009-5493-4

定价：115.00 元

社址：北京市东城区体育馆路 8 号（天坛公园东门）

电话：67151482（发行部）　　邮编：100061

传真：67151483　　邮购：67118491

网址：www.sportspublish.cn

编审委员会

编写委员会

前　言

PREFACE

排球运动1895年诞生于美国，1905年传入中国。凭借中国人的聪明与智慧，较快掌握并提高了排球技术战术水平，在20世纪20~30年代期间，中国男排先后在10届远东运动会上，与菲律宾队分获5次冠军和5次亚军。但由于人种和体能等因素，亚洲强队的技术实力，同40年代崛起的苏联和东欧等国家相比仍不可同日而语。

新中国成立后，在党和人民政府的关怀与重视下，中国排球人为了改变当时排球群众基础薄弱、技术水平较低的局面，经历了一个学习探索、辛勤创业、跌宕起伏、艰苦卓绝的奋斗过程。

中国排球在20世纪50年代学习苏联的技术战术基本理论与方法；60年代学习日本女排严要求、超强度和大运动量训练等经验；同一时期又学习解放军“从难、从严、从实战出发”的练兵方法和“一不怕苦、二不怕死”的革命精神。通过这些学习与实践，我国排球的训练指导思想、技术水平和精神面貌发生了质的变化。当时排球界从上到下，有一股奋发图强、为国争光、打翻身仗的强烈愿望和实际行动，到了1965年，各地方队和国家队的技术水平达到前所未有的高度，并具有冲击世界强队的能力。后由于众所周知的原因，导致全国排球运动技术水平普遍下降，令人惋惜不已。

然而，中国排球人生命不息，励志不休，奋斗不止，一直在思考与探索一条适合于中国排球运动员具体条件与特点的比赛制胜规律和技术发展道路。

1972年12月，国家体委球类司排球处在福建漳州基地开创的排球大集训，是一个伟大的创举。在集训中，培养后备力量，强化系统训练，狠抓基本功夫，刻苦磨练技术，注重作风培养，大兴业务研究，博采众家之长，认真总结经验。经过多年集训的能量储备与积蓄，取得了引人注目的成效——完善了战术指导思想，形成了多强对抗格局，造就了一批干练教练，培养了一群年轻新秀，提升了技术战术水平。

有了繁荣的地方队，才有强大的国家队。1976年重新组建的国家队，在1977年11月世界杯赛中取得了女排第4名、男排第5名的战绩；1981年起中国女排获得“五连冠”殊荣。中国排球人在长期学习与实践中，逐步探索出一条适合于自身特点的训练路子，形成切合实际的战术指导思想，掌握卓有成效的制胜规律，顺应世界排球运动的发展趋势，实现了“冲出亚洲，走向世界”的愿景。

排球运动管理中心自1997年成立以来，承前启后，继往开来，进行了一系列改革与创新。选材趋于优化，后备力量雄厚；训练逐步加强，水平不断提高；全国联赛日新月异，排球市场日益兴旺。进入21世纪，中国女排重塑辉煌，先后夺得4次世界冠军；男排聘请外教，奋力重振雄风；沙滩排球蒸蒸日上，后发制人；群众性排球运动蓬勃发展，大众排球、气排球方兴未艾。全国排球形势呈现出欣欣向荣、积极向上的喜人景象。

历史是人民群众创造的，中国排球历史是几代排球人用心血和汗水铸成的。在这个历史浪潮中，涌现出以袁伟民、陈忠和、郎平及已故的戴廷斌为代表的一大批出类拔萃的运动员和蜚声中外的优秀教练员。他（她）们是中国排球的精英和榜样，对中国乃至于世界排球运动的发展起着推动与示范作用。榜样力量无穷，英雄引领时势。他（她）们源自于基层，植根于群众；人梯擎托巨人，时势造就英雄。历史经验表明，只有根深蒂固的塔基和塔身，才会有光彩夺目的塔尖；中国排球运动的进步与发展也再次验证了“群众是真正的英雄”这一颠扑不破的真理。

中国排球运动，拥有丰富扎实的实践与理论，掌握了具有中国特点的技术战术，有着弥足珍贵的优良传统，锻造熠熠生辉的“女排精神”，取得备受瞩目的业绩，在世界排坛占有一席之地。然而，历史在前进，技术在发展，训练在改革，理论在创新。昔日的成功与胜利，不能代表现在和将来。过去的失利与挫折，应当引以为鉴。我们要在胜利中找不足，遇挫折时看希望，居安思危，临危不乱，永远保持清醒头脑。要传承经过历史检验的优良传统，坚持符合训练规律的正确理念，摈弃不适时宜的不当论点，探索未被认知的新鲜领域，不断开辟认识真理的道路。

历史是宝贵的教科书。回顾历史，铭记过去，是为了认知历史，总结经验，以史为鉴，开拓未来，不忘初心，牢记使命。

当今，新时代的教练员和运动员是中国排球事业承上启下、薪火相传的主力军。尤其教练员是运动队选材、训练、比赛和管理工作的主导者。他（她）们需要学习知识，深入实践，增长才干，与时俱进，不断提升自己的执教水平。

前国家体委委托天津体育学院开办的排球高级教练员岗位培训班，是我国各级排球教练员学习与提高执教能力的平台。此次重新修订的培训班教材，是根据国家体育总局的要求，遵循系统性与针对性相结合，突出针对性、理论性与实践性相结合，突出实践性、基础性与应用性相结合，突出应用性的原则；根据几代排球人潜心探索排球运动发展规律的实践经验与理论结晶；根据近代国内外排球运动技术水平的发展态势与科研成果；根据排球教练员所应具备的知识结构和能力要素及其实际需求；以及根据2003年出版的《中国体育教练员岗位培训教材——排球》的相关部分来进行编写的。力求使教练员看得懂，学得会，用得着，可操作，以保证教材内容的质量与效用。

教材共分九章：分别对排球运动员的管理，排球运动员选材，技术与训练，战术与训练，体能训练，参赛工作，运动员心理训练，训练计划的制订与负荷监控和伤病预防与康复方面的内容进行了理论与实践的论述。

本教材的编写工作是在国家体育总局科教司和排球运动管理中心的领导下，组织全国著名排球教练员和知名学者参加编写，并由天津体育学院主持进行的。

在教材编写过程中，吴瑛、金学斌、俞觉敏、陈刚、李毅钧等相关专家参与研讨。教材最终由张欣、张然、连道明串编与统稿，白净协助主编参与全部串编和统稿工作。张建会对第一章，宋琳对第五章、第九章，赵亮对第六章的编写工作付出了辛勤劳动。

《中国体育教练员岗位培训教材——排球》编写组（张然执笔）

2018 年 5 月

目　录

CONTENTS

第一章
排球运动员的管理

第一节　运动员管理的作用与意义

教练员在训练和参赛过程中，不仅要亲自挑选竞技场上的运动员，还要加以悉心的训练与培养，组织和引导他们一步步地达到自己参与运动的目标，完成比赛任务。而能否达到和完成目标，教练员起着关键的作用。“以运动员为中心”成为竞技体育“夺标育人”的核心价值取向。为此，对运动员的管理就成为了排球训练中的重要管理活动，是正常训练秩序的保证。

一、运动员管理的定义

管理是人类有意识有目的的活动，不仅要有较高的效率，还要有较好的效果。排球运动员管理是指教练员通过一定的管理手段，使排球训练、竞赛活动达到竞技体育“夺标育人”目标的过程。

二、运动员管理的职责

在我国，运动员从小就进入运动队，在一个相对与外界隔绝的封闭环境中训练，在这种情况下，“教练员在运动训练过程中起主导作用，教练员不仅担负着提高运动技术水平、攀登世界竞技体育高峰的任务，更重要的是教练员也是一个教育者，他们担负着教育运动员、培养他们成人的重大责任。”我国《体育教练员职务等级标准》对于教练员的岗位职责作了明确的规定：体育教练员的基本职责是完成训练教学任务，提高运动技术水平；全面关心运动员的成长，做好运动队的管理工作。由此可见，教练员工作目标十分明确，不仅是带领运动员取得优异的运动成绩，还要为人师表，全面关心运动员的成长，做好运动队管理工作。

三、运动员管理的特性

与其他许多管理工作不同，教练员对运动员的管理是面对面的管理，他把具有不同背景、天赋、经历和兴趣的运动员聚合到一起，鼓励他们承担责任和持续创造成绩，把他们当作全方位的合作伙伴和贡献者。在管理过程中，教练员并非只是懂得技术或者设计完美的比赛计划，只是按章工作的劳动力，只是按照既定设计与规定进行工作的纯粹执行者，只是简单地执行高层制订的计划，而是要根据排球运动规律或比赛特定需求制定任务、方法与进度；通过团队合作，参与同运动员的深层次的互动，才能完成训练比赛任务。要关注运动员、相信运动员、关心运动员，成为他们中的一员。由此，现代管理的理念——激励、引导和影响个人或组织，在一定的条件下，实现组织目标；现代管理活动的特点——管理作用的发挥正在由刚性转向柔性，由显性转向隐性，在成功的教练员身上体现得尤为明显。

四、运动员管理的意义

“细节决定成败”，用这句话来形容运动员管理工作再恰当不过了。一个精通技术训练和比赛战术的教练员，如果不能制定明确个性化运动员发展目标，不能有效与运动员进行沟通，不能很好激发运动员训练参赛的动机，那么就不可能取得成功。很多教练员都希望有更多的时间去训练，少点时间投入管理，忽视了运动员管理职责是教练员工作的一部分。实践证明，运动员管理的效率越高，训练运动员的时间也就越多。优秀教练员在培养队员技术之前，先培养职业精神，教会他们如何分配生活和训练时间，训练上要求一丝不苟，生活上则让运动员更加自律。对运动员进行科学、有效的管理，就是为了追求在运动训练和竞赛过程中达到效率、效果和效益的统一。

第二节　运动员管理的主要任务

运动员是训练工作的主体，是运动队管理的积极参与者，是训练目标的实现者。运动员的管理是运动队管理的核心环节，所有的管理工作必然围绕运动员训练和竞赛而组织和展开。运动员管理包括：建立良好的信任关系、建立严格的管理制度、建立良好的管理沟通机制、加强运动员的思想教育。

一、建立良好的信任关系

竞技体育是以创造优异运动成绩、夺取比赛优胜为主要目标的社会体育活动。但实现这一目标必须经由组织而非个人完成，是由教练员、运动员、管理人员等合作共同实现的。因此，建立运动队成员之间，尤其是教练员和运动员之间相互信任关系极其重要。在一个团队中，有了相互间的信任，才能进行有效合作，达到命运共享、同甘共苦的境界。如果信任产生危机，那么人与人之间的合作、交流必将受到很大影响。

二、建立严格的管理制度

运动员是训练目标、竞赛任务、竞赛成绩创造的最终实现者，为有效地增强运动员的约束力、凝聚力和战斗力，确保训练任务、训练目标的顺利实现，就需要制定严谨的管理制度，规范运动员的言行举止。

运动员管理中的规章制度是指通过政策、法律法规、规范、纪律等制度性的管理条文，对运动员进行管理的一种方式。规章制度既包括外显的有形的制度形式，也包括内隐的无形的制度形式。有形的制度形式主要是指运动员管理制度、运动员守则、学习纪律、训练纪律、运动员选拔制度等；无形的制度形式主要涉及教练员与运动员、运动员与领队、运动员与运动员等之间存在的一种非制度性的文化形式，具体体现为队风、教风、学风、赛风、生活方式与生活习惯等。

（一）建立健全运动员规章制度的意义

①有利于运动员管理职能的实现。建立健全运动员规章制度有利于运动员管理目标的实现，能够取得运动员管理效率和效果的统一。

②有利于及时纠正偏差行为。规章制度是运动员共同遵守的行为规范和行为准则，一旦在训练、竞赛和日常生活中出现了与运动员管理目标不一致的偏差行为，教练员会采用相应的规章制度来纠正这一偏差行为，同时会在全队树立管理权威，防止偏离运动员管理目标的行为再次出现，以保证运动员管理目标的有效实施。

③有利于建立良好的运动员管理秩序。有形的制度性规范虽然在一定程度上约束了运动员的行事方式，但同时，公正、公平、公开、透明的规章制度又为运动员的团结协作、奋力拼搏提供了制度保障。健全有效的规章制度能够较好地规范教练员与运动员、运动员与运动队之间的关系，维护运动队良好秩序，激发运动员的积极性和创造性，提高管理效率，促进运动员发展。

④有利于塑造良好的运动队管理文化。运动员管理除了有形的制度性规范之外，还包括无形的柔性管理制度，即运动员管理方法的艺术性、运动队团队的文化建设、运动队管理的环境、领导作风，以及运动员的能力和运动精神等。柔性管理的最大特点是充分重视人的因素作用，强调“以运动员为中心”的管理方式，重视运动员的精神状态、文化素养、运动队认同感以及团结互助、整体协调的精神，充分发挥每名运动员的潜能，创造出独特的运动队文化氛围，从而达到增强运动竞争力、提高运动成

绩的目的。

（二）运动员管理制度的主要内容

①体现诚实：讲信用、讲信誉、守承诺、不说谎、不作假、不欺骗。

②体现自重：自珍、自爱、与团队成员及对手互动、不说脏话、不打架、不使人难堪、不破坏公物、不违抗命令、不使用毒品。

③体现责任：自律、准时、衣着整齐、晚上归队、旅行文明。

④体现公正：遵守比赛规则、不责备他人、不利用他人、遵守奖赏准则。

⑤体现关心：友善、同情、互助。

⑥体现尊重：尊重上级、善于合作、遵守法规。

（三）制定运动员管理规章制度时的注意事项

①运动员规章制度必须服从上级组织机构的规章制度，并将其要义纳入队规。

②运动员规章制度应该体现运动队管理的理念和目标。

③运动员规章制度要针对具体行为，要能支配运动员行为，尽可能简明扼要，可遵照执行。

④运动员规章制度的表述要用肯定的术语，要既具体又清楚，不能含糊其辞，引人误解，明确指出运动员哪些不能做。

⑤规章制度必须包括对违规的处罚措施，如果违反规则制度没有任何惩罚，规章制度就起不到任何作用。

⑥运动员规章制度的修订与完善，应由教练员与运动员共同参与讨论制定，而不仅仅是教练员说了算。

三、建立良好的管理沟通机制

沟通是把一个组织中的所有成员联系在一起，以实现共同目标的手段。在运动队中，具有良好沟通能力的教练员，能够很好地表达自己的思想和情感，获得运动员的理解和支持，从而和运动员保持良好的关系。而沟通能力较差的教练员常常会被运动员误解，给运动员留下不好的印象，甚至无意中对运动员造成伤害，从而给运动队的管理工作带来损失。要想取得优异的运动成绩就需要运动员的努力，需要教练员与运动员之间相互联系。有联系就有沟通。国事、家事、天下事，事事需要沟通，沟通则情通、理通、心通。没有相互沟通就没有相互理解，没有相互理解就没有相互信任，没有相互信任就没有相互协调，没有相互协调就没有运动员管理的成功。有效沟通能力是处理好运动队人际关系的关键，更是教练员通向成功的钥匙。

在运动队中，每个运动员的情况都是不一样的，人与人之间的差异无处不在。应对存在的差异就成了运动队内沟通的主要内容。

（一）重视差异

教练员要做好工作、带好运动员，就必须重视运动员之间的差异，即便是同一个运动员，在其发展的不同阶段，对其管理的方式方法也是不一样的。

（二）利用差异

对于客观存在的差异，在重视的基础上，还应当加以有效利用。激发运动员活力的有效措施之一就是利用差异。在运动队中，“一团和气”的集体不一定是一个高效率的集体，教练员要实现管理的目标，就需要将不同性格特点、不同训练经历的运动员组合进自己的团队，并不断补充新鲜血液，带来团队内部的竞争压力，才能唤起运动员的生存意识和竞争求胜之心。只有存在竞争气氛，运动员才会有紧迫感，才能激发进取心，运动队才有活力。没有完美的个人，只有完美的团队；人无完人，但团队却可以是完美的。

（三）善待差异

在运动训练中，往往强调人人平等，不管是老运动员还是新运动员。但需要注意的是，新老就是差异，人与人的不同就是差异。在运动队管理中公平待人的唯一方法是把运动员的成就牢记在心，区别对待每位运动员，论功行赏，善待差异。

（四）赢得认同

要想加强与运动员的沟通，除了善待运动员之间的差异外，还要赢得他们的认同。作为教练员，要想让运动员认同你的训练要求，认同你的训练想法，就要让他先认同你这个人。只要运动员认同了你这个人，你提出的要求他就很容易认同了。而要想让运动员认同你这个人，那么你就必须让运动员认同你做的事。认同人与认同事，二者是互动的关系，认同永远是相互的。作为教练员，应该主动认同别人。当与运动员发生矛盾时，你认同运动员，运动员才能认同你。反之，如果你排斥运动员，运动员就会排斥你。相互排斥就像挖沟。沟越挖越深，越挖越宽，就没有沟通。没有沟通就没有理解，没有认同，整个运动队的管理工作就会落空。

四、加强运动员的思想教育

思想教育工作是我国运动员管理的特色，是运动队精神文明建设的一个重要组成部分，其根本任务是用科学的世界观和方法论解决运动员的人生观、价值观、审美观、政治立场、奋斗目标等认识问题，探索在训练与参赛中人的思想活动规律，以达到运动员管理的目标。思想教育工作是运动队训练的思想保障，是我国竞技体育勇攀世界高峰、不断取得优异成绩的制胜法宝。因此，做好运动员思想教育工作是社会主义体育事业发展的需要，也是提高运动员思想道德水平，加强运动员社会素养，实现全面发展的需要。不管是过去、现在还是将来，运动员的思想教育工作都将是教练员对运动员管理工作的重中之重。

（一）思想教育遵循的原则

①以运动员为中心原则。教练员作为思想教育工作的实施者，在运动员思想教育工作中发挥着重要的作用。在运动员思想教育中要始终坚持以运动员为中心，找准切入点、根据不同运动员的个性特征，从实际出发进行宣传教育、引导和鼓励。要将思想教育工作与运动员的日常训练、比赛、学习、生活紧密融合，充分尊重、理解和帮助运动员，满足他们的物质利益和精神文化需求，激发他们刻苦拼搏、追求卓越的运动精神。

②以身作则原则。德高为师，行高为范。对运动员进行思想教育工作，要充分发挥教练员率先垂范作用，教练员与运动员朝夕相处，一言一行都会影响运动员，成为运动员模仿的对象。在运动队中，教练员要为人师表，以身作则，关心运动员的成长，尊重运动员的人格，教球育人，要树立教练员自己的人格魅力，用自己的人格魅力影响运动员的成长与发展。

③与时俱进、不断创新原则。社会是发展、变化的。运动员思想教育工作的与时俱进是指要随着社会实践的不断发展变化而确定运动员思想教育工作的内容和形式，积极创新运动员管理方式方法。根据运动员不同年龄、不同训练周期的特点与时俱进，用新科学、新理论、新技术、新方法、新手段武装运动员的头脑，解决运动员训练和竞赛中容易出现的思想问题，使其能够出色地完成训练、比赛和学习等各项任务。

④与解决实际问题相结合原则。解决实际问题是解决思想问题的钥匙。对运动员进行思想教育工作时要做到在解决实际问题中得到运动成员的理解、支持与信任，让他们感到教练员时时处处在帮他们解决问题，尤其是他们所面临的诸如学训矛盾、退役就业、恋爱婚姻等现实问题，解决他们的后顾之忧，使其能以饱满的精神、满腔的热忱全身心投入训练和比赛中。

⑤与现代管理有机结合原则。思想教育工作本身就是一种管理活动和管理形式，思想教育工作中有管理，管理工作中也有思想教育，二者是相互联系、相互促进的一个整体。若运动员思想教育工作做得好，就容易凝聚运动队团队的力量，容易达成共识，有利于运动员管理目标的实现。

⑥物质、精神利益相结合原则。天下熙熙，皆为利来；天下攘攘，皆为利往。利益是人类社会永恒的追求主题。对运动员开展思想教育工作，应坚持将物质利益与精神利益相结合的原则，并把握好两者激励的度，真正调动运动员参与训练和比赛的积极性。

（二）运动员思想教育方法

①文化教育法。良好的知识素养是提高思想觉悟和道德水准的前提与基础。一般而言，运动员从进入运动队的那一天起，运动训练和比赛就占他们生活的一大部分，教练员很少有时间和机会学习和培训，运动员更是没有时间和精力学习，文化教育缺失和综合素质不高成了我国运动员的基本特征之一，导致大部分运动员文化基础底子薄弱，理解和接受能力较差，在一定程度上加大了思想教育工作的难度。因此，应综合采用学习、讲座、批评、表扬等正面教育的方法，根据不同年龄层次运动员的理解能力和接受能力，分别进行与之接受水平相适应的思想教育工作内容，逐步提升他们的文化修养与思想道德水平。

②榜样示范法。榜样的力量是无穷的。开展运动员思想教育工作，要善于利用榜样人物的力量来感召运动员，引起他们的心理共鸣，教练员要善于利用运动员身边的、最熟悉的体坛模范先进的事迹激发运动员的内心情感，正面引导，加强教育。

③组织活动法。运动员的主要工作是训练和比赛，运动员的主要生活几乎是食堂、训练场、宿舍三点一线，单调枯燥。因而，可寻找时机通过组织各种各样的活动寓教于乐，让运动员在实践中收获成长，提高思想觉悟。如新运动员入队时的入队仪式、运动队取得冠军时的冠军榜登榜仪式、冬训誓师大会、集训开始时的军训，以及利用节假日举办知识竞赛、讲座、演讲、辩论会、才艺展示、参观展览会等活动。

④新媒体技术教育法（网络教育法）。随着微信、微博等各种网络新媒体平台的使用与传播，社交网络成为青年人交友、学习、聊天的主要工具。对运动员进行思想教育工作可充分利用新媒体网络平台，定时、定期推送有关思想教育工作方面的文章、视频等可读化资料，使思想教育工作与运动员的休闲娱乐完美融合。

第三节　运动训练过程管理与服务

一、帮助运动员确立目标

运动训练过程中的目标管理方法，是教练员与运动员共同确定运动训练目标，并依据这些目标的达成与否来评估运动训练效果的过程。运动训练过程中的目标管理设定具有一定的程序性，教练员和运动员会一起来制定共同的训练目标，确立彼此的成果责任，并以此责任作为指导训练和衡量各自贡献的准则。因此，目标管理方法不是将目标仅仅作为一种控制方法，确保运动员执行目标的力度，同时还把它们作为激励运动员的方法。

目标的建立能够激励人们在自己的事业中做出更多的努力，付出更多的代价去实现预定的目标。目标对于训练进程具有定性与定向、规范与控制、励志与激发、评价与检测等方面的重大功能，即它能明确训练发展方向，提示训练计划要点，提供训练比赛经验方法，确定训练比赛评价基础，为运动员训练比赛指明方向，支配运动员实践活动，也是对运动员管理工作进行考核的依据（图 1-1）。

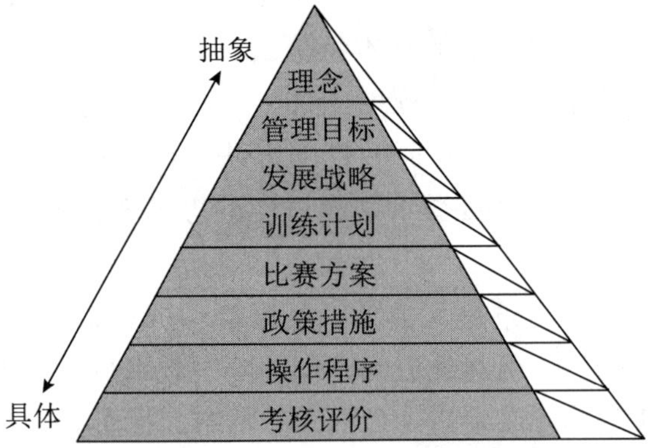

图 1-1　运动队管理目标的功能

运动员目标的设立意义主要体现在以下方面：

（一）利于建立共同愿景

明确的目标和美好的愿景是运动队获取成功的原动力，是一名优秀运动员必备的先决条件，没有它，一切皆无可能。运动员目标瞄准的是最高“愿景”，但最高愿景的实现，需要在目标的制定中遵循循序渐进的原则，为运动员在通向实现最高愿景的过程中，建立起各自阶段性的“分愿景”提供可操作空间，这些“分愿景”的逐步实现才能促进运动员的信心，从而激发他们更多的潜能，去逐步实现运动员的最高“愿景”。

（二）利于组织统一行动

目标决定了运动员行动的方向，运动员发展目标的确定能够形成共同的合力助推运动队总目标的实现，能够确保运动队成员行动的一致性。

（三）利于训练实时动态反馈

运动员发展目标的确立，便于实施目标管理，能够有效地激发运动员责任感和进取精神，运动训练过程中及时经常地把运动训练的效果与运动员发展目标进行比较，实时监测运动训练计划与目标的一致性差异，并及时根据运动员现实状态的变化调整运动训练。

（四）有利于整合资源

运动员发展目标明确了每位运动员个性化的努力方向和奋斗目标，在激励他们的积极性和主动性的同时，也便于教练员为了实现全队目标，将每个运动员的发展在一定时期内达到最优化的配置，统一为一个整体。

（五）利于发挥主观能动性

由于运动员的目标具有可考核性、可实现性和富有挑战性，这些特征能够激发运动员的主观能动性，能够激发他们为了实现既定的目标而刻苦努力，不断追求卓越的拼搏奉献精神。

运动员参与体育运动的满足、快乐、成就感和成功感等，这种运动员发自内心自己对自己个人目标实现的内在奖励，其价值更为有效和持久。然而，由于赢得比赛胜利的回报迅速，反响巨大，争取在比赛中获胜成为竞技体育的重要目标。赢得比赛，运动员往往就会获得诸如奖金、奖品、奖章、称号等外界给予运动员的外在奖励。但过分强调外在奖励会使人沉迷于获得奖励的喜悦之中。“赢了有奖”，会使运动员继续想要获得更多更大的奖励来满足他们不断增长的需求。当不能再赢，不能再获得金牌，不能再达到外界设定的标准时，运动员就会觉得继续参与运动毫无价值。

2016 年 8 月 25 日，习近平总书记在会见第 31 届奥运会中国体育代表团时明确指出：“我们不以胜负论英雄。同时英雄就要敢于争先、敢于争第一。”“拿到金牌奖牌的，值得尊敬和表扬。同时，只要勇于战胜自我、超越自我，即使没有拿到金牌奖牌，同样值得尊敬和表扬。”“拿了金牌奖牌的队伍和运动员，都是好样的。没拿到金牌奖牌，但在比赛中做了最好的自己的队伍和运动员，也都是好样的。”习总书记的讲话，辩证阐明了奥运争光与超越自我的关系，是对“金牌至上政绩观”的严肃批评。

攀登竞技体育高峰要“以运动员为中心”，是以人为本理念在竞技体育中的深刻反映。帮助运动员健康成长和发展比获胜更为重要，只有将争金与育人相结合，长远观点看胜负，才能培养出敢于追求卓越，勇于冒着失败的风险去学习和创造，能够体验到体育快乐，与赞扬和批评共同成长的运动员。我国排球运动的发展，需要利用运动训练和体育竞赛这个工具把普通人培养成为成就一生的人，将运动员塑造成有纪律性和自治力的人，将运动队塑造成一个富有体育精神的团队，让每一个投入其中的人都收获成长，而不仅仅是“成者为王败者寇”。

二、进行有效的情景领导

风格是一个人气质、面貌的集中体现，也是供他人辨识的独特标签。教练员的执教风格指的则是教练员面对执教对象时，如何处理执教关系并以何种方式实现执教目标，所呈现出的特点。

常见的教练员执教风格有三种：命令式—家长型风格、放任式—随意型风格、合作式—民主型风格。不同类型执教风格的教练员在理念、目标、决策、教练员和运动员的关系、交流风格、成败评价、运动员发展、教练员鼓励作用、训练组织等方面的处理是不同的（表 1-1）。

在训练参赛实践中，不同类型执教风格的教练员都有取得成功的案例。然而，要做好教练工作，教练员采用的领导风格应与运动队的成长阶段相一致，教练员的领导行为应随着运动员的变化和情景的变化而变换。

表 1-1　教练员的执教风格

类　型	执教风格		
	命令式—家长型	合作式—民主型	放任式—随意型
理 念	以取胜为中心	以运动员为中心	一切都无所谓
目 标	完成任务	提高运动员社交本领并完成任务	无既定目标，让运动员独立行事
决 策	一切决定由教练员做出	在教练员指导下和运动员参与下做出决定	由运动员做出决定
教练员和运动员关系	从属于教练员	独立于教练员	不明确
沟通方式	作指示	询问、听意见、作指示	只听不说
如何评价成败	由教练员评价	在教练员帮助下由运动员自我评价	不明确
运动员的发展	教练员对运动员不太信任或不信任	教练员对运动员表示信任	不明确
教练员的鼓励作用	非本质的鼓励	本质和实实在在的鼓励	不予鼓励
训练组织	呆板的	灵活的	没有组织

图 1-2 所示为管理学中的情景管理理论。图的上部为领导者的行为，其中纵坐标为领导者的支持性行为，横坐标为管理者的指导性行为。图的下部为被领导者的行为。从图中可见，如果将被领导者—被领导者的成长过程从发展前到发达后分为 R1、R2、R3、R4 四个阶段，则领导者—被领导者相对应的管理方式区域为 S1、S2、S3 和 S4。对初进队的队员，教练员应该是给予高指导、低支持，提供明确的说明和密切的监督，让他干啥就干啥；对在运动队训练一段时间，初步走向成熟的运动员，应该是高指导、高支持，在指导运动员按照教练要求去做的同时，支持运动员动脑筋提出自己的意见和建议，即解释你的决策并给予对方要求陈述的机会；对开始取得优异运动成绩的队员，应该是低指导、高支持，多让运动员发挥自己的主观能动性，让运动员分享你的思想并协助决策；对已经成名的队员则应是低指导、低支持，让运动员懂得尊重教练

员，遵守相关规定和要求，完成自己的职责和使命。

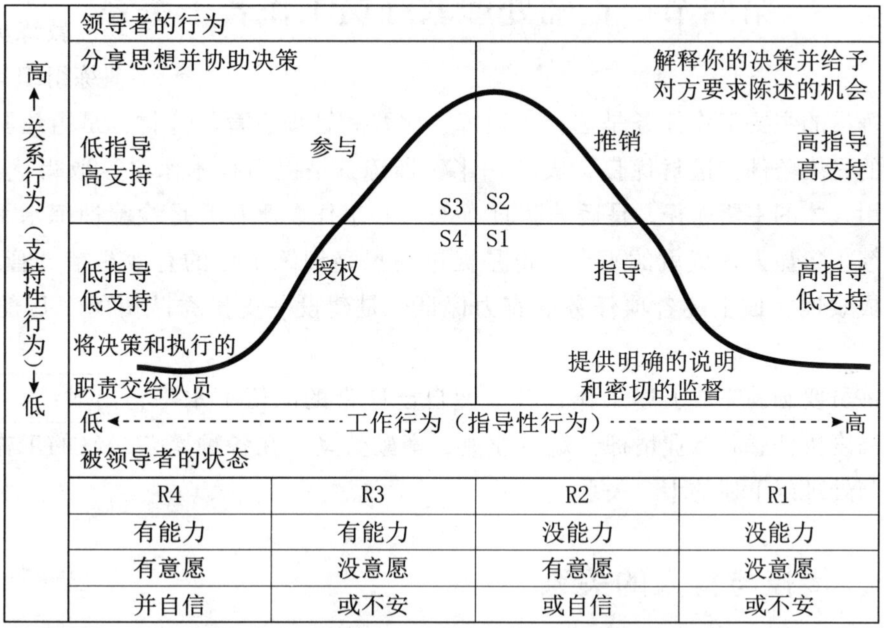

图 1-2　领导方式和下属成熟之间关系示意

情景管理理论诠释了情景管理理论对领导者行为变化的要求。尊崇情景变化，改变领导行为，教练员—运动员关系就能很好得到处理；反之，不顾情景变化，一味强调教练员的权威不可动摇，教练员—运动员的关系就可能出现障碍。

综上所述，教练员不仅是督促运动员取得竞技场上优异成绩的严师，还应根据运动员不同的发展阶段处理好与运动员的关系，帮助解决他们全面发展中遇到的问题，成为运动员的良师益友。那种普遍适用、一成不变的领导方式或行为是不存在的，必须随机制宜，权宜应变，根据情况运用不同的执教方式或行为的权变观点（图 1-3）。

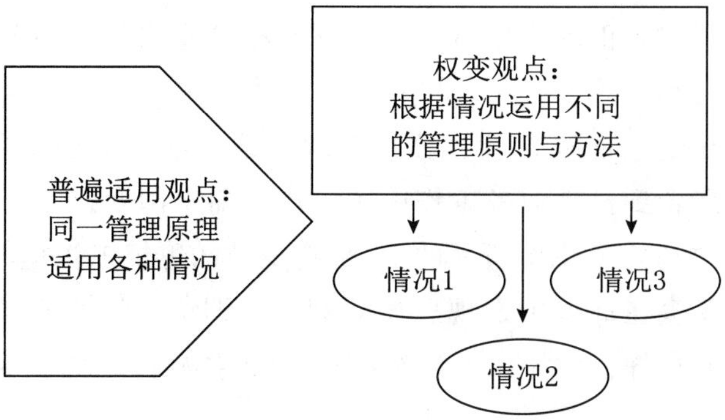

图 1-3　普遍适用观点 VS 权变观点

第四节　正确处理教练员工作若干关系

教练员的主要工作任务是选材、训练、比赛和管理教育。选材，是组建队伍、培育人才的先决条件，选材优良，成功一半。训练，是提高技术水平、取得优异成绩、培养有用人才的主要途径，是运动队日常的中心工作。比赛，是检验训练水平、反映运动成绩、彰显人才成就的平台，也是促进与提高训练工作的有效举措。管理教育，是卓有成效地完成上述各项任务的有力保证，是建设一支优秀队伍的“压舱石”与“定神针”。

教练员要圆满完成上述工作任务，使自己所带的队伍上水平、出成绩、育人才，必须有高度责任感和敬业精神，兢兢业业，辛勤劳动，在各种繁杂纷纭的工作中，正确认知与处理好下述的十个关系。

一、传技与育人的关系

教练员肩负的责任是传技育人。传技是传授知识技能，育人是培养道德品质，两者互为条件，密不可分。

教练员的工作对象是正在长身体、长知识、长技能的运动员，是有思想有意识的年轻人。教练员在传授技能过程中，纯粹传授业务技术是不存在的，总是自觉或不自觉地教育人、塑造人。排球是集体运动项目，不但要传授人与球、人与物（场地、器材等）的关系，必然还要涉及人与人、人与社会（队友、对手、裁判员、观众、媒体等）的关系。而且，教练员自身的思想观念、道德作风和知识经验等，在教学过程中不能不对运动员产生耳濡目染的影响作用。因此，传技与育人是紧密联系、不可分离的。

“师者，传道授业解惑也。”对教练员而言，首先要传授道德观念，做好思想工作，教育运动员做好人，树立正确人生观、世界观和社会主义核心价值观。运动员在日常的训练、比赛、学习和生活中，在人与人的交往中，不可避免地会产生各种矛盾和问题。教练员要明察秋毫，善解人意，及时发现问题，细心分析问题，正确解决问题，把做人的思想工作融合到日常业务工作中去。正如前中国女排“三连冠”教练袁伟民同志在《我的执教之道》一书中所写的：“最有成效的思想工作是渗透在业务中的思想工作。主教练必须学会在训练中发现思想问题，在训练中解决问题，做到抓思想工作与抓训练同步，只有这样，才能保证训练按既定要求顺利进行。从而既练了思想，又练了技术、战术。”

其次，教练员要传授排球专业的各种体能、技能、智能和理论知识，使运动员不断提高训练水平与技术水平，以适应任务的需要。

最后，在此过程中，教练员运用自身的知识与经验，帮助运动员解除困惑，探索未知，精雕细刻，攀登技术高峰。总之，教练员只有把传道、授业、解惑三者密切结合，缺一不可，才能造就出品德优良、技术高强的运动员。

对运动员而言，做事先做人，学技先树人。尤其是尖子队员和球星，属于社会公众人物，他们驰骋赛场，经历风浪，直面观众，接触球迷，涉足媒体，交流国际。他们的精湛技艺、健美颜值、良好道德情操和精神风貌，是一种无形的榜样力量，将会对社会产生正能量的影响作用。

然而，水平有高低，关键看人品。在当今的社会条件下，运动员尤其是公众人物，更应努力做到自尊、自爱、自重、自律，独善其身，洁身自好，保持与发挥正能量的本色。

不言而喻，由于天赋、体态、机能、机遇或努力程度等因素，人的能力有大小，不可能每个运动员都成为尖子或球星。但教练员的使命是，在运动员的积极配合下，使每个人都能成为有理想、有品德、有知识、有作为、爱祖国、爱人民的有用人才。

二、言传与身教的关系

教练员在传技育人的过程中，通常是以言传和身教两种形式去实现的。言传（或称言教），即讲课说教，以语言、道理和道义去教育人、说服人；身教，即亲手示范，以身作则，用自己的行为带动人，用自己的举止感染人，用自己的表现启迪人。

教练员是运动员未来事业的引路人，是打造其技术形象和品德风貌的工程师。要充分认识到自己的使命光荣，责任重大。言教不可缺少，身教重于言教，这是教育工作的重要原则。

因此，教练员在传授技能过程中，要做好动作示范，正确讲解要领，准确分析技术，抓住技术关键，以便使运动员形成正确的动作概念，并通过反复系统的训练，逐步建立巩固的条件反射，不断提升运动技术水平。

“学为人师，行为人范。”教练员在言传身教过程中，对运动员进行语言说教，提出各种严格要求是必要的；但更重要的是以“身教”的魅力，从言行到举止，从心灵到表现，都要为人师表，严于律己，身先士卒，时时、事事、处处做运动员的表率，要求运动员做到的，自身要做得更好。“其身正，不令而行；其身不正，虽令不从。”这是无声的命令，权威的发言，有效的鞭策，最大的智慧，最强的软实力。教练员权威的确立，不是靠自封，而是靠行动；不是靠吆喝发威，而是靠人心向背。

“近朱者赤，近墨者黑。”运动员总是唯教练员马首是瞻，对其十分尊崇与敬畏，往往也是运动员仿效的偶像。教练员与运动员长期朝夕相处，一起训练、比赛、学习和生活，少则好多年，多则十几年，远胜过兄弟姊妹和学校的师生关系。德国人坚信一个理念：“良好的品德是被感染的，而不是被教导的。”不难理解，教练员的言行举止、举手投足，包括技能知识、文明礼貌、品德作风甚至于生活习惯等，对运动员的成长必将产生潜移默化的传播与辐射作用。

“师高弟子强”“强将手下无弱兵”；或“兵熊一个，将熊一窝”“一帅无能，累死千军”等格言，都从正反两面诠释为师为帅的重要作用。为此，教练员应深刻意识到自己的责任与担当所在，不断加强道德修养，努力提高业务能力，为运动员树立良好形象，并带领大家共同完成好各种任务。

三、教与学的关系

教与学，是实现传技育人目标的主要方式，是提高运动员道德素质、训练水平和技术水平的重要途径。

对初出茅庐或一般水平的运动员而言，传统的教学方式是我教你学，我说你做，我示范你模仿，我要求你做到，甚至是手把手地教；教练员的主导作用特别强势，运动员的主动性、积极性、创造性相对弱化。因此，要求教练员要有丰富的理论知识，较高的技术能力和较好的教学经验，所谓“队员一碗水，教练一桶水。”同时要求运动员必须认真求教，勤学苦练，听从教练员指挥，共同完成教学任务。

然而，对训练有素或较高水平的运动员而言，由于其技术能力与实践经验日益提高，甚至在某些方面超过教练员，传统的教学模式显然不能完全适用。教练员与运动员之间的教学活动，更多的是交流与互动，切磋与探讨。教练员的主导作用依然存在，但其运作方式不同，运动员的主体功能更加强化，其主动性、积极性和创造性得到充分调动与发挥。教练员的指挥方式主要是，启发性的指点，针对性的提示，诱导性的提问，指导性的思考等。

当今，互联网的普及、新媒体的传播使运动员接触各种信息资讯的渠道宽广，他（她）们的视野与知识，同过去相对封闭环境下的运动员，不可同日而语，甚至在某些方面领先于教练员。因此，新形势下的教学活动，教练员要紧跟新时代，拓宽新思路，增添新鲜内容，运用新颖方法，不断改革创新；而不故步自封，墨守成规，才能适应变化了的实际情况。

教练员在实践中要善于观察、发现与挖掘运动员出现的特点与长处，哪怕是偶然出现的端倪，也应敏锐察觉并及时给予肯定与表扬，或请其为大家做示范演示，或进行总结升华，在全队推广运用。这既可调动运动员的积极性，又能促进全队水平的提升。

“师父领进门，修行在个人。”运动员要在教练员的指导下，开动脑筋，独立思考，精益求精，探索技术奥秘，更上一层楼。教练员与运动员之间，要教学相长，优势互补，师徒共赢，以造成“长江后浪推前浪，一代新人胜前人”的生动活泼局面，共同为实现全队目标做贡献。

“冰生于水而寒于水，青出于蓝而胜于蓝”，是历史发展的规律，时代进步的象征。

徒弟胜过师傅，自古早就有之。千百年前的韩愈老先生说过："弟子不必不如师，师不必贤于弟子。"一方面，教练员要有知人之智。闻道有先后，术业有专攻，各人有所长，要用显微镜去觉察运动员的聪明才智，并热心帮助、鼓励和乐见徒弟超越师傅。

另一方面，教练员更要有自知之明。希腊人说："最困难的事情就是认识自己。"任何教练员都是人，不是神，而人无完人，金无足赤。只有努力学习、奋勇进取、与时俱进、砥砺前行的人，才能跟上时代步伐，融入时代澎湃的浪潮。

四、严与爱的关系

从严治队，爱兵如子，是教练员带好队伍的天职。正确认识与处理好治队与爱兵、严格与关爱的关系，对于融洽师徒关系、凝聚全队力量、建设运动队伍，具有重要的现实意义和长远意义。

"严师出高徒""玉不琢，不成器。人不学，不知义"。说的都是人们要经过严格教养和刻苦磨练，才能成为有益于国家和社会的人才。教练员要带好一支队伍，就必须严格训练，严格要求，严格管理。松松垮垮的人不可能练出真本领，一盘散沙的队不会形成战斗力。当然，缺乏爱心的带兵人，也难以凝聚人心，取信于人。

严要以人为本。"严出于爱，爱寓于严"，是严与爱的真谛。因爱而严，严为了爱，是从严治队的出发点与归宿。马克思指出："我们的出发点是从事实际活动的人。"关爱运动员命运，期待运动员成才，是每个教练员毕生的心愿。望"徒"成龙成凤，就必须在各方面对其提出严格要求；而要求运动员严格，鞭策运动员进步，磨练运动员意志，给运动员出难题，更必须对其出自内心的尊重与关爱。

严要与爱统一。教练员要严字当头，爱在其中；严在脸上，爱在心上；严在行为上，爱在情感上，把严与爱统一起来。教练员与运动员同呼吸、共命运，是休戚与共的利益共同体，没有理由不关心爱护自己的子弟兵。"一将功成万骨枯"，训练中摸爬滚打，比赛中奋不顾身，赛场上冲锋陷阵，首当其冲的是运动员；而训练中呕心沥血，比赛中运筹帷幄，担当责任的是教练员。拿破仑在征服欧洲、不可一世地站在阿尔卑斯山顶时，曾慨叹说：如果我的背后没有几十万士兵，我早就成为敌人的俘虏了。这些名句轶事，很值得玩味。运动员需要教练员的教诲与指导，教练员离不开运动员的维护与支持，双方是风雨同舟、痛痒相关的统一体。

严要严在要害上。从严治队，要严在日常的技术要求、动作规范、训练作风、比赛风格、意志锻炼、文明礼貌、品德修养、遵纪守法等方面，这才是抓住牛鼻子，严到点子上。无论是业务技术还是道德作风等方面，都要做深入、细致、耐心的工作，久久为功，方能见效。而不是板着面孔，动辄训斥，吹胡子瞪眼，甚至不尊重人的讽刺挖苦，从而引起双方情绪对立。

严要合理可行。在训练要求上，从严要合乎比赛规律，顺应实战需要；在训练难度上，从严要经过最大努力，切实可以做到；在作风纪律上，从严要言之有理，以理服人，以情感人，以德示人。而不是“一朝权在手，便把令来行”，随心所欲，提一些不合实际的要求，使运动员感到无可奈何或无所适从。

严要规范行事。“没有规矩不能成方圆”，要根据各队具体情况，通过民主讨论制定各种规章制度和纪律要求，使全队人员的训练、比赛、学习和生活等方面有章可循，有法可依，执法必严，违法必究。要加强法制意识，自觉地学法、懂法、守法、用法，以维护法规的权威，同时也是保护自己的权益。带兵人更应以上率下，做好榜样，才能服众。嘴上一大套、行动不对号的人，是不会有权威的。

严要一视同仁。从严治队，没有身份差别，不能特殊例外；无论年龄老少、资历深浅、技术高低、名气大小，大家同等要求，无一例外。这既是体现公平正义，也是衡量管理者魄力与水平的标志，更会对形成良好队风产生重要影响。从严治队，不能厚此薄彼、欺弱怕强，只适用于新队员或技术差的运动员。尖子队员或球星，值得人们尊敬与爱护，但管理者对其应有更高的要求与期待，绝不可哄、捧、宠、纵。有警言说：“严是爱，松是害，不闻不问会变坏。”捧杀与棒杀，都会误人子弟，杀戮人才；而且，前者的杀伤力比后者更甚，因为它是在令人陶醉的甜蜜中进行的。这是值得警惕与防范的。

五、硬实力与软实力的关系

排球运动训练的内容包括体能、技术、战术和战术意识、心理、作风等几方面。前三者，看得见摸得着，可称之为硬实力；后三者，看不见摸不着，但确实存在，可称之为软实力。硬实力是构成一个队综合能力的物质基础，其重要性不言而喻；而软实力是形成一个队战斗力的精神因素，其功效性不可低估。在训练实践中，人们无疑非常重视对硬实力的训练与提高，但对软实力的培养与造就，或有所忽视，或不够自觉，或一曝十寒，或弃之不练，从而影响运动员对硬实力的加速掌握与合理运用，延缓运动员的培养与成长过程。

战术意识，是运动员在发挥技术过程中，支配自己行动的、带有一定战术意图的思维活动，是运动员根据彼我双方情况，正确运用技术的能力，也是运动员成熟谙练的表现。运动员在场上每一项技术的合理运用，无不受一定的战术意识所支配，无不包含有战术意识的内容。战术意识是运动技术的灵魂，它左右着技术的正确运用，影响着技术的良好发挥。

心理，是客观事物在人脑中的反映，是人的感觉、知觉、记忆、思维、情绪、性格、意志等的总称。运动员心理素质的高下，对其技术的正确掌握和合理运用，起着举足轻重的作用。心理训练，就是运用心理学的原理与规律于运动训练和比赛之中，使运动员学会调节自己心理状态的各种方法，并有意识地对运动员的心理过程和个性心理特征施加影响，以创造有利于提高和发挥技术水平的心理条件。

作风，是运动员在训练比赛或学习生活上一贯表现的态度和行为，是一种潜移默化的“习惯势力”，具有一定的继承性、延续性和感染性。好的或不良作风都会耳濡目染，相互作用，甚至于代代相传。好的作风可以产生无穷的辐射力，促进技术迅速提高，保证技术充分发挥。“两强相遇勇者胜”“一个军队的实力，四分之三是由士气构成的”（拿破仑），说的就是作风对人的行为的影响作用。管理者和尖子队员的榜样力量和引导作用，对作风的形成具有关键性因素。

硬实力是一个队的物质基础，软实力是一个队的精神支柱，两者互相制约，相辅相成。训练硬实力，是用高水平的技能去塑造运动员的坚强体格、技术形象和全队的战术风格；培养软实力，是以良好的精神状态去保证硬实力的正确掌握与发挥。硬实力是软实力赖以存在的载体，软实力可以使硬实力如虎添翼。拙劣的硬实力，是无水之源、无本之木，纵使“充分发挥”也是水平低下，使软实力难以施展其功能；脆弱的软实力，则会使硬实力如同盲人骑瞎马，夜半临深渊，失去正确导向。

“艺高人胆大，胆大艺愈高”，是对硬实力与软实力互为因果关系的精辟概括。因此，只有同步运用硬实力和软实力去训练与培养运动员，使两者同时发展，相得益彰，才是迅速提升运动技术水平，增强全队综合实力，加快运动员成材过程的有效途径。

不言而喻，软实力可以带动硬实力，但不能代替硬实力。马克思指出：“批判的武器当然不能代替武器的批判，物质力量只能用物质力量来摧毁；但是理论一经掌握群众，也会变成物质力量。”比赛双方的较量，主要是通过技术战术去实现，技术战术的对抗只能用技术战术去攻破；然而，软实力一旦武装了运动员，就会产生强大的技术战术力量，使技术战术更好地发挥其威力。

软实力的培养与训练是长期的任务，绝非一日之功，一蹴而就。首先，“自由是对必然的认识”，要加强理论学习和业务研究，让运动员认知软实力的重要作用；其次，要把对软实力的培养，渗透、融合于日常的训练、比赛和学习、生活之中，使两者紧密联系，有机结合；最后，要加强养成教育，培育各种有利于训练和比赛的良好习惯与气质，并锲而不舍，持之以恒，才有成效；而朝练夕停，浅尝辄止，则收效甚微，于事无补。

六、全面与特长的关系

全面，指的是技术全面，攻防均衡；特长，指的是身怀绝技，拥有专长。全面是技术扎实的基础，是运动员必备的本领；特长是锦上添花，是技术达到较高造诣的标志。在技术全面的基础上，人有特长，队有特点，掌握绝招，拥有特技，应是排球运动员的培养目标和技术形象。然而，十八般武艺样样通、样样松的“万金油”式的全面，虽有时可用，但难有成效、少见奇功；而程咬金“三板斧”式的专长，虽时而有用，但缺少底气、没有后劲。只有技术全面兼具特长的人，才能进可以攻，退可以守，攻有章法，守不乱阵，立于主动不败之地。

技术全面，是排球运动的特点，是当代排球技术战术的发展趋势，是我国几代排球人的经验总结。无论竞赛规则如何修改，运动员身体条件怎样提高，技术全面都是培养训练运动员（自由人除外）的永恒主题。这是因为：

从比赛规律看，每球得分制规定各项技术都可以得分和失分，高矮队员，概莫能外，在分数面前人人平等。而技术不全面的人，必然得分难、失分易，或成为对手攻击的“靶子”。

从攻防关系看，排球的一切进攻（除发球和扣探头球外），都是从防守（接球）开始，只有防守成功，才能实现进攻；尤其在比分落后的情势下，倘无防守反击得势，绝无逆转可能，下文必败无疑。重攻轻守不可取。

从拦防效果看，随着身材高大化和进攻能力的提高，拦网的成功率只有30%左右，这就是说对方扣来的球有70%左右要靠防守来抵挡，防守低下的队必然失分易、得分难，少有反攻机会。以拦代防行不通。

从生理学理论看，对高大队员进行全面技术训练，可以在其大脑皮层中建立更多的“暂时联系”，形成广泛的条件反射，有利于在技术的掌握与运用中转换技巧，相互促进，举一反三，触类旁通；有利于培养其灵活敏捷、快速反应、适应性强、应变力好等能力。

从“木桶原理”看，一个由若干块木板组成的木桶的容积，不是取决于最长的而取决于最短的那块木板。一个队的主力阵容由六个个体组成，个人技术不全面，集体配合不可能完善，整体功能难以充分发挥，容易陷入捉襟见肘的困境。

从训练学观点看，高大队员如果不加强基本功训练，不掌握全面技术能力，过多地练习扣球和拦网，而忽视传、垫、防等下三路技术的提高，还容易引起运动创伤，缩短运动寿命，这种历史教训并不鲜见。排球运动训练规律和运动员成才规律不可违背，也不能凭空想象。否则，欲速则不达，抄近而实远。

当下，我国有不少男女运动员条件很好，潜力巨大，可惜有些人基础不牢，底蕴不深，功底不足，技术提高受到制约，临场发挥不尽如人意，令人扼腕不已！这或许与理念上急功近利，行为上拔苗助长，方法上以赛代练，技术上缺胳膊少腿，以及过早、过多进行专位训练不无关联，值得引起关注。

七、技能与智能的关系

排球运动员对任何一项技术的正确掌握与合理运用，都离不开脚步、手法、躯干、视野和意识（思维）等多维一体的协调配合与良好发挥。运动员在掌握与运用各项技术的过程中，脚步，是击球行动的前提；手法，是完成技术的关键；躯干，是协调全身的枢纽；视野，是临场判断的依据；意识，是运用技术的灵魂。只有这几方面的行动配合密切，协调一致，才称得上是比较完美的技术，也才有可能合理地运用。

然而，在实际的训练与运用中，视野和意识这两个贯穿于技术行动全过程的要素，却往往被教练员所忽略甚至于摈弃；致使有些运动员只会动手、动脚，不知用眼、用脑，这不能不影响其对技术的正确掌握与合理运用，不能不妨碍其迅速成长的过程，值得教练员和运动员高度重视。

训练运动员不但要练体能，练技能，练手脚，还要练思维，练用脑，练智慧；不但要传授技艺，而且要教会做人。而智慧与品德等软实力，对运动员的培育与成长有不可低估的战略意义。因此，在训练中不但要教会运动员用手脚打球，还要用眼睛观察彼我双方的人员动态，更要用大脑去思考打球的门道、取胜的谋略，做到手、脑并用，练、想结合，做、讲并举，开发脑洞，刻苦钻研，充分发挥第二信号系统在掌握和运用技术中的作用。

重视业务学习，认真总结经验，加强理论研究，对于丰富运动员知识能力，提高技术水平，学会用脑打球，具有深远战略意义。历史经验表明，实践产生真知，理论指导行动。技术要想进步，理论必须前行。理论繁荣，催生技术发展。理论贫乏，导致技术滞后。正确训练理论，引导正确技术行动。理论导向错误，必将引发技术倒退。

爱因斯坦说，仅仅“用专业知识教育人是不够的。通过专业教育，他可以成为一种有用的机器，但是不能成为一个全面发展的人。”教练员除了要教会运动员运动技能和专业知识外，还要创造条件引导其学习科学文化知识，提升科学文化水平，加强道德品位修养。运动员自身也要抓紧时间，只争朝夕，积极进取，好学不倦，多读书，读好书，使自己成为全面发展的人，而不仅仅是“打球机器”。

运动员的成才，同教练员识才、育才和用才的能力与水平息息相关。因此，教练员自身更需努力深造，继续进修，率先垂范，身体力行，不断优化自己的执教能力与水平。

当然，机遇有时也是运动员成才的一个因素。但你首先必须是“千里马”，伯乐才会有机会慧眼识才、着手育才、放手用才。

八、训练与比赛的关系

训练和比赛是教练员和运动员的两大主要任务。运动队伍的日常工作是以训练为中心，但训练的根本目的就是为了提高水平、培育人才、赛好成绩。养兵千日，用在一朝。运动队伍一年中的工作成果，在很大程度上都是以本年度参加重大比赛所取得名次作为考评的主要依据。

由此可以认为，训练是一种实施手段，比赛才是终极目的。每个教练员和运动员都必须倾注全部精力和智慧，认真对待每一次重大比赛，力争以最佳成绩来证明自己的水平与价值。由于名次的高低会关系到教练员职称、运动员等级称号和工资、奖金待遇的评定，甚至会影响到住房分配及未来工作定位等；同时对全队取得社会企业赞助经费和俱乐部资金的多寡有关。总之，运动队的比赛成绩同每个教练员、运动员的切身利益密切相关，因而，打好每场比赛，完成比赛任务，取得优异成绩，应是运动队伍工作中的重中之重。

比赛，是训练的一面镜子，是展现一个队平时训练水平与质量的平台。通过比赛可以检验训练成效，发现存在问题，找出自身差距，为制订下一阶段训练计划提供客观依据，从而促进训练水平的进一步提高。

训练，是考核一个教练员执教能力与智慧的标尺。在通常情况下，比赛成绩是反映一个队教练员和运动员训练的综合能力与水平。当然，由于种种不可预测的主客观因素或偶然机遇，有时水平与名次并不完全画等号。一些与决赛失之交臂的队伍，也有可圈可点的训练经验。但作为教练员应从比赛中自我反思，总结经验，博采众长，不断提升自己的执教水平。

然而，要想提高水平，造就人才，打好比赛，取得优异成绩，体现自身价值，获取荣誉待遇，就必须通过科学、刻苦的系统训练来实现。前国家体委提出的“从严、从难、从实战出发和大运动量”的训练方针，符合生理学的“条件反射建立”和“超量恢复”等科学原理，适应运动员的成才规律，是包括我国排球在内的国内外很多运动项目取得成功的宝贵经验，应当传承与发扬。

据国际排联《教练员文摘》刊载：“高水平运动员每天必须练习4~6小时；世界一些名列前茅的队一天的训练量高达8小时，每周40多小时。”有媒体报道，中国男排阿根廷籍教练劳尔·洛萨诺先生通过一段时间的观察后曾指出：中国运动员条件很好，但训练不足。可见，英雄所见略同，天下道理相通。

训练和比赛的关系，如同一棵树的根与叶的关系，只有根深蒂固，才能枝繁叶茂；枝叶茂盛了，反过来必将有助于强根固本。只有提高训练水平，才会有精彩的比赛；反之，高水平的比赛，也会促进训练水平的改进与提升。倘若只热衷于修枝剪叶，包装赛事，而忽视强根固本，抓好训练，岂不是本末倒置的短视行为！

“台上三分钟，台下十年功”“平时多流汗，战时少流血”。这些民谚俗语，都是阐明训练与比赛互为因果的辩证关系，值得耐人寻味。道理并不高深，实行却非易事。但可以断言，任何人不付出艰苦劳动，而企求获得优异成绩，只能是缘木求鱼，事与愿违。

九、主力与替补的关系

注重后备培养，搞好新老交替，是一支队伍保持水平稳定、成绩常在、人才辈出、长盛不衰的保证。

一个队实力的强弱，不但要看其当前水平，而且要视其后备潜力。一支球队的人员组成，一般都呈现出不同层次的年龄结构、不同水平的技术能力，清一色年龄和水平的组合是少有的。这个客观现实，要求教练员必须对运动队的以老带新、继往开来、新陈代谢、新老交替的工作做好统筹安排和长远规划。

就一个队而言，在阵容结构上，既要有一个实力雄厚的主力阵容，又要保持一支人数相当、分工对应、水平相近的替补力量，或几个有专长的技术能手，以便在训练中树立强大对立面，在比赛中手上有精锐，心里不惊慌。强队更要拥有几名令对手望而生畏的技术尖子，以及能使全队产生凝聚力的骨干力量。

教练员在日常活动中，要有意识地培养几名品“技”兼优的队员成为尖子和骨干。这些尖子和骨干，一般都是主力队员，是在训练中迎难而上、激励斗志的鼓动者；在比赛顺境中冲锋陷阵、呼风唤雨的急先锋，逆境中坚守阵地、中流砥柱的“敢死队”；在生活中维护正常秩序的大管家，帮助队员排忧解难的“大哥大”；是树立良好队风、彰显凛然正气的好榜样。这些群众领袖，是队里的“关键少数”，有时可以起到领队和教练不可替代的作用。“尖子是磨出来的……要靠教练员悉心培养，从技术到思想备加严格要求。”（引自袁伟民：《我的执教之道》）诚然，尖子和骨干不是“敕封”，也不能“任命”，而是在长期实践中，认真培育，着力磨练，积以时日，才能实现。

替补队员是队里不容忽视的“另一半”，平时是主力队员训练的对立面和“假想敌”，赛时有可能是出奇制胜的“突击队”。但毋庸讳言，在赛事增多和求胜心切的情势下，多数替补员少有上场锻炼的机会。倘不争分夺秒、见缝插针地抓紧训练，只是赛前跑龙套，赛中轻活动，赛后就休息，技术与体能必降无疑，全队总体实力的提高也将受到影响。

因此，教练员在平时要重视替补员的培养与训练，不要左支右绌，顾此失彼，只抓主力，忽视替补。在赛期，要腾出时间，抓紧安排替补员的训练。在比赛人员使用上，既要充分发挥主力队员的积极作用，又要大胆培养新生力量，敢于让替补员去经风雨，见世面，显身手；或以有条件的新队员打头阵，用有经验的老队员做后盾。以此扩大全队可战斗人员，延长“板凳深度”，增强整体实力。拥有雄厚替补力量的队伍，可以组成两套阵容，形成不同特点，根据不同对手，组织不同力量，运用不同战法，在比赛中取得的更大的灵活性与主动性。

新陈代谢，新老交替，是运动队的必然规律。教练员在用人问题上，要高瞻远瞩，深谋远虑，对主力与替补的使用，新、老队员的交替，要居安思危，未雨绸缪，尽早合理谋划。不要等主力老队员“江郎才尽”，“油水”榨干，才考虑换人接班，仓促上阵。因此，在用人的实施步骤上，应采用主力阵容逐步更新，替补队员择机使用，年年渐进、岁岁替换的策略；每年更替一两名主力，并由原来主力变为坚强替补，而不是大进大退，另起锅灶，重新搭班。这样，队伍才能永远保持水平稳定、实力不减、经久不衰的势头。在这个问题上，竭泽而渔，搞“大换血”，或杀鸡取卵，揠苗助长，都是不可为的。

十、教练与媒体的关系

风靡全球的竞技排球，作为社会文化领域最活跃的因子之一，必然与媒体发生千丝万缕的联系。在互联网新时代，教练员和运动员如何协调与媒体的关系，是值得考量的课题。

在传统媒体时代，教练和运动员面对媒体时是被动关系，媒体主导着舆论方向。因此，面对媒体采访时，被动一方都操着一些“训练有素”的话语套路，一方面要树立正面的形象；另一方面要避免给本人或者所属单位带来不必要的不良舆论影响。由于是被动关系，被采访者的真实意愿有时会因为各种原因而被扭曲甚至完全背离。

但在新媒体形式下，尤其是社交媒体的突起，给个体的个人意愿带来充分自由的表达通道。而这种不受约束的自由表达，一方面可以展示个人的独特性，进而扩展个人的影响力；另一方面因受个人知识、素养等因素的局限，一些口无遮拦的不为广大粉丝所能接受的观点，又容易给其本人带来纷扰，甚至影响到工作直至生活。

教练员，尤其是名运动员，属于公众人物，拥有广大的关注群体，其个人的言行，和以往几近封闭的环境相比，几乎没有隐私而言。现在的运动员，个性鲜明，善于表达自我，他们是这个伟大时代的践行者和推广者，享受着这个科技日益发达的社会为其带来的便捷和骄傲。而相对于教练员而言，由于所处环境，或已经成型的知识结构，以及对新鲜事物不断降低的敏感度，和年轻的运动员相比，他们对新媒体形势的适应性和接受度相对疲弱很多。

反映到具体的日常训练生活中，一方面在新媒体形式下，教练和运动员的沟通日益紧密，信息传达更加有效，这无疑是积极的一面；另一方面由于社交媒体的发达，运动员容易沉迷于微博微信，从而干扰了正常训练的作息及运动恢复，进而影响后续的训练质量。而如何正确处理运动员的这种沉迷，在新老观念冲突下，并不是一个简单的课题。

粗暴地没收运动员手机电脑，施行半军事化管理，只能是短时间某个阶段的特殊行为，不可以也不可能长期实行。如何引导运动员正确使用新媒体，其实是一个新形势下的社会问题，一个值得关注的新课题，而且不仅限于体育领域。但有一点，作为教练员倒是可以规范的，运动员在社交媒体所发布的言论不是没有原则和底线的，不能因为价值观的向背而引发纷扰，继而影响到训练和比赛。成名的运动员更要自律，个人的哪怕是私人生活中的一点点瑕疵在网络社会中也会被放大成为社会热点。同时，教练员还要在一旦发生此类状况时，做好运动员的情绪疏导，帮助其走回正常的训练和生活轨道。

对广大教练人员来讲，面对新媒体也是个新的课题，尽管应对上述问题目前尚缺少实践经验和好药良方，但尽早提出，引起关注，探求良策，却是广大从业者应有的态度。

第五节 复合型教练团队的构建

一、复合型教练团队的建设需求

现代运动训练作为一个开放、复杂和动态的系统，作为提高竞技运动水平、获得优异运动成绩为目的的一项系统工程，单纯依靠专项教练员的专项训练已经难以满足其多学科需要。“运动员是主题，教练员是主导”的二元化组织结构已经不能跟上时代的步伐，多元化、学习型和创新型的复合教练团队是其发展的必然趋势。

复合型教练团队，是以主教练为核心，由多学科专家组成的指导和帮助运动员（队）进行训练和比赛的高素质团体。主要构成人员包括主教练、助理教练、体能教练、科研教练、康复师、队医、球探、信息员、心理咨询专家、领队、翻译等。目的是在团队人员密切合作下形成高水平的科学训练体系，从而提高我国竞技体育的水平。

（一）复合型教练团队的需求与产生

当今高水平竞技运动训练的发展趋势是训练分工专业化和精细化，多学科综合实施。高水平运动训练不可能只靠一个教练员来独立完成。拥有一支专业化的高水平科学管理训练团队，通过多学科知识的有效集成，可以大大提高训练效益和训练质量。这是当今国际职业化运动项目和我国高水平奥运优势项目的普遍组织方式。专业化的复合型管理训练团队是研究把握训练规律和技战术创新的组织保障，能够充分发挥管理人员、教练员、医务人员等各方面的积极性和创造性。正是在这种需求背景下，在20世纪80年代我国的体育科研人员开始逐渐深入运动队，当时称为“训练科研一体化”，后经过多年的实践和演变，在备战2008年北京奥运会的过程中，复合型教练团队被正式提出，并有效运行，北京奥运会辉煌成绩的获得正是这一特殊模式强力运行所产生的效果。

（二）复合型教练团队的属性与特征

当前我国国家级层面的复合型教练团队主要是围绕奥运会周期的备战而组成的。一般情况是在四年一次的全运会结束后进入奥运会备战开始形成并运行，时间的节点一般是全运会结束开始至奥运会结束，因此，从时间上具有规律性和周期性。在团队目标上也非常明确，围绕核心运动员准备奥运会，取得优异运动成绩，其备战周期内还要参加亚运会等其他国际赛事。由于团队人员来源和性质较为多样，因此其工作开展和活动组织较为纷繁复杂。复合型教练团队的建立、组织和运行是我国各个国家队备战奥运会的重要环节。

作为团队的一种表现形式，复合型教练团队是存在于竞技体育训练管理环境中的一种特殊形式。有着鲜明的特征：

①任务目标高度明确。复合型教练团队的目标是提高训练水平，在奥运会上获得优异成绩。

②成员具有复合型特征。团队成员是由多学科和多专业人员组成的，承担不同的工作任务，并最终进行效益整合。

③突出重点，兼顾一般。复合型教练团队的工作是围绕重点运动员展开，兼顾一般运动员，这是复合型教练团队的一个显著特点，同时也是备战奥运会的需要，是总结项目规律，认识项目本质和特征的必要。

④根据项目特征选择团队成员。根据项目特征的不同，科研团队的人员组成也应有所不同。在体能项目中，训练监控和疲劳恢复专业科研人员对项目的贡献率更高。对技能性运动项目而言，技术分析对项目的贡献率更高。不同项目的复合型教练团队在人员组成时，要有所侧重和选择。

⑤团队核心具备专业性和高超领导才能，民主集中制的决策形式，是为了获得多方信息，避免决策失误。

⑥团队需要不断发展、稳定、进步，团队的可持续发展更是项目科学训练的可持续发展。

二、复合型教练团队的构成运行

（一）复合型教练团队结构

一般来说，复合型教练团队由项目协会领导、领队、总（主）教练、助理教练、体能教练、科研人员、康复师、医务人员和外聘专家等人员组成。实行在训练单位的领导下，由训练单位领导协调、主（总）教练计划实施、其他教练协助配合、科研人员和队医监控与服务、外聘专家提供咨询的结构组成（图 1-4）。对在训练过程中涉及的相关问题实行分类提案、集体研究和论证、集中决策、分类实施的运行机制。

项目协会领导（项目中心主任）是面对国家体育总局的第一责任人，奥运周期的参赛安排和训练设计都是在中心的统一领导下进行的。

外聘专家为来自国内外了解本项目规律和特征的学者，由于运动队特殊的工作性质和专家本职工作而不能长期随队，但其深厚的专业功底可以对运动队提出战略规划、决策咨询，以及具体训练方法和手段的建议。这不但使我国教练员和运动员可以直接受益于国际高水平专家的经验点拨，而且对于接触和把握世界范围内项目竞技环境和发展脉络更加重要。

领队负责运动员的思想教育，队内规章制度的建立，各种后勤保障的落实以及宣传、市场开发等训练外围事宜。

在主（总）教练领导下的教练组（包括助理教练、体能教练、配打教练等）具体负责运动员的选拔，训练设计和实施，比赛规划和安排。

科研人员负责科研攻关和科技服务，根据项目的不同特点，科研人员的选择各有侧重和不同，其中包含生理、生化、心理、生物力学、营养和疲劳恢复等专门人才。

医务人员负责医务监督和伤病防护。多数运动队科研组和医务组人员有交叉与合作。

科研组、教练组、医务组，以及项目领队的工作对象都是运动员。共同的工作目标都是提高运动员训练水平和运动成绩。

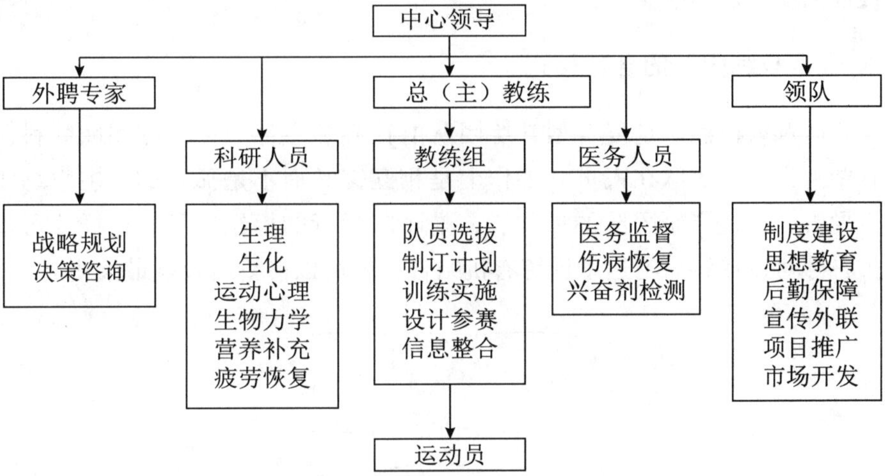

图 1-4　复合型教练团队的组成和功能

（二）复合型教练团队的运行模式

随着我国竞技体育事业的发展，先后形成了不同的运动队管理模式。如国家队的管理模式就包括“领队负责制”“教练负责制”和“队委会负责制”等。从时间上划分，20 世纪 80 年代前一般执行的是领队负责制，强调领队的政治领导作用；1985 年后基本实行的是主总（主）教练负责制，突出主教练业务上的全面指挥权；2001 年开始实行队委会负责制，强调项目管理中心的统一领导。

1. 国家队队委会的领导模式

国家队队委会模式主要是指队委会领导下的分工负责制。这种运行模式重视充分发挥集体的作用，调动各方面积极性，最大限度地整合全队资源，对于处理权限争议问题和确定组织目标有较好成效。

(1) 国家队队委会领导下的总教练负责制

这种运行模式的特点与优势在于能够强调总教练在运动队中的主导地位，有利于树立总教练的威信，便于开展业务工作；但由此产生的缺点是权利过于集中，不利于发挥其他成员作用，国家队采用此种方式的占多数。

（2）国家队队委会领导下的领队负责制

这种模式的特点和优势在于领队具备较强的行政管理工作上的优势，在外围的协调工作上具有保障作用，同时注重思想政治工作。其中的不足在一定程度上会削弱教练员的主导作用，影响业务工作积极性。

国家队采用何种管理模式与结构，需要综合考虑多方面因素，总的原则应从实际出发，从有利于运动队的管理和提高训练质量出发，以最大限度地调动教练员和运动员的积极性为主要着力点。

2. 复合型教练团队的合作模式

教练团队和科研团队是复合型教练团队的核心和主体。在教练团队和科研人员合作的过程中，这两个团队在人员和工作上是相互交叉而不是孤立的。主教练既是教练团队的主导者，又是科研团队的参与者，是团队运行的枢纽。只有这样才可以使科研有的放矢，才可以使科研与运动训练有机结合，才可以使科研效益最大化（图 1–5）。

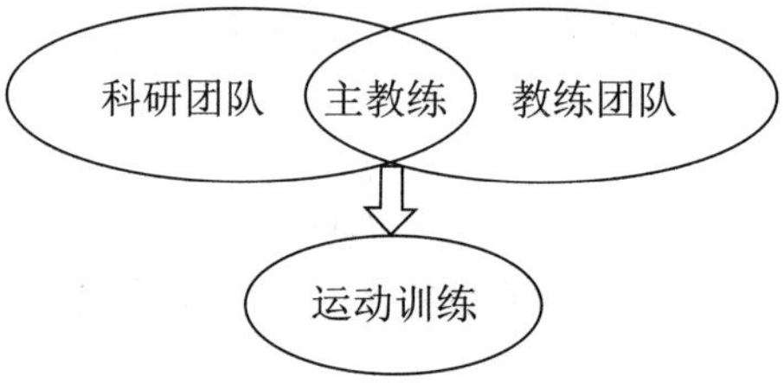

图 1–5　教练团队和科研团队运行模式关系

科研团队人员和医务团队人员通过实时监控运动训练过程和效果，获得信息并进行分析，提出结果和建议，传达给科研负责人。科研负责人与主教练沟通交流后对运动训练做出方案，由教练团队进行具体实施。这里需要强调的是，在合作过程中按照流程和程序进行工作，其中更重要的一点是多方面双向沟通和交流，这也是复合型教练团队运行获得良好效果的标志性特征。

（三）复合型教练团队的主要职能

1. 优秀运动队复合型教练团队的主要职能包括：

①集体研究、论证和制定本训练单位周期发展战略规划和具体实施方案。

②负责运动队有关规章制度的制定和检查。

③对本训练单位金牌任务指标进行分解，确定重点项目和尖子运动员及教练员，选拔和配备领队、科研人员和医疗人员，聘任专家组。

④对教练组提交的运动队（尖子运动员）周期、年度、阶段训练和竞赛计划和任务指标、参赛方案进行集体论证，并对执行和完成情况进行监督、检查和调控。

⑤共同查找、研究运动队（尖子运动员）急需解决的主要问题，有针对性地采取相应的措施及时予以解决。

⑥共同研究、制定尖子运动员的技术诊断、机能检测、伤病治疗、营养恢复、思想教育等方面的方案，并监督实施。

⑦组织运动队业务教研活动，对主管教练训练计划的制订和实施情况进行解析和点评等。

2. 教练团队的职能特征

团队的优势是强化教练员角色的转变，由被动接受服务转为主动参与，这也要求教练员的综合素质要全面提升。在“复合型教练团队”的整合机制下，教练员处于主体位置，教练员直接负责运动员日常的各种训练工作，还要与科研人员的科研立项、医务人员的伤病预防与康复计划紧密沟通，通过教练对运动员掌握和了解的具体情况，制订相应的个性化科研攻关方案和医疗恢复措施。同时，作为教练员要把各学科各专业的相关知识和技术加以综合，“揉入”训练，使之发挥最佳组合效应。

3. 科研团队的职能特征

2007 年的《国家队科研团队建设与管理暂行办法》与 2003 年发布的《国家队科技人员管理暂行办法》相比，把以前的“科技人员”替换为“科研团队”，这是一种理念的转变，明确并突显了科研的作用和重要性。新管理办法出台了国家的战略导向，即以“科技兴体”为目标，鼓励科研人员进入国家队为运动员训练服务作保障。

目前，优势项目国家队的教练员具备了一定的综合素质，能够接受科研人员等成员入队进行相关工作，同时也对入队科研人员提出了更高要求，即教练员综合素质的提高与训练管理理念的更新促使科研人员要提升自身服务意识和服务水平，减少入队个人目的与运动队目标的偏差，当两者目的性保持一致时，才能获取教练员的认可。

4. 医务团队的职能特征

医务团队人员的职能特征主要是：

①多部门管理在一定程度上会使医务人员工作受限。

②医务人员负责内容较广，压力较大。

队医的建议对主教练制订训练计划和方案有着积极的参考价值，这一角色在复合型教练团队中具有不可替代的重要地位。

5. 管理人员的职能特征

国家队训练过程中，管理是一项非常重要的环节。管理工作者会定期安排会议，根据训练过程中产生的问题进行及时的研讨，能够使团队对当前的运动训练状况有一个客观的认识，并明确下一阶段任务。在复合教练团队一体化系统中，管理者担任着重要角色。比如在团队建设初期，团队成员之间可能并不热悉，由于来自不同部门，在学科和专业背景上有较大差异，在工作中会表现出如：各行其是、消极应对等现象，严重阻碍了工作效率；因此，管理者在运动队应积极发挥应有的作用，对整个工作链条起到润滑效果。

（四）复合型教练团队运行中的注意事项

1. 加强团队领导者影响力管理

一般而言，领导者的影响力可分为权力性影响力和非权力性影响力两类。权力性影响力是职位和职务的伴生产物，是由组织上以法律或条例的形式固定下来的一种影响力，它具有强制性和不可抗拒性的特点。领导者权力性影响力是管理基础，也是其权威的一个重要构成要素。领导者非权力性影响力（又称自然性影响力），是由领导者本人的素质和行为形成的。与权力性影响力不同，非权力性影响力与职位和职务无关，是一种自然的柔性力量，但又是一种具有示范性、潜移默化性、塑造性和深刻性等特点的力量。复合型教练团队既要行使权力性影响力，更要重视非权力性影响力的运用，领导者充分依靠自身的个人品质、道德、知识、情感等来影响、引导、塑造团队成员，增进团队的凝聚力和向心力。

2. 加强沟通与协调，解决团队冲突问题

冲突是社会生活中的一种普遍现象。复合型教练团队一般面临两种冲突：一是外部冲突，主要是与国家队、竞争运动队、俱乐部等的冲突，对于外部冲突，团队一般有明确的应对策略；二是内部冲突，主要来源于复杂的人际关系和业务关系及成员特殊利益的诉求，处理起来需要大量的沟通和协调。为此，根据团队目标及实现策略，正确选择沟通方式，灵活使用其原则与方法，创造民族平等和相互信任的团队氛围，通过各种制度性措施（如会议制度、建议制度、头脑风暴制度、集体协商制度）和技术性措施（如“说”“听”“换位思考”技巧等）消除各种沟通障碍，有效地进行沟通。更为重要的是，团队领导对成员、成员对领导、成员之间应建立起深层的相互信任机制，避免和减少成员之间的相互猜疑，降低因加强监督而带来的附加管理成本，促进组织、团队和个人三方的共赢。

3. 优化团队绩效考核体系

复合型教练团队的考核不仅考核团队绩效，还要注重把团队绩效与个人绩效相结合起来考核。在传统的管理模式下，增加“团队绩效”和“一体化”的效果指标，可

以较客观地体现科研和医务人员的价值和作用。

4. 注重团队的可持续发展

复合型教练团队的有效运行，要注重不断提高团队成员的思想素质、业务素质和能力，明确职责分工与责任，处理好政事关系，实现高效决策和低成本运行。要把体育科技和医务人才的引进、培养与再培养作为一项重要工作来抓，力求形成团队成员学科分布合理、学历层次清晰、年龄结构恰当、人才梯度明显、培训与培养系统连续的良好局面。此外，要不断完善和创新复合型教练团队的管理体制和运行机制，最大程度地提高集体决策的高效性，最大限度地发挥复合型团队的管理效应，进而推动竞技体育水平的进一步提高。

（钟秉枢、张然、葛春林）

第二章

排球运动员的科学选材

第一节　运动员选材的基本概念和特点

一、运动员科学选材基本概念

科学选材是指采用现代科学的方法，通过客观指标测试、全面综合评价和预测等手段，把先天条件适合从事某项运动的人才选拔出来，进行系统培养，并不断监测其发展趋势的过程。

在选材实践中，不能忽视优秀教练员经验选材的重要作用。所谓经验选材是教练员将在选材实践中获得的感性认识，又上升到理论并不断验证和修正，同样有采用价值。把科学选材和经验选材相结合，才能提高选材的成功率。

二、运动员科学选材特点

运动员科学选材具有多学科、专项性和综合性的特点；同时，运动员科学选材是一个动态过程，纵向追踪是科学选材的又一特点。选材准确并不意味着一定成才，科学训练培育人才本身也是科学选材的重要组成部分。

①运动员科学选材的理论和方法涉及了生物学、人类学、遗传学、解剖学、生理学、教育学、心理学、生物力学、数学、测量学和统计学等多个学科领域。因此，必须掌握和应用多学科的理论和方法，才能科学地确定选材方案，准确选拔优秀运动员。

②运动员科学选材模式的建立必须与运动专项特点密切结合。不同运动项目对于人体形态、机能、素质要求不同，应选择与专项动作结构相关密切的指标进行测试和评价。

③运动员科学选材强调综合评价，对运动员进行全面的分析，不要轻易放弃虽然某些指标不达标准但特点突出的儿童少年。运动员选材不能一次定终身，要在儿童少年各发育阶段或不同训练阶段进行多次测试，进行综合评价。

运动员科学选材是培养优秀运动员的一项基本工作。我国运动员科学选材已经建立有较完整的体系，包括初级（学校阶段早期选材）、中级（业余体校阶段）和高级选材（进入体工队）。三级选材的核心是选育结合，用科学的方法选拔、监测、培育，使运动员成材。

三、排球运动员选材项目特点

排球运动是技巧和体能同等重要的运动项目，排球项目需要高大球员争夺制空权，对身体形态有较高的要求；应重点关注身高、臂长和与灵活性有关的身体形态指标。

排球运动需要运动员具备高水平的时间、空间判断能力、反应速度和动作速度。排球项目供能特点复杂，在竞争激烈的现代排球比赛中，运动员需要连续多次快速起跳，并迅速复原来维持多回合争夺的体能，其供能形式是以磷酸原供能为主，乳酸供能占有一定比例，而有氧代谢能力是排球运动的重要基础，因此具备良好的身体机能和较全面的身体素质，如速度与爆发力、柔韧性、协调性，完成长时间训练和比赛所需的心肺耐力、肌肉耐力都是排球运动员选材应关注的重点。

排球运动员的心理品质在比赛中起着重要作用，在选材中亦应重点考虑。

第二节 运动员科学选材基本流程

一、家系调查

运动实践证明，优秀运动员的后代中，有50%的人均能在运动能力上有突出表现，这说明父母某些遗传性状，如身体形态、生理机能、运动素质、心理品质等均可能在子女身上再现，并通过遗传变异有所发展。因此家系调查有助于提高选材的成功率。

（一）家系基本情况

可以通过问卷和询问法进行，主要内容有：

①父母亲、祖父母、外祖父母、兄弟姐妹的基本形态特征，如身高、体重、体型等。

②父母亲、祖父母、外祖父母、兄弟姐妹的身体健康水平，患有哪些慢性疾病，特别是遗传度较高的疾病。

③被测者是否是运动员的后代；或者父母亲、祖母父、外祖母父、兄弟姐妹是否具有超过常人的运动能力或体育爱好。

可以观察和询问被选者在家系中特别像谁，并重点对其情况进行了解与调查，以发现他们之间更多的遗传联系。

（二）生育史调查

①被测者出生时属于早产、难产或顺产。一般来说，早产易出现体质弱的表现。而难产，由于出生时的困难，易导致窒息等，在心血管系统中留下隐患。

②被选者生育时父母的年龄与健康状况。一般认为，父母亲年龄较大或身体状况不好时所生育的子女体质相对较差。而在经济条件较差时，这一影响将更加明显。

③双胞胎应特别注意在青春期的营养和体质增强。

表 2-1 为家系调查参考问卷。

表 2-1　运动员家系特征情况调查表

姓名　　　性别　　　出生日期

<table>
<tr><td rowspan="9">家庭长辈情况</td><td>与运动员的家庭关系</td><td colspan="2">父亲</td><td colspan="2">母亲</td><td colspan="2">爷爷</td><td colspan="2">奶奶</td><td colspan="2">外公</td><td colspan="2">外婆</td></tr>
<tr><td>身高（厘米）</td><td colspan="2"></td><td colspan="2"></td><td colspan="2"></td><td colspan="2"></td><td colspan="2"></td><td colspan="2"></td></tr>
<tr><td>体重（千克）</td><td colspan="2"></td><td colspan="2"></td><td colspan="2"></td><td colspan="2"></td><td colspan="2"></td><td colspan="2"></td></tr>
<tr><td>职业</td><td colspan="2"></td><td colspan="2"></td><td colspan="2"></td><td colspan="2"></td><td colspan="2"></td><td colspan="2"></td></tr>
<tr><td>文化程度</td><td colspan="2"></td><td colspan="2"></td><td colspan="2"></td><td colspan="2"></td><td colspan="2"></td><td colspan="2"></td></tr>
<tr><td>体型倾向（选填：稍胖、壮、瘦壮、瘦）</td><td colspan="2"></td><td colspan="2"></td><td colspan="2"></td><td colspan="2"></td><td colspan="2"></td><td colspan="2"></td></tr>
<tr><td>兴趣爱好（限填体育或文艺）</td><td colspan="2"></td><td colspan="2"></td><td colspan="2"></td><td colspan="2"></td><td colspan="2"></td><td colspan="2"></td></tr>
<tr><td>性格（选填：内向、外向、中间型）</td><td colspan="2"></td><td colspan="2"></td><td colspan="2"></td><td colspan="2"></td><td colspan="2"></td><td colspan="2"></td></tr>
<tr><td>健康情况（有无慢性病）</td><td colspan="2"></td><td colspan="2"></td><td colspan="2"></td><td colspan="2"></td><td colspan="2"></td><td colspan="2"></td></tr>
<tr><td rowspan="6">同辈情况（姐妹兄弟）</td><td>与运动员的家庭关系</td><td colspan="3">兄</td><td colspan="3">弟</td><td colspan="3">姐</td><td colspan="3">妹</td></tr>
<tr><td>年龄（岁）</td><td colspan="3"></td><td colspan="3"></td><td colspan="3"></td><td colspan="3"></td></tr>
<tr><td>身高（厘米）</td><td colspan="3"></td><td colspan="3"></td><td colspan="3"></td><td colspan="3"></td></tr>
<tr><td>体重（千克）</td><td colspan="3"></td><td colspan="3"></td><td colspan="3"></td><td colspan="3"></td></tr>
<tr><td>体型特征（选填：稍胖、壮、瘦壮、瘦）</td><td colspan="3"></td><td colspan="3"></td><td colspan="3"></td><td colspan="3"></td></tr>
<tr><td>健康情况（有无慢性病）</td><td colspan="3"></td><td colspan="3"></td><td colspan="3"></td><td colspan="3"></td></tr>
<tr><td>运动员情况</td><td colspan="13">出生情况（选填：早产、顺产）________
母亲生育时的年龄________（岁），第____胎
生活条件（选填：上、中上、中、中下、下等）________
外表及体型（选填：像父、像母、像爷、像奶、像外公、像外婆）________
健康情况（有无慢性病及伤）________
身高（厘米）________
体重（千克）________</td></tr>
</table>

续表

说明	1. 选填项目只选其中一个选项 2. 年龄、身高、体重、体型必答，最好用准确数字或说明

填写　年　月　日

二、一般医学与体格检查

一般史、运动史、体表和肌肉骨骼的检查、人体测量、各系统和器官的检查、心肺机能试验、心电图等。特别应注意对常见的病理性高身材（垂体巨人症、马凡氏综合症）的检查。健康检查的重点是：肌肉骨骼系统、心血管系统、神经系统和心理系统等。

一般医学和体格检查由医生完成。检查的目的是了解被选者的一般健康情况，有无影响运动能力发展的各类疾病，有无影响运动技术进一步发展的身体缺陷。

（一）一般医学检查

内容可参照普通内科门诊的常规检查项目，重点放在发现某些疾病或体质低下状态；确定是否能够参加体育运动。一般有：血常规，尿常规，肝、肾功能，安静心率，血压，心电图，胸透，眼科及一般外科等。

（二）肌肉与骨骼系统

①检查全身肌肉系统发育是否正常和均衡，以及肌肉的发达程度，是否有陈旧性和急性损伤，注意两侧肌群发育的对称性并给予评价。

②检查骨骼是否正常，包括脊柱检查、胸廓检查、四肢骨骼、腿型与足型。

（三）心血管系统

在一般医学检查中如发现心率、心电图异常者应进一步做超声心动图鉴别。

（四）马凡氏综合征检查

对于高身材运动员，应注意观察外形是否有马凡式综合征的症状，如：身体瘦长（皮下脂肪薄）、蜘蛛指、高腭弓、眼部异常（如晶体半脱位、高度近视）等，以及询问是否有过胸闷、心率异常、头晕等症状，必要时应到正规医院应用心脏彩超、磁共振显像以及脑电图、脑血流图等予以甄别。

（五）两性人鉴别

可以采用“口前涂片”检测法，也可以采用观察法。

三、发育程度的鉴别及青春发育期长短的鉴别

运动能力与人的年龄和生长发育水平密切相关，因而对于儿童少年运动能力的评价，应首先对发育程度进行鉴别，根据其生物年龄对形态机能素质进行评价。

（一）发育程度的评价

1. 生活年龄与生物年龄

人出生后生活时间长短叫生活年龄；根据人的发育程度所判定的年龄叫生物年龄或发育年龄。在运动员选材中，对发育程度的鉴别目前主要采用两种方法，即骨龄鉴别法和骨龄推算法。骨龄鉴别发育程度的方法较为准确；而在大面积的初选阶段也可以采用第二性征推算骨龄的方法。

2. 发育程度判定

发育程度分为早熟型、正常型和晚熟型，是用生活年龄与生物年龄进行对比得出的。

骨龄与年龄相差正负一年之内为正常发育，骨龄大于年龄一年以上为早发育型（早熟型），骨龄小于年龄一年以上为晚发育型（晚熟型）。

（二）骨龄测量的基本方法

1. 骨龄

人的骨骼年龄简称骨龄。骨的生长发育是一个连续的过程。骨化中心的出现是骨生长发育的开始，骨的干骺融合和骺的完全成人形表示骨发育成熟和结束。在这个过程中，可表现出骨的不同形态特征，目前是依据拍摄的X线片上骨发育的特定形态特征进行骨龄的测量，进而评价个体的生长发育的水平。因此，骨龄是依据骨发育成熟过程中于X线片上可见的所经历的连续性变化特征，判断个体发育程度的一种生物年龄。这些特征大多来自骨组织代替软骨组织或骨组织的重吸收，从而导致骨形态或骨密度的变化。

骨龄与生殖系统的成熟水平成正相关；与身体的体积、体型、身体组成及身高增长峰值的年龄显著相关。骨龄是准确地评价个体生长发育程度的重要生物学年龄之一。

测量骨龄的方法主要有三种：

（1）据骨化中心出现或骨骺愈合时间评定骨龄

特点是方法简便，但精确度低。这一方法是采用当骨化中心出现或骨骺愈合超过

50%时则判定为骨化中心出现或骨骺愈合的年龄，这在一些年龄组会具有比较典型的特征，使骨龄判断具备一定的准确度，如当女孩拇指内收肌出现种籽骨时判定为骨龄11岁，男孩则判定为骨龄13岁。

（2）图谱法

特点是比较直观，但是在受测者发育不均衡时容易产生误差。国内外比较广泛应用的是"G-P图谱"，它是由美国的Greulich-Pyle在Todd早期研制的系列图谱基础上不断修改完善，于1959年建立的。G-P图谱包括男女各一套标准片（男31张、女28张），每张标准片上都标明该标准片的骨骼年龄，使用时将受测者骨龄片与标准片对照，当受测者骨龄片上显示的各骨发育程度与标准片相似时，此标准片的骨龄即为受测者骨龄。

（3）记分法

记分法是依测量骨的成熟水平确定成熟等级，实行记分计算骨龄的方法。目前我国运动员骨龄评价是采用《CHN中国人手腕骨骨龄标准》，该标准是采用记分法建立的。

2. 骨龄判读

骨龄判读具体方法是：

①拍摄不利肢手腕骨正前位X片，包括全部手骨、腕骨及尺桡远端（图2-1）。

②使用"中国人骨成熟度评价标准及应用—CHN计分法和骨龄标准图谱"，读出每块骨的发育等级。

③使用相应性别的"手腕各骨发育等级得分表"，查出各骨得分。

④计算总分，对照"手腕骨发育成熟度得分与骨龄对照表"查出骨龄。

一般认为，骨发育受种族、遗传、营养和运动的影响。适宜的体育运动对骨骺给予良性的压力刺激使骺软骨细胞增殖肥大，能促进长骨骨骺的发育，使四肢骨长度增加；超负荷的体育训练可能使受压骨骺变形，不仅影响长骨的长长，还会影响关节的形态、功能及干骺过早愈合。

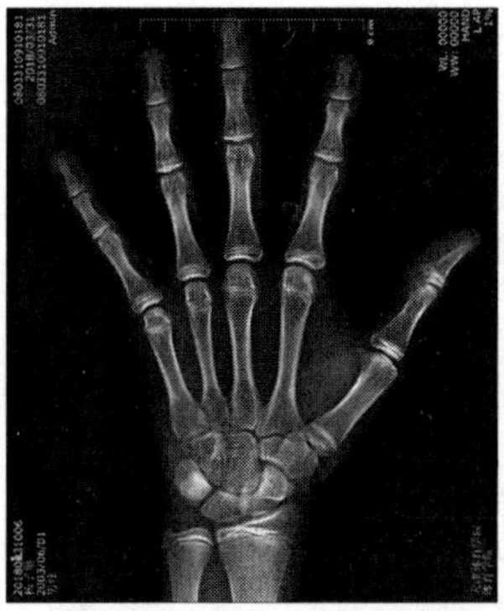

图2-1　骨龄判读片示意

（三）身高预测方法

1. 身高预测基本方法

用骨龄预测身高是目前国内外公认最准确的方法；此外还有一些根据形态指标，如足长、父母身高等进行预测的方法，均准确性较低。

2. 骨龄身高预测

骨龄预测身高的具体方法是：

①判定骨龄，用骨龄与日历年龄差异，确定发育类型（早熟型、正常型、晚熟型）。

②测量受检者拍片时身高。

③查找所对应的完成未来身高的百分比（%）（表 2-2~表 2-7）。

④进行预测身高，公式是：未来身高 = 现身高（cm）/骨龄对应成人身高百分比（%）。

需要注意的是，我国目前没有进行系统的骨发育纵向追踪的研究，因而尚无骨龄预测身高的方法问世。因而，在运动员选材中，人们习惯使用“B-P 法”创造的骨龄对应完成成人身高的百分比（%）来预测身高，并认为有相当的准确性。

表 2-2　骨龄与生活年龄相差一岁内的儿童的成年身高百分数（男）

骨龄	7-0	7-3	7-6	7-9	8-0	8-3	8-6	8-9	9-0	9-3	9-6	9-9
成年身高（%）	69.5	70.2	70.9	71.9	72.3	73.1	73.9	74.6	75.2	76.1	76.9	77.7
骨龄	10-0	10-3	10-6	10-9	11-0	11-3	11-6	11-9	12-0	12-3	12-6	12-9
成年身高（%）	78.4	79.1	79.5	80.0	80.4	81.2	81.8	82.6	83.4	84.3	85.3	86.3
骨龄	13-0	13-3	13-6	13-9	14-0	14-3	14-6	14-9	15-0	15-3	15-6	15-9
成年身高（%）	87.6	89.0	90.2	91.4	92.7	93.8	94.8	95.8	96.8	97.3	97.6	98.0
骨龄	16-0	16-3	16-6	16-9	17-0	17-3	17-6	17-9	18-0	18-3	18-6	
成年身高（%）	98.2	98.5	98.7	98.9	99.1	99.3	99.4	99.5	99.6	99.8	100	

表 2-3　骨龄超过生活年龄一岁或一岁以上儿童的成年身高百分数（男）

骨龄	7-0	7-3	7-6	7-9	8-0	8-3	8-6	8-9	9-0	9-3	9-6	9-9
成年身高（%）	67.0	67.6	68.3	68.9	69.6	70.3	70.9	71.5	72.0	72.8	73.4	74.1
骨龄	10-0	10-3	10-6	10-9	11-0	11-3	11-6	11-9	12-0	12-3	12-6	12-9
成年身高（%）	74.7	75.3	75.8	76.3	76.7	77.6	78.6	80.0	80.9	81.8	82.8	83.9
骨龄	13-0	13-3	13-6	13-9	14-0	14-3	14-6	14-9	15-0	15-3	15-6	15-9
成年身高（%）	85.0	86.3	87.5	89.0	90.5	91.8	93.0	94.3	95.8	96.7	97.1	97.6
骨龄	16-0	16-3	16-6	16-9	17-0							
成年身高（%）	98.0	98.3	98.5	98.8	99.0							

表 2-4 骨龄低于生活年龄一岁或一岁以上儿童的成年身高百分数（男）

骨龄	6-0	6-3	6-6	6-9	7-0	7-3	7-6	7-9	8-0	8-3	8-6	8-9
成年身高（%）	68.0	69.0	70.0	70.9	71.8	72.8	73.8	74.7	75.6	76.5	77.3	77.9
骨龄	9-0	9-3	9-6	9-9	10-0	10-3	10-6	10-9	11-0	11-3	11-6	11-9
成年身高（%）	78.6	79.4	80.0	80.7	81.2	81.6	81.9	82.1	82.3	82.7	83.2	83.9
骨龄	12-0	12-3	12-6	12-9	13-0							
成年身高（%）	84.5	85.2	86.0	86.9	88.0							

表 2-5 骨龄与生活年龄相差在一岁内的儿童的成年身高百分数（女）

骨龄	6-0	6-3	6-6	6-10	7-0	7-3	7-6	7-10	8-0	8-3	8-6	8-10
成年身高（%）	72.0	72.9	73.8	75.1	75.7	76.5	77.2	78.2	79.0	80.1	81.0	82.1
骨龄	9-0	9-3	9-6	9-9	10-0	10-3	10-6	10-9	11-0	11-3	11-6	11-9
成年身高（%）	82.7	83.6	84.4	85.3	86.2	87.4	88.4	89.6	90.6	91.0	91.4	91.8
骨龄	12-0	12-3	12-6	12-9	13-0	13-3	13-6	13-9	14-0	14-3	14-6	14-9
成年身高（%）	92.2	93.2	94.1	95.0	95.8	96.7	97.4	97.8	98.0	98.3	98.6	98.8
骨龄	15-0	15-3	15-6	15-9	16-0	16-3	16-6	16-9	17-0	17-6	18-0	
成年身高（%）	99.0	99.1	99.3	99.4	99.6	99.6	99.7	99.8	99.9	99.95	100	

表 2-6 骨龄超过生活年龄一岁或一岁以上儿童的成年身高百分数（女）

骨龄	7-0	7-3	7-6	7-10	8-0	8-3	8-6	8-10	9-0	9-3	9-6	9-9
成年身高（%）	71.2	72.2	73.2	74.2	75.0	76.0	77.1	78.4	79.0	80.0	80.9	81.9
骨龄	10-0	10-3	10-6	10-9	11-0	11-3	11-6	11-9	12-0	12-3	12-6	12-9
成年身高（%）	82.8	84.1	85.6	87.0	88.3	88.7	89.1	89.7	90.1	91.3	92.4	93.5
骨龄	13-0	13-3	13-6	13-9	14-0	14-3	14-6	14-9	15-0	15-3	15-6	15-9
成年身高（%）	94.5	95.5	96.3	96.8	97.2	97.7	98.0	98.3	98.6	98.8	99.0	99.2
骨龄	16-0	16-3	16-6	16-9	17-0	17-6						
成年身高（%）	99.3	99.4	99.5	99.6	99.8	99.95						

表 2-7 骨龄低于生活年龄一岁或一岁以上儿童的成年身高百分数（女）

骨龄	6-0	6-3	6-6	6-10	7-0	7-3	7-6	7-9	8-0	8-3	8-6	8-10
成年身高（%）	73.3	74.2	75.1	76.3	77.0	77.9	78.8	79.7	79.7	80.4	82.3	83.6
骨龄	9-0	9-3	9-6	9-9	10-0	10-3	10-6	10-9	11-0	11-3	11-6	11-9
成年身高（%）	84.1	85.1	85.8	86.6	87.4	88.4	89.6	90.7	91.8	92.2	92.6	92.9
骨龄	12-0	12-3	12-6	12-9	13-0	13-3	13-6	13-9	14-0	14-3	14-6	14-9
成年身高（%）	93.2	94.2	94.6	95.7	96.4	97.1	97.7	98.1	98.3	98.6	98.9	99.2
骨龄	15-0	15-3	15-6	15-9	16-0	16-3	16-6	16-9	17-0			
成年身高（%）	99.4	99.5	99.6	99.7	99.8	99.9	99.9	99.95	100			

引自：张绍岩邵伟东，杨世增，等. 中国人手腕骨成熟度评价标准及应用［M］. 北京：人民体育出版社，1995.

（四）青春发育期高峰

1. 青春发育期

青春发育期是由儿童发育到成人的过渡时期，是从体格生长突增开始，到骨骼完全愈合、躯干停止生长、性发育成熟而结束。

青春发育期开始的标志是一过性乳节出现和拇指内收肌上种籽骨出现。一般来说，男子骨龄 13 岁，女子骨龄 11 岁时种籽骨出现。

2. 青春发育期持续时间

青春发育期高潮开始后，一般持续 3～4 年，个体之间存在差异，与运动潜力关系密切。

青春期开始的时间有提早、正常、推迟三种类型，青春发育期持续时间长短也存在个体差异，根据发育类型和发育期高潮持续时间的缩短、正常和延长型，在运动员选材中，基本上可以分出 9 种不同的类型：

- （1）提早开始发育
  - ①发育高潮持续时间缩短
  - ②发育高潮持续时间正常
  - ③发育高潮持续时间延长
- （2）正常开始发育
  - ①发育高潮持续时间缩短
  - ②发育高潮持续时间正常
  - ③发育高潮持续时间延长
- （3）推迟开始发育
  - ①发育高潮持续时间缩短
  - ②发育高潮持续时间正常
  - ③发育高潮持续时间延长

著名运动员科学选材专家曾凡辉经过多年的追踪研究认为：成材率最高的是在正常年龄开始发育，高潮持续时间延长者，其发育阶段的蓬勃长势所带来的运动能力“自然增长”会更大，而科学训练对他们的“诱发”与促进会使成材率更高。曾凡辉曾追踪上海市优秀运动员发现此类型者占 66.7%，他们的运动成绩在青春发育后期会充分表现。

正常年龄进入青春发育高潮而发育高潮缩短的少年儿童，运动能力提早表现，但潜力可能不大。

3. 青春发育期持续时间的判别

（1）追踪骨龄进行判断

骨发育在 2 个生活年跨过 4 个骨发育年或更多为缩短型；骨发育在 3 个生活年跨过

4个骨发育年为正常型；骨发育在4个生活年跨过4个骨发育年为延长型。

（2）追踪身高进行判断

以进入青春发育期第1年身高增长值为100%，正常型：第2年70%、第3年30%、第4年30%；缩短型：第2年30%、第3年30%；延长型：第2年90%、第3年70%、第4年30%、第5年30%。

四、形态、机能、心理、素质和专项能力测试

在运动员选材中，应根据各专项特点选择与运动成绩高度相关，并具有较高遗传度，稳定性好、应用性强的指标。

（一）身体形态的测量与评价

身体形态是指人体在一定条件下的表现形式，包括人体各部分的大小、人体重量、性征、骨骼、体型及体姿等。身体形态在一定程度上反映身体生长发育水平或制约运动素质的发展，影响竞技能力，如排球运动员身高臂长会获得网上优势，因而身体形态的测量与评价在运动员选材中十分重要。

1. 排球运动员身体形态基本特征

排球运动员的身体形态有如下特征：身材高大（根据位置不同要求不同）、肩宽，上肢长、手大、体型匀称、小腿较长，跟腱清晰，踝关节较细、肌肉线条清楚，臀部肌肉发达、不下垂。

2. 排球运动员主要形态测评指标

（1）身高

测量方法：使用标准身高坐高计。

受试者赤脚，以立正姿势（上肢自然下垂、足跟并拢、足尖分开成60°）站在身高坐高计的底板上，足跟、骶骨部和肩胛间与立柱相接触，躯干自然挺直，头部正直，两眼正视前方，以保持耳屏上缘与眼眶下缘呈水平。测试人员站在受试者右侧，将水平压板轻轻沿立柱下滑，轻压受试者头顶，读数时两眼与水平板呈水平位。

排球运动员身高评价根据位置不同应有所区别，一般认为：预测身高男子应在195cm以上，女子在180cm以上。

（2）指距指数

指距指数为：指距—身高。

指距测量方法：使用指距尺（可以用皮卷尺代替）。

将指距尺平放在长形桌上，受测者自然站立弯腰趴在指距尺上，胸骨切迹平行置于尺，两手侧平举尽量向两端伸直，测量两手中指尖之间的最大距离。

排球运动员指距指数达到 5cm 以上为优。古巴女排桑切斯的数值为 20.3cm。

（3）上肢长

上肢长为：上肢长/身高×100。

上肢长测量方法：使用带有游标的直钢板测量尺（马丁氏尺）。

受试者两脚分开同肩宽，自然站立，上肢伸直自然下垂，五指并拢伸直，手掌与前臂、上臂成一直线（手指不能翘起）。测试人员站于受试者右侧后方，用测量尺固定段对准肩峰外侧端，测量右肩峰外侧端下缘至中指端的垂直距离（图 2-2）。

排球运动员选材中，大于 42 为上肢较长，大于 44 为上肢很长，小于 40 为上肢较短。

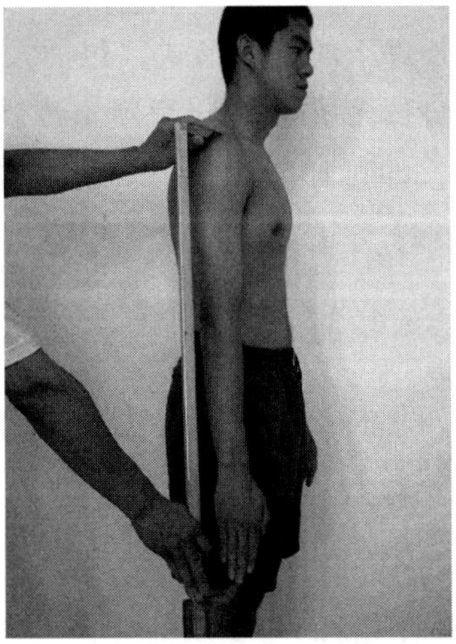

图 2-2　上肢长测量

指距指数虽然可以间接地表达人体的上肢长度，但它包括了肩宽，一些虽然上肢较长而肩窄的人，特别是未发育成熟的儿童少年往往不能用指距指数来评价上肢的长度，所以比上肢长能更精确地说明受试者上肢与身高的比例。

（4）手长

使用仪器：带滑板的短钢尺。

测量方法：右手前伸，五指并拢掌心向上伸直，手掌与前臂成一直线。测试人员面对受试者，测量桡尺骨远端腕横纹至中指尖距离。

手长有利于对球的控制力。

（5）下肢长 C

下肢长 C 反映人臀部位置的高低，可采用派生指标：下肢长 C/下肢长 H ×100 进行评价。

测量方法：使用马丁氏尺。

受试者自然站立于凳面上，测试人员站在受试者左侧，测量尺垂直立于凳面，测量左下肢臀纹至凳面的垂直距离为下肢长 C；沿腋中线与髂嵴上缘交点至凳面的垂直距离为下肢长 H（图 2-3）。

下肢长 C/下肢长 H ×100>80 者表明臀部肌肉紧缩向上，一般弹跳力较强，下肢爆发力好。

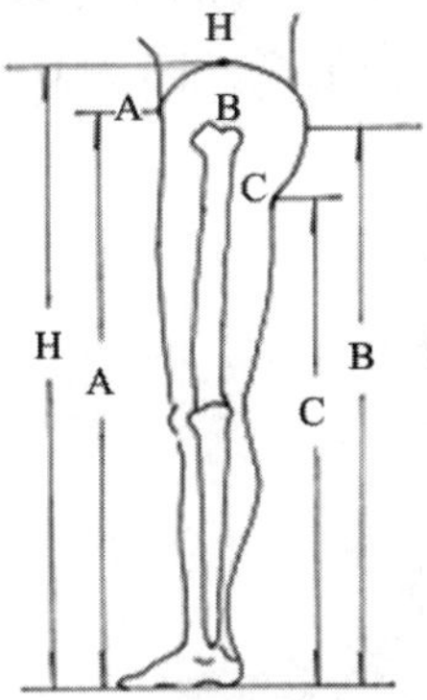

图 2-3 下肢测量方法

（6）比大小腿长

比大小腿长为：（下肢长 B-小腿长 A）/小腿长 A ×100。具体评价参考值是：<96 为优。

测量方法：使用马丁氏尺。

受试者站立，左腿抬起，屈膝将脚置于凳上，全脚掌贴于凳面，小腿与凳面垂直，测量尺垂直立于测量腿内侧凳面。测试人员站于测量腿的右侧，测量胫骨内踝上缘（关节内侧间隙）至凳面的垂直距离（图 2-4）。

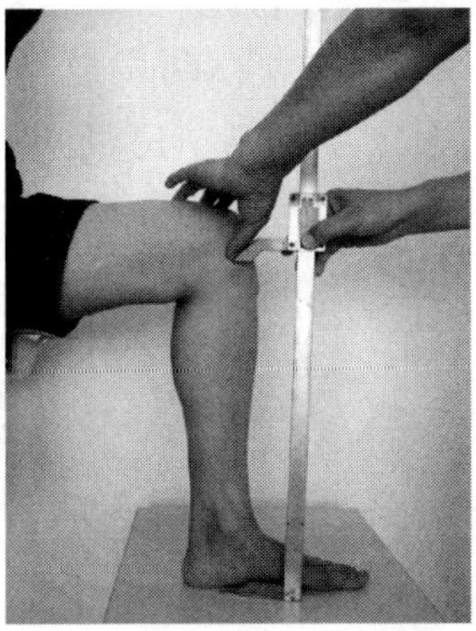

图 2-4 小腿长 A 测量

大腿较短，小腿较长，跑步时腿的摆动半径相对较小，有利于跑步的速度，也有利于步伐移动。

（7）比跟腱长

比跟腱长为：跟腱长/小腿长 A ×100。具体的评价参考值是：>50 表明跟腱占小腿长度的比例在 50 以上为优。

跟腱长测量方法：使用马丁氏尺。

受试者面向墙、两脚并拢、扶墙提踵使小腿三头肌充分收缩。测试人员于腓肠肌内侧肌腹下缘画一测量标志线（图 2-5），然后令受试者还原成站立姿势，两内侧肌腹标志线到跟骨结节最高点之间的垂直距离（图 2-6）。

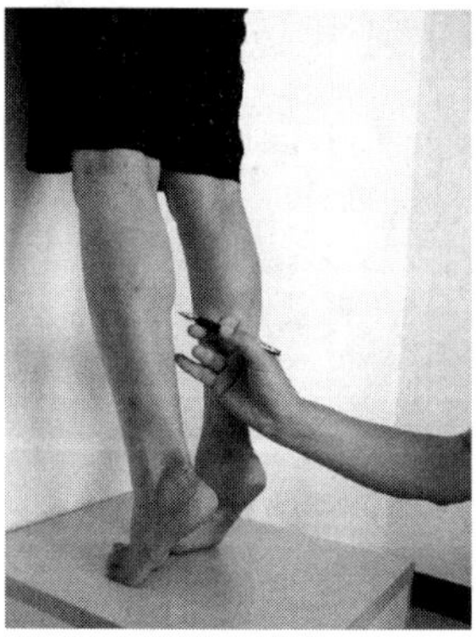

图 2-5　跟腱测量

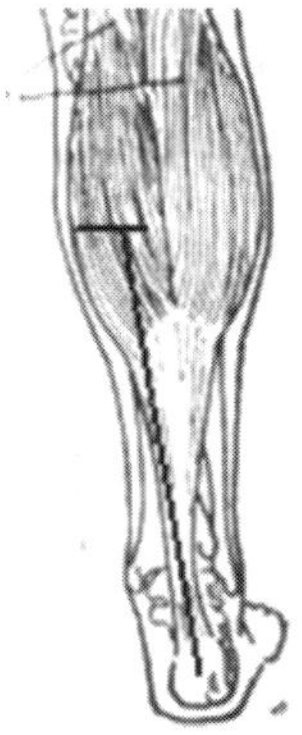

图 2-6　跟腱长测量

跟腱是由腓长肌和比目鱼肌构成的人体最大的肌腱，跟腱较长间接地反映小腿三头肌向后牵拉的力量大，有利于伸膝和屈踝，因而蹬地有利，弹跳力好。

（8）比肩宽

比肩宽为：肩宽/身高×100。具体的评价参考值为：>22 为肩较宽；>23 为优档；< 20 为肩窄。

肩宽测试方法：使用测径规或马丁氏尺。

受试者两脚分开与肩同宽，自然站立，两肩放松。测试人员站其背面，先用两手指沿肩胛冈向外侧缘终点，再用测径规或马丁尺量两肩峰间距离（图 2-7）。

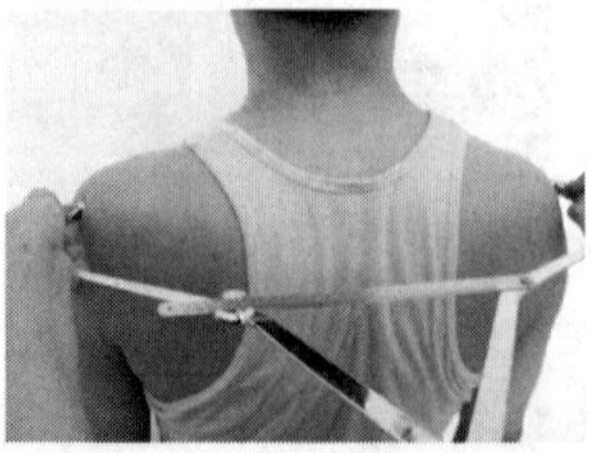

图 2-7　肩宽测量

肩部较宽有利于发展肩带肌肉的力量，对于排球项目有重要意义。

(9) 比髂骨

髂宽也称骨盆宽，比髂宽为：髂宽/肩宽×100。比髋宽为：髂宽/髋宽×100。

测量方法：使用测径规或马丁氏尺。

受试者和测试人员位置同上，受试者两脚并拢站立。测量人员用两食指摸及髂嵴外缘，用测径规或马丁尺量髂嵴外缘间的最宽距离为髂宽（图 2-8）。用两食指摸及股骨大转子的最高点，测量其之间最大距离为髋宽（图 2-9）。

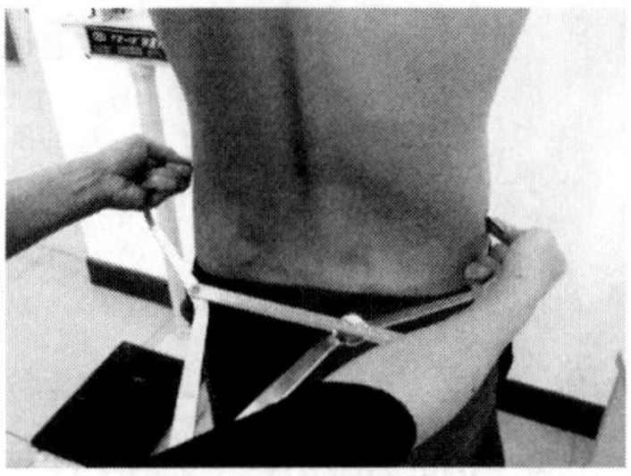

图 2-8　髂宽测量

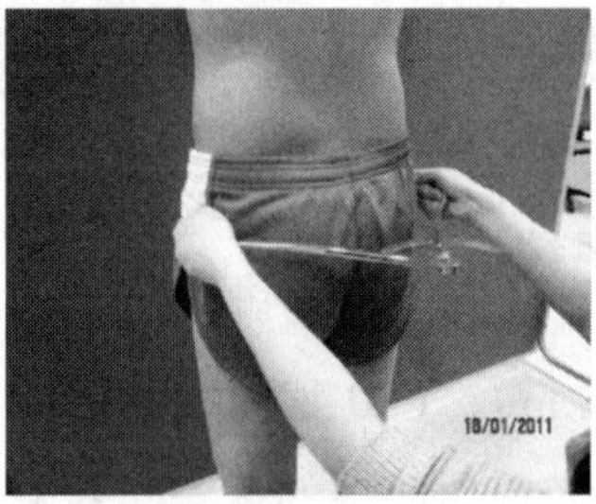

图 2-9　髋宽测量

肩宽、髂宽、髋宽三个宽度可以把人体躯干分成两个梯形（图 2-10）。

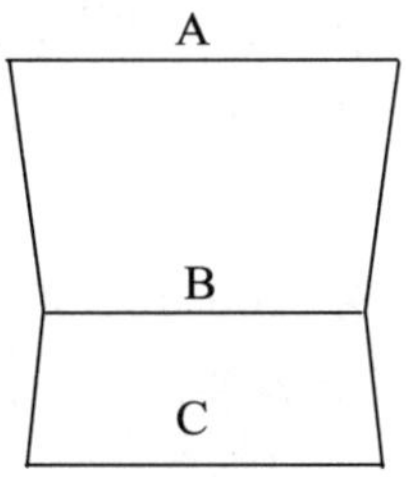

图 2-10　躯干形态图示

在选材中用比髂宽和比髋宽两指数来反映躯干的体形特征，桶形躯干更有利于运动。如图 2-10 中 A 代表肩宽，A 较宽有利于肩带肌力量；B 代表髂宽，髂较窄有利于髋关节灵活性，但研究表明，髂过窄常常不利于发展腰部力量，所谓“腰细无力”。所以在应用比髂宽指标时，同时要注意比髋宽要大，即髂宽与髋宽越接近越好。这将更有利于髋关节的灵活性。

一般认为比髂宽男在 70，女在 74 左右为好。比髋宽男在 89 以上，女在 86 有利于运动。

(10) 踝围

比踝围为：踝围/跟腱长×100，具体评价参考值为：小于 100 为优。

踝围测量方法：使用皮卷尺。

将皮尺在左踝关节上方以水平位置量测最细处的围度。

踝围相对较细有利于踝关节的蹬地力量和灵活性，研究认为，踝关节较细者脚掌的支撑能力强。这些都有利于跑的速度和下肢的弹跳力。

（二）身体机能的测量与评价

身体机能是指人体各器官系统的功能状况与人的运动能力密切相关。人体机能的正常、稳定和达到较高水平是完成基本生命活动以及剧烈运动的重要保证。如循环系统、呼吸系统功能正常可以保证人体活动的氧气和能量供给，而具有高水平的机能能力可以进一步保证剧烈运动对氧和能量的需求。排球运动员身体机能的评价常用指标如下。

1. 循环系统机能

（1）心功指数（30 秒 30 次蹲起）

是用定量负荷后心率的恢复情况评价心功能的简易方法，在运动员选材中应用广泛。测试方法如下。

使用仪器：节拍器一个并调至 60 次/分、秒表一块。

测量安静脉搏为 P_1；

令受试者随节拍器做全蹲起，同时打开秒表，下蹲时要身体直立，当秒表行到 30 秒时令受试者停止，并立即测量 15 秒脉搏及休息 1 分钟后 15 秒的脉搏，分别乘以 4 换算成 1 分钟脉搏，为 P_2 和 P_3。

评价方法：心功指数 $=P_1+P_2+P_3-200/10$；心功指数越小心血管功能越强。<5 为优，6~10 为良，11~16 为中，17 以上为差。

（2）血红蛋白

血红蛋白是红细胞内的主要成分，红细胞携带 O_2 和 CO_2 这一机能是靠红细胞内的血红蛋白来完成的。血红蛋白不仅有运输氧和二氧化碳的作用，还有缓冲血液酸碱度的作用。

血红蛋白影响人的氧运输能力，适宜高的血红蛋白有利于发挥人的最大有氧能力，对抗疲劳，与耐力素质密切相关。

正常参考值：成人男子为 120~160g/L；成人女子为 110~150g/L。

2. 呼吸系统机能

（1）肺活量

最大深吸气后，在做最大呼气时所呼出的气量，称为肺活量。肺活量的大小与性别、年龄、体表面积、胸廓大小、呼吸肌发达程度以及肺和胸壁的弹性等因素有关，而且有较大的个体差异。在运动员选材中常用比肺活量来评价人的呼吸系统的机能。

运动员选材参考评价标准为：肺活量（mL）/体重（kg）大于 60 为优，55~59 为良好，小于 48 为较差。

（2）最大摄氧量

最大摄氧量是指人体在进行有大量肌肉群参加的长时间剧烈运动中，当心肺功能和肌肉利用氧的能力达到本人极限水平时，单位时间内（通常以每分钟为计算单位）所能摄取的氧量称为最大摄氧量。它反映了机体吸入氧、运输氧和利用氧的能力，是评定人体有氧工作能力的重要指标之一。

最大摄氧量的测定有直接测定法和间接测定法。直接测定法数据可靠，重复性好，能准确客观地评定人的有氧能力，但由于需要动用昂贵的仪器而难以在大面积选材中推广。间接法推算 VO_2max 也具有一定的准确性，因其简便易行而成为运动员初、中级选材普遍使用的方法。

有研究报道，女少年排球运动员的最大摄氧量应达到 43mL/kg/min 以上；男少年排球运动员应达到 50mL/kg/min 以上。

（三）运动员心理选材

1. 心理选材的基本方法

心理品质对于运动员获取优异成绩是至关重要的，运动员心理选材就是根据各竞技运动项目所需的心理品质，运用现代心理学的理论、方法和手段选拔先天适合的儿童少年。

运动员的心理品质在许多方面显现着遗传的性状，如运动员的气质、反应、个性都在很大程度上受着先天性因素的强烈影响。在优秀运动员的选拔中，基于运动员的心理品质对顺利参加重大比赛的重要作用，充分考虑其心理特征同样具有重要意义。因此运动员的心理选材日益受到高度重视。预测人的心理能力也曾经引起人们的怀疑，但随着现代科学的发展，特别是心理学研究领域测试、评定手段不断丰富和提高，心理能力的预测水平已经有较大的发展，但在敏感性反应专项特点的测评方法上尚未取得突破性进展，还有待成熟。教练员的经验判定在心理选材中应有更重要的位置。

运动员心理选材的基本内容包括心理过程和个性心理特征等。认识过程方面，有肌肉空间感觉阈限测试，视野测定，平衡感觉测定，时间知觉测定，深度知觉测定，操作思维测定，动作反应的速度及准确性的测定等。意志力的测定，可通过要求运动员用自己的最大力量、速度、频率指标完成一定的练习，对意志力的表现作出评定。运动员的个性特征方面，有闪光临界频率和皮肤电阻的测定等；80.8 神经类型的测试也比较广泛地被应用。

2. 排球运动员常用的心理选材方法

（1）反应时（图 2-11）

视一手简单反应时测试方法：受试者呈坐位，用优势手拇指轻按在按键上，注视屏幕上的小灯。当出现亮点后，立刻用手按键，越快越好。共测 5 次，去掉最大值和最小值，剩下的 3 次取平均值，以毫秒为单位。

听一手简单反应时测试方法：受试者呈坐位，用优势手拇指轻按在按键上，集中精力听耳机中的声音，当听到“嘟……”声时，立刻按键，越快越好，但不要抢先。共测 5 次，去掉最大值和最小值，剩下的 3 次取平均值，以毫秒为单位。

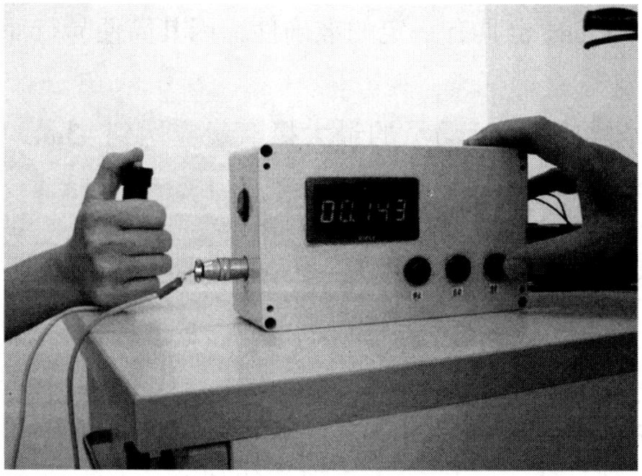

图 2-11　简单反应时测试

（2）操作思维

使用仪器：秒表，筹码 3 个（可用棋子贴上号码标签代用），画有格子的纸板 1 块（格子大小和筹码大小相符），课桌 1 张，凳子 2 个。

测试方法：首先向受试者讲解方法，“将标有 1、2、3 的三个筹码按一定顺序摆在纸格里。要求听到‘开始’的口令后，用优势手去移动筹码。移动时，只能逐个地一格一格移动，受试者想方法尽快使筹码按 1、2、3 的顺序排列”。待受试者掌握方法后，发出“开始”口令，同时启动秒表。

测试人员开动秒表后，即计算受试者按 1、2、3 阵势摆好时所用时间和步数，回表。按以上 3 次阵势完成后，将 3 次完成的时间、步数的均值作为该项测试的成绩。记录时间以秒为单位，精确到一位小数。

注意事项：尚未测试的人员，不得围观；移动时只能逐格移动，不可斜向跨越。

（3）动作控制能力

使用仪器：装有钉子的羽毛球（铁钉从上至下穿透球托），球靶一块（用 1 米见方的木板，其中心位置贴上直径为一厘米红色标志称为“靶心”），卷尺。

测试方法：受试者立于线外，用优势手的拇指和食指捏住球的羽毛瞄准“靶心”(直径一厘米的红点)，将球从肩以下掷出。测试人员丈量球的落点与“靶心”的距离，并做记录。

共测10次，然后取其落点与“靶心”距离小的5次的均值作为该项测试的成绩。一厘米为单位，取整数记录。

注意事项：

①正式测试前，让受试者先试掷3次。

②每次丈量结果都必须记录。

(4) 手动稳定性

使用仪器：九孔仪，桌子1张。

测试方法：测试时先打开电源开关。让受试者用优势手握住探针胶棒，悬肘将探针插入最大的洞（棒与洞面要垂直)，指示灯一亮即抽出。如果棒针碰了洞壁就会发出音信号，算失败一次。每洞有3次机会。按从小洞到大洞的顺序，记录通过洞的数量。

注意事项：测试时受试者肘部不得触及桌面。

(5) 智力（瑞文标准推理测验)

测试器材：采用张厚粲等修定的“瑞文标准推理测验”（简称SPM）中国城市版。对照常模：我国城市人口（五岁以上至成人）的智力常模。共有A、B、C、D、E5组，共60个题目，约需要30分钟。

测试方法：

①以团体纸笔测试方式进行。

②时间限定为40分钟。

③测验时每位被试单人、单座，每位被试应用测验图册1本，答卷纸1张，铅笔1~2支。

④测试前主试向被试讲解指导语，讲解指导语的过程中不得有其他提示，以免影响被试的作答情况。当被试全部理解指导语时，测试开始。测试开始后，主试应逐一检查被试的作答情况。

⑤记分过程为原始分和转换为标准分两步，在对照常模表得出被试智商。

(6) 神经类型

测试器材：笔1支，每人3张80.8神经类型测试表（苏州大学王文英等设计)。

测试方法：每张表测试5分钟，间隔5分钟。

清晰讲解测试方法后，受试者必须自左至右逐行逐个符号快速地查阅，按规定将所有阳性符号用笔画出，力争不错划、不漏划，错划后不能涂改（改了也算错)，漏划不再补划。为防止个别人提前行动，一律将表反面朝上，待受试者听懂测试方法后，公布阳性符号，说明和阳性符号相似的阴性符号特点，然后统一发令，将表翻到正面，测试开始，以秒表计时。当5分钟测试时间到时，令受试者在阅到的最末一个符号上做“√”标记，将表翻到反面，测试即结束。

神经类型表评定方法如下。

第一张表：在8个相似符号中任意规定一个为阳性符号，其余符号均为阴性符号，此种方法观察其分化抑制建立的速度，可反映大脑皮层分化能力。

第二张表：每行的第一个符号规定为本行的阳性符号，其余为阴性符号，即阳性符号每行都变换，此种方法，不仅观察其分化抑制建立的速度，同时观察其消退抑制建立的速度，可反映大脑皮层的分化能力和记忆能力。

第三张表：除每行的第一个符号规定为本行的阳性符号外，又规定一个符号为条件性抑制符号。例如，在※或×后立即出现的那个阳性符号即变为阴性符号，此种方法可同时观察其分化、消退、条件性抑制建立的速度，试验难度加大，能较全面地反映大脑皮层的机能特性和机能能力。

评定时，先查出总阅符号数、漏划符号数、错划符号数和应划符号数，然后计算分数，漏、错百分率，最后按标准评定神经类型（表2-8）。

表2-8　神经类型判定标准

类型	得分数	错%	漏%
灵活型	$K \geqslant \bar{X}+S$	<0.6	<6
亚灵活型	$K \geqslant \bar{X}+S$	<1.0	<10
稳定型	$\bar{X}+S>K \geqslant \bar{X}$	<0.6	<6
亚稳定型	$\bar{X}+S>K \geqslant \bar{X}$ $\bar{X} \geqslant K \geqslant \bar{X}-S$	<1 <0.6	<10 <6
兴奋型	$K \geqslant \bar{X}$	>2	$\frac{O}{X+O}<\frac{1}{4}$
亚兴奋型	$K \geqslant \bar{X}$ $\bar{X}>K \geqslant \bar{X}-S$	<1.5 <2.0	同上
易扰型	$K>\bar{X}$	$\frac{O}{X+O}<\frac{1}{4}$	>2.0
亚易扰型	$K \geqslant \bar{X}$ $\bar{X}>K \geqslant \bar{X}-S$	同上	>15 >20
中间型	$K \geqslant \bar{X}-S$	不符合1~8型者	
谨慎型	$K<\bar{X}-S$	<0.6	<6

续表

类型	得分数	错%	漏%
中下型	$K<\bar{X}-S$	不符合 10、12、13、14 型者	
泛散型	$K<\bar{X}-S$	<2.0	$\frac{O}{X+O}<\frac{1}{4}$
抑制型	$K<\bar{X}-S$	$\frac{O}{X+O}<\frac{1}{4}$	>20
模糊型	$K<\bar{X}-S$	>2	>20

注：$\bar{X}$：得分平均数，S：得分标准差，O：漏划符号个数，X：错划符号个数。

引自：曾凡辉，王路德，邢文华，等. 运动员科学选材［M］. 北京：人民体育出版社，1992.

各种神经类型的特点如下。

灵活型：反应快、准确、活泼、思想敏捷、接受能力强、富于创造性、具有强而稳定的工作能力。

稳定型：反应较灵活型者慢、心细、踏实、肯于钻研、思维准确、具有长时间稳定的工作能力。

兴奋型：反应快、准确性较差、好动、对新事物敏感、不易控制自己、具有较强工作能力。

易扰型：反应较快，但注意力不易集中、粗心、工作能力不够稳定、起伏较大。

中间型及各种亚型：有的接近灵活型或稳定型，有的接近兴奋型或易扰型，有的界于两者之间。

谨慎型：反应慢、准确、沉着谨慎、细心踏实、肯于钻研。

中下型：有的接近谨慎型或泛散型，有的接近抑制型或模糊型，有的界于两者之间。

泛散型：反应慢、准确性差、自控能力差、工作能力较低。

抑制型：反应慢、注意力分散、粗心、工作能力较低。

模糊型：反应既慢又不准确、接受能力极差、很难建立条件反射、工作能力极低，其中有部分属于智能低下者。

表 2-9　中国女排运动员 80.8 神经类型测试结果

姓名	总分	平均得分	错%	漏%	神经类型
孙××	100.40	33.80	1.07	9.70	中间型
张××	99.70	33.23	0.19	4.88	稳定型
周××	92.10	30.70	0.05	2.11	亚稳定型
郎×	109.45	36.48	0.13	4.29	稳定型

续表

姓名	总分	平均得分	错%	漏%	神经类型
陈××	99.55	33.18	0.24	5.19	稳定型
陈××	93.25	31.08	0.34	6.00	亚稳定型
曹××	99.10	33.03	0.36	18.88	亚易扰型
杨×	97.75	32.58	0.26	27.74	易扰型
朱×	95.80	31.93	0.51	17.45	中间型
梁×	100.00	33.33	0.27	9.82	亚稳定型
张××	126.60	42.20	0.40	8.93	亚灵活型
周××	117.90	39.30	0.20	5.18	灵活型

引自：曾凡辉，王路德，邢文华，等．运动员科学选材［M］．北京：人民体育出版社，1992.

表 2-10　中国男排运动员 80.8 神经类型测试结果

姓名	总分	平均得分	错%	漏%	神经类型
侯×	145.38	48.62	10.11	0.68	兴奋型
陈×	136.50	45.50	0.21	15.76	亚易扰型
汪××	124.20	41.40	0.36	9.71	亚灵活型
曹×	129.70	43.23	0.13	15.58	亚易扰型
胡×	120.90	40.30	0.10	14.58	中间型
王××	112.85	37.62	0.24	22.22	易扰型
刘××	112.45	37.48	0.04	9.24	亚稳定型
马××	100.60	33.53	1.42	12.82	中间型
邸××	78.85	26.28	0.46	8.05	中下型
李××	76.00	25.33	0.44	15.38	中下型
侯××	67.35	22.45	0.61	6.04	谨慎型

引自：曾凡辉，王路德，邢文华，等．运动员科学选材［M］．北京：人民体育出版社，1992.

（四）身体素质与专项运动能力的测定与评价

1. 身体素质与专项运动能力

身体素质是机体各器官、系统机能的综合表现，是指人体在运动过程中所表现出来的速度、力量、耐力、灵敏、柔韧等的能力。身体素质是影响运动成绩的直接因素，它能间接地反映与其密切相关的机能能力水平。

运动素质的各种性状是受多基因遗传控制的，在其形成过程中，同样要受到环境和训练等因素的影响。在运动员选材中，应在了解各项指标遗传度基础上，注意儿童少年与专项相关的主要素质的起点和发展速度，并进行评价（表 2-11）。

表 2-11 运动素质的遗传度

指标	遗传度（%）
反应速度	75
动作速度	50
动作频率	30
绝对力量	35
相对力量	64
无氧耐力	85
有氧耐力	70
柔韧性	70

引自：曾凡辉，王路德，邢文华，等．运动员科学选材［M］．北京：人民体育出版社，1992.

2. 排球运动员身体素质与专项能力选材指标

参考我国青少年排球训练教学大纲中的运动素质测试内容（表 2-12）可对儿童少年进行评价。

表 2-12 身体素质测试参考标准

性别	项目 / 标准 / 年龄（岁）	垒球投远（m）	左右移动 3m×5 次往返（s）	30m 站立式起跑（s）	立定跳远（m）	助跑摸高（m）
女	11~12	15（小）	13	6	1.55	2.35
	13	17（大）	12	5.7	1.80	2.55
	14			5.3	1.90	2.65
	15			5	2.10	2.75
男	11~12	20（小）	12.5	6	1.60	2.40
	13	25（大）	11.5	5.5	1.85	2.65
	14			5.1	2.00	2.80
	15			4.8	2.20	3.00

（五）综合评价

1. 综合评价基本方法

运动员选材的综合评价是在发育程度鉴别的基础上，选择与专项动作结构密切相关的形态、机能、素质、心理、专项运动能力指标进行测试，并以骨龄为依据对运动员进行综合评价，最终完成评价报告，如前所述，运动员选材不能一次定终身，要在儿童少年各发育阶段或不同训练阶段进行多次测试和评价。

运动员选材的综合评价目前根据测试数据查对单项得分，对于一些目前还无法量化的指标，一般也会让教练员按照制定的评价方法对运动员给出分数，然后按照各专项的选材模式标准计算总分，得出等级结果（见本章第三节）。

2. 综合评价报告

综合评价的意义在于能对运动员进行全面的分析，在运动员选材的综合评价报告中要注意下述问题：

①决定该运动员是否能入选时，如有的人评价总分刚达到及格标准，从单项上看没有突出的优势项，这样的人很难成材。而有的运动员虽然总分差一点及格，但有突出的优势项，比如身体形态特别好或某一专项能力特别突出，就不要轻易放弃，可做观察，隔一段时间再进行测试、评价，决定取舍。

②对总分不高的运动员的定向也应慎重和多次测试再做决定，因为他可能有体育天赋，但并不适合当时所选的专项。

③对测试数据进行综合评价后必须进行纵向追踪，不断观察，特别是那些受遗传阶段性影响较大的指标更要注意纵向的测试和观察。

综合评价报告是运动员选材中最后一个环节，也是最重要的步骤之一，目前对于运动员选材敏感指标的开发还很不够，所以综合评价得出的总分不是绝对的，还应参考教练员对运动员的经验性评价，并且应该进行追踪性的边培养边观察，避免对运动员运动能力及其潜力估计失误，从而得出客观的结论。

第三节　排球运动员科学选材模式

一、科学选材模式建立的基本方法

选材模式的建立要在获得大量优秀运动员数据基础上通过合理的统计学方法完成，其基本过程如图 2-12 所示，目前我国运动员选材的模式分为三级。

（一）初级选材

选材指标一般简便易行，在基层可以完成。选择身体形态、身体素质的指标较多，不过分强调专项能力。

（二）中级选材

国家体育总局组织专家建立了全国统一的模式标准，采用的是百分位数法制定的评价等级，以查阅单项得分，最后计算出总分进行总体评价。

（三）高级选材

高级选材是针对进入体工队的运动员进行的，一般会使用精密的仪器设备对运动员专项机能、心理品质进行更细致的测试与评价。

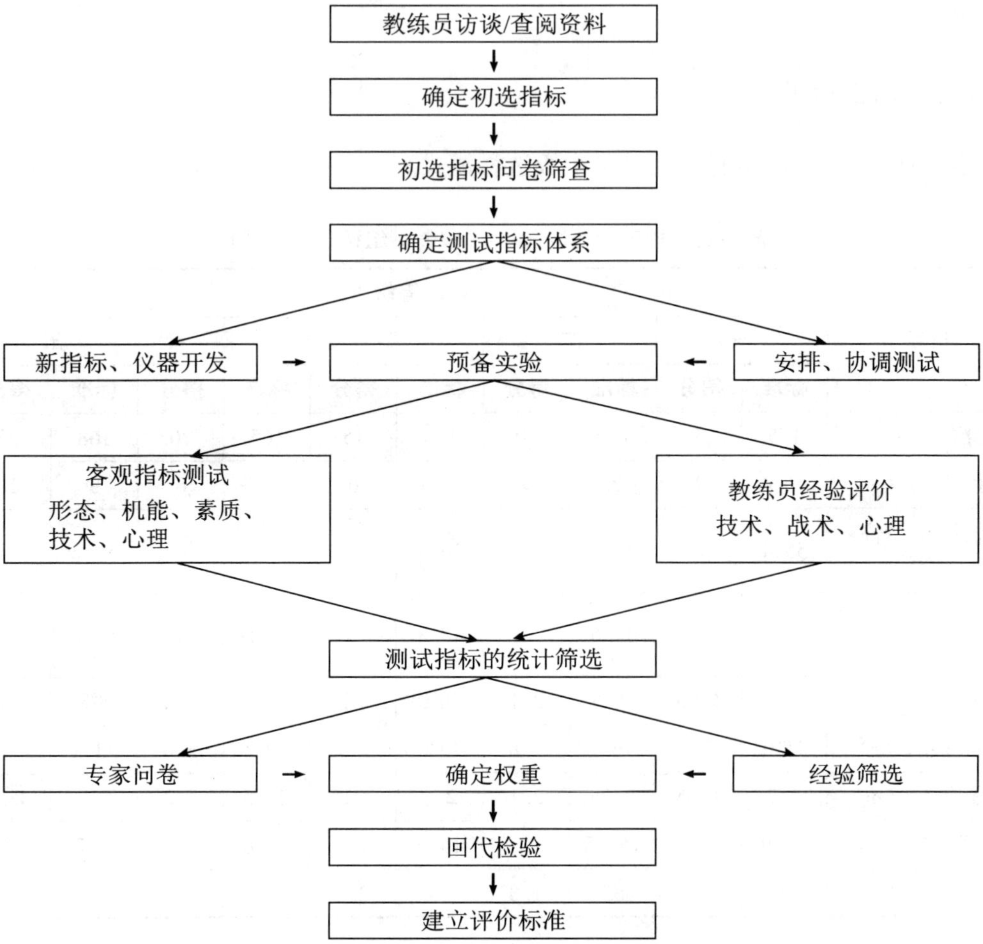

图 2-12　运动员选材标准制定简要程序

目前比较成熟的是排球运动员中级选材模式，在我国排球运动员选材中取得一定的效果，但随着科技的进步和人体机能的发展，应用多年的选材模式应更新或完善。

根据上述各指标进行综合评价，写出评价报告是运动员科学选材的重要步骤。

二、排球运动员中级科学选材模式

（一）模式应用说明

①本标准适用于骨龄为12~17岁的儿童少年排球运动员。

②各项指标的评分，一律按当年近期拍摄的骨龄片所确定的生物年龄，查相应的评分表评定。

③各单项指标得分的总和即为总分，总分在82分以上为优秀，70~81.9分为良好，60~69.9分为及格，59.9分以下为不及格。

④在选二传手时先进行神经类型（80.8表）测试，以灵活、亚灵活、稳定、亚稳定等类型为好。

（二）模式标准

表2-13~表2-23为排球运动员中级选材模式。

表2-13　排球运动员选材12岁骨龄组评分表（男）

指标	等级									
	一		二		三		四		五	
	标准	得分	标准	得分	标准	得分	标准	得分	标准	得分
身高（cm）	155	5	160	10	163	15	165	20	168	25
指距-身高（cm）	-3.4	2	-2.3	4	-1.2	6	1	8	3	10
下肢长A/身高×100	55.4	2	55.9	4	56.4	6	57.3	8	58.2	10
跟腱长/小腿长A×100	46.5	1	47.6	2	48.8	3	51.5	4	53.2	5
60m跑（s）	11″0	1.05	10″5	2.1	10″0	3.15	8″4	4.2	8″8	5.25
36m移动（s）	15″0	0.9	14″0	1.8	13″0	2.7	12″2	3.6	11″8	4.5
助跑摸高（m）	2.7	1.05	2.75	2.1	2.8	3.15	2.85	4.2	2.9	4.25
被动反应（s）	16.9	1	15.75	2	14.6	3	11.8	4	10.77	5
发球（分）	50	0.9	55	1.8	60	2.7	75	3.6	85	4.5

续表

指标	等级									
	一		二		三		四		五	
	标准	得分	标准	得分	标准	得分	标准	得分	标准	得分
传球（分）	50	1.2	55	2.4	60	3.6	70	4.8	80	6
垫球（分）	50	0.9	55	1.8	60	2.7	75	3.6	85	4.5
教练员评定（分）	50	2	55	4	60	6	70	8	80	10

引自：曾凡辉，王路德，邢文华，等．运动员科学选材［M］．北京：人民体育出版社，1992.

表 2-14　排球运动员选材 13 岁骨龄组评分表（男）

指标	等级									
	一		二		三		四		五	
	标准	得分	标准	得分	标准	得分	标准	得分	标准	得分
身高（cm）	165	4	170	8	172	12	174	16	177	20
指距-身高（cm）	-1.9	2.4	-0.5	4.8	0.9	7.2	4.4	9.6	6.5	12
下肢长 A/身高×100	55	0.8	55.4	1.6	55.8	2.4	56.7	3.2	57.6	4
跟腱长/小腿长 A×100	45.8	0.8	47.3	1.6	48.8	2.4	51.7	3.2	53.6	4
肺活量/体重（mL/kg）	50.2	1	54	2	61.6	3	67.3	4	75	6
60m 跑（s）	10″0	0.8	9″5	1.6	9″0	2.4	8″5	3.2	8″0	4
36m 移动（s）	14″0	1.2	12″9	2.4	11″7	3.6	11″0	4.8	10″5	6
助跑摸高（m）	2.75	1.2	2.85	2.4	2.95	3.6	3.05	4.8	3.1	6
20 次仰卧起坐计时（s）	24″0	1	23″6	1.6	23″2	2.4	20″8	3.3	18″7	4
被动反应（s）	13.75	1	13.15	2	12.55	3	11.15	4	10.2	5
发球（分）	60	0.8	65	1.6	70	2.4	80	3.2	85	4
传球（分）	50	1.6	55	3.2	60	4.8	70	6.4	85	8
垫球（分）	55	1.6	65	3.2	70	4.8	80	6.4	90	8
教练员评定（分）	50	2	55	4	60	6	70	8	80	10

表 2-15　排球运动员选材 14 岁骨龄组评分表（男）

指标	等级									
	一		二		三		四		五	
	标准	得分	标准	得分	标准	得分	标准	得分	标准	得分
身高（cm）	170	3	175	6	179	9	183	12	185	15
指距-身高（cm）	-0.3	2.4	0.9	4.8	2.1	7.2	4.4	9.6	6.8	12
跟腱长/小腿长 A×100	45.7	0.6	47.1	1.2	48.5	1.8	51	2.4	54.1	3
肺活量/体重（mL/kg）	52.8	1	57.5	2	63.7	3	71.5	4	80.4	5
60m 跑（s）	9.5	1	9.2	2	8.8	3	8.2	4	7.8	5
36m 移动（s）	13.0	1	12.3	2	11.5	3	11.0	4	10.6	5
助跑摸高（m）	2.90	2	2.95	4	3.04	6	3.09	8	3.14	10
20 次仰卧起坐计时（s）	0.235	1	0.227	2	0.219	3	0.203	4	0.185	5
被动反应（s）	13.75	1	13.015	2	12.55	3	11.15	4	10.20	5
发球（分）	65	1	70	2	75	3	85	4	90	5
传球（分）	55	1.5	60	3	65	4.5	75	6	85	7.5
垫球（分）	60	1	70	2	75	75	80	4	90	5
扣球（分）	55	1.5	60	3	65	65	75	6	85	7.5
教练员评定（分）	50	2	55	4	60	60	70	8	80	10

表 2-16　排球运动员选材 15 岁骨龄组评分表（男）

指标	等级									
	一		二		三		四		五	
	标准	得分	标准	得分	标准	得分	标准	得分	标准	得分
身高（cm）	175	3	180	6	186	9	188	12	190	15
指距-身高（cm）	0.2	2.4	1.7	4.8	3.1	7.2	5.7	9.6	8.4	12
跟腱长/小腿长 A×100	45.5	0.6	46.9	1.2	48.2	1.8	50.8	2.4	53	3
肺活量/体重（mL/kg）	52.8	1	57.5	2	63.7	3	71.5	4	80.4	5
60m 跑（s）	9.0	1	8.8	2	8.6	3	8.1	4	7.7	5
36m 移动（s）	12.5	1	11.8	2	11.2	3	10.9	4	10.6	5

续表

指标	等级									
	一		二		三		四		五	
	标准	得分	标准	得分	标准	得分	标准	得分	标准	得分
助跑摸高（m）	2.95	2	3.02	4	3.09	6	3.14	8	3.24	10
20 次仰卧起坐计时（s）	0.23	1	0.22	2	0.209	3	0.19	4	0.18	5
被动反应（s）	13.75	1	13.15	2	12.55	3	11.15	4	10.20	5
发球（分）	60	1	65	2	70	3	85	4	90	5
传球（分）	55	1.5	60	3	65	4.5	75	6	85	7.5
垫球（分）	60	1	70	2	80	75	85	4	90	5
扣球（分）	55	1.5	60	3	65	65	75	6	85	7.5
教练员评定（分）	50	2	55	4	60	60	70	8	80	10

表 2-17　排球运动员选材 16 岁骨龄组评分表（男）

指标	等级									
	一		二		三		四		五	
	标准	得分	标准	得分	标准	得分	标准	得分	标准	得分
身高（cm）	180	3	185	6	189	9	195	12	194	15
指距-身高（cm）	-1	2.4	0	4.8	2	7.2	5	9.6	0	12
跟腱长/小腿长 A×100	45.2	0.6	46.5	1.2	47.8	1.8	50.6	2.4	52.9	3
肺活量/体重（mL/kg）	60.5	1	64.8	2	62.5	3	75.2	4	81.1	5
60m 跑（s）	9	1	8.8	2	8.6	3	8.1	4	7.7	5
36m 移动（s）	12.2	1	11.6	2	11	3	10.8	4	10.6	5
助跑摸高（m）	3	2	3.06	4	3.1	6	3.18	8	3.34	10
20 次仰卧起坐计时（s）	22	1	21	2	20.5	3	18.8	4	17.8	5
被动反应（s）	13.2	1	12.5	2	11.6	3	10.8	4	9.8	5
发球（分）	65	1	70	2	75	3	85	4	90	5
传球（分）	55	1.5	60	3	65	4.5	75	6	85	7.5
垫球（分）	60	1	70	2	80	3	85	4	90	5
扣球（分）	55	1.5	60	3	65	4.5	75	6	85	7.5
教练员评定（分）	50	2	55	4	60	6	70	8	80	10

表 2-18　排球运动员选材 12 岁骨龄组评分表（女）

	等级									
	一		二		三		四		五	
	标准	得分	标准	得分	标准	得分	标准	得分	标准	得分
身高（cm）	155	3	160	6	165	9	168	12	170	15
指距-身高（cm）	-1.9	2.4	-0.7	4.8	0.4	7.2	2.8	9.6	4.6	12
下肢长 A/身高×100	55.2	0.6	55.7	1.2	56.1	1.8	57.2	2.4	58.1	3
跟腱长/小腿长 A×100	45.2	1	46.7	2	48.2	3	51.4	4	53.2	5
60m 跑（s）	12″00	1	11″00	2	10″0	3	9″5	4	9″4	5
36m 移动（s）	15″00	1	14″4	2	13″8	3	12″9	4	12″0	5
助跑摸高（m）	2.7	2	2.78	4	2.82	6	2.85	8	2.9	10
被动反应（s）	16.35	1	15.35	2	14.4	3	12.1	4	10.7	5
发球（分）	50	1	55	2	60	3	75	4	85	5
传球（分）	50	1	55	2	60	3	70	4	80	5
垫球（分）	50	1.5	55	3	60	4.5	75	6	85	7.5
教练员评定（分）	50	2	55	4	60	6	70	8	80	10

表 2-19　排球运动员选材 13 岁骨龄组评分表（女）

指标	等级									
	一		二		三		四		五	
	标准	得分	标准	得分	标准	得分	标准	得分	标准	得分
身高（cm）	160	4	165	8	172	12	174	16	176	20
指距-身高（cm）	-1.5	2.4	-0.4	4.8	0.7	7.2	3.2	9.6	4.8	12
髂宽/髋宽×100	84.6	0.8	86.1	1.6	87.6	2.4	90.9	3.2	93.1	4
跟腱长/小腿长 A×100	47.2	0.8	48	1.6	48.9	2.4	49.5	3.2	54.6	4
肺活量/体重（mL/kg）	50.8	1	55.3	2	63.9	3	66.5	4	73	5
60m 跑（s）	11″0	0.8	10″4	1.6	9″8	2.4	9″4	3.2	8″9	4

续表

指标	等级									
	一		二		三		四		五	
	标准	得分	标准	得分	标准	得分	标准	得分	标准	得分
36m 移动（s）	14″0	1. 2	13″5	2. 4	13″0	3. 6	12″5	4. 8	11″8	6
助跑摸高（m）	2. 75	1. 2	2. 8	2. 4	2. 85	3. 6	2. 89	4. 8	2. 92	6
20 次仰卧起坐计时（s）	25″0	0. 8	24″5	1. 6	23″2	2. 4	21″4	3. 2	16″0	4
被动反应（s）	15. 5	1	14. 65	2	13. 8	3	11. 5	4	10. 2	5
发球（分）	60	0. 8	65	1. 6	70	2. 4	80	3. 2	85	4
传球（分）	50	1. 6	55	3. 2	60	4. 8	70	6. 4	85	8
垫球（分）	55	1. 6	65	3. 2	70	4. 8	80	6. 4	90	8
教练员评定（分）	50	2	55	4	60	6	70	8	80	10

表 2-20　排球运动员选材 14 岁骨龄组评分表（女）

指标	等级									
	一		二		三		四		五	
	标准	得分	标准	得分	标准	得分	标准	得分	标准	得分
身高（cm）	165	3	170	6	173	9	176	12	178	15
指距-身高（cm）	-1. 9	1. 8	-0. 6	3. 6	0. 7	5. 4	3	7. 2	5. 6	9
髂宽/髋宽×100	84. 6	0. 6	86. 1	1. 2	87. 6	1. 8	90. 9	2. 4	93. 1	3
跟腱长/小腿长 A×100	45	0. 6	46. 5	1. 2	48	1. 8	50. 8	2. 4	53. 7	3
肺活量/体重（mL/kg）	52. 2	1	58. 9	2	66. 8	3	74. 6	4	78. 3	5
60m 跑（s）	10″5	1	10″0	2	9″4	3	9″2	4	8″8	5
36m 移动（s）	14″0	1	13″5	2	13″0	3	12″3	4	11″8	5
助跑摸高（m）	2. 77	2	2. 82	4	2. 87	6	2. 92	8	2. 96	10
20 次仰卧起坐计时（s）	24″0	1	23″0	2	22″2	3	20″8	4	18″5	5
被动反应（s）	15. 5	1	14. 6	2	13. 8	3	11. 5	4	10. 2	5
发球（分）	65	1	70	2	75	3	85	4	90	5
传球（分）	55	1. 5	60	3	65	4. 5	75	6	65	7. 5

续表

指标	等级									
	一		二		三		四		五	
	标准	得分	标准	得分	标准	得分	标准	得分	标准	得分
垫球（分）	60	1	70	2	75	3	80	4	90	5
扣球（分）	55	1.5	60	3	65	4.5	75	6	85	7.5
教练员评定（分）	50	2	55	4	60	6	70	8	80	10

表 2-21　排球运动员选材 15 岁骨龄组评分表（女）

指标	等级									
	一		二		三		四		五	
	标准	得分	标准	得分	标准	得分	标准	得分	标准	得分
身高（cm）	170	3	173	6	177	9	179	12	181	15
指距-身高（cm）	-2.3	1.8	-0.8	3.6	0.7	5.4	3.4	7.2	6.4	9
髂宽/髋宽×100	85.6	0.6	87.8	1.2	89.3	1.8	92.4	2.4	94	3
跟腱长/小腿长 A×100	45.9	0.6	47.1	1.2	48.3	1.8	51.1	2.4	53	3
肺活量/体重（mL/kg）	52.2	1	58.9	2	66.8	3	74.6	4	78.3	5
60m 跑（s）	10″5	1	9″9	2	9″2	3	9″0	4	8″8	5
36m 移动（s）	14″0	1	13″4	2	12″8	3	12″2	4	11″5	5
助跑摸高（m）	2.8	2	2.84	4	2.9	6	2.94	8	3	10
20 次仰卧起坐计时（s）	23″0	1	22″5	2	21″5	3	20″4	4	18″3	5
被动反应（s）	15.5	1	14.65	2	13.8	3	11.5	4	10.2	5
发球（分）	65	1	70	2	75	3	85	4	90	5
传球（分）	55	1.5	60	3	65	4.5	75	6	85	7.5
垫球（分）	60	1	70	2	80	3	85	4	90	5
扣球（分）	55	1.5	60	3	65	4.5	75	6	85	7.5
教练员评定（分）	50	2	55	4	60	6	70	8	80	10

表 2-22　排球运动员选材 16 岁骨龄组评分表（女）

指标	等级									
	一		二		三		四		五	
	标准	得分	标准	得分	标准	得分	标准	得分	标准	得分
身高（cm）	170	3	175	6	180	9	182	12	184	15
指距-身高（cm）	-3	2.4	-1	4.8	0	7.2	3	9.6	8	12
跟腱长/小腿长 A×100	45.4	0.6	46.5	1.2	47.7	1.8	50.5	2.4	52.6	3
肺活量/体重（mL/kg）	60.2	1	65.8	2	70.9	3	76.2	4	81.5	5
60m 跑（s）	10″3	1	9″7	2	9″1	3	8″9	4	8″7	5
36m 移动（s）	13″8	1	13″2	2	12″5	3	12″0	4	11″3	5
助跑摸高（m）	2.85	2	2.89	4	2.92	6	2.98	8	3.03	10
20 次仰卧起坐计时（s）	22″5	1	21″5	2	21″0	3	20″0	4	18″0	5
被动反应（s）	14	1	13.6	2	12.5	3	10.9	4	10	5
发球（分）	65	1	70	2	75	3	85	4	90	5
传球（分）	55	1.5	60	3	65	4.5	75	6	85	7.5
垫球（分）	60	1	70	2	80	3	85	4	90	5
扣球（分）	55	1.5	60	3	65	4.5	75	6	85	7.5
教练员评定（分）	50	2	55	4	60	6	70	8	80	10

表 2-23　排球运动员选材 17 岁骨龄组评分表（女）

指标	等级									
	一		二		三		四		五	
	标准	得分	标准	得分	标准	得分	标准	得分	标准	得分
身高（cm）	174	3	178	6	182	9	184	12	186	15
指距-身高（cm）	-3	2.4	-1	4.8	0	7.2	3	9.6	8	12
跟腱长/小腿长 A×100	45.4	0.6	46.5	1.2	47.7	1.8	50.5	2.4	52.6	3
肺活量/体重（mL/kg）	60.2	1	65.8	2	70.9	3	76.2	4	81.5	5

续表

指标	等级									
	一		二		三		四		五	
	标准	得分	标准	得分	标准	得分	标准	得分	标准	得分
60m 跑（s）	10″3	1	9″7	2	9″1	3	8″9	4	8″7	5
36m 移动（s）	13″8	1	13″2	2	12″5	3	12″0	4	11″3	5
助跑摸高（m）	2. 85	2	2. 9	4	2. 94	6	3	8	3. 05	10
20 次仰卧起坐计时（s）	22″5	1	21″5	2	21″0	3	20″0	4	18″0	5
被动反应（s）	14	1	13. 6	2	12. 5	3	10. 9	4	10	5
发球（分）	65	1	70	2	75	3	85	4	90	5
传球（分）	55	1. 5	650	3	70	4. 5	80	6	90	7. 5
垫球（分）	60	1	70	2	80	3	85	4	90	5
扣球（分）	55	1. 5	60	3	65	4. 5	80	6	90	7. 5
教练员评定（分）	50	2	55	4	60	6	70	8	80	10

（张欣、孙敬、谭思洁）

第三章 排球技术与训练

第一节 排球技术基本理论

排球技术，是指运动员进行训练比赛时，在恪守排球竞赛规则，遵从人体运动科学原理，依照正确的技术要领的前提下，所采用的各种击球动作。

排球技术的分类，角度不同，提法各异。但根据竞技排球的实际应用情况，我国排球队和社会舆论相沿成习的称谓，以及国际排联教练员手册（FIVB《Coaches Manual》）的资料显示，通常分为发球、一传（接发球）、二传、扣球、拦网、防守（接扣球），以及作为这些技术重要组成部分的准备姿势与移动。

实际上，任何一项技术的正确掌握与合理运用，都离不开脚步、手法、躯干、视野和意识（思维）等多位一体的协调配合与良好发挥。运动员在掌握与运用各项技术的过程中，脚步是击球行动的前提，手法是完成技术的关键，躯干是协调全身的枢纽，视野是临场判断的依据，意识是运用技术的灵魂。只有这几方面的行动配合密切，融会贯通，才称得上是比较完美的技术。然而，在实际的训练与运用中，视野和意识这两个贯穿于技术行动全过程的要素却往往被忽略甚至摈弃；有些人只知动手动脚，不会用眼用脑，这不能不影响对技术的正确掌握与合理运用，不能不妨碍运动员的成长过程，值得教练员和运动员高度重视。

一、排球技术的内在联系

宇宙万物，都是互相联系，发展变化，而不是彼此孤立，静止不变的。同样，排球的各项技术之间，有着微妙的辩证关系。

就比赛双方的关系而言，排球技术有 4 对矛盾，即发球与一传、扣球与拦网、扣球与防守和拦网与保护。它们之间既互相对抗又互相促进，前一项技术（如发球等）的提高既是对与其相对立的后一项技术（如一传等）的制约，同时对后者也是一种促进；同样，后者的发展，也会促使前者水平进一步地提升。

就本队内部的关系而言，排球技术有 6 种关联，即一传与二传、二传与扣球、扣球与保护、拦网与防守、发球与拦网和发球与防守。它们之间既互相联系又互相制约，前一项技术（如二传等）效果的优劣，必将影响与其相关联的后一项技术（如扣球等）的发挥；当然后一项技术的良好运用，也可在一定程度上弥补前一项技术的不足。

排球技术之间这种既对抗又促进、既联系又制约的特点，昭示人们只有保持其协调发展与相对均衡，才能在训练中促进相互提高，在比赛中保证技术发挥，最终争得比赛胜利。任何片面强调某一方而偏废另一方，或孤立地强调某些技术而忽视其他技术，都会造成某些环节的弱化或疲软，影响运动员全面协调的发展，阻碍技术提高，干扰技术进步，制约技术发挥，导致比赛失利。

在排球比赛中，多得分、早得分，可以取胜，少丢分、晚丢分，也可以赢球。排球各项技术，从理论上讲都可以得分和失分；扣球、拦网和发球是多得分的技术，而一传、二传和防守是少得分甚至不得分的技术。多得分的技术固然十分重要，少得分或不得分的技术绝非无足轻重，因为没有后者的有力保证，前者就难以充分发挥。显然，只重视练好多得分的技术，而忽视那些不得分、少得分或易丢分的技术，归根结底还是不能打胜仗；只注重抓扣球和拦网，而忽视技术的全面发展，最终只会误人子弟，毁了人才。

技术全面，攻防均衡，是排球运动训练永恒的主题，世界强队，无不如是，男女高矮，都不例外。业内有人认为，当今排球比赛的胜负，“斗争的焦点在网上”。此话只说对一半，还有同等重要的另一半是：“较量的基础在地上”。没有一传、防守、二传和保护等串联技术的可靠保证，纵有网上进攻优势也难以发挥；网上攻势越强，对地上保证技术的要求越高。如同只有核弹头而没有运载火箭，前者就会变成一堆废铜烂铁；核弹头吨位越高，运载系统要越完善。

总而言之，排球各项技术是密切联系、互相制约、互为条件、相辅相成的。重攻轻守或重守轻攻的论点或行动，都背离了排球运动的训练规律，绝不可取。

每球得分制的实施，影响着某些技术在比赛中的地位与作用，但并没有改变排球各项技术之间的内在联系。正确认识排球各项技术之间的辩证关系，对排球技术教学与训练的实践意义在于以下几方面。

（一）利用排球技术之间的对抗关系

要统筹安排对抗技术之间的教学与训练，使对抗的技术之间互相促进，不断提高。特别是高水平的运动员，应多在激烈对抗中进行训练，以提高技术的运用能力，促进技术的发展。

（二）运用事物“不平衡—平衡—新的不平衡”的规律

要采取措施对相互对抗的技术进行突破性训练，以不断打破其平衡，制造新的不平衡，再努力促使其平衡。不平衡是绝对的，平衡是相对的。循此往复，不断进取，才能攀登新的技术高峰。

（三）加强各项技术环节之间的串联训练

在技术串联的练习中，动作要衔接，转换应及时，行动有预见，配合须紧密；强调前一个技术的完成，要为后一个技术的发挥创造有利条件，后一个技术的努力，要弥补前一个技术的不足。高水平的运动员，应多在快速运动中、突然变化中和连续动作中进行训练，以提高技术运用能力和临场应变能力，并培养协同品质和团队精神。

（四）统筹安排与全面提高各项技术

每球得分制要求运动员掌握技术必须全面，无论是多得分、少得分还是易失分的技术，都不可偏废。自由防守队员可以弥补高大队员的不足，但不能替代其全部功能。不同位置的运动员在训练上可以有所侧重，技术上可以有所专精，但其前提条件是技术必须全面。能攻不善守或能守不善攻的运动员，都不能够称之为高水平运动员。在一定时期内重点训练与提高某一技术（如扣球等）是可以的，但同时要兼顾与带动其他技术。挂一漏万、厚此薄彼的训练方法，绝非良策，不值得提倡。

二、排球技术的发展规律与特点

国内外排球技术的演变过程，受诸多主客观因素的左右与影响，不断地发生变化与发展，并具有一定的规律与特点。因此要以敏锐的眼光、战略的头脑，仔细观察、及时发现其规律与特点，认真梳理，为我所用，以推动排球运动技术水平的提高与发展。

纵观历史与现状，排球技术的发展变化，一般具有以下规律性：

1. 攻防技术的矛盾对抗促进了技术的发展

排球各项技术既矛盾又联系的关系，刺激了技术的变化。如20世纪60年代发飘球的出现，接发球就由上手传球演变为小臂垫球；七八十年代跑动进攻的产生，就出现了换位拦网和重叠拦网等。

2. 竞赛规则的修改引起了技术的提高

竞赛规则的修改促使技术的发展。如1965年规则改为可以伸手过网拦球，中国排球界首创了“盖帽”拦网技术；1977年又改为拦网触手仍可击球3次，就引起了各种快变技术战术的广泛运用等。

3. 运动员选材和身体素质条件的改善催生了技术的变化

身体条件和体能水平是提高运动技术水平的物质基础，随着运动员身材高大化和弹跳力等素质的提升，高点快球、超手扣球、后排进攻、跳发球等技术，必然应运而生。

4. 训练方法的改革与创新引起了技术的发展

任何技术进步，都是通过科学、系统、刻苦的训练实现的。“两严”训练方针、多学科综合训练，以及多球训练法、串联训练法、对抗训练法等被广泛采用，促使人们更深刻认识与掌握排球运动训练内在规律，提高了训练的密度、强度和质量，从而推动了技术的进步。

5. 各种国际竞赛与友好交流频繁推动了技术的发展

某些新技术、新打法在国际大赛中的运用，必将很快被人们普遍学习和引进，并加以发展提高。如中国的快球及其变化、日本的短平快、波兰的后排扣球、巴西的立体进攻等，都是在国际交流中被仿效与推广的。

6. 传统打法的继承性与连续性也是引起技术发展的因素

亚洲的快变打法，欧美的高打强攻，一方面，可以互相交流、借鉴与引进；另一方面，它们各自的传统特点，总是在技术发展中得到充分展现。

排球技术的发展过程，通常具有以下特点：

（1）改进原有技术

通过改进与完善原有的技术，使技术得到提高与发展。如提高二传击球点和出手速度，就加快了快攻节奏；提高扣球击球点，就出现了超手扣球、高点快球等。

（2）移植其他技术

相同或相似的技术，可以互相借鉴和移植。如把扣球技术用于发球，就形成了跳发球；网球的快速移动和跨步动作，也可运用于排球的防守技术等。

（3）创造新的技术

由于战术发展的需要，教练员和运动员在长期实践中，总会创造出各式各样的新技术。如快球、短平快、时间差、位置差、跳发球、后排扣球、滚翻、鱼跃等技术，都是通过总结、研究创造出来的。

（4）偶然变为必然

在训练和比赛中，有时会偶然出现非传统的动作，但经过教练员与运动员的琢磨、钻研和提升，就变为正规的技术。如发飘球、短平快球、勾手扣球、单手跳传等，都可能是如此产生的。

（5）进攻先于防守

由于攻防双方的矛盾对抗关系，因而新的进攻技术的发明，必然会出现与之相对抗的防守技术。如扣球打手出界与拦网包手，变线扣球与空中移位拦网，跑动进攻与换位拦网等，无不如此。

（6）技术先于战术

技术是组织与运用战术的基础，有什么技术，才能打什么战术，技术的发展往往走在战术的前面，有新技术的出现，才会有新战术的运用。如发飘球的出现，改变了接发球的阵式；后排扣球的运用，孕育了立体进攻的诞生等。

（7）互相借鉴新技术

男排或女排之间倘若出现新的技术打法，都会相互学习与仿效。如女排的发飘球和滚翻防守，男排的跳发球和后排进攻等，都被互相借鉴采用。

了解和掌握排球技术的发展规律与特点，将有助于教练员和运动员在实践中开阔视野，驰骋思路，敲开脑洞，认真思考，关注技术发展的新动向，研究提升技术水平的新途径，努力探索、不断发现、积极创造并大胆运用新的技术与打法。

三、排球技术训练的目标与要求

排球技术是组织与运用战术的基础，要组织与运用某种战术，必须具备与该战术相适应的技术条件，从这个意义上说，技术决定战术，犹如内容决定形式。毋庸置疑，没有优质的技术，就不会有完美的战术。不难想象，不注重各个零部件质量的优化，只热衷于整体机器的组装与磨合，是不可能造出优质高效的产品的。因此，着力加强排球技术的训练与提高，扎实练好各项基础技术，对运动员的精心培养与造就，对全队战术的成功组织与有效运用，有着极其重要的战略意义和长远作用。无论初出茅庐的新手，还是训练有素的老将，概莫能外。

技无止境，学海无边。不同层次水平的运动员，对其技术训练有着不同的任务，但都应努力做到以下几个方面：

（一）务必正确

正确合理的排球技术，是经过长期运动实践总结提炼出来、符合人体解剖学和运动生物力学等科学原理，以及遵循竞赛规则要求的动作规范。在技术训练中，任何水平运动员对这些动作规范，都必须一丝不苟，严格遵守，从严要求。这对于练好扎实技术基础，形成正确“动力定型”，加速掌握运动技巧，不断提升运用能力，乃至于达到精湛程度，都具有极其重要的实践意义。

（二）力求全面

排球运动的特点和每球得分制的实行，要求运动员掌握技术必须力求全面，才能进可以攻，退可以守，增多得分，减少失分，多乘敌隙，少被敌乘，并丰富全队战术内容。不论运动员身材的差异，分工的不同（除自由人外），都不能改变技术全面这一训练规律。全面是相对而言，样样皆能、无懈可击的运动员并不存在；全面也不是十八般武艺样样粗通，样样稀松。

（三）掌握熟练

排球比赛，多得分可以取胜，少失分也可以赢球。要想多得分、少失分，运动员学习与掌握的技术，必须建立巩固的条件反射，达到炉火纯青的境地。否则，技术再正确、再全面，也不可能在比赛中充分发挥。因此，只有熟练掌握、运用自如，才能提高技术运用的成功率，把失误减少到最低限度。而通过科学、系统、反复和刻苦的教学与训练，是达到技术熟练精准的唯一途径。

（四）形成特点

运动员在掌握正确、全面和熟练技术的过程中，要根据每个人不同的具体条件和职位分工，通过有意识、有计划的教学与训练，逐步培养特长，发展绝招，形成特点。技术特点或特长，是运动员技术上成熟的表现，是技术达到较高造诣的标志，也是为对手所慑服的有力武器。而样样粗通、技术平庸的运动员，不可能成为优秀的球星。

（五）融合战术

技术是战术的基础，战术可以反作用于技术。技术与战术相互依存、相互制约、相辅相成。因此，在技术训练过程中，要创造条件，提出要求，使技术练习蕴含战术的因素，赋予战术的内容，把两者有机结合，融会贯通，相得益彰。这对于运动员加强战术意识，提高运用能力，加速成长过程，以及体现“练为战”“战为胜”的战略思想，具有重要实践意义和深远意义。

（六）扬长补短

中国排球历经丰富实践，拥有辉煌历史；中国排球技术的发展离不开世界的影响。为此，在技术训练中一方面要认真总结自己的经验，传承优良技术传统，发扬本国技术特点；另一方面要注视世界排球新动向，顺应技术发展新趋势，学习掌握新技术，扬长补短，博采众长。然而，技术可以借鉴，人种不能克隆。补短不可缺少，扬长必须优先。倘若只倚重补短，而忽略扬长，以己之短，击彼之长，则为本末倒置。

第二节　排球运动中的几个力学问题

排球技术的击球动作可以分为攻击性击球和防御性击球。攻击性击球的目的是致对方于死地，因此合理的击球动作体现在能够使击出的球力量大、速度快、变化多，使对方处于难以判断和控制的效果上。要产生这样的击球效果与运动员能否合理地运用生物力学中的平动、转动、鞭打和滞空等动作有重要关系。防御性击球动作是将对方击过来的球，根据战术需要向预定区域恰到好处地击出，其击球合理性体现在灵活运用击球的反弹角度、缓冲、制动等动作，从而实现击球效果的准确性和稳定性。因此，排球技术的合理运用离不开生物力学的指导，同时生物力学理论也是排球发展和创新的基础。

一、起动与制动

（一）起动

起动是指人体从静止到开始运动的过程。起动是移动的开始，对于排球运动来说，起动对移动的作用体现得尤为突出。起动的力学原理是人体在静止状态下，主动施力和改变重心位置破坏了原有的身体平衡，而进入了运动状态。因此影响人体起动快慢的力学因素有以下几点：

1. 起动方向上的稳定角越小，起动越快

稳定角是决定物体稳度（稳定性）的条件之一。它是物体重心的投影线与物体重心至该物体支撑面边缘连线间的夹角，其越大物体的稳度越大，反之越小（图 3-1）。因此在支撑面一定的情况下，当人体需要向某个方向移动时，身体重心必须先向该方位偏移，以减小其稳定角，从而减小身体的稳度，以达到破坏身体平衡的目的。在排球比赛中，运动员需要向前移动的次数较多，因此要求运动员的准备姿势应尽量将身体重心移至前脚掌，以减小前稳定角，从而降低其在此方位上的稳度，使之迅速完成向前起动。

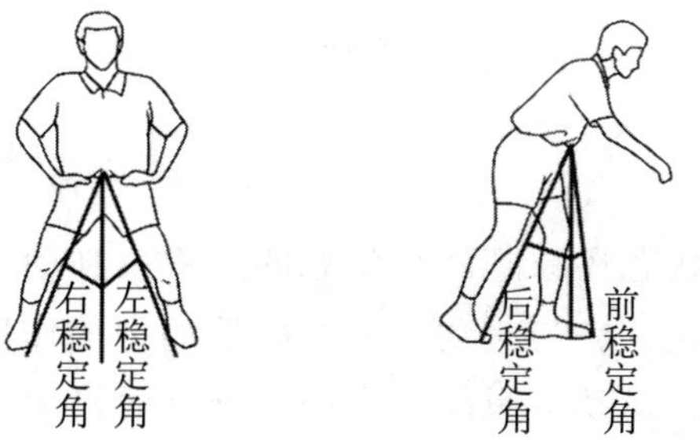

图 3-1

2. 支撑反作用力越大，起动越快

在人体开始动时，由于两脚蹬地，地面会产生与人体蹬地力大小相等、方向相反的力反作用于人体，使人体改变原有的静止状态而发生位移，这种蹬地的反作用力即为支撑反作用力。根据 $F=ma$ 公式，在人体质量（m）一定的情况下，外力（F，支撑反作用力）越大，产生的加速度（a）越大，也就是起动越快。因此人体蹬地力越大，获得的支撑反作用力也越大，起动越快。

3. 蹬地角小起动快

蹬地角是指腿蹬地时的支撑反作用力的作用线与地面的夹角。在支撑反作用力一定的条件下，减小蹬地角就会使蹬地的水平分力加大，从而使起动加快。例如，排球前移较多，所以当人体做准备姿势时，应使重心前移和降低，将蹬地角减小到适宜程度，以便快速起动（图 3-2）。这里应注意的是，蹬地角与支撑反作用力是互相影响的。当蹬地角发生变化时，人体的发力条件也发生改变，因为随着蹬地角的减小，身体重心要降低，腿部肌肉负荷相对要加大，若蹬地角过小，负荷太大，蹬地力也会因发力受限而减小，其水平分力也随之减小，这反而影响了起动速度。因此应选择适宜的蹬地角。一般腿部力量大的运动员蹬地角可以小一些，腿部力量较弱者蹬地角可适当大一些。

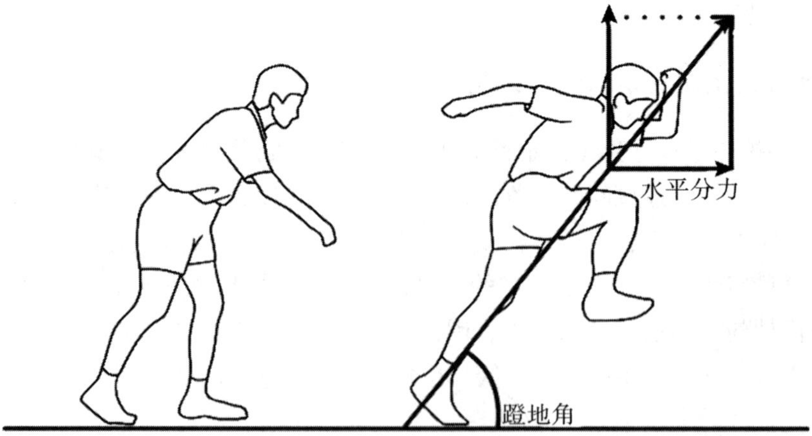

图 3-2

（二）制动

制动是指人体从运动状态还原到静止状态的过程。制动是为了使人体运动的速度减慢，进而使运动完全停止，它与起动是完全相反的力的作用过程。由于排球运动的主要特点是不能使球落地，运动员只能击空中的球，而当运动员快速起动并迅速移动接近来球后，又必须根据将采用的击球手段使身体稳定在适宜击球的位置上，以保证相应的击球效果。为了达到这一目的，必须施与人体运动方向相反的力（阻力），而这个力的大小取决于人体的支撑反作用力的大小和方向，因为与人体运动方向相反的力，是地面对人体运动方向相反的支撑反作用力与重力的合力，这个支撑反作用力越大，阻力越大，制动越快。

例如，人体向前移动，则阻力方向应向后，它是前支撑的反作用力与重力的合力，其支撑反作用力的方向与运动员最后一步形成的前蹬角的大小有关。前蹬角越小，阻力越大，制动也就越快（图 3-3）。因此制动时应在移动的最后跨出一大步，使身体重心投影落在支撑面的后面，从而减小前蹬角以加大运动的阻力，实现制动。

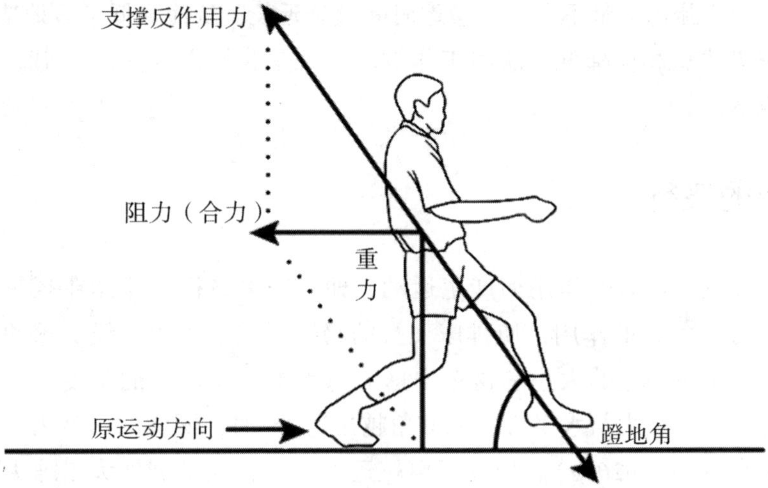

图 3-3

二、起跳

排球的起跳是运动员运用上肢上摆及下肢制动蹬地的踏跳所获得的力，克服地球对人体的引力而实现的腾空现象。

踏跳是从运动员双脚依次着地开始，这时人体的踝、膝、髋关节弯曲，缓冲制动助跑的速度，将助跑获得的动能通过缓冲和下肢拉长踏跳时的主动肌群，完成动能向势能的转化与储存，为髋、膝、踝关节的蹬、伸做了充分的准备。接着是髋、膝、踝关节的伸肌有力地收缩，使髋、膝、踝关节伸直，给地面一个很大的压力。根据牛顿第三定律，地面将给人一个大小相等、方向相反的反作用力，当这个力超过了人的体重时，人即离开地面而腾空，支撑反作用力越大腾空越高。踏跳时下肢的蹬地是腾空的主要力量来源。双臂的上摆看来是向上用力，但同样它在体内也会产生一个大小相等、方向相反的惯性力，通过双脚作用于地面，于是加大了人体对地面的压力，从而使人体因获得了更大的支撑反作用力，而相对增加了腾空高度。

人体蹬地力量的获得是靠肌肉的工作，肌肉的工作要有一定的工作距离。肌肉作功距离的大小取决于各关节角度屈伸的结合，弯曲的角度越大，肌肉工作距离越长。但从解剖学的观点看，弯曲的角度要适当，起跳时，下肢关节的弯曲程度应根据腿部力量的大小因人而异。而不是弯曲角度越大弹跳效果越好。如果踏跳时膝关节弯曲角度过大，使肌肉过于拉长，由于超出了腿部肌肉的承受力，过分延长了肌肉的收缩时间，使肌肉收缩速度降低，从而会影响肌肉的工作效率。肌肉工作效率即单位时间肌肉所做的功，用公式 $P=FS/t$ 表示。公式中 P 为工作效率，S 为肌肉工作的距离，t 为肌肉工作的时间，F 为在 S 这段距离上所施加的力，又因为 $S/t=V$，所以 $P=FV$。由公式看出在蹬地力量 F 一定的情况下，肌肉工作距离越长，其工作效率 P 值越大，即效率越高。但若由于腿部力量不足，使蹬地时间过分延长，从而降低了蹬地速度 V，这样肌肉工作效率 P 也就相应降低。肌肉工作效率也就是我们常说的爆发力。它是力量和速度的综合表示。

三、球的飞行

排球由于受到击球力的作用而产生运动，即在空中飞行。球体在空气中飞行时由于受重力（地球引力）的作用，使排球飞行的路线形成一条抛物线。球的飞行距离和飞行速度取决于击球力量的大小和这个击球力与水平方向形成的角度。击球的力量越大，球速则越快。击球力与水平方向成仰角越接近45°时，同样的击球力量其落点越远（射程公式如下：$s=v^2\sin2\theta/g$）。如发距离较远的球时，除了需加大击球力量，还要控制好击球时的施力角度。当击球力的作用线与水平方向成俯角时，俯角越大则球的落点越近。如扣球时击球点越高，越可加大击球施力的俯角，从而缩短球的飞行距离。击球力量的大小和击球施力的角度对于排球在空中的飞行起到了重要的作用。但是球体在飞行中不仅受击球力和重力的影响，还要受空气阻力的影响。在空气阻力的影响下，球体会脱离原抛物线的运行轨迹向一侧偏移或周期性地晃动，使球体飞行的轨迹发生不同的变化。特别是发球，由于球体较轻，飞行距离和时间长，空气的阻力的作用显得更为突出。击球力的作用线不通过球体重心则形成旋转球，击球力的作用线通过球体重心则形成飘球。

（一）球的旋转

击球时因作用力没有通过球体重心而产生转动力矩，从而造成球在飞行中的旋转。又由于击球部位的不同，使球产生的旋转方向不同，一般有上旋、下旋、左旋和右旋几种情况。当球体在空中旋转着向前飞行时，由于空气具有黏滞性，所以使球体周围的空气也跟着旋转，从而形成了与球体旋转方向一致的空气环流层。球体向前飞行时，相对而言，空气流动方向与球体飞行方向相反，而球体周围的环流层必然有一侧与气流方向相同，另一侧则与气流方向相反。与球体周围的环流方向相同一侧的气流流速快，而与环流方向相反一侧的气流流速慢。根据流体力学中的柏努利定律，流速快压强小，流速慢则压强大。这样在旋转球体的两侧形成了气流的压强差。球旋转的速度越快，其两侧的压强差越大。正是由于压强差使球体脱离了正常的抛物线运行轨迹而发生偏移（图 3-4）。排球运动中的扣远网球和大力发球技术，要求击球时手指手腕向前推压，使球呈上旋飞出，就是因为这种上旋球在飞行中球体的上下两侧气流产生压强差，使击出的球下落时飞行弧线会向球前进的垂直方向偏斜。所以球的旋转速度越快，发出球越不容易出界，下落快，落点近，给对方防守造成困难。而击向本方同伴的球一般多采用传、垫球的方法，尽量要求击出的球不旋转或旋转较慢，以减小球在飞行中受气流的干扰，从而保证球的稳定性和准确性。

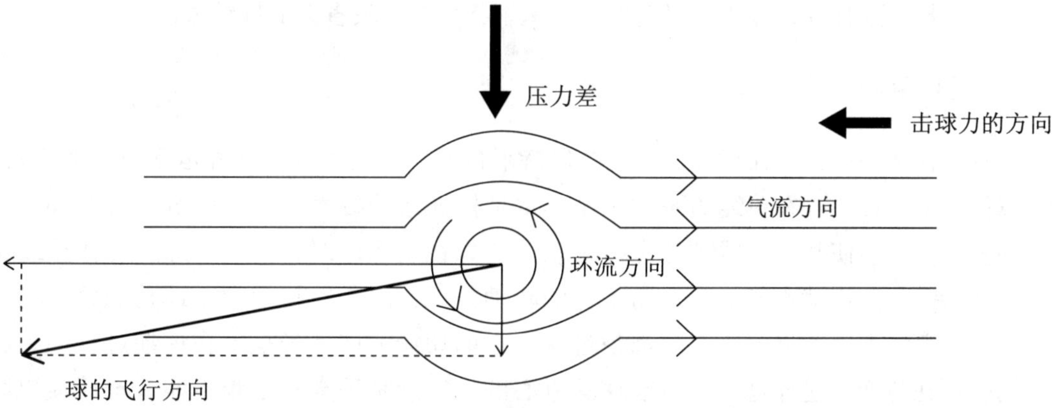

图 3-4　旋转球的飞行方向

（二）球的飘晃

当击球力的作用线通过球体重心，球将不旋转地在空中飞行，由于气流的作用使其在飞行中产生上下或左右的飘晃现象，这就是飘球。关于飘球的成因，目前尚没有统一的说法，还需要进一步研究，归纳起来有以下几种观点：

①球体的形变引起飘晃。

②球的几何中心和实际重心的位置存在差异，使球在飞行中产生力偶而发生转动，造成了球的飘晃。

③球体在飞行时其表面的粘合缝与空气流动的方向的差异，形成气流压强差，造成球体飘晃。

④用边界层的理论分析飘球的成因。

四、击球动作

（一）转动

人体各个环节的运动都是绕关节轴的转动。人体各种运动的形式都是由身体各环节一系列的转动而形成的，所以转动是人体运动时的动作基础。根据角加速度公式 $F=mR\beta$，当作用力矩大小不变时，半径（R）越小，角加速度（β）越大。所以在发球前，击球手臂的动作多是“屈肘后引”，这样手臂在开始发力时转动半径较短，有利于角速度的快速增加。当手臂挥动的角速度 ω 保持在较大值时，根据 $V=\omega R$ 线速度公式，此时增大半径（R），使手臂逐渐伸直，即转动半径 R 逐渐加大，从而使手掌的线速度 V 又得到增长。这种挥臂方法可提高挥臂的速率，也是比较省力的挥臂方法。

（二）平动

身体在运动中，其任意两点的连线保持平行而且长度相等，这种运动形式叫平动。排球技术中往往不存在单纯的平动，而经常是根据运动技术的需要由身体有关环节的转动发力，最后使某一击球部位保持平动。比如在发飘球时，要求击球力的作用线通过球体重心，这样就不能单纯运用手臂的转动击球，因为在转动中手运动的轨迹是一条弧线，弧线上每一点力的方向都是过这一点的切线方向，于是手在挥动过程中力的方向时刻在改变，这样是很难对准球的重心的。特别是手掌和手腕不能有推压或甩腕的动作，这会使力的方向发生更大的变化，更难对准球的重心。为此在发飘球击球前的一瞬间，手要保持一段直线的加速运动，这也属于一种平动形式。

（三）鞭打动作

在克服阻力或自身的肢体位移过程中，上肢诸环节依次加速和制动，使末端环节获得极大速度的动作形式叫鞭打动作。排球运动中扣球和发球时的挥臂都属于上肢的鞭打动作。

在做鞭打动作时，上肢首先向鞭打动作的反方向运动，即在挥臂扣球或发球前所做的“挺胸展腹，屈肘后引”，使手臂处于屈曲状态，充分拉长了即将收缩的肌肉群。然后上肢运动链的近端环节首先加速（转动），即由躯干的转体、收腹、收胸带动上肢各环节（上臂、前臂、手掌）依次加速与制动。从力学的角度来看，近端环节首先加速运动，使之获得了一定的角动量，然后制动。根据动量矩守衡的原理，在没有外力作用的条件下角动量保持不变，（角动量=转动惯量×角速度）这样各环节在依次制动过程中，角动量向末端环节传递，使末端环节获得了一定的角动量。由于末端环节的质量较小，其转动惯量也必然要减小（$I=mr^2$），角动量保持不变而转动惯量减小的情况下，必然使末端环节（如手）获得较大的角速度。但是人的肢体不是一条简单的鞭子或是一条机械的链状物，而是由许多块灵活有力的肌肉附在骨骼上构成的。动量传递仅仅是上肢鞭打动作使挥臂快速有力的一个原因，另一个原因是上肢各环节的肌肉依次发力，使上肢各环节的动量逐步增加并积累，各环节的速度也依次叠加，从而末端环节（手、掌、指）获得极大的速度。

五、滞空

运动员起跳腾空后在接近顶点时，通过自身的肢体动作变化（如屈腿、收腹、收胸、手臂上伸等，以及这些动作的恢复原状），改变身体某些部位与重心的相对位置，从而使这些部位，如髋关节以上部分在空中某个位置相对停留一定时间。这种使身体某些环节在空中能够相对停留一定时间的现象叫滞空。

人体腾空后可以在自身内力的作用下做各种动作，使肢体的位置发生变化。根据动量矩守衡的原理，人体腾空后除重力外，在没有其他外力作用的条件下（不计空气阻力），这种变化只能使对应的肢体做相向运动，并不能改变身体重心运动的轨迹。即人体重心的运动仍保持原有的抛物线轨迹。但由于肢体位置的变化会使人体重心在体内对应于躯干的位置也发生变化，如果运动员举臂、屈腿，身体重心就相对于躯干内原位置向上移动；手臂和腿下降则重心又向下移动，并向原位置恢复。而且举臂屈腿的幅度越大，重心的变动幅度也越大。正是由于身体重心运动轨迹不变，而躯干对应于身体重心的位置发生了变化（上升、下降），这样使运动员髋关节以上部分在空中的某一高度上可以有一定时间的停留，从而获得了滞空时间。滞空时间的长短，还取决于身体腾空后肢体做动作的时机，在接近弹跳高度的顶点时肢体做动作，获得的滞空时间会较长。例如，排球运动员做拦网动作，在快要接近自己弹跳最高点时收胸、提肩、双臂向前上方伸出，同时收腹、屈髋，使身体重心的相对位置上移。待身体重心开始下降时以上动作停止，上体和手臂又向原来位置恢复，使身体重心的相对位置下降，这样运动员拦网起跳后当身体重心接近、达到和离开腾起最高点时，双手能保持在一个近似恒定的高度上，即形成了拦网的滞空动作。有了这段滞空时间运动员便可以从容地观察并判断对方的动作及意图，从而采取相应的对策。

第三节 准备姿势和移动

准备姿势和移动，是完成排球技术不可或缺的重要组成部分。合理的准备姿势，可使运动员保持适宜的身体重心，有利于进行移动和完成各种击球动作；而适时的移动，则可使运动员及时迎接来球，并保持好人与球关系，为击球提供充分条件。因此，它们是完成发球、一传、二传、扣球、拦网和防守等各项技术的必要前提。

一、准备姿势的要领

两脚左右开立，略比肩宽，后脚跟提起；屈膝弯腰，两膝内收，上体前倾，身体重心置于两脚之间，肩部垂直面超出膝部；两肘自然下垂，两臂弯曲，双手自然置于胸腹之间；注意力高度集中，两眼注视来球，观察全场动向；全身保持“静中待动”状态，有如“箭在弦上，引而待发”之势。

不同技术的准备姿势，其两脚开立的大小、屈膝弯腰的程度，以及身体重心的位置，各有不同的要求。如接发球与接扣球，后者准备姿势要低一些；站在左半场位置的人应左脚在前，身体略向右转；站在右半场要右脚在前，身体稍向左转；前排准备拦网的队员，则两脚平行开立等。根据来球的不同情况和不同要求，可以分为稍蹲、半蹲和全蹲等不同的准备姿势。

二、移动的要领

起动是移动的开始，移动是起动的继续，制动是移动的终止。起动的要领，是使身体重心迅速向移动方向转移，即提起一只脚，使身体重心垂线远离支撑点；起动的第一步宜小不宜大，以便快速连续移动。移动是在起动之后，通过蹬腿和下肢肌肉爆发力的收缩，以增加支撑反作用力，辅以双臂的摆动和躯干的协调配合，以便快速移动。制动是在移动结束之时，最后跨出稍大一步，脚掌向内侧转动，身体重心下降，加上两臂和躯干的控制，形成突然制动。变向移动即身体重心迅速向移动的方向转移，按照起动、移动和制动的要领去完成。

起动、移动速度的快慢，主要取决于人体重心转移的速度和腿部肌肉的爆发力；也同正确的准备姿势、灵敏反应速度、临场判断能力、身体协调性等因素有关。因此，运动员在场上要根据来球的方向、弧线、速度和落点，及时地做出预见与判断，才能迅速完成起动、移动和制动等动作，使身体处于合适位置，并做出相应的击球行动。根据来球的远、近、高、低、快、慢、难、易等不同情况，可以采用滑步、交叉步、跑步、跨步、前扑、滚翻和鱼跃等移动方法去迎击来球。

三、准备姿势和移动的训练与运用

（一）训练指导要点

准备姿势和移动是排球技术必要的组成部分，在训练中除了结合各项技术外，还需进行专门的练习，并注意以下要点：

①重视常年训练，贵在持之以恒。

②以视觉信号为主要手段，强化运动员预判能力的培养。

③全面掌握各种准备姿势与移动步法。

④与各种技术结合进行训练。

⑤加强连续移动和变向移动训练。

⑥多安排一些短距离的移动练习，而近距离的移动，采用快速滑步要比交叉步的效果好。

（二）临场运用提示

准备姿势和移动不是一个独立的、完整的技术，它的临场运用都与各项技术结合在一起，这里就不单独“提示”，可参见各项技术。

第四节　发球技术

发球是排球比赛进攻的开始，是得分的技术手段，是破坏对方进攻战术、干扰其进攻意图的重要武器，是动摇对方阵脚、摧毁其心理防线的威慑力量，也是减轻本方防守压力，并为反攻创造有利条件的前奏序曲。发球是一项独自操作、无需配合、不被制约和无法弥补的技术，它的训练与运用，不但要注重技术动作，而且要强化心理因素。新规则取消了固定发球区，发球触网落入对区依然有效，无疑提高了发球在比赛中的地位与作用，值得高度重视。

一、发球技术要领

攻击性的发球种类较多，但就其性能而言，可以概括为旋转球和飘球两大类；两大类还各有正面上手和侧面勾手之分（眼下后者较少被采用）。当前国内外强队所采用的跳发球，也有旋转球和飘球两种。

任何一种发球，其要领主要包括：准备姿势、抛球、挥臂击球和躯干等身体动作的协调配合，以及对临场的观察判断等。准备姿势是发球的起始阶段；抛球是打准球的前提条件；挥臂击球是发出攻击性能的关键技术；躯干动作是挥臂发力的起点、动作协调的枢纽、攻击性能的助力；临场判断是技术运用的要素。

（一）准备姿势

面向对方场地，两脚前后开立，持球置于胸腹之间，两眼注视并观察所要攻击的目标，并谋划发球策略，随时准备发球。

（二）抛球

两类发球（飘球和旋转球）抛球的共同点：用单手或双手把球平稳抛起，高度适宜，位置相对固定，以利于准确击球。

两类发球抛球的不同点：

1. 飘球

正面飘球抛在击球手臂额前上方，位置偏前，约一臂之高，以便于挥臂时平行加速用力去击球。跳发飘球的抛球略高，但亦约在跳起之后额前上方的适当位置。

2. 旋转球

抛球的高度较高，保持在额顶上方，以便于运用躯干动作发力，并带动手臂去击球。正面（原地）旋转球抛在击球手臂额顶上方；跳发旋转球抛球的位置，在助跑若干步起跳之后，仍应使球保持在击球手臂额顶上方的适当高度上。

新规则取消了“发球试图”，要求抛球必须一次成功。运动员倘若抛球稍有偏离，可以在挥臂击球的瞬间，运用身体移位的动作或变化击球的手法加以调整，以弥补抛球的缺憾，发挥发球的水平。

（三）击球

两类发球的共同点有：挥臂速度要快；击球点宜高（伸肘提肩）；手对球的控制力强；躯干协调用力。

两类发球技术击球的不同点如下：

1. 飘球

①快速挥臂的运动轨迹平行于地面，略有下拖动作。

②用掌根坚硬部位击球，不要屈腕。

③击球的作用力通过球体重心，用力迅速、集中，动作突然、短促。

2. 旋转球

①相似于扣球挥臂的鞭打击球动作，与发飘球的动作结构相左，即：快速挥臂的运动轨迹成圆弧状，手指手腕略有推压动作，以形成上旋球。

②用全掌击球，把球打满，以控制好球的方向。

③作用力不通过球体重心，根据不同情况击在球体的后中部或中下部。

(四) 躯干等身体动作

1. 原地正面发球 (含飘球和旋转球)

抛球后，身体重心置于后脚；击球时，由腰腹发力带动手臂去击球，身体重心随即移至前脚上，同时蹬腿收腹用力，以增加击球的速度和性能。

2. 跳发球

在助跑起跳之后，击球时的腰腹肌肉发力和收腹动作是在空中完成的。落地后要顺势弯腰、屈膝，以缓冲身体重力。

二、发球技术的训练与运用

(一) 训练指导要点

发球是进攻的开始，反攻的前奏，得分和破攻的手段，在训练中要注意以下要点：

1. 多样性与独特性相结合

就全队而言，应力求掌握多种多样的发球技术及其各种不同性能的变化，才能在比赛中有针对性地攻击对手，同时也能适应国内外不同对手各种性能的发球攻击；切勿只此一招，别无他样。但对运动员个人而言，则应根据个人特点，首先熟练掌握一种攻击发球方法，以利于巩固和提高技术水平，切忌朝练夕改，多而不精；而后再考虑学会另一种发球技术。

2. 攻击性与准确性相结合

在已掌握某种发球技术的情况下，训练中应强调在加强攻击性的基础上提高准确性，而比赛中则应在保证准确性的前提下，加强攻击性。在安排上，不同训练期可以有所侧重，但任何时候，攻击性与准确性必须力求统一。片面强调一方而偏废另一方，都不适宜。

3. 技术训练与心理训练相结合

发球在比赛中的运用，要树立充分信心，才能大胆地发挥。但信心的树立，首先来自于平时刻苦认真的训练和熟练掌握技术的基础上，即所谓“艺高人胆大”；其次，要给运动员创造敢于攻击、大胆发挥的氛围，才能“胆大艺愈高”。最后，在日常训练中应制造一些近似比赛的条件，给队员施加心理压力。同时，在比赛中，则要鼓励运动员大胆发挥水平，做到疑兵不用，用兵不疑。

4. 发球与一攻训练相结合

在训练中，要通过加强发球的攻击性，来突破接发球水平的相对平衡，促进一攻战术的提高；而一攻战术水平的提高，又可以反过来对发球水平的发展提出进一步要求。

5. 发球与反攻训练相结合

通过加强发球的攻击性，可以减轻本方防守的压力，并为反攻创造有利条件。因此，在训练中有意识地把发球训练同反攻有机地联系起来，特别是在本方反攻轮次较弱时，要着力加强发球攻击的意识，提高发球的攻击水平。

6. 普遍提高与重点培养相结合

除了加强发球训练，普遍提高全队发球水平外，各队可以有意识地培养一两名发球技术好、比赛信心足的发球能手，以便在比赛的重要时刻利用换人策略，达到出奇制胜的效果。

（二）临场运用提示

发球技术的运用，纯属独立操作，不需同伴配合，不受其他技术制约，不被对手干扰，也无法被队友弥补，主要是依靠发球者自身掌握，灵活运用。

1. 胆大心细

通过训练熟练地掌握发球技术，才能有本钱、有底气，为自己壮胆鼓劲，但在比赛运用时，则要把动作过程做得细致扎实，一丝不苟。

2. 量力而行

根据自己所掌握的技术能力，以及当时的信心和体力状况来运用发球；不盲目冒进，也不保守怕失。

3. 有的放矢

根据不同对手的不同特点及比赛中的不同情况，来运用不同的发球策略；不千篇一律，也不照方抓药。

4. 审时度势

根据当时双方的比赛形势和比分消长情况，来运用不同的发球策略；不照猫画虎，也不一成不变。

总而言之，在具体运作中，应根据临场的不同对手、不同态势，运用不同的发球策略；一切以时间、地点、对象和条件为转移，这才是成功的用兵之道。

（三）个人战术运用

发球的临场运用，目的在于直接得分或破坏对方的一攻战术，在上述要求的前提下，可采用如下方法：

①意在攻击。发出大力快速的旋转球或飘荡不定的飘球，以摧毁对方的接发球。

②寻找弱点。发给一传较差、信心不足、连续失误、情绪不稳、精力分散或刚换上场的人。

③伺隙攻之。发至端线两角、边线附近、“中间地带”或近网空隙等不容易接好球的位置。

④变化性能。无论发旋转球还是飘球，运用不同的击球手法，发出不同攻击性的球。

⑤变换落点。根据对方接发球的站位情况，变换不同的发球落点。

⑥破坏战术。判断对方接发球阵式及可能采用的进攻战术，发出足以干扰其战术组成的攻击性发球。

⑦削弱攻势。发给对方主要进攻队员（如主攻手或接应队员），以减杀其进攻威力，或干扰其进攻准备。

⑧相机行事。根据双方的比赛形势、轮次强弱、本方所处的地位以及临场发展变化等情况，来决定采用不同的发球策略。

第五节　一传技术

接发球一传是本方组织一攻战术的必要前提，是决定一攻战术质量与效果的先决条件，是增加得分机会的重要因素，是稳定阵脚的压舱石，也是胜负得失的命根子。对于以快速多变打法为特点的中国队来讲，一传技术的好坏、水平的高低，将直接影响着战术的成败、特长的发挥和心态的稳定。必须坚持常练，练出成效，才能立于主动不败之地。

一、一传技术要领

（一）准备姿势

面向对方场地，两脚左右开立，略比肩宽，屈膝弯腰，两手自然置于胸腹之间，全身放松，注意观察对方发球者的动态和可能的发球性能，做好接球的准备。

（二）垫球手型

两臂自然伸直，并稍外旋，前臂紧靠，两手相握（一手握拳，另一手在外包握），手腕下压，两肩提起，前臂至手腕形成一个垫球平面。肩关节保持放松灵活，以利于转动手臂平面去迎击各种来球。

（三）击球动作

垫球前，要根据对来球的判断，迅速移动，对准来球，取好位置，以便为垫好球创造良好条件。当来球接近身体腹前约一臂之距时，两臂夹紧前伸，插入球下，同时提肩、顶肘、压腕、抬臂，以蹬地、跟腰等全身协调动作迎向来球，身体重心随着击球动作向前上方移动，把球垫到预定目标。

根据各种不同性能的来球，一传垫球的击球动作与发力控制略有区别。

①接一般飘球：其特点是球速较慢，轻度飘晃。接球时，要在判断好来球并移动取位后，降低身体重心，待球体开始下落时，将手臂插入球下垫起。

②接下沉飘球：其特点是球飞行过网后，突然减速下沉。接球时，要迅速移动取位，采用低姿势垫球的方法将球垫起。

③接平冲飘球：其特点是速度快、弧度平，球体飘晃，平冲追胸。接球时，身体移动对正来球后，身体重心升高，膝关节伸直，有时还可轻轻跳起，以保持击球点在腹前。如果来球较高，不适于高位垫球，还可采用侧位让垫或上手传球。

④接大力发球或跳发球：其特点是速度快，力量大，旋转力强。接球时，采用半蹲或低蹲的准备姿势，移动对准来球后，根据来球力量大小和垫出球的距离，控制好击球用力；来球力量大时，还需含胸、收腹、屈肘或后撤手臂，以缓冲来球力量。如击球点低时，可采用翘腕垫球。

⑤接侧旋球：其特点是球向左或右旋转飞行，接球时，身体要对向来球一侧，同侧手臂抬高，手臂反射面对准来球，以便把球垫至预定目标。

⑥接高吊球：其特点是球飞行弧度高，下降速度快，有一定力量。接球时，两臂向前平伸，手臂肌肉适当放松，等球落到胸腹间再垫击，击球点不宜过低，不必多加抬臂动作，把球控制好向前上方弹出。

总之，垫球用力的大小与来球的速度和力量成反比，与垫出球的距离成正比。这主要取决于运动员对来球性能的判断和自身手感的调控。

（四）重心高低

准备姿势的高低应根据来球的高低、角度以及队员腿部力量的大小来决定，在不影响快速起动的前提下，重心应适当降低，有利于双手插到球下，同时也便于低垫高挡。

（五）用力方法

击球的用力方法和大小应根据来球的力量与弧度不同而有所变化。

①垫轻球时，主要靠手臂上抬力量，以增加反弹力，如果需要把球垫得较高，在适当加大抬臂动作的同时，还要靠蹬地、跟腰、提肩动作的协调配合。

②垫中等力量来球时，由于来球有一定力量，因此迎击球的动作要小，速度要慢，主要靠来球本身的反弹力，以免弹力过大。

③垫重球时，不但不能主动用力击球，而且手臂还要随球后撤，达到缓冲的目的。

④来球弧度不同，垫球用力方法也不同。如来球过高，垫球时可利用伸膝、蹬腿以提高身体的重心，必要时还可稍稍跳起垫球，以保持正确的击球点；如果来球较低，可采用低蹲垫球。

（六）手臂角度

①入射角与反射角原理。入射角等于反射角是光学镜面反射原理。垫球动作很大程度上可以用镜面反射原理加以说明。不旋转的来球，触及手臂后，基本以相同的角度反弹出去。旋转的来球触及手臂时，旋转会使球和手臂之间产生摩擦力，同时手臂也给球体一个大小相等、方向相反的反作用力，垫击力与反作用力的合力的方向基本上就是球体弹出的方向。

②来球弧度高，手臂应抬得平些；来球弧度低平，则手臂与地面夹角应大些。这样才能使球以适当弧度反弹飞向目标。

③垫球的目标在侧前方时，手臂的垫击面一定要适当转向侧前方的垫击目标。

④来球带有较强的旋转时，应调节手臂形成的平面，以抵消由旋转引起的摩擦。

二、一传技术的训练与运用

（一）训练指导要点

一传是组成一次进攻的基础，运用快变战术的前提，保持阵脚稳定的要素在训练中应注意以下要点：

1. 保持一传训练的系统性和经常性

一传垫球技术简单，学会容易，用好较难，消退也快。因此应保持训练系统性和经常性，以不断巩固与提高其水平。

2. 适应各种不同发球性能的接发球训练

要了解国内外强队各种不同类型的发球方法与性能，加强对各种不同发球方法和性能的一传训练，对手有什么发球武器，就要练什么接发球技术，使训练具有针对性和现实性，以提高一传的判断能力和适应能力。

3. 加强运动员手感、球感的训练

接好各种不同发球方法与性能的来球，除了要有正确合理的技术动作外，还要有良好的手感和球感。手感、球感、本体感、时空感等属于专门化的知觉，可以通过系统训练去获得。运动员不但要掌握“用力”打球的技巧，而且更要学会“用心”感知的诀窍，这对于各项技术的训练都是必需的，而对一传则更需强调。

4. 安排不同的接发球站位进行训练

接发球如何站位，由几个人来接球，主要取决于三个因素：一是对方发球的特点与性能；二是本方队员接发球的能力与水平；三是本方一攻战术组织的设计与需要。在训练中要教会运动员善于判断场上情况，临机应变取位。

5. 提高一传个人技能与集体配合的训练

一传训练既要采用次数多、密度大、难度高的个人接发球练习方法，也要运用小组和全队接发球的配合训练。前者有助于增加接发球数量，提高个人技能，后者有利于明确位置分工，密切集体配合。在安排上，不同训练期可以有所侧重。

6. 刺激一传训练的兴奋性和积极性

一传的训练，运动负荷不大，但延续时间较长，容易枯燥乏味而产生“疲塌”现象，达不到训练效果。因此，要经常改变训练条件和难度，提出不同的要求和指标，运用不同的方法与手段，借以产生新异刺激，活跃训练情绪，调动运动员的积极性和兴奋性，提高一传训练质量与水平。

7. 适当加强上手传球的接发球训练

新规则取消第一次击球“连击”的规定，为一传运用上手传球创造了条件。可适当加强采用上手传球技术接一传的训练，特别是传对方轻飘球的训练，以扩大接发球的范围，加快进攻的节奏，增加一攻的组成率。

8. 增强对运动员接发球的心理训练

接发球对运动员承受的心理压力，往往要大于接扣球。因此在日常训练中，可以采用一些方法手段来制造紧张气氛、提出严格目标、施加心理压力，以培养和锻炼其作风与心态。但在实际操作上，则应注意提示其平和心态，放松身体，及早准备，加强预判，以增强对接发球的心理稳定程度。

（二）临场运用提示

一传技术，既同对方的发球相对抗，又同本队的一攻相关联，它的临场运用，必然要与双方的相关技术发生关系。

1. 了解发球特点

在接发球之前应弄清对手发球的方法、特点与性能，以利于防范于未然和及早判断来球。

2. 判断来球路线

根据对手发出球的初速度，判断来球的方向、弧线、速度和落点，以便及时移动取位接球。

3. 熟悉轮次战术

要熟悉本队每个轮次可能组成的进攻战术，以便使垫出的球有利于战术的组成。

4. 明确位置分工

根据不同位置的分工，既要各司其职，各守其位，也要互相配合，互相弥补。既不各自为政，互不支援；也勿分工不明，互抢互让。

5. 加强互相保护

接球时，要做到一人接球，众人保护，一人行动，有人策应，形成一个协调有机的整体。

（三）个人战术运用

一传的目的是给本方一攻战术创造有利的条件。因此，其个人战术运用与本方所要组织的进攻战术密切相关。根据不同的进攻战术，所垫（传）出球的方向、弧线、速度和落点也应有所区别。

①组织快攻战术时，可以有两种运用方法，一是一传的弧线平、速度快、落点近网，以加快进攻速度；二是一传的弧线高、速度快、落点在近网上空，以便为二传手运用跳传组织快攻。

②组织在左半场交叉战术时，一传的方向和落点在球网中间，其弧线和速度适宜。

③组织在右半场交叉战术时，一传的方向和落点偏向二号位，其弧线和速度适宜。

④组织背溜战术时，一传同③。

⑤组织短平快战术时，一传的方向和落点视扣球者的位置而定。

⑥组织两次球战术时，一传弧线较高，速度和落点适宜。

⑦组织后排进攻战术时，一传的落点不宜过于近网，以免给二传手造成传球困难。

⑧一传直接进攻时，如遇对方发球者迟未进场，有隙可乘，可直接垫（传）至对区空当处，攻其不备。

第六节　二传技术

二传是连接一传（或防守）与扣球，并由防守转入进攻的中间环节，是为本队进攻创造良好条件的重要技术；一个队的进攻能力能否充分发挥，在很大程度上取决于二传技术水平的高低。二传技术本身不具进攻性，但卓越的二传，应具有牵制对方拦网、含有攻击因素、起着辅助进攻的功能，而不仅以把球传到位为满足。现代排球向着快速多变、立体高空的方向发展，这对二传的水平与能力提出了更高的要求。

一、二传技术要领

二传的技术精细，种类繁多，但可归纳为正传、背传和侧传三种基本形式。跳传等其他二传技术，均由此派生而来。

（一）准备姿势

当二传手在前排时，通常站在2、3号位之间，身体右侧对网，采取稍蹲姿势，注视与判断本方一传来球的情况。而当二传手在后排时，在对方发球瞬间，迅即从后排插上至前排位置，要边移动边注意判断一传，并及时取位，准备传球。在此过程中，要同时谋划组织进攻的策略。

（二）正面传球

1. 传球手型

两肘抬起自然弯曲，两手置于额前上方，手腕稍有后仰，手掌微向内倾，十指微屈，张开成半球状，拇指相对成“一”字或“八”字形。击球点一般在额前10cm左右，但应根据来球的不同情况和传球的不同要求，适当提高或降低击球点。

2. 传球手法

传球前，手腕、手指应放松自如。传球时，手腕、手指先适当地缓冲来球，然后运用前臂的迎击和手腕、手指的积极发力；十指与球体吻合，以扩大触球面积，增加作用力点，但拇、中、食三指的指腹承受球的压力最大。

3. 身体动作

在传球的同时，要加上蹬腿和展腹等身体协调力，将球向前方传出。传球过程中，还要始终观察球、网和人（本方扣球者和对方拦网者）的动态。观察的方法可以直视目标，也可用余光窥视。

（三）背传

1. 传球手型

背传的手型基本上与正传相同，区别在于：传球时手腕后仰，掌心朝上，拇指成反“八”字形。击球点保持在额上方，或比正传稍高、稍后，以利于向后用力。

2. 传球手法和身体协调用力

背传时，运用蹬腿、展腹、挺胸和两肘上抬以及翻腕动作，将球向背后传出。

背传的技巧性在于灵活而准确的翻腕动作。翻腕的动作幅度和用力大小，与传出球的距离成正比，与一传来球的速度和力量成反比。背传的准确性在于精确无误的方向感和双手对球的控制能力。要加强临场观察判断能力，提高时间、空间感知水平，强化手对球的感觉能力，才能提升背传的稳定性和准确性。

（四）侧传

1. 传球手型

传球手型与正面传球相同。击球点可以根据不同的战术运用，或置于胸前（隐蔽传球时），或放在额上（近网做跳传时）。

2. 传球手法与身体协调用力

当向某一侧传球时，同侧手腕后仰翻动，异侧手腕手指向出球一侧上方推托弹击，双手配合一致协调用力，快速甩动手臂、手腕、手指，将球从侧上方传出。同侧手臂动作幅度和用力小于异侧，同侧手臂和肘部低于异侧。

侧传有两种站位方式：一是背向网的侧传，常用于做隐蔽性的二传；二是面向网的侧传，一传太近网，传球者移动取位来不及转身时运用，或跳起做晃传球时采用。

（五）跳传

跳传同样有正传、背传和侧传三种形式，基本要领相同，不同的是跳起在空中完成击球动作。跳传的起跳，应采用原地或一两步助跑垂直起跳，起跳后要特别强调腰腹动作的控制能力，以利于掌控身体平衡和延缓滞空时间；并应根据传出球的高低远近，来调控身体、手臂和双手的用力程度。跳传技术具有加快进攻速度、迷惑对方拦网、弥补来球过于近网等功效，为优秀二传手所普遍运用。

单手跳传具有补救来球过于近网，变不利为有利的作用。其要领是起跳后身体侧向球网，同侧手臂举起伸直，掌心转向本场区，借助来球的惯性，手腕、手指顺势弹击。单手跳传适用于近距离的传球。

（六）不同传球技术运用的区别

不同传球技术的击球点变化有利于更好地完成技术动作，使传出球向预定方向飞行。

传球所需要的力量是由多种力量合成的，如：伸腿蹬地的力量，伸臂的力量，手指、手腕的力量以及球的反弹力。

要根据来球的具体情况及传球的要求，采用不同的动作方法，运用不同的力量击球。

尽管跳传技术根据出球方向的不同，也可以分为正面传球、背传和侧传，但由于其主要技术都是在空中完成的，因此不能完全适用站立传球技术要点。首先，跳传的起跳应垂直上跳，以减少对传球准确性的影响。在身体上升到最高点触球，才能有充足的时间来完成迎球、击球、伴送球的动作，否则将会导致击球乏力或动作失调。跳传应根据传球高低远近选择适当的伸臂动作幅度和速度，因为跳传时，身体没有支撑点，无法借助蹬地的力量。

二、二传技术的训练与运用

（一）训练指导要点

二传是联接防守与进攻的桥梁，组织进攻的核心，辅助进攻的手段。在训练中要注意以下要点：

1. 重视传球的教学与训练

对初学者要加强传球的教学与训练，高水平的运动员也不可等闲视之。因为，传球的训练不只是提高传球技术本身，而且对改进脚步移动，提高灵敏反应，处理各种小球，掌握全面技术，都具有驱动与促进作用。规则修改后对第一次击球放宽连击尺度，这对加强传球训练，更有重要的实践意义。

2. 加强二传的专门训练

二传技术精细，学会容易练精难。除了与扣球及本队进攻战术结合训练外，还应安排专门时间，由专门教练员带其训练，根据本队战术需要，有计划、有步骤地练好各种二传技术。

3. 在移动中训练二传

实战中的二传大都是在移动中完成的。高水平的二传训练应力求在快速移动中、突然变化中、连续动作中和激烈对抗中去传各种不到位的困难球。

4. 重视视野训练

要训练运动员在传球过程中善于观察球、网和人（本方扣球者和对方拦网者）的动向，这是提高二传运用能力、增强战术意识和培养组织才能的重要一招，但往往易被忽略。

5. 加强传各种快变战术球的训练

高水平的队应加强传各种快变战术球的训练，并与本队进攻战术结合起来，这是二传技术的难点之一。因为这里有一个传球者与扣球者之间，在时空协调和默契配合方面的问题。

6. 注重跳传、快吊和两次扣球及其转移的训练

高水平的二传手如能掌握与运用跳传、快吊和两次扣球这三招，不但使二传技术本身具有进攻因素，而且可以增强全队的进攻能力。二传手的两次扣球应采用不同于进攻手的特殊训练。

7. 把二传技术同其他技术结合进行训练

二传是一项由防守转入进攻的“链接性”的技术，为了提高其实际运用能力，应把二传技术同其他相关联的技术（如一传、防守、拦网等）结合起来训练，使训练更接近于比赛实际。

8. 重视进攻手和自由人调整二传的训练

在实战中，每个进攻手和自由人都有传球组织进攻的机会，因此，学会练好各种形式的调整传球，对于提高全队组织进攻的水平，在比赛中争取多得分、少失分，有重要的现实意义。

（二）临场运用提示

二传技术是组织本方进攻的枢纽，同时要力图摆脱对方的严密拦网。因此，二传在比赛中的临场运用，不得不考虑诸多方面的因素并联系双方攻防的情况。

1. 判断一传来球

首先要根据对方发球或扣球出手的方向，判断本方一传或防守起球的方向、弧线、速度和落点，以便及时起动，迅速移动，正确取位，对准来球。在心理上和行动上都要做好传各种困难球的准备。

2. 熟悉本方情况

要熟知本方每轮次的战术内容，每个进攻者的个人特点以及当时的动态与表现，做到投其所好，传其所要，才能使扣球者得心应手，充分发挥。

3. 了解对手特点

了解对手的防守战术，尤其是拦网布局、个人拦网、防守的长短及其临场表现，以便避强打弱，组织有针对性的战术。

4. 抓好三个要素

恰当地选择进攻突破口（从何处进攻），正确地运用战术（采用什么打法）和合理地分配球（传给谁扣），是二传组织进攻的三要素。这三者互相关联，具体运用取决于二传手根据当时双方态势在瞬间做出抉择。

5. 协调传扣关系

二传的运用不但要传得到位（空间），而且要传得适时（时间），传与扣两者要密切配合。就二传手而言，主要依据三点：一是扣球者的助跑起跳时机；二是扣球者的挥臂速度及其习惯动作；三是一传来球的弧度与速度。

（三）个人战术运用

二传的个人运用，是在一传（防守）基本到位的情况下，在进攻手实施扣球之前进行的。目的在于给本方进攻手创造有利的扣球条件，同时又能迷惑对方拦网者的判断，造成其错觉和不意，以利于突破对方的防线。主要可运用两大类的方法：

1. 运用传球手法、身体动作和目光吸引的方法

①传球前不暴露传出球意图，利用巧妙手法突然传球。
②背向球网，运用隐蔽侧传方法。
③近距离调整球（距球网 3m 左右），运用隐蔽性侧传。
④同上，事先故意转身面向某一侧，但却向异侧传出。
⑤面向球网起跳做扣球状，但运用跳传侧传动作。

⑥身体后仰，宛若背传，但却向前传球。

⑦身体前倾，似欲前传，但却背传。

⑧目光注视左边队员，但却传给右边队员，或者相反。

⑨趁其不备，直接将球吊入对区空隙处。

⑩运用跳传时手臂的屈伸动作所形成的时间差传球。

2. 利用对手心理状态和违反常规的传球方法

①向前快速移动取位时，但却背传。

②向后快速移动取位时，但却向前传。

③转身逆向背传（即本是面向1、2号位，突然转身面向4号位，但却作背传）运用跳传的效果更佳。

④近距离调整传球，反常传给2号位或3号位队员进攻。

⑤近距离调整传球，反常传给直角位置的队员扣球。

⑥一传到位时，打“第二进入”的半高球。

⑦一传不太到位（3m以内）时，打“远网快攻”。

⑧传给不引人注目的队员去进攻。

第七节 扣球技术

扣球是一项技术结构复杂、与同伴配合密切、同对手对抗剧烈、掌握和运用难度较高的技术；是进攻最有效方法，得分最主要手段，是每个回合战术配合的最后环节和成败关键。排球比赛一切接球和防守的努力，都是为了实现有效的进攻。一个队实力的高低、优势的取得，在很大程度上取决于扣球水平和进攻能力。实行每球得分制，扣球作用更显重要，约占全部得分60%以上。当然，扣球水平的发挥，有赖于一传、防守以及二传等诸多技术环节的有力保证。

一、扣球技术要领

扣球的动作结构复杂，各种分类繁多，但可归纳为强攻（高球）和快攻两大类。这里介绍的是其带有共性的基本要领。

（一）准备姿势

当球进入本场区时，所有队员都应首先为进攻创造良好的条件，能够进攻的队员，都应集中精力，判断来球，有强烈的进攻意识，随时随地做好扣球的准备。

（二）助跑

助跑是为了找准二传来球，提高水平速度，增加踏跳助力，并及时起跳去扣球。助跑距离的远近，应根据二传的方向与落点；助跑节奏的快慢，应根据二传的弧度与速度；助跑步伐要轻松协调，脚步要灵活可变；助跑的路线与球场中线形成的夹角应因位而异，在4、3号位成锐角（45°左右），2号位则近乎直角，以利于在起跳后可以从容地扣出各种路线（指右手扣球，左手扣球则相反，下同）；助跑的最后一步宜大（即将要起跳的一步），这是决定起跳时间与地点的关键，并要与起跳动作有机衔接。常用的助跑是向前2~3步，但要学会多步的、原地的，乃至于向后的，以及向各个不同方向变化步法的助跑技术。

（三）起跳

当助跑的最后一步右脚落地时，随即并拢左脚，两脚尖稍向右转，以利于形成制动；随即重心下降，屈膝弯腰（各100°左右），弯曲程度应视腿部肌肉力量的大小和来球情况而有所区别；同时两臂后引，借助助跑的水平速度和身体下落给地面的冲力，通过伸膝肌群爆发式的收缩；加上两臂由后向上摆动，并快速展腹、挺胸，从而产生支撑反作用力，带动全身腾空而起，腾空时身体自然略成反弓形。

起跳的踏跳方法有二：一是由脚跟迅速过渡到前脚掌，猛烈蹬地踏跳；二是主要运用前脚掌迅速蹬地踏跳。前者反作用力大，有助于增加弹跳高度，适用于扣高球；后者动作快速，有利于争取时间，适用于扣快球。

起跳的摆臂方法有二：一是前后摆臂，两臂自体前经体侧引向体后下方，然后向前上方摆动。二是划弧摆臂，两臂自体前经体侧划一小圆弧形至身体后下方，迅即向前上方摆动。前者摆幅较大，有利于增加弹跳高度；后者动作连续，划弧可大可小，适应性较强。

（四）挥臂击球

跳起在空中时，身体略成反弓形（展腹、挺胸），扣球手臂向右侧抬起，屈肘后引，肘部高于耳朵，另一手自然上抬；迅即从腰腹部开始发力，通过肩、肘、腕关节的依次传递作用，带动大臂、小臂和手腕的加速运动，给球体以爆发式的作用力，以形成鞭打动作；击球时手臂伸直，用全掌击球，并控制好球的方向。鞭打动作的关键是，挥臂击球前，手臂各个关节和肌肉要放松自如，切不可僵硬紧张。

挥臂击球的手法多种多样：屈臂（普遍采用）、小轮臂、勾手（眼下较少运用），也有直臂式等。但无论采用何种手法，挥臂击球动作必须遵循下述原则：

①放松关节肌肉，加快挥臂速率，形成鞭打动作（而不是棒打式）。

②挥臂运动轨迹成圆弧形，并伴有适当的推压动作（而不是砍刀式）。

③击球时手臂充分伸直，并要有提肩动作（而不能向下拉肩）。

④用全掌击准球，打满球，控制球。

⑤击球的同时，伴随收胸（近网扣球时）或收腹（远网扣球时）等身体动作的协调配合。

（五）观察判断

扣球是在本方一传、二传的配合下，同对方拦网、防守相对抗的情况下在空中实现的，其时空概念和对抗意识很强。因此，对彼我双方各种情况的综合判断，要贯穿于整个扣球过程的始末。从动作顺序上讲，应在瞬间完成以下观察与判断。

①预判本方一传：根据一传到位情况，预测可能组织的进攻战术。

②判断二传状况：随即把注意力转移到对二传出手的判断上，这是找准扣球起跳时间与地点的关键。即：根据二传的弧线和速度来选择起跳时间，根据二传的方向和落点来选择起跳地点。

③观测拦网动向：起跳空中后应根据对方拦网者动态，做出突破防线的选择。

（六）落地

完成扣球动作后，两脚前脚掌先落地，随即过渡到全脚掌着地，同时顺势屈膝、收腹，以缓冲下落力量，并立即做好下一个行动的准备。

（七）扣快球

扣快球相比于扣高球，在技术要领上略有以下区别：

①扣快球的助跑距离稍短，一般为一两步，甚至原地起跳。

②挥臂击球的动作幅度较小，主要运用小臂和手腕的加速，以利于加快击球速度。

③击球时快速收胸，较少运用收腹动作。

④扣快球成败的关键是二传手与扣球者之间在时空上的密切配合，就扣球者而言，主要依据两点：一是根据一传的弧度、速度和落点来选择起跳时间与地点；二是根据二传出手时机来决定挥臂击球。

（八）后排扣球

后排扣球与近网扣球的主要区别在于：

①面向球网助跑，在3m线后采用冲跳技术，而在3m线内的空域完成击球动作。

②手臂击球的运动轨迹，要有较明显的推打动作，以加强对球控制能力，提高扣球准确性。

③强调从腰腹发力，带动手臂去击球，充分运用全身协调动作，以加长击球工作距离，增强扣球的速度与力量，并避免运动创伤。

（九）单脚起跳扣球

单脚扣球主要区别在起跳动作：助跑的开始阶段与双脚起跳基本相同，不同的是，助跑的最后一步，应以扣球手臂异侧脚蹬地踏跳，同侧腿迅速向上摆动，带动身体上升。即在助跑过程中，当右脚落地时（右手扣球），左脚向前跨一大步蹬地起跳，右腿屈膝上提，同时两臂由后向上摆动，并配合展腹挺胸，腾空挥臂去击球。

二、扣球技术的训练与运用

（一）训练指导要点

扣球在训练中要注意以下要点：

1. 加强体能训练

扣球技术对运动员体能条件的要求较高，要具有很好的速度力量、灵敏反应、爆发力和弹跳力等综合素质。我国运动员同欧美队在进攻上的差距主要体现在体能上，而不是扣球技术本身（当然体能也会影响技术）。为改变这种弱势，就必须重视体能训练，努力提高运动员的全面身体素质和专项素质水平。

2. 加强扣球的基本功训练

要经常进行各种助跑起跳和扣球手法等基本功练习，打好扎实的技术基础，才能有效地提高扣球技术水平。即使是高水平的队，也要精益求精，不断进取，加强基本功训练。

3. 先学好扣高球技术

在扣球的教学训练过程中，要先从扣高球练起，以便建立正确的扣球技术定型。即便是准备培养为副攻手的人，也应先学会扣高球，以利于学会判断来球，选择正确的起跳时间与地点，形成合理的动力定型，而且有利于掌握扣球的全面技术。

4. 加强不同性质扣球的分化训练

在学会扣高球的基础上，应逐步掌握与熟练扣不同位置、不同距离、不同角度以及不同高度和不同速度的来球。这些不同性质扣球的助跑起跳和扣球手法是有区别的，应有目的地进行分化训练，以提高扣球的判断能力和适应能力。

5. 全面掌握强攻和快攻两种武器

为了运动员技术全面性的要求和跑动进攻的需要，在扣球教学训练中，不宜过早片面分工和过多专位练习；高水平运动员更应掌握强攻和快攻两种武器。但可在兼备“两手”的前提下，适当分工，有所侧重。

6. 有计划地训练各种个人的扣球技巧

根据不同的训练对象，提出不同的训练要求，或在不同的训练阶段，安排不同的扣球重点，有计划地训练与提高各种扣球技巧，诸如路线变化、打手出界、打吊结合等，以提高扣球的个人突破能力。

7. 加强在跑动和变化中的扣球训练

现代进攻战术的发展，要求高水平运动员的扣球训练，要打破定位扣球的传统方法；打破按固定方向、固定步法的助跑起跳；打破固定专位扣球和机械分工的束缚；打破三点进攻的局限；打破定点、定时进攻的限制。加强在运动变化中的训练，以提高扣球的突然性和攻击性。

8. 加强反攻扣球形式的训练

防反过程中的反攻扣球，掌握难度大、运用机会多，是扣球技术中的难点。反攻扣球的特点不同于扣近网球及平网球，也有别于一般的调整扣球。高水平的队应创造条件，制造难题，模拟实战，着力强化这种训练，以提升应变能力，适应比赛需要。

9. 加强在激烈对抗中和连续动作中的扣球训练

实战中的扣球，既同本方有关技术相联系，又同对方的拦防相对抗。因此，为了提高扣球的运用能力，应加强在同本方相关人员和相关技术的串联中，以及同对方拦网与防守的对抗中的扣球训练。

10. 加强前排队员中、远网距离的扣球训练

随着运动员身高、弹跳力和扣球技术的提高，网上突破与反突破的争夺必将加剧，前排队员单纯依靠近网扣球恐怕不能完全适应战术的需要。有条件的队应加强中、远网扣球（离球网约 1.5~1m，含强攻与快攻）的训练与提高，不但可以开阔扣球射出面，扩大进攻空间，避开严密拦网，突破第一道防线，减少本方保护压力，而且会增加对方拦网判断的难度，造成其破坏性拦网的可能。这或许是未来进攻的发展方向之一，值得探讨和实践。

11. 加强扣球战术意识的训练

扣球技术复杂，网上短兵相接，瞬间完成动作，正确运用较难，不但需要技术，而且需要智慧。因此在训练中应注重其战术意识的培养与训练，教会运动员如何判断来球，如何观察对手，如何预判临场的发展变化，如何运用个人战术，如何同对手斗技斗智等。这些只有通过有意识地培养与训练才能掌握并运用。

（二）临场运用提示

扣球的临场运用，主要体现在两个方面：一是准确判断本方来球，以便找准起跳时间、地点，充分发挥扣球水平；二是清醒观测对方动态，以便避强打弱，避实击虚，有效突破对方防线。

1. 注意预判本方一传

一传或防守起球的不同方向、弧线、速度和落点，将会影响二传组织进攻的不同效果，并预测其可能组织战术的端倪。因此，扣球的运用，应从一传（防守）出手开始判断，才能易于找准扣球的起跳时间与地点，为发挥扣球威力创造良好条件。例如，一传弧线的高低、速度的快慢、落点的不同，都会左右扣球起跳的时间和地点。

2. 集中判断二传情况

根据二传出手的情况来决定扣球助跑起跳的最后一步，是找准起跳时间与地点的关键。即根据二传的弧线与速度来选择起跳时间，根据二传的方向与落点来决定起跳地点。

3. 观察了解拦防动态

根据对对方拦网部署、个人拦网特点、后排防守能力以及采用的防守战术等情况的观察与了解，为运用扣球个人战术、突破对方防线提供有用的信息。

4. 实行空中斗智斗技

扣球者在起跳腾空之后，在即将击球的瞬间，观察判断对方拦网者的拦截路线，以便做出避开拦网的手或利用拦网的手等选择。这只有扣球技术达到挥洒自如的“自动化”程度，具有高水平的扣球手，才能获此真知。

（三）个人战术运用

扣球是在全队人员的密切配合下，运用娴熟、有效的个人技巧，去突破对方的防线，达到战术的目的。一般可采用以下方法：

1. 避开拦网

根据对方拦网的位置，采用扣小斜线、中斜线和直线等变化路线或超越拦网手的高点扣球方法，避开对方的拦阻。

2. 利用拦网

采用扣击拦网手的外侧、集体拦网之间的空当或平击拦网手尖等方法，造成其拦网触手出界或破坏性拦网。

3. 攻击弱点

从身材矮、弹跳低、拦网差或不积极拦网的人的头上突破，或有意攻击其防守技术不好的队员。

4. 破坏战术

对方采用“五一”配备，当其二传手在后排时，集中火力攻击其二传手的防区（一般为1号位），迫使二传手不能在行进中插上组织反攻战术。

5. 时间变化

扣球者在起跳腾空时，根据对方拦网的起跳时机，采用快速下手或延缓扣击的方法，以造成拦网者的时间误差。

6. 打吊结合

根据对方的拦网情况和防守布局，采用以重扣为主，结合轻吊空当的方法，以寻隙突破其软肋，或扰乱其防守阵脚。

7. 伺机再攻

当对方拦网严密，一时难以通过时，不可莽撞硬打，可采用以中等力量有意拍打对方拦网者的小臂（而不是两手），使球反弹回来，通过保护起球，伺机再攻。

8. 处理乱球

高水平的运动员应学会处理好各种不好扣的困难来球，诸如来球太低、太高、太快、太里、太外、太近网、太远网等，尤其在连续的防反中，扣球者应善于调整自己的助跑起跳和击球手法，妥善处理各种乱球。这是高水平运动员必须掌握好的扣球个人战术方法。

第八节　拦网技术

拦网是防反的第一道防线，是兼备防守与进攻两种功能的技术，是得分的重要手段，也是本方反攻的序幕。成功的拦网，可以减弱对手的进攻威力，干扰扣球者的进攻意图，造成其心理上压力，并可减轻本方后排防守的负担，为防反创造有利的条件。拦网的成效（尤其是男排），有时会导致一局或一场球的胜败。

一、拦网技术要领

拦网是一项学会不难、用好不易的技术。拦网可分为个人和集体拦网，这里分析的是个人拦网技术。

（一）准备姿势

当球进入对区后，拦网者近网站立，离球网约20~30cm，两脚左右开立，约与肩宽，两膝稍屈，两手上举置于胸前或头上，观察与判断对方进攻动向，做好拦网准备。

（二）取位

通常情况下，2、4号位队员取位距边线约1.5米处，3号位队员居中。但当对方以中路跑动进攻战术为主时，2、4号位队员应相对靠近中间站位；若对方以近体快球或真假交叉进攻结合拉开战术时，4、3号位队员应稍靠近中间站位，而2号位队员则应靠近边线取位。

（三）移动起跳

拦网在很多情况下是在移动中起跳的。应根据不同的移动距离，分别采用滑步（并步）、交叉步或跑步后起跳拦网。移动后的最后一步要降低重心进行制动，并随即下蹲向垂直方向起跳。较远距离的跑动起跳，其最后一步要把脚尖内转，以利于制动。站在外侧的拦网者起跳后，要把身体和手臂稍向场内转动，以形成合理的拦网反射面。起跳腾空后应稍有收腹动作，以便延长滞空时间和控制身体平衡。拦网起跳的摆臂，一般采用小划弧的摆臂方法，以避免触网犯规或冲撞同伴。

（四）伸臂拦球

随着起跳的摆臂动作，两臂从胸前向头前上方伸出，身体近网，手臂直伸，直逼对方场区的来球，并有提肩、含胸动作；两手的手腕、手指张开弯曲成“包球”状态，保持一定的紧张用力程度，积极主动去拦击对方的扣球。

根据对方扣球的不同情况，拦网的动作应有不同的变化。如：拦近网扣球，手臂伸过球网，两手形成弧形去“包抄”，尤其是靠外侧的手更应注意“包球”，以防被打手出界；拦高球和远网球，起跳时间稍迟，并尽量高跳伸臂；拦变线扣球，拦网手臂在空中移位去拦阻；拦超手扣球或拦网者弹跳力不高时，拦网手形可以后仰；拦快球，与扣球者同时起跳，快速伸手去拦阻。任何一种拦网，拦网手臂都不宜过早收回，以延长拦阻的有效时间，增多拦到球的可能性。

（五）观察判断

拦网在空中的有效时间极为短促，拦网的成败，除了掌握合理的拦网技术外，关键是要有准确的观察判断，才能找准正确的拦网时间和空间。拦网的判断，贯穿于从准备姿势到伸臂拦球的全过程中。找准正确的拦网时间与空间，要根据下述诸情况进行综合观察与判断，并在瞬间做出正确选择：

①根据对方一传到位情况和进攻手的部署，预判其可能组成的进攻战术。

②根据对方二传手所处的位置和传球出手的方向、弧度、速度和落点，选择准确拦网起跳时间与地点。

③根据对方扣球者助跑起跳和挥臂击球的动态，选择拦截的路线。

④根据对方扣球者的扣球特点和习惯动作，预测其可能的进攻路线等。

（六）落地

拦球后，要做含胸动作，以保持身体平衡；手臂从网上收回至本方上空，再屈肘收臂以防触网；同时双脚落地，屈膝弯腰缓冲，随即转身观察来球，准备做好下一个行动。

二、拦网技术的训练与运用

（一）训练指导要点

在拦网训练中，应注意以下要点：

1. 重在质量与效果

拦网技术简单，学会容易，用好较难，训练的强度高、难度大，一般不宜做长时间的连续练习，而应注重其训练质量与效果。一要按正确的拦网技术进行操练，不流于形式；二要集中注意力对对方二传和扣球者的观察判断，努力捕捉其扣球意向，不盲目乱跳。

2. 在移动中练拦网

由于跑动进攻的普遍运用，因而拦网的训练要适应实战情况的需要，无论单人还是集体拦网的训练，都应力求在移动中进行判断、起跳、拦网或互相配合。

3. 加强单人拦网的作战能力

单人拦网是集体拦网的基础，现代进攻战术的多样性和多变化，常常迫使只能采用单人拦网。因此，拦网训练的重点应放在加强个人拦网的技术动作和对球的判断上，以提高单人拦网独立作战的能力。

4. 学会拦截各种不同性质的进攻

拦网是同扣球相对抗的技术，对手有什么样的扣球技术和进攻战术，就应掌握什么样的拦网本领。要根据对手的各种扣球技术、战术及其个人特点，有针对性地训练拦截各种不同进攻打法的拦网技术，以提高拦网的适应能力和应变能力。

5. 在对抗中和串联中训练拦网

结合比赛实际的拦网训练，应在激烈对抗中和串联技术中进行，把拦网与防守、反攻等环节结合起来，以提高拦网的运用能力。

6. 重视培养拦网技巧与智慧

拦网的有效时间极其短促，不但需要动作技巧，而且需要意识与智慧。要在训练中培养各种拦网的高级技巧，学会判断不同来球，以及同对手斗智的经验与本领，以提高拦网效果，达到拦网目的。

（二）临场运用提示

拦网同对手短兵相接，时间短促，一瞬即逝。拦网运用的成败，一是在掌握正确拦网技术的前提下，准确地判断扣球的时间与路线，以便找准拦网起跳时间和拦截区域；二是加强拦网者之间以及前排与后排之间的协作与配合。

1. 准确判断对方的进攻

拦网者在整个拦网的过程中，要根据对方一传、二传的情况，扣球者的动向和击球动作以及扣球者的个人特点，来判断与捕捉其扣球的时间与路线，以便选择正确的拦网时机与拦截空间。

2. 根据不同的进攻战术采用不同的拦网策略

根据对方每个轮次可能采用的进攻战术，来决定本方拦网前的取位、以谁为核心、由几个人去拦网以及如何配合和互相支援、弥补等问题。

3. 善于斗技斗智

拦网不只是技艺的竞争，而且是智慧的较量。在拦网运用中，要善于观风色，察时变，动脑筋，了解对手可能采取的进攻谋略及心理状态，以便针锋相对，以变应变，取得网上争夺的优势。

4. 变消极被动为积极主动

拦网具有两重性，在没有拦球之前，是被动防守；但在拦球之时，却是主动进击。在技术运用上，也有两重性，举手挨打是被动防守，积极拦截是主动进攻。因此，在运用中，应使形式上被动的拦网技术，带有主动的内容，赋予进攻的因素，这样的拦网才具有杀伤力。

5. 加强整体配合

拦网的运用，要加强两个配合，一是前排队员之间的配合，明确以谁为主，主辅密切配合，外侧取位要明确，相互靠拢要主动；二是拦网者与后排防守队员的配合，使前排与后排形成一个整体。要主次分明，分工合作，有取有舍，相互支援。

6. 拦网时的连续动作

拦网的运用，是同对手在空中完成动作，要注意拦网后的连贯性和后续性。如：拦网时的自我保护，拦网后的转身接应，拦网后转入反攻，以及连续拦、扣或不拦后撤防守等。

（三）个人战术运用

根据对方进攻的不同情况和本方拦网的具体条件，可采用下列方法：

1. 正确取位

外侧的拦网队员在拦网前的取位，应视对方运用的进攻战术而定，并应根据对方扣球者的动向，做相应的移动。

2. 适时起跳

根据对方二传的高、低、远、近和扣球者起跳、击球时机的不同，来选择拦网起跳的时间。

3. 外手内包

两侧拦网队员在拦球时，两手的用力方向应由外向内，外侧的手掌、手指应向内倾斜把球包住，以防球被打手出界。

4. 空中移位

腾空能力强的拦网队员跳起在空中时，应根据对方扣球的路线，移动双臂和双手去拦截对方的扣球。

5. 积极压腕

在拦截来球时，双手和手腕应积极主动下压，力图把球直接拦入对方场区。

6. 手腕后仰

如果拦网队员身材较矮或弹跳力较差，或遇对方采用超手扣球时，拦网时可把手腕适当后仰，以图把球拦起进入本方组织反攻。

7. 主动收手

如发现对方有采用平扣球或打手出界的意图时，起跳在空中的拦网队员，应及时收回双手，以造成对方扣球出界。

8. 反吊补吊

如对方采用轻吊球，起跳在空中的拦网队员应主动出击，利用压腕动作把球拦回。如果来球吊在拦网者身后或身旁的不远处，拦网者落地后，随即转身下蹲，把球救起垫高，并转入反攻态势。

第九节　防守技术

如果说拦网是防反的第一道防线，那么后排防守就是反攻的基础；没有成功的防守，就不会出现有效的反攻。根据排球比赛规律，对方扣来的球，拦网的成功率有限，一般只能拦到30%左右，还有70%扣过来的球要靠后排防守来承担，防守的重要性不言而喻。防守本身很少直接得分，但可以减少失分，赢得主动。成功的防守，还能鼓舞士气，激励斗志，彰显良好的精神风貌。要转变防守观念，提倡积极防守，顽强防守，为进攻而防守，变被动为主动。

一、防守技术要领

防守主要采用垫球技术，但它有别于一传的垫球。前者与后者的主要区别在于：

①当球进入对方面场区时，本方后排队员和前排不拦网队员都应随时做好防守准备，其准备姿势的身体重心低于接一传，采用半蹲姿势，并始终保持微动状态，切忌钉死脚步。

②防守的击球部位一般在前臂或手腕上，可用双手或单手击球，亦可根据不同情况采用挡、传、踢等方法，而一传则主要运用双手前臂垫球。

③防守垫球大都是重球，为缓冲来球，要运用含胸、收腹、稍微屈肘或手臂回撤等动作去击球，而接发球大都采用直臂伸肘击球。

④防守常用滚翻、前扑、鱼跃等技术去击球，接发球较少运用这些动作。

在防守过程中，要及早判断，迅速移动，卡好位置，并根据不同的来球采用不同的垫球手法：

接轻扣球和吊球：来球速度不快，力量较小，但突然性大。因此，如能预料或判断到对方要轻扣或吊球，应及时跟进将球垫起，如未能及时判断或来不及跟进时，可采用前扑或鱼跃等防守方法。

接快球：其特点是速度快、力量大、线路短、落点前。因此，在预先判断的前提下，适当向前取位，重心要低，身体不要过于前倾，手臂也不宜太低，并做好上挡下垫的准备，单、双手灵活运用。

接强攻重球：在前排队员拦网的情况下，取位适当靠近后场，保持由后向前或由外向内微动状态，身体不要过早深蹲，以免影响移动；接球时为缓冲来球，要运用含胸、收腹或屈肘的动作去击球。

接被拦回的球：取位重点在前场，采用半蹲或低蹲准备姿势，两手置于胸腹之间，以增加控制范围。接快速下降的拦回球可采用跨步、半跪、侧倒、前扑等姿势，击球手法可多样，但尽可能用双手垫球，把手臂插入球下，由下向上击球，并有明显的屈肘、抬臂或翘腕动作，以便将球垫高，利于转入反攻。

接拦网触手的球：本方拦网触手进入本方场区，一般有三种情况，一是拦起的球弧度较高，难度不大，应准确将球传、垫到位组织反攻，或直接传球给前排队员进行两次球进攻。二是拦网触手后，球落在拦网者身边（含“卧果”），此时拦网者应迅速落地，随球屈膝下蹲，把手插入球下，击起行将落地的球。这种所谓的“小球”，成功可能得分，失误肯定丢分，切不可小觑。三是破坏性的拦网，其特点是拦网触手后，方向不知所踪，落点变化莫测，没有规律可循。因此，要求防守者精力高度集中，注意判断球触手后的去向，随时做好起动、移动和变向移动的快速反应，尽快接近来球，并根据具体情况采用适当击球方法，将球击高或送到利于反攻的位置上；即先要“救命”，而后组织反击。

二、防守技术的训练与运用

（一）训练指导要点

防守是组成反攻的基础，是艰苦的阵地战，也是一支球队作风高下的试金石。前排未被拦到的对方扣球，要靠防守起球来完成；本方进攻被拦回的球，同样需要保护防守将其接起，转化为下一次的进攻。在训练中要注意以下几点：

1. 树立正确的防守观念

要充分认识防守的重要功能与作用，排球的绝大部分反攻都是从防守开始。要纠正重攻轻守的倾向，树立全攻全守、攻守兼备的理念。这是争取优势、打败对手的取胜之道，世界强队无一不是能攻善守者。

2. 掌握多种防守技术

要有计划、有步骤地训练运动员掌握多种多样的防守技术，注意加强弱侧的移动与击球，以及向各个方向快速移动的防守训练；要有意识地训练对轻重快慢、上下左右等各种不同性能来球的手感体验，以及身体协调控制能力，以便得心应手，左右逢源，扩大防守范围，提高防守效果。

3. 提高预判来球能力

防守训练要强调根据对方扣球的特点和扣球路线，及时预判、迅速移动、正确取位和合理击球。没有判断的防守训练是盲目的无效行动，要防止那种只忙于摔、扑、滚、爬的苦练，而忽视有意识地培养其判断能力的练习方法。特别要加强预测与判断对手扣球路线和打吊的变化，以及我方拦网触手后球飞行路线的变化，把人练活，把脑子练灵。

4. 强调在“动”中防守

为了克服静止惰性，练活脚步移动，防守训练应在快速移动和突然变化中进行，要求每一次防守行动，必须保持脚步移动去捕捉来球，而不是守株待兔，画地为牢。

5. 强调整体性的防守

凡进行两人及以上的防守训练，所有运动员（含无球队员）要根据对球的判断采取相应的行动，一人击球，有人策应，有人保护，全场都有行动，以体现防守的整体性和协调性。防止一人防守，他人“参观”的相互脱节现象。

6. 处理好全面提高与专位分工的关系

从长远全面的观点看，运动员应掌握与提高在各个位置上的防守能力，尤其是青少年运动员，不宜过早、过多地进行专位分工防守训练。高水平运动员可适当进行专位防守练习，但也不宜“专”得太死。在比赛中，来球千变万化，每个人都有可能在各位置防守的机会，作茧自缚，有害无益。

7. 强调防守的目的性

任何防守训练，都应强调防守的目的是为了反攻，是转入进攻的一个重要环节；

在理念和行动上，不是消极被动地挨打，而是积极主动去找球，并努力把球垫到便于组织反攻的位置上。这既是手法和身体控制球能力的训练，也是实用有效的心理与意识的培养，既是练技术，也是练智慧。

8. 适应各种不同扣球的特点和性能

要在防守训练中制造困难条件，设置强大的对立面，模拟各种进攻特点，采用轻、重、软、硬兼施，前、后、左、右并举，高、低、远、近结合的进攻方式，以适应各种不同的进攻情况，加大防守训练难度，促进防守技术的全面提高。

9. 同其他技术结合训练

除进行专门的防守技术训练外，应加强同其他技术结合起来训练，使防守技术有机地与调整二传、拦网和反攻扣球等组织反攻战术的各个环节密切地串联起来，以提高运用技术的能力。

10. 发扬顽强拼搏的精神

练好防守，不但要有合理的技术与正确的方法，而且要有拼搏的精神和大无畏的气概。要提倡每球必争，每分必拼，球不落地，必拼到底的作风。有了这种精神，可以保证技术发挥，弥补技术不足。

（二）临场应用提示

后排防守是在同本方拦网的配合下，对对方进攻的一种对抗行动，在形式上具有一定的被动性，在运用中要特别注意：

1. 时刻准备，防患未然

在比赛中，只要球未落地，球在对区，运动员从心理上和行动上都要做好各种防守的困难准备。这是打排球最基本的常识，但却往往被忽视。据统计，准备不足是造成防守失误的重要原因。

2. 了解对手，针锋相对

要根据对方不同的进攻情况，采用不同的防守策略。不能只有一种防守模式，以一变应万变；也不能只用“一次性”的防守取位，守株待兔，裹足不前。如防守快球和高球，防守近网扣球和远网扣球，就应有不同的防守策略。

3. 事先预测，准确判断

预测与判断，是防守行动的依据，防守成败的关键，两者是不完全相同的概念，既有联系又有区别。预测是判断的先导，判断是预测的继续，又是行动的依据。比赛中要根据对方一传、二传的情况，扣球者的动向和扣球路线及其个人特点，以及本方拦网者的拦截区域等，来进行预测与判断，并采取相应的防守行动。

4. 形式被动，内容主动

防守是被动性的技术，是在对方进攻的压力下采取的“自卫”行动，但在运用中，要强化积极防守的意识，要以无往而不胜和拖不垮打不烂的气概去防守各种来球，要使防起的球成为辅助进攻或转入反攻的一种手段，使形式上处于被动地位的防守技术，具有主动的内容，起到助攻的作用。

5. 以动克静，动中找球

防守技术在运用中最忌讳的是站死脚步，作茧自缚，静中等球。要教会运动员根据判断动中找球。要始终保持低重心的微动状态，克服人体“静者恒静”的物理惰性，及时移动取位。这是运用好防守技术的重要条件。

6. 密切配合，互相支援

防守技术的运用，虽是个人行动，但却是全队有机整体的一部分。要做到一人防守，全队支援，一人打球，同伴策应，以体现6个人打一个球的团队协作精神，这也有助于迅速由防守转入反攻的态势。

（三）个人战术运用

根据对方的进攻情况和本方的拦网部署，后排防守可采用下列方法：

1. 灵活取位

要根据对方二传的情况和扣球者的特点，准确判断，及时移动，灵活取位，以便为防好球创造有利条件。取位不是固定呆滞的，而是灵活可变的。在通常的情况下，移动取位大都是由后向前，由外向里，以利于扩大视野，观察判断，采取防守行动；但在连续防反的情势下，有时也会有相反的情形，即由前退后，由里移外。

2. 合理取舍

防守者要根据本方拦网者的拦截区域，舍弃拦网盲区，重点防守好盲区以外的地带，但也要注意补救被打手出界、轻吊或拦网漏球。

3. 协同防守

防守者除了要恪尽职守，重点防守好本岗位的来球外，还应根据当时对方的扣球路线和同伴（尤其是相邻的同伴）的防守状况，积极支援、保护或弥补队友的防守漏洞，形成有机的防守整体。

4. 斗技斗法

后排防守除了精湛的技艺，还需要经验与智慧。要善于揣摩对手的进攻意图，观察对手的扣球特点，掌握对手的心理动态。有时，好的防守往往带有某种程度的猜测与预见，好似对方扣来的球都在预料掌控之中。这里既有判断的准确性，也有经验与智慧的作用。

5. 手法多样

要根据对方扣出球的速度、力量、落点等情况和防守者所处的位置，采用适当的手法（垫、传、挡、踢或双手、单手等）把球防到有利于组织反攻的位置，并由防守地位迅速转为反攻态势。

第十节　排球技术的训练方法与手段

任何排球技术训练任务的完成，都有赖于正确选择与运用相应的训练方法与手段。训练方法与手段是完成训练任务的载体，是为完成训练任务服务的。要不断改进与提高排球运动技术水平，就必须通过相应的训练方法与手段去实现。因此，选择和运用训练方法与手段恰当与否，将直接影响到训练质量的好坏和训练任务的成败。

然而，排球各项技术的训练方法与手段，种类繁多，举不胜举；而且，各个不同运动队的训练任务、训练水平、训练周期和训练习惯亦不尽相同，因此，很难列举出适合于各队特点的万能的训练方法。“授人以鱼，不如授人以渔。”本节介绍的是一些带有普遍性和规律性的原则与要求，供各队在选择与运用训练方法和手段时参考。

一、选用训练方法与手段的原则

选用训练方法与手段，必须遵循下列原则：

（一）要与训练任务相吻合

不同的训练内容与任务，应采用不同的训练方法与手段。如学习、掌握或改进、提高某项技术，两者的训练方法与手段是不一样的。

（二）要与实战情况相结合

具有一定水平运动队的训练方法与手段，应力求在近似比赛或超过比赛的困难复杂条件下进行，即要在快速运动中、突然变化中、连续动作中和激烈对抗中进行训练，才能提高训练水平，达到预期目的。

（三）要适应运动员的训练程度和技术水平

不同技术水平的训练对象，应采用不同的训练方法与手段，因材施教，量体裁衣。要求太低，难度太小，事倍功半，甚至劳而无获；难度太大，难以适应，也不能达到预期效果，而且容易受伤。

（四）要有较强的密度与强度

任何训练方法与手段，应使运动员有较多的触球时间与次数，有相应的运动负荷，特别是高水平运动员应使其有较高的强度与难度，以增强对有机体刺激，加快建立条件反射，有效提高训练效果。

（五）要与训练周期相适应

不同的训练周期，应采用不同的训练方法与手段；如在训练前期、后期、比赛期或过渡期，其训练方法与手段应有所区别。

（六）要有适当的多样性和趣味性

在坚持上述原则的前提下，可以适时地变换一些训练方法，手段不同，殊途同归，以引起运动员的兴趣。也可以采取一些措施，以激发其训练的积极性、兴奋性和竞争性。

（七）要考虑其他的客观训练条件

参与练习运动员人数的多寡，球数的多少，训练场地器材情况以及气候条件等，都同选用训练方法、手段有关，教练员在选用时应予以注意。

二、运用训练方法与手段的要求

选择恰当的训练方法与手段是重要的，但更重要的还在于实际操作与运用，如同一个厨师采集各类鸡、鱼、肉、蛋、菜和调味品，但未必就能做好美味菜肴，这里有烹调技术的运用问题。同样采用某一种训练方法，不同的教练员可以练出不同的效果，这就是“运用之妙”的问题。

为了提高训练质量，达到预期效果，在运用训练方法与手段时，应注意以下问题：

（一）要吃透精神，得其要领

各种不同的训练方法与手段，有其特定的目的与要求。教练员和运动员在运用中，要心领神会，得其要领，不但知其然，而且知其所以然，才能取得良好的训练效果。

（二）要严格要求，一丝不苟

有了好的训练方法手段，在运用中必须严格规范、严格训练，包括对技术要领、动作质量和球场风格等方面的要求。这是保证训练方法手段正确运用的重要条件，是加速提高技术水平的必经之途。

（三）要周密计划，合理安排

在训练运用中，对项目安排、运动负荷、时间分配、人员分组、球数使用，以及捡球时机等方面问题，要进行统筹安排，合理搭配，以便使训练在紧张而有序的气氛中进行，达到预期的训练效果。

（四）要不断总结，推陈出新

在运用过程中，要善于总结自己的实践经验，认真学习别人有益的东西，不断创造符合训练规律、适应实战需要的新方法新手段。既不要千古不变，天天都是老一套，也不要朝练夕改，盲目追求新花样。

三、采用训练方法与手段的类型

排球各项技术的教学训练方法与手段名目繁多，不胜枚举，但按其不同的性质、特点与作用，可以分为各种不同的类型。教练员要根据不同的训练任务、不同的训练对象、不同的训练水平、不同的训练周期、不同的训练要求，以及不同的训练条件等情况，采用不同的训练方法与手段。一般有以下各种类型：

1. 诱导性训练法

采用徒手模仿、间接练习或器材辅助，以建立正确的技术定型。一般用于开始学习与掌握某项技术，或为改进某一错误动作。

2. 分解性训练法

把完整技术分解为几个步骤来训练，以强化各个技术环节。一般用于学习、掌握或改进、提高动作复杂或难度较大的技术。

3. 串联性训练法

把两项或以上相关联的技术结合起来训练，是有效提高技术运用能力和实战水平的重要方法，为各运动队所普遍采用。

4. 综合性训练法

把某项技术与全队的攻防战术训练密切结合起来，以提高该项技术的运用能力和应变能力，提高战术素养水平。

5. 难度性训练法

有意制造难题，设置困难条件，使训练在接近比赛或超过比赛的条件下进行，以提高训练的实战能力。

6. 对抗性训练法

有意设置对立面，增强对抗条件，使训练在激烈的竞争中进行，以适应实战情况，提高训练积极性，增加训练难度与强度。

7. 重复性训练法

为学习改进或巩固提高某项技术而采用反复操练的方法，以加深印象，巩固成果，深化建立条件反射。

8. 鼓励性训练法

为完成某种特定的训练任务，采用考核、评分、加分等方法，以营造训练气氛，活跃训练情绪，提高训练效果。

9. 限制性训练法

为顺利完成某项训练任务，或为防止不必要失误，采用评分、减分或“罚”做某种规定动作的方法，以集中注意力，达到预期目的。或者设置限制性条件以便改正错误动作或增加训练难度。

10. 指标性训练法

为完成某一特定训练任务，提出必须达到一定的数量和质量指标的训练方法，不达目的，不得停练，以规范技术要求，提高训练水平。

11. 分化性训练法

对两种动作结构近似，但技术细节不同的技术，分别地或结合地进行操练，以体会其不同要领和手法，建立不同条件反射。

12. 分组训练法

把全队人员分为若干小组，分别或同时进行训练，以加强临场指导，分别解决某些特定的训练任务。

13. 半场训练法

运用半场进攻或防守等方法进行专门的训练，以强化其相关技术，提高其训练效果。

14. 全场训练法

被分为比赛双方的队员，按一定的训练任务和要求进行训练，以模拟比赛条件，提高实战能力。

15. 模拟训练法

根据对方攻防的特点，结合本队的具体情况进行模拟性操练，以提高训练的针对性和实效性。

16. 多球训练法

为提高教学训练的密度、强度和难度，在某些训练中可采用多球进行练习，以熟练掌握技术，提高训练效能。

（张然、张欣、董天姝、鞠根寅、李学淞）

第四章

排球战术与训练

第一节　排球战术基本理论

排球战术是指运动员在训练和比赛中，根据排球运动客观规律、彼我双方具体情况和临场发展的变化，所运用的合理技术和有效配合，所采取的有组织、有目的、有策略的行动。

排球战术，可以分为集体战术和个人战术。两人及以上采取有战术意图的配合行动为集体战术；个人运用有战术目的的技术打法称个人战术。后者已在第二章论述，本章讨论的是集体攻防战术。

由于排球比赛的一切进攻（除发球和扣探头球外）都从防守（接球）开始，而且防守与进攻密切联系，互相转换，防中有攻，攻中有防，因而排球的集体战术可以分为：接发球及其进攻（一攻），接扣球及其进攻（反攻），接拦回球及其进攻（保攻），接无攻（传、垫）球及其进攻（推攻）四个战术系统。也可以习惯统称为一攻和反攻（含保攻与推攻）两大战术系统，其分类详情将在后文论述。

在分析与研究集体攻防战术的阵形与打法之前，我们先来认知与讨论以下若干与排球战术相关的基本理论问题，这对于战术的组织与实施，战术的训练与运用，具有重要意义。

一、排球战术的辩证关系

在战术训练与运用的过程中，存在诸多既对立又统一的辩证关系。正确认识与处理好这些关系，对于教练员和运动员加深理论认知，提高战术素养，丰富运动智慧，促进技术进步，具有重要的理论意义和实践意义。

（一）技术与战术的关系

技术与战术的关系，实质上就是内容与形式的关系，内容决定形式，但形式可以反作用于内容。

技术是战术的基础，要组织与运用某种战术，必须具备与该战术相适应的技术条件。战术是技术的合理组织与良好运用，战术可以反作用于技术，战术对技术提出的要求，可以积极地促进技术的提高，推动技术的发展。而且，技术只有通过战术的合理组织，才能得到充分的发挥与运用。

技术与战术，互相依存，互相制约。在技术与战术的发展过程中，一般地说，技术的发展往往走在战术的前头，但先进的战术也可反过来促进技术的提高。

正确认识技术与战术的辩证关系，其实践意义在于：

①要加强基本功和基本技术的训练，把基本功和基本技术的训练放在首位。一方面要不断地改进原有的技术，使之更加全面、熟练、精确和有效；另一方面要在实践中大胆创造与运用新技术。过多强调集体战术“磨合”，而没有扎实的个人技术能力做根底，任何战术设想，都将成为空中楼阁。

②要在技术训练中贯穿战术的因素，赋以战术的内容，把技术与战术、掌握与运用、训练与比赛有机地结合起来，以提高技术的目的性和运用中的战术意识。孤立地练技术而忽视战术因素，将会影响战术运用能力的提高。

③要在战术训练中对技术提出严格的要求，一方面提高战术本身的密切配合，另一方面根据战术的需要，对技术进行严格的训练。过多进行“对攻”的操练而忽视个人技术的提高，绝不是提高水平的捷径。

（二）进攻与防守的关系

排球的进攻与防守战术具有两重性。进攻的同时要准备防守，攻中有防；防守的同时即为进攻（或反攻），防中有攻。进攻与防守互相渗透，迅速转换，攻可以转为守，守也可以转为攻。进攻是得分的主要手段，然而排球的任何进攻（除发球和扣探头球外）都是在防守（接球）基础上进行的；没有牢固的防守，进攻就难以实现。防守的目的在于进攻，是准备转入进攻的一种手段；而缺少有力的进攻，一切防守的努力也就失去了意义。

进攻与防守，互相联系，相辅相成。防守是进攻的基础，进攻是防守的继续。在排球运动的制胜规律中，攻防转换的成功，是比赛取胜的重要条件。从训练上说，提高进攻水平可以带动防守的发展，并反过来促进进攻的提高；但只有防守的加强才能保证进攻的实现。从运用上说，进攻的加强可以减轻本方防守压力，为反攻创造有利条件；但只有防守成功，进攻才能有效地发挥。因此，任何重攻轻守或重守轻攻的理论与实践，都是片面和有害的。

正确认识进攻与防守的辩证关系，其实践意义在于：

①在训练和运用中，必须坚持全攻全守、攻守兼备的原则。不但要加强进攻训练，以带动防守的提高，而且要重视提高防守水平，以保证进攻的实现，并促进进攻的进

一步发展。

②在进攻训练中，一方面要培养运动员的进攻意识，另一方面要使进攻训练与防守紧密结合起来，而不是孤立地练进攻，做到攻中有防。

③在防守训练中，要使一切防守带有明确的目的性和进攻性，成为准备转入进攻的一种手段，而不孤立地练防守，做到防中有攻。

④在攻防训练中，无论由防转攻或由攻转防，都应力求做到动作衔接，转换及时；也无论是击球人或无球人，都应有相应的行动和反应。这不只是技术问题，而且是培养作风和战术意识的问题。

⑤在进攻战术的具体运用中，要根据本队的实际水平和对手的防守情况，处理好快攻与强攻、前攻与后攻、两翼与中间、集中与分散、奇与正、虚与实等方面的关系。

⑥在防守战术的具体运用中，要根据对方的进攻情况和临场的发展变化，处理好拦网与后排防守、拦网者之间、防守者之间、取与舍、跟进与撤位等方面的关系。

（三）集体战术与个人战术的关系

排球的进攻与防守，都包含有集体战术和个人战术。集体战术，是由两人及以上的运动员，运用各自技术所组成的战术配合。个人战术，是在全队密切配合下，个人发挥各自的特点与技巧。作为集体项目的排球比赛，要求运动员在场上的一切行动，必须以集体协同为依据，密切与全队配合，主动为同伴创造进攻机会，或协调彼此的防守行动，或弥补同伴技术失手所造成的漏洞，努力促使集体战术的实现；同时，要在集体配合的基础上，充分发挥个人战术，以丰富全队战术内容，补充集体战术之不足。

集体战术与个人战术的关系，是全局与局部的关系；后者是前者的组成部分，前者是后者的集中体现。两者密切联系，互为因果。只有个人的充分发挥，才会有集体战术的圆满实现；只有集体的紧密配合，才能有个人能力的充分展现。

正确认识集体战术与个人战术的辩证关系，其实践意义在于：

①在技术训练中，要在掌握全面熟练技术的基础上，重视技术特点的培养，强化个人专长的发展，以丰富全队战术内容，提高集体战术的质量和效果。

②在配合训练中，要强调每个人的分工与职责，提高每个环节的技术质量；同时充分发挥每个人的特点与专长，以保证集体战术的实现，使集体战术与个人战术的训练紧密结合起来。

③在比赛运用中，要强调团结协作，注重密切配合，积极支援同伴，努力互造机会。防止与反对各行其是、分兵把口、只图个人发挥而不顾集体配合的现象发生。

（四）战术数量与质量的关系

在战术的训练与运用中，无论是进攻或防守的集体战术与个人战术，都应根据本队的实际水平来发展战术数量，提高战术质量。

战术数量是指战术套路的多少，即战术的多样性。战术质量指的是战术水平的高低，即战术的实用性、有效性和熟练程度。发展战术数量，必须以提高战术质量为基础，在保证质量的前提下，来发展多种多样的战术。多而不精，华而不实，多样性战术就会失去意义。当然，战术呆板，打法单一，只此一招，别无他法，也不能适应实战的需要。特别是中国队若不依靠战术多样，快速多变，就难以安身立命。

战术的数量与质量是对立的统一，量中有质，质中有量。任何战术数量都应是在一定质量基础上的数量；任何战术质量，都是通过一定数量表现出来的。如果是一个刚组建的队，或是队伍的战术单一、落后于技术的发展时，其主要任务是发展战术数量；但在更多情况下，提高战术质量都是主要的。因为任何战术在形成之后，都要提高其质量，这是战术由粗到精、由简单到复杂、由低级到高级的发展过程。

正确认识战术数量与质量的辩证关系，其实践意义在于：

①要根据本队的实际情况，在保证战术质量的前提下，有计划地发展战术数量，并在形成新的战术的过程中，对其战术质量提出严格的要求。新战术形成之后，要在实战中运用，在运用中提高。

②提高战术质量的关键，是提高组成该战术的各个技术环节，提高这些技术的全面性、熟练性及其运用能力，以及提高这些技术之间的串联与配合。

③在训练安排上，可以对某种战术采取“攻其一点，再及其余”的训练方法。既不要齐头并进，一哄而上，也不要朝练夕改，动辄翻新。这样才能既保证质量，又发展数量。

二、排球战术指导思想

（一）战术指导思想的概念及其意义

战术指导思想，或称训练思想、训练理念等，是指一个队在训练和比赛中，指导自己行动、形成技术特点、树立战术风格的理论原则与行动指南，是高水平运动队技术进步和制胜对手必不可少的重要因素。

战术指导思想，是技术战术行动的先导。先进、正确的战术指导思想，来源于训练比赛实践，又反过来指导训练比赛实践，促进运动技术水平的提高，并在实践中不断丰富与发展这些理论。

教练员是训练比赛的主导者，要根据运动员的体能、技术和智力等条件，在正确战术指导思想引导下，通过长年累月的细致工作，塑造运动员技术形象，形成本队战术风格，实现全队培养目标。运动员是训练比赛的主体，要在教练员的指导下，通过自身勤学苦练，充分发挥积极性、主动性和创造性，努力成为攻守兼备、有勇有谋的优秀运动员。因此，掌握与运用先进、正确的战术指导思想，对于培养技术特点，形成战术风格，提高整体水平，造就人才，实现指挥意图并争取比赛胜利，都有着重要的理论意义和实践意义。

（二）我国排球战术指导思想形成的背景与由来

新中国成立之初，我国排球运动基础比较薄弱，技术水平较低。在党和政府的关怀与重视下，中国排球为了改变技术落后的面貌，经历了一个学习探索、艰苦创业的奋斗过程，逐步找到一条适合于中国排球技术发展与提高的道路。

20 世纪 50 年代学习苏联队的基本技术战术理论与方法，1956 年，聘请苏联专家格罗玛佐夫训练国家队，举办全国排球教练员训练班并出版其排球著作。同年 9 月，中国队首次参加在巴黎举行的世界锦标赛，取得了男排第 9 名、女排第 6 名的成绩。

20 世纪 60 年代学习日本女排严要求、超强度的大运动量训练和飘球、垫球、滚翻救球等新技术，还特邀其教练大松博文来华，对四川、山东、上海和国家队组成的联队进行为期一个月的严格训练。这对我国排球更新训练理念、改革训练方法、提升训练水平、强化训练作风，产生着深刻影响。

同一时期，体育界掀起学习解放军“从难、从严、从实战出发”的练兵方法，和“一不怕苦、二不怕死”的革命精神。国家体委提出了从严、从难、从实战出发和大运动量训练的“三从一大”训练方针。这对运动队的严格管理、严格训练、严格要求、作风培养、意志锻炼和技术提高，产生了极大的推动作用。

一系列学习与实践活动，使我国排球训练的指导思想、训练水平和精神面貌发生了质的变化。当时排球界上下有一股奋发图强、为国争光、打翻身仗的强烈愿望和实际行动，各地方队和国家队的水平达到前所未有的高度。1965 年中国男女排出访苏联、捷克斯洛伐克、民主德国等排球强国时，取得了胜多负少的好战绩，并具有冲击世界先进水平的能力，形势令人鼓舞。后由于众所周知的原因，导致全国排球运动技术水平普遍下降。

在学习他人与自身实践过程中，中国排球人一直在思考、探索一条适合于中国排球运动员具体条件与特点的制胜规律和技术发展道路。1958 年首次提出的“技术全面，战术多样”的指导思想，可以说是当时对排球训练规律的初步认知。

1972 年 11 月在北京召开的三大球训练工作会议，总结了 20 年排球训练工作经验，并根据排球运动客观规律、世界发展趋势和我国运动员具体特点，比较完整地提出我国排球战术指导思想；制定了 3~5 年的发展规划，提出要大力培育青少年运动员，并组织全国排球大集训。

言出行随，同年 12 月，经过考察选定福建省漳州市作为排球训练基地，随即组织男女各 6 个青年队，进行为期 100 天的集训大会战。此后，包括成年队在内，每年都组织行之有效的集训，并陆续开辟了几个新的训练基地。

排球搞大集训，是一个伟大创举。集训是个大学校，各队教练员和运动员可以互相观摩，互相学习，比学赶帮，共同提高；集训是个大熔炉，可以锤炼技术，磨练意志，丰富智慧，增长才干；集训是个大赛场，可以以练为主，以赛促练，练赛结合，促进提高；集训是个大摇篮，可以发现幼苗，精心培育，系统训练，打造人才。

经过多年集训的能量储备与积蓄，取得了几个主要成效：

①践行战术指导思想。各级领导十分重视1972年三大球会议确定的战术指导思想的贯彻实施，要求教练员必须在训练中遵照执行，并在实践中发现问题、研究问题、解决问题。此后1978年、1989年和2001年等几次全国排球训练工作会议上修改、完善的战术指导思想，就是在实践中不断发展与完善的。

②形成多强对抗格局。从20世纪70年代中后期起，我国排球多强对峙的格局逐步形成。当时全国联赛少有保持不败之队，男排有6个队、女排有8个队都曾夺冠，没有一队独大的现象；女排前6名可与世界强队抗衡。1978年日本世界冠军教练山田重雄率“日立”职业队，到漳州基地同四川、江苏、福建等队进行两周训练比赛，在我国家队员未返队的情势下，中、日多次交锋，我胜多负少。这与1973年他带“日立队”来访，横扫全国，未输一局的情况形成鲜明对比。

③造就一批干练教练。集训，既出成绩，出水平，也出经验，出人才。在长期实践中造就出一批潜心学习、踏实敬业、精通业务、勇于开拓、严于律己、身体力行的教练员。他们勤劳耕耘、默默无闻、无私奉献，令人肃然起敬。“时势造英雄”。无论过去、现在还是将来，当人们欢庆排球取得伟大胜利的时刻，永远不要忘记战斗在一线的地方队和基层体校的无名英雄们。

④提高技术战术水平。水涨船高，“民富国强”，只有繁荣的地方队，才有强大的国家队。1976年由戴廷斌和袁伟民教练执教的国家男女排在漳州基地重新组队，这批入选队员大都是4年前初次集训的青年军。仅经一年磨练，1977年11月在“文革”后首次参加世界杯赛中，中国队就获得女排第4名、男排第5名的超历史成绩。再经历4年奋斗，中国女排终于在1981年11月16日荣登世界冠军宝座，并连取“五连冠”。男排先后获得两次世界杯第5名和两次世锦赛第7名。

21世纪以来，中国女排重塑辉煌，先后夺得4次世界冠军，并有如日方升的势头；男排聘请外教，奋力重振雄风；沙滩排球蒸蒸日上，后发制人；群众性排球运动蓬勃发展，大众排球、气排球方兴未艾。全国排球形势呈现出欣欣向荣、积极向上的喜人景象。

中国排球界从长期学习与实践中，逐步探索出一条适合于自身特点的训练路子，形成切合实际的训练理念，掌握卓有成效的制胜规律，顺应世界排球运动的发展趋势，取得引人注目的业绩，并薪火相传，发扬光大，不断发展，延续至今。其间虽有过起伏与挫折，但成功经验和失败教训都是宝贵的。我们应当高瞻远瞩，充满自信。

历史是最好的教科书。铭记历史，缅怀过去，可以以史为鉴，方知兴替，启迪后人，催人奋进，开创未来，筑梦明天。

（三）我国排球战术指导思想的沿革

我国排球战术指导思想，是经过几代排球人认真学习、深入实践、潜心探索、总结提炼而逐步形成、发展与完善的。

1955年3月，国家体育运动委员会在天津召开运动员训练工作会议上提出，球类运动要贯彻“积极、主动、快速”的战术指导思想。这一指导思想体现了新中国运动员的积极进取精神，适合于包括排球运动员在内的身体条件和技术特点，为当时我国排球技术战术训练指明了发展方向。

1958年，在成都召开的全国排球教练员训练研讨会上，针对当时排球训练中存在技术片面、重攻轻防的问题，首次提出了“技术全面、战术多样”的指导思想。

1972年在北京召开全国三大球训练工作会议，根据当时世界排球的发展和我国排球运动的状况，进一步提出“在技术全面的基础上，以攻为主，积极防守，发展高度，加强配合，实现快、狠、准、活”的战术指导思想。反映了当时人们对排球运动规律的认识水平。

1977年首次组织中国排球考察组，随同中国男女排球队赴日本参加世界杯比赛。考察组通过观摩世界各强队在比赛中的技术战术情况，进行分析研究，并在其考察报告中，提出“全、高、快、变”是当代排球运动的发展趋势与特点，为在“文革”中被禁锢多年的排球训练工作指明了方向。

1978年在漳州召开了全国排球工作会议，根据20世纪70年代中期国际排坛的发展趋向，对排球战术指导思想做了修改和补充，提出了“在技术全面的基础上，发挥各队特长，向全攻全守型发展，坚持快速，发展高度，狠抓扣、拦、发三项得分技术，力争网上优势，以全面、快速、高度、灵活、准确的打法，争取主动，夺取胜利”的指导思想。这一指导思想突出了“全攻全守”及防守反击的得分手段，对原先“以攻为主”的提法进行了修正。

1989年在北京召开全国排球训练工作会议，经过与会代表和众多专家充分研究与论证，把我国排球战术指导思想概括为，“技术全面，突出特点，准确熟练，快速善变，发展高度，不断创新。”并在《会议纪要》中对此内涵做了相应的阐述。这一指导思想，体现了排球运动必须技术全面、准确熟练的基本规律，反映了世界排球向高度、快速、多变和全攻全守方向发展的趋势，也彰显了发扬我国排球特点和不断创新的理念。

2001年全国排球训练工作会议上，排球运动管理中心根据当代世界排球的发展特点，和我国排球运动员体能状况，在1989年提法的基础上，补充了“加强体能”的内容。提出我国现阶段的战术指导思想是“技术全面，突出特点，准确熟练，快速善变，加强体能，发展高度，不断创新。”进一步完善了战术指导思想的内容。

耐人寻味的是，国际排联教练委员会原主任巴克先生（Mr. Horst Baacke）将当代世界排球发展趋势与特点概括为“VHP”三个字母。V=Velocity and variety of play快速多变打法；H=Height of action above net占据网上优势；P=Perfection of skills完美无缺（全面熟练）的技术。这一简明表述，恰与我国排球战术指导思想异曲同工，不谋而合。

（四）我国排球战术指导思想的内容

对我国排球战术指导思想的内容，可以作如下解读。

①技术全面：运动员必须加强基本功和基本技术训练，全面掌握各种攻防技术，力求做到能攻善守，攻守兼备。

②突出特点：要在技术全面的基础上，队有特点，人有特长，掌握绝招，强化得分手段，夯实基础技术，拥有制胜武器。

③准确熟练：运动员对技术战术的掌握与运用，必须重视在加强个人技术能力基础上的集体配合，提高成功率，减少失误率。

④快速善变：快速善变的打法，是我国的优势和特点，必须加以坚持与发扬，同时注意弥补弱点，提高拦防和反攻能力。

⑤加强体能：要在加强一般身体素质训练的基础上，发展专项素质，提高全面身体素质水平，为掌握高超技术，延长运动寿命，缩短体能上与欧美队的差距，打下坚实的物质基础。

⑥发展高度：要加强高大队员的全面训练，练好基础技术，提高强攻能力，争取同欧美强队在地面占先机，在空中打平手。

⑦不断创新：要在实践中总结经验，博采众长，善于探索，大胆创新，不断创造新的技术战术，力求走在世界强队前面。

（五）战术指导思想的贯彻与实施

1. 要统一全队思想

战术指导思想是行动的指南，不是空洞的口号。不要束之高阁，弃之不用，说在嘴上，言而不行。要通过认真的学习与讨论，使全队人员提高对其含义与作用的认识，了解其全部内涵，才能在训练和比赛中有明确的奋斗目标和努力方向。

2. 要制订具体措施

根据我国排球战术指导思想的要求，结合本队的实际条件，制订适合于本队情况的指导思想与具体措施。提倡与鼓励多种不同打法与技术风格的共存与竞争，而不是全国“只此一家，别无分店”。

3. 要落实在训练之中

把本队制订的指导思想与具体措施，落实于日常训练和各种比赛之中，贯彻于每个技术战术行动上，以逐步形成自己的技术打法和战术风格，实现本队的训练任务和奋斗目标。

三、战术意识

（一）战术意识的概念和意义

战术意识是指运动员在发挥技术的过程中，支配自己行动的带有一定战术目的的思维活动，是运动员根据彼我双方情况，正确地运用技术的能力，也是一个运动员是否成熟和有无经验的表现。

运动员在场上每一个技术战术的正确运用，无不受一定的战术意识所支配，无不包含有战术意识的内容。战术意识是球类运动技术的灵魂，它支配着技术战术的正确运用，影响着技术战术的良好发挥；而缺乏灵魂的技术战术行动，则是盲目的、无序的行动。战术意识是以第二信号系统为特征的，是高级神经活动的表现，是在运动训练实践基础上产生的，又反作用于运动训练实践。因此，在训练和比赛中，注重培养排球运动员的战术意识，对于提升其正确地运用技术战术的能力，提高其临场的判断能力与应变能力，丰富比赛经验，充分发挥技术，学会动脑筋用智慧打球，以及加快运动技术的掌握和加速运动员的成长过程，都具有极其重要的意义。

（二）战术意识的内容

根据排球运动的特点与规律，战术意识主要包括以下 8 个要素。

①技术的目的性：任何技术战术的运用都要有明确的目的性。运动员在场上必须头脑清楚，目的明确，有的放矢；对自己的行动，不但知其然，而且知其所以然，力求使自己的每个行动都带有一定的战术目的。

②行动的预见性：预见是行动正确的先导。运动员在场上完成动作之前，要观察可能出现的各种动态，在做完动作之后，要准备对付即将发生的任何情况，一切立足于充分准备和事先预见，防患于未然。

③判断的准确性：判断准确是正确发挥技术战术的前提。要眼观六路，通观全局，把一切行动建立在仔细观察双方人员动态和来球的情况上，注意判断对方攻防特点，我方人员状态，以及临场发展变化，以便采取相应的合理行动。

④进攻的主动性：进攻是得分的主要手段。为了争得比赛的优势与胜利，球在本方时，必须创造一切可能的机会，抓住战机，积极进攻，主动出击，培养高度的进攻意识，并使进攻行动带有强烈的攻击性和突然性。

⑤防守的积极性：防守是进攻的基础。为了有效地进攻，必须积极防守，接好来球，使一切防守的技术战术带有强烈的进攻性和明确的目的性，成为辅助进攻或准备进攻的一种手段，使形式上被动的防守具有主动的内容，含有进攻的因素。

⑥战术的灵活性：灵活性是战术运用的核心。要善于根据主客观情况的发展变化，灵活地运用和变换各种攻防战术。任何战术的运用，都离不开时间、空间和人员这三个

因素。灵活地运用与变换战术，就是适时掌握进攻时机，或及时进行防守部署（时间）；正确选择突破地点，或恰当采取防守部署（空间）；合理组织与发挥全队的积极作用（人员）。

⑦动作的隐蔽性：兵不厌诈。为了有效攻击对方，争取主动和优势，在可能条件下，必须运用各种假动作或隐蔽动作去干扰对手的判断，以造成其错觉和不意。力求行动隐蔽，打法诡诈，虚实结合，真假相济，使对手揣摩莫测，防不胜防。

⑧配合的协调性：密切配合是集体运动项目的要素。运动员在场上的一切行动，必须胸怀全局，密切联系，加强默契，通力协作，积极与同伴搞好战术配合，努力为队友创造有利的进攻机会，或弥补其技术上的缺陷，促使全队战术配合圆满实现。

（三）战术意识的培养

运动员战术意识的培养，不是一日之功，也不可能一蹴而就，应在日积月累的训练比赛中，采取各种办法有意识地进行培养，并不断完善，逐步实现。一般可采取下列的措施与方法：

①要根据战术意识的内容和要求，把培养战术意识的任务，纳入训练计划之中，这是培养与提高战术意识的理论根据。只有针对不同的训练对象，进行有计划、有系统、有意识的严格训练，才能使培养战术意识的任务落到实处，以加速战术意识的培养。

②要苦练过硬本领，掌握全面熟练的技术战术，这是培养与提高战术意识的物质基础。战术意识是在训练比赛实践基础上产生的，只有掌握较好的技术战术，才有可能具备较高的战术意识。战术意识的能动作用，正是通过技术战术的表现，借助技术战术的发挥来实现的。

③要了解与熟悉排球运动的制胜规律，这是培养与提高战术意识的基本条件。只有对本专项运动的发展趋势、技术战术特点及其制胜规律性有比较深刻的认识，才能正确运用与发挥技术战术。可以通过加强专项理论知识的学习与研究，或总结经验等方式，来提高运动员对专项运动规律的认识，以培养其战术意识。

④要了解与掌握彼我双方的人员情况和攻防技术战术特点，这是培养与提高战术意识的必要前提。只有知己知彼，才能使自己的行动符合于客观实际，并合理运用各项技术战术。可以通过日常训练、比赛观察或开总结会等方式，来知己知彼，丰富临场经验，提高战术意识。

⑤要对临场主客观情况具有敏锐的观察判断能力，强调在训练和比赛中扩大视野，通观全场，这是培养与提高战术意识的客观依据。因为只有情况明、判断准，才能采取正确的技术战术行动。

⑥要强调在勤学苦练的基础上开动脑筋，勤于思索，提倡手脑并用，练想结合，这是培养与提高战术意识的重要途径。多思出智慧，多思长才干，在苦练的基础上用心钻研，可以培养运动员独立处理临场各种情况的能力，有助于他们充分发挥与正确

运用技术战术的水平，培养与提高他们的战术意识。

⑦要在基本技术的训练中贯穿战术意识的因素，赋予战术意识的内容，而不是孤立地练基本技术，这是培养与提高战术意识的必要方法。把技术训练与培养战术意识有机地结合起来，有助于在技术练习的过程中，不断提高技术的运用能力，加快战术意识的培养。

⑧要在加强技术训练的前提下，创造条件让运动员多参加实际比赛的锻炼，以丰富临场比赛经验，培养合理运用技术战术的能力，这是培养与提高战术意识的有效办法。可以通过参观优秀运动员的训练或优秀运动队的比赛，分析训练比赛的情况，总结经验教训等方法，以便从中获得教益，不断提高战术意识。

⑨要抓好“无球”技术动作的训练，重视对“无球”运动员的要求，这是培养与提高战术意识的重要环节。在训练或比赛中，当一人击球时，其余人员都应有相应的行动（这就是“无球”技术）。运动员的“无球”技术动作正确与否，是运动员战术意识高低优劣的重要表现。要反复强调，严格要求，毫不放松，才能有效地培养与提高其战术意识。

⑩教练员要有明察秋毫的观察判断能力，加强对临场的指导，这是培养与提高战术意识的主要关键。战术意识的培养主要应贯穿在日常的训练之中，而教练员的指挥能力起着主导作用。要根据不同对象进行有针对性的训练，加强对训练过程的观察与分析，对临场情况的提示与指导，以便能及时地发现问题，准确地指明问题，正确地解决问题。这就需要教练员有一丝不苟的工作态度，兢兢业业的职业素质，丰富的实践经验和理论知识，以及较高的指导艺术，才能使运动员在长期实践中，不断提高其战术意识。

四、排球集体战术的分类

我国排球的集体战术打法复杂多样、变化多端，尤其是20世纪70年代后期以来，中国排球创造与发展了不少新的技术与战法，并冠以名目繁多的排球术语。以致一位已故的前国家体委领导人曾戏称：“排球界的江湖黑话太多，让人不得其解。”因而排球集体战术的分类，各种版本，不尽相同。

然而如前所述，由于排球比赛的进攻大都是从防守（接球）开始，而防守与进攻又是紧密联系、互相转换的；而且，无论排球竞赛规则如何修改，也无论排球技术如何发展，在实际比赛运用中，面对对方只有4种不同的来球，即：发过来、扣过来和拦回来的具有攻击性来球，以及推（传、垫）过来的无攻击性来球。因此，经过几代排球人的总结、梳理与抽象，排球的集体攻防战术就形成了4个战术系统，即：接发球及其一攻，接扣球及其反攻，接拦回球及其保攻，接无攻球及其推攻。

这四大系统，都各有防守与进攻两个子系统。每个防守子系统中的防守阵形各有差异，如接发球与接扣球的阵形就大相径庭。但每个进攻子系统中的进攻战术阵形和进攻战术打法，却基本相似，如进攻战术阵形通常有“中一二”“边一二”（含反边一二）和“后排插上”三种；而进攻战术打法尽管名目繁多，举不胜举，却可归结为强攻、快攻、立体攻和两次攻四大类。

四个战术系统概念的形成及其运用，是中国排球界通过长期实践，不懈探索，对排球训练比赛规律认识进一步深化的产物，是不以人们主观意志为转移的客观规律，也是对世界排球运动的理论贡献。

了解和认识排球集体战术中四个战术系统的分类与内容，对于训练安排与比赛运用是十分有益的（图 4-1）。

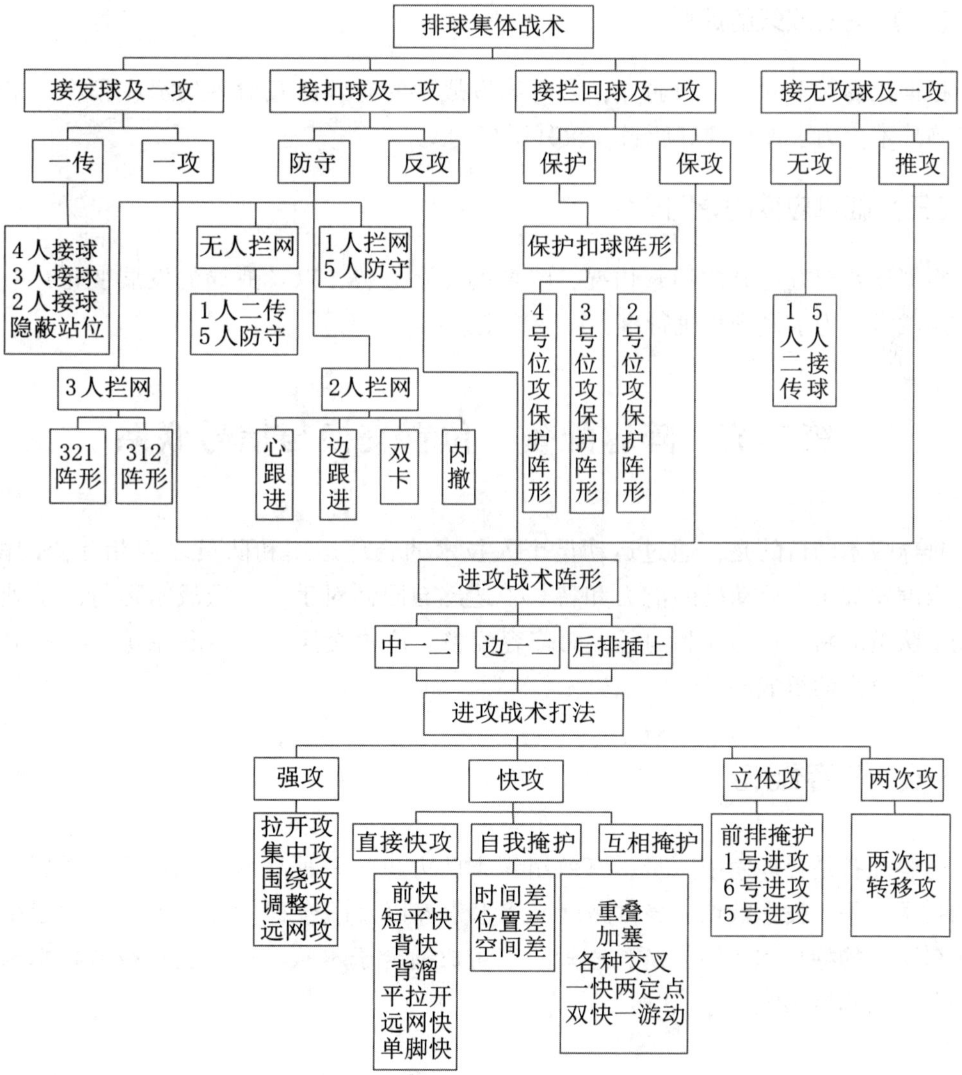

图 4-1

五、制订与实施战术的原则

尽管排球集体战术的进攻与防守打法复杂多样，变幻多端，但一个队无论平时对其战术的制订与训练，还是赛时对其战术的实施与运用，都应遵循以下三个原则：

（一）实事求是的原则

根据本队运动员的技术水平、技术特点、身体素质和身材条件，以及全国和本队战术指导思想等因素，来制订与实施战术。力求做到扬我所长，避我所短。

（二）有的放矢的原则

根据比赛对手的长处和弱点，当时我方战术的有效性及对手的适应程度，来制订与实施战术。力求做到抑其所长，攻其所短。

（三）临机应变的原则

根据比赛双方比分的消长情况，临场的比赛态势，以及战局的发展变化，来制订与实施战术。力求做到相机行事，以变应变。

第二节　阵容配备、位置交换与信号联系

排球战术的目的是，通过运动员个人技术的合理运用和队员之间相互协同配合，最大限度发挥每个运动员的能力和特长，迷惑与限制对手。各项战术运行的基础离不开场上队员的站位、跑动和沟通，而阵容配备、位置交换和信号联系等，是形成有效战术必不可少的组成部分。

一、阵容配备

阵容配备是合理使用队员，有效组织本队力量的一种战术组织形式。根据本队队员的技术水平、技术特点、身材高度、战术素养以及配合程度等因素，最大限度地发挥每名队员的特长和作用，扬长避短，以组成适合于本队具体情况、符合技术与战术发展趋势的阵容组织。

（一）阵容配备原则

1. 攻守均衡

各种阵容配备都是二传与接应二传、主攻与主攻、副攻与副攻成对角线站位。这样，使每个轮次的攻守力量相对均衡，避免强弱悬殊的轮次出现。

2. 合理搭配

根据具体情况，将不同队员的特点合理搭配起来，使之成为能充分发挥 6 名队员作用的整体。例如，将高个和矮个队员适当搭配，使拦网和防守都可以避免明显的弱点；将平时配合默契的队员安排在相邻的位置，使其能运用娴熟的配合，产生一定的战术效果。

3. 轮次针对

针对对方队员的位置安排轮次，如将发球与拦网能力强的轮次对准对方攻击力强的队员等，以遏制对方的进攻。

4. 灵活配置

一个队要有基本阵容和与其相适应的战术打法，但不应只有一个固定的阵容和不变的打法。应根据运动员的当时状态、临场表现以及对手具体情况，做相应阵容调整与力量配置，以适应变化了的态势。

（二）阵容配备的形式

阵容配备一般有“五一”配备、“四二”配备、“三三”配备及其他配备。“三三”配备现已少有采用，介绍从略。

1. “五一”配备

由 5 名进攻队员和 1 名二传队员所组成的阵容配备称“五一”配备（图 4–2）。

图 4–2　“五一”配备

二传手的对角是接应队员（亦称接应二传），图 4-2 的主、副攻顺序，可根据本队战术打法的需要来安排。

对中等水平的球队来说，对接应队员的身高没有太高的要求，但要求其技术全面、能攻能防，并能协助二传队员做一些调整球；特别是在防反中，二传手不接对方过来的第一次球，或在特殊情况下二传手来不及传球时。

从目前发展趋势来看，更多高水平球队在接应位置上大都使用高大队员以加强拦网（对付对方 4 号位强攻）、2 号位强攻和 1 号位后排进攻。在双方攻防对抗剧烈的今天，这种安排就更为常见，而且接应队员往往是“明星选手”。

“五一”配备的优点是，拥有 5 个强有力进攻手，无疑加强了全队的进攻力；而且由一个二传手同 5 个进攻手联系，易于形成密切配合。不足的是，有 3 个轮次只有 2 名进攻队员，但若运用“立体组合”进攻和多变的移动进攻，这一缺点可以得到弥补。

2. “四二”配备

由 4 名进攻队员和 2 名二传队员所组成的阵容搭配，称“四二”配备（图 4-3）。主副攻顺序可根据本队战术需要进行调整。

对于高水平的队而言，“四二”配备的 2 名二传手必须具有较强的进攻和拦网能力，每个轮次就能保持前排“三点攻”，如果辅以强有力后排进攻，那么采用“四二”配备的优势是不言而喻的。古巴女排 9 次夺冠，可做佐证。

“四二”配备的优点已如前述，其缺陷是要求一个队同时有 2 名二传队员与所有进攻手进行配合，可能比较困难，特别是这 2 名二传队员既要有较强的组织能力，又要有较好的攻击能力，培养难度较大。

无论是“五一”还是“四二”配备，对二传手的技术能力、战术意识、临场经验、心理素质、组织（指挥）才能等方面的要求相当高，是球队的核心与灵魂，其作用在比赛中是举足轻重的。并且，对每个运动员能力的要求应是技术全面，身怀特点；片面强调扣球和拦网能力，而忽视技术的全面性，是不可取的。

单纯从比赛成绩的好坏或普及程度的多少来评价某种配备的高下优劣，未必客观、全面。一切以符合本队实际情况为转移才是硬道理。

图 4-3 “四二”配备

二、位置交换

位置交换即在对方发球队员击球时，本方同排队员之间按本队的战术安排交换位置。特别是“五一”和“四二”配备，队员之间有明确的专位分工（二传、接应、主攻、副攻），采用位置交换，能充分发挥队员的特长，便于组织攻防战术、扬长避短、发挥优势。

（一）前排队员的换位

二传队员安排在2号位，是为了便于组织进攻战术，接应队员安排在2号位，是为了加强拦网和协助二传做调整传球；副攻队员一般身材高大，善于打快攻，安排在3号位是为了加强拦网和反击时打各种战术；主攻队员擅长打阵地强攻，安排在4号位。若有左手扣球的队员，安排在2号位便于顺手扣球。前排队员的位置交换，通常采用二传（或接应）换到2号位，副攻安排在3号位，主攻则在4号位。此外，也可根据对方重点进攻队员的位置，把我方拦网强的队员换到相应的位置，以便重点拦阻对方的重点进攻。同样，也可把我方拦网弱的队员换到其他位置，避开对方的重点进攻。这种换位方法是根据特殊轮次或关键比分而进行的特殊换位方法。

（二）后排队员的换位

把后排队员换到各自熟悉的防守区进行专位防守，这是后排队员位置交换的原则。

二传队员采用“边跟进”时换到1号位防守，采用“心跟进”则换到6号位，这是为了便于一旦有机会行进插上时，缩短移动距离。接应队员也经常换到1号位防守，这是为了反击时在1号位打后排进攻。主攻和副攻根据其熟悉的位置进行换位（5号位或6号位），也可依据反击时后排进攻的需要进行位置交换。自由防守队员一般放置在防守任务较重的区域，例如，该轮次对方4号位强攻队员的扣球主线是斜线，我方自由人则在5号位防守；该轮次对方强攻以高点长线为主，自由人则可换到6号位防对方的超手扣球及触拦网手飞向场外的球。

（三）位置交换的要求

①要在发球队员击球后再换位，严防“位置错误”犯规。

②换位行动开始后，要迅速进入欲换的位置，并准备下一个动作。换位时要协同配合，防止互相干扰行动。

③成死球后，应立即返回原来的位置。

④自由防守人的换位要灵活机动，安排在有利于接球或防守的位置上。

三、信号联系

信号联系的目的是为了统一本方的战术行动，并使对方难于发觉本方的战术意图。

（一）信号联系的方法

1. 手势信号

即通过手的动作来发放信号，可用手指、手掌、拳头等。例如，伸食指表示快攻队员打近体快球；伸食指与中指表示快攻队员打短平快球；伸拇指表示打前交叉战术。为了避免对方察觉，手势信号通常是在身体的背后发出，若是“中、边一二”轮次，二传队员发放信号可背向网，手置于腹前，按事先确定的手势，“通知”进攻队员进行战术配合。手势信号的优点是隐蔽性强，对方不易察觉，是用得最多的信号联系方法。

2. 语言信号（亦称呼号）

即使用口头喊话发出战术行动的信号。语言要精练、清晰，代号要易记。例如，用简单的一两个字表示某种战术行动，也可以喊出数字代码来表示。由于语言喊话对方听得见，因此，要精心编造一套代用词语，本方听得懂，对方不知情。

3. 仪态信号

即用身体姿态、面部表情、眼神传递或脚部动作来联系。

4. 落点信号

只适合于在“一攻”中采用，根据对方发球的不同落点，如在 2 号位和 3 号位之间，或落在 4 号位与 3 号位之间，来组织既定的战术。

（二）信号联系的要求

①由教练员和运动员共同商定，不管采用哪种信号联系方法，都要力求简单、清晰、易记。

②可采用由一名队员一次发放完毕，或按顺序发放第一、第二、第三信号。一次发放完毕的信号，最好由二传队员来发放；而由进攻队员顺序发放的信号，则分工要清楚；特别是发放第一信号的队员，要选用战术意识强和心理素质好者。第二、第三信号根据第一信号的行动来协同配合。

③手势信号联系一般是在一次攻战术配合中运用，反攻中的信号联系，大都以语言提示或呼唤。

第三节　集体防守战术

排球比赛规律表明，排球的一切集体进攻战术，都是在防守（接球）成功的基础上实现的；而且，防守与进攻（或反攻）是互相衔接、紧密联系的。根据排球四大战术系统的分类，集体防守战术分为：接发球、接扣球、接拦回球和接无攻球四种性质与功能不同的防守战术。本教材依照先防后攻的规律，分别先将四种防守（接球）战术叙述如下，而后再来分析集体进攻战术。

一、接发球防守战术

在排球比赛中，接发球技术的好坏，直接影响到进攻战术的质量，关系到一场比赛的胜负。随着现代竞技排球运动的发展，发球被认为不仅是比赛的开始，更是进攻的开始。随着排球运动的发展，发球的攻击性与威力日趋强大，提高接发球水平以提升接发球进攻的质量，成为排球接发球训练主要课题之一。

目前国内外排球强队接发球一般采用 3 人接发球模式，即 2 名主攻和 1 名自由人接发球，或 1 名主攻、1 名接应和自由人 3 人接发球。在保障接发球质量的前提下，尽可能地减少接发球队员，让更多的队员不接发球，使其有更加充裕的时间和精力参与战术进攻，这是当前排球接发球的指导思想与趋势。在接发球技术上，除了采用传统的垫球技术外，采用上手传接飘球、接攻击性不强的发球，也已成为一项重要的接发球技术。

根据奥运会等国际大赛排球比赛技术统计表明，发球落点 80%以上在距中线 4.5m 后、距边线和端线 0.5m 以内；从落点的区域统计，B 区最多，其次是 A 区，C 区最少（图 4-4）。

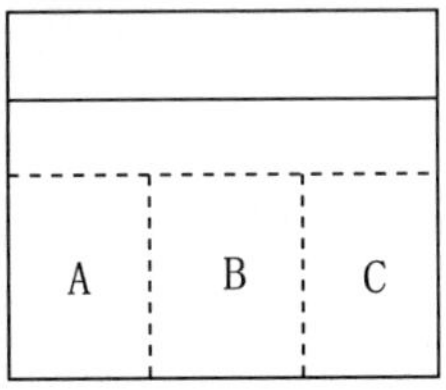

图 4-4　发球落点区域划分

（一）选择与运用接发球防守阵形依据

1. 根据对方发球的性能与特点

如接跳发大力球或平冲球，站位阵形靠后；接轻飘球，站位阵形分散一些；前者由 3 人接，后者由 2 人接等。

2. 根据本方接球队员的能力与水平

如把自由人或接球能力好的队员，安排在发球落点较多的位置上等。

3. 根据本方一攻战术组织的需要

视本方准备发动快攻的位置，来安排接发球阵形等。

（二）国内外强队采用的接发球阵形

1. 四人接发球阵形

对方发球攻击性比较强，或我方接发球屡遭破坏时，为加强一传防线，采用 4 人接发球。

（1）“浅盆”形站位阵形

主要接对方落点靠后或速度平快的发球（图 4-5）。

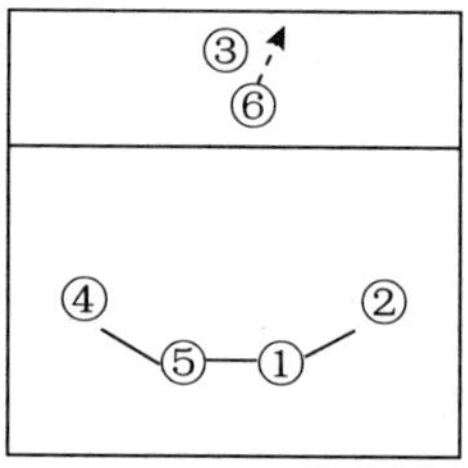

图 4-5　“浅盆”形站位阵形

（2）“深盆”形站位阵形

接发球队员比较均匀地分散在场内，便于接对方发球落点比较分散、没有线路规律的发球（图 4-6）。

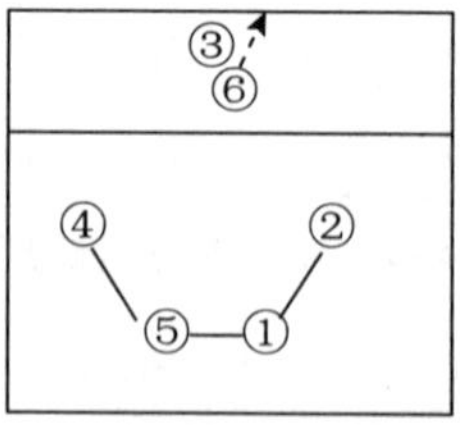

图 4-6　“深盆”形站位阵形

（3）“一”字形站位阵形

主要接对方速度快、威力大、攻击性强的跳发球、大力球及平冲球（图 4-7）。

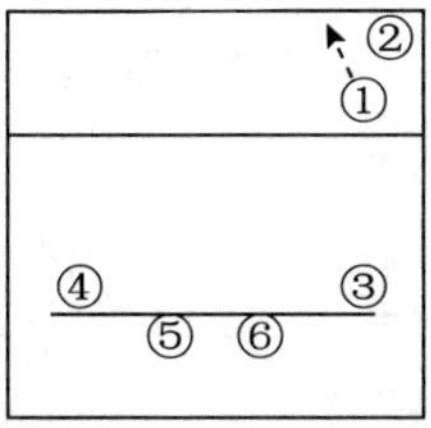

图 4-7　“一”字形站位阵形

2. 三人接发球阵形

（1）“V”字形接发球站位阵形

3人接发球“V”字形站位阵形（图4-8）。1号位、5号位站位稍前，6号位拖后，阵形层次清晰，便于接发球队员之间的互补；接发球后便于两翼发动进攻，同时，如果有后排进攻，由于6号位队员拖后，利于其助跑冲跳后的进攻。

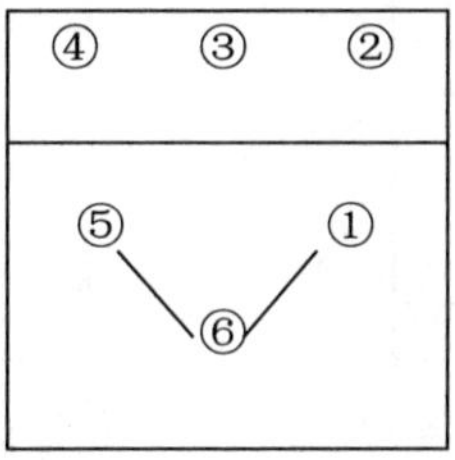

图 4-8　“V”字形接发球站位阵形

（2）“品”字形接发球站位阵形

3人接发球“品”字形站位阵形（图4-9）。对方发球落点或发球的习惯线路多在两边（A区、C区）或平冲飘球时，采用“品”字形站位阵形，也便于两翼发动后排进攻。

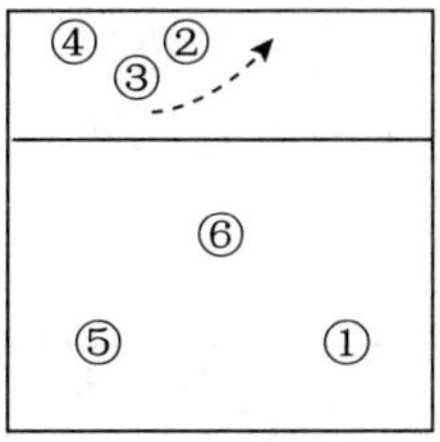

图 4-9　“品”字形接发球站位阵形

（3）“一”字形接发球站位阵形

3人接发球“一”字形站位阵形（图4-10）。3人接发球分工明确，区域清楚，不易相互干扰，适用于接对方攻击性强、威力大的跳发球。

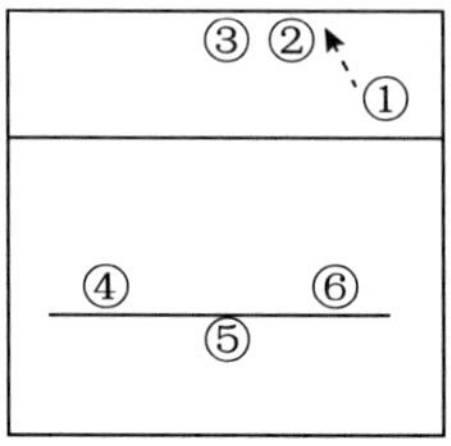

图 4-10 “一”字形接发球站位阵形

3. 两人接发球阵形

当对方发飘球或发球攻击性不强时，采用两人接发球站位方法。由 1 名后排队员和自由人接发球，另 1 名后排队员专门准备后排进攻（图 4-11）；或是 3 名前排队员和后排二传在网前插上，不参加接发球（图 4-12）。

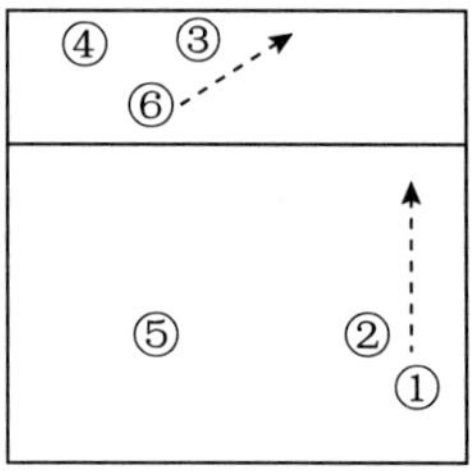

图 4-11 二人接发球阵形

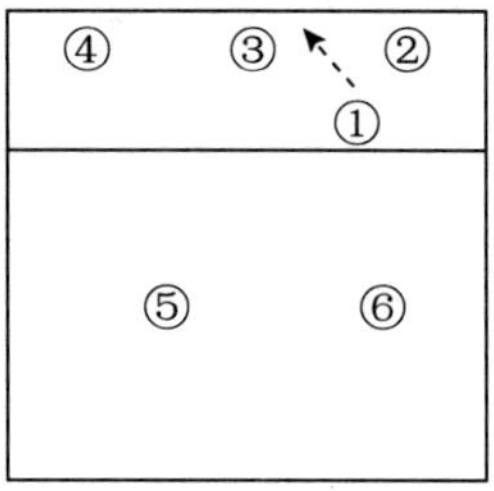

图 4-12 二人接发球阵形

4. 隐蔽站位阵形（或称假站位）

接发球站位时，在规则允许的前提下，前排队员站在后排队员习惯站的接发球位置上，并把后排队员安排在疑似前排接发球的位置上，达到迷惑对方、以假乱真的目的。隐蔽站位阵形多种多样：

示例1

3 号位和 5 号位队员隐蔽站位。当 1 号位队员插上时，5 号位队员佯作 4 号位队员，与 2、4 号位队员同时上前佯攻，吸引对方拦网队员，3 号位队员则按预定的战术进行突袭（图 4-13）。

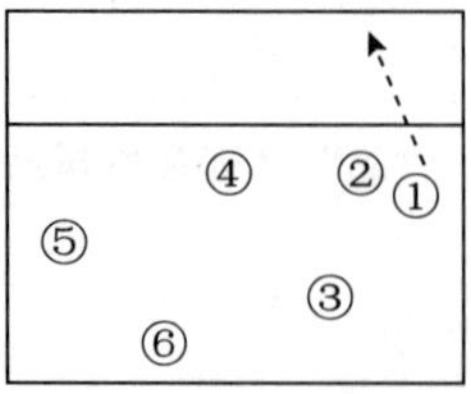

图 4-13 3、5 号位隐蔽站位

示例2

3 号位和 1 号位队员隐蔽站位。5 号位队员插上。1 号位队员佯攻，3 号位队员就可以进行夹塞、梯次、拉开等战术进攻（图 4–14）。

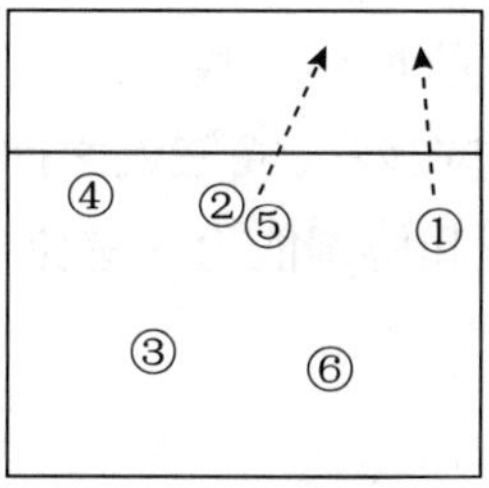

图 4–14 3、1 号位隐蔽站位

采用隐蔽站位应注意的事项：

①只适宜在打遭遇战，即对方不了解本方阵容配备和战术打法，或对方阵脚混乱、张皇失措时运用。

②全队在接发球后转为进攻时要造成强大的进攻态势，特别是从后排伪装到前排站位的队员，更应虚张声势，佯作积极进攻的态势。这样才能以假乱真，吸引对方拦网者的注意，掩护同伴去进攻。

③任何战术都不宜一成不变，经久不易，而应根据主客观情况灵活运用；要虚虚实实，真假相间，使对手摸不到规律。

④在接发球站位时，注意同排左右之间和同列前后位置，防止越位犯规；组织进攻后，埋伏在后排的前排队员，应迅速进入网前准备拦网；伪装至前排的后排队员，要及时退到原位准备防守。

（三）接发球防守战术训练与运用的要求

1. 准确判断

在接发球时，首先队员在思想上要重视，注意力要高度集中；其次观察对方发球情况，根据不同的发球动作、力量、速度、性能等迅速作出正确的判断；最后要及时移动，保持好人与球合理的位置关系。

2. 合理取位

接发球队员首先应根据发球队员的位置，正面对准发球方向，并以前排队员为基准，取好合理的站位。其他队员应根据本队采用的进攻战术及对方发球的具体情况相应取位。例如，当对方发轻飘、远飘球时，力量轻，落点分散，队员取位应前后分布疏散，均衡站位为好。

3. 密切配合

在接发球时，每一名队员都应明确自己的防守范围，同时要注意接发球能力的搭配，可让接发球水平高的队员负责范围大一些，水平差的队员负责范围小一些；后排队员接球范围可大一些，前排进攻队员小一些。

在实际比赛中，许多发球落点在两人或三人之间的共管区，对于这种来球，接发球队员之间应该有良好的配合意识和协调能力，避免“抢球”或“让球”的现象发生。

4. 加强保护

队员接发球会出现不到位、垫飞、垫偏等情况，此时，其余队员应注意相互之间的保护，准备接应，避免失误，每一名队员都要有抢救失误球的思想和动作准备。

二、接扣球防守战术

接扣球防守战术，是由前排拦网和后排防守两个相互联系、相辅相成的部分组成的。有效的拦网可以抑制对方的进攻，并为后排防守创造有利条件；而成功的拦网与防守，则可为本方反攻打开方便之门。

因此，接扣球防守战术是组织反攻的基础，只有成功地接好对方的进攻，才能卓有成效地组织反攻。在排球比赛中，防守与反攻的次数最多，难度最大，环节最复杂（关联拦、防、传、扣等），是得分的重要手段，是制胜的主要因素，也是失分和失败的重要诱因。特别在比分落后的情势下，只指望一攻得利，而没有防守反攻，就没有转机、取胜的可能。高水平的队对抗，不但要看一攻的水平，更要看防反的能力，后者在很大程度上是制胜对手的决定因素。曾经有人主张“抓好一攻就能取胜”的观点，是一种误导，不足为训。

（一）选择与运用接扣球防守阵形依据

1. 根据对方进攻战术的特点与态势

如两点或三点进攻，二传近网或远网、拉开或集中，及其个人的扣球特点等。

2. 根据本方队员拦网、防守的能力与水平

如拦网队员的身高、弹跳力和判断力，后排各个位置队员的防守情况等。

3. 根据本方反攻战术组织的需要

如采用“心跟进”或“边跟进”的防守阵形等。

4. 根据临场情况的发展与变化

如对方吊球增多，就由“边跟进”改为“心跟进”防守，或不拦网后撤改为内撤等；彼变我变，有时彼不变我亦变，以提高战术灵活性。

（二）常用防守阵形

1. 单人拦网防守阵形

（1）“一二三”防守阵形

对方3号位快攻，本方相应位置拦网队员单人拦网。不参加拦网的其他两名队员力争下撤防吊，后排3名队员前压缩小防守范围。1、5号位队员主防两边的“前腰”位置，6号位前压防中区，形成“一二三”防守阵形。之所以前压缩小防守范围，是因为快球通过拦网后，线路短，落点靠前，大都在中区与两腰一带（图4-15）。

实战中，2、4号位队员因有自己的拦网任务，往往来不及撤位参加防守，实际形成了“一三”防守形式，但亦应撤下一步防吊球、防小球。

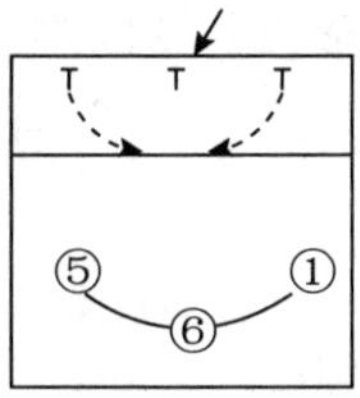

图4-15　“一二三”防守阵形

（2）“一三”防守阵形

对方一传到位，中路快攻掩护，4号位平拉开进攻。从理论上说，本方2号位单人拦网，3号位队员撤位防吊，4号位大撤防小斜线。但在实战中，本方3号位拦快攻队员只要“被骗”，就很难撤位防吊。这时，1号位的任务加重，既要防直线，又要有迅速的“第二反应”补吊球。5号位防中斜线，6号位策应，前排2号位队员主拦“二直线”或中线（图4-16）。

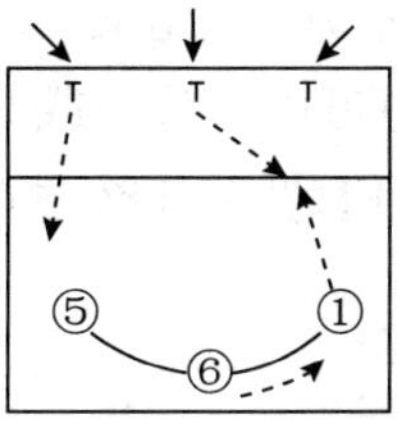

图4-16　“一三”防守阵形

倘若对方快球掩护后，2 号位进攻，则防守阵形转向另一侧，各位置的“责任”类推。如果对方转移后的“第二球”弧度较低，本方未拦网的两名队员有时也来不及撤位。这种情况往往是“一三”阵形的拦防。

2. 两人拦网防守阵形

（1）“边跟进”防守阵形

“边跟进”防守阵形有两种。

第一，“死跟”：即与扣球同边的 1 号位或 5 号位只管防吊“补心”，不管直线防守。这种情况下 2 号位或 4 号位拦直线要把住关口，6 号位垫底，策应方向注重补直线和触拦网手飞向后场的球。如果对方扣球者直线少吊球多，则采用“死跟”。中级水平球队采用这种阵形较多。由于对方扣球实力不是很强，1 号位或 5 号位可相应下移防守位置，防守对方的大斜线，形成如图 4-17 所示的“二二二”防守阵形。

第二，“活跟”：即当对方强攻水平较高，既打直线、斜线，又能高点平冲长线，又会吊球时，则采用“活跟”。本方与扣球者同侧的 1 号为或 5 号为队员，根据判断，既防直线又要有“第二反应”“摔救防吊球”，形成“二一二一”防守阵形。

以对方 4 号位强攻为例：本方 2、3 号位双人拦网（图 4-18），4 号位下撤防小斜线，5 号位防中斜线，6 号位垫底策应，1 号位则判断“活跟”。这是高水平球队常见的后排四人防守的对付强攻的扩大“二一二一”阵形。

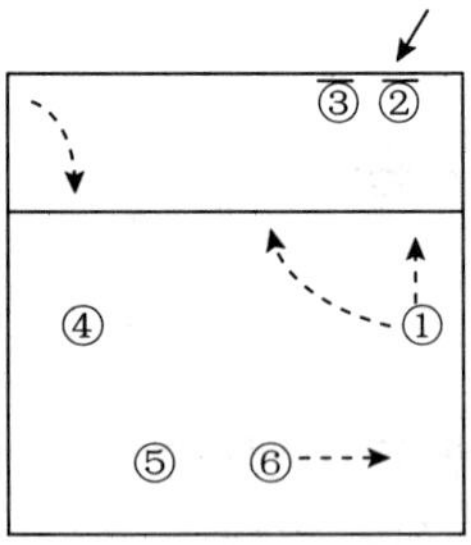

图 4-17　“死跟”防守阵形

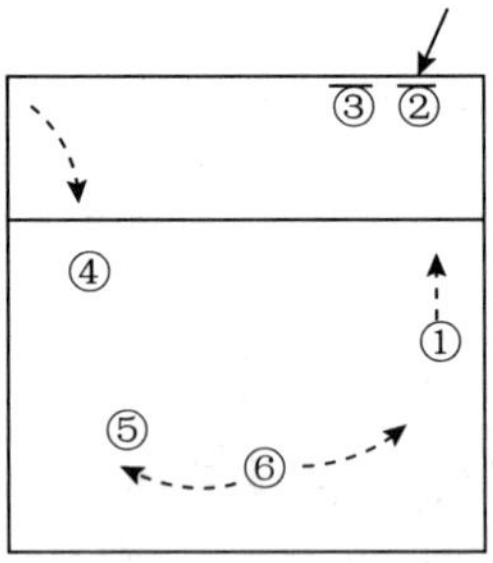

图 4-18　“活跟”防守阵形

（2）“心跟进”防守阵形

这种阵形无论对方在哪个位置进攻，本方都有一名后排队员专司跟进防吊“补心”。图 4-19 为对方 4 号位强攻，本方 1 号位专司防吊的“心跟”。倘若该轮次对方由 2 号位进攻，本方同样以 1 号位（也可由 5 号位或 6 号位）“心跟”。“心跟进”实际上与“边跟进”中的“死跟”，在运用上没有什么差别。

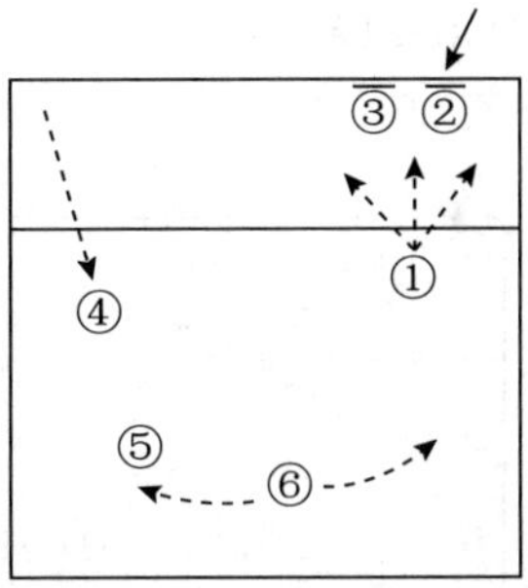

图 4–19 “心跟进”防守阵形

“心跟进”防守阵形对防吊球和防拦起球有利，也便于接应和组织反攻。但后场及“两腰”空隙较大，容易形成空当。采用“心跟进”防守时，要强调不拦网队员必须后撤参加防守，力争后排依然能保持有 3 人防守。

“边跟进”和“心跟进”两种防守形式各有利弊，在比赛中并非单一或固定采用某一种形式进行防守，而是根据本队的具体情况及临场发展变化，灵活地运用这两种防守战术。

(3)“内撤”防守阵形

所谓“内撤”，即由没有参加拦网的队员改为向场内相应位置下撤防吊。这种防守阵形，大多在对方远网进攻，不太可能打小斜线的情况下运用。如对方扣球者很少打小斜线，虽然是中近网进攻，也同样可采用“内撤”防守形式。防守理念应是“有取有舍”，面面俱到不可取，有些球队就基于这种理念，放弃防小斜线，采用以“内撤”阵形为主的形式。若组成防守反击，则由后排队员进行后排进攻。如果时间允许，内撤队员则应迅速向场外移动，准备参加反攻。

示例1

对方 4 号位进攻，本方 2、3 号位双人拦网，4 号位内撤防吊，5 号位防斜线，1 号位防直线，6 号位摆动策应（图 4–20）。

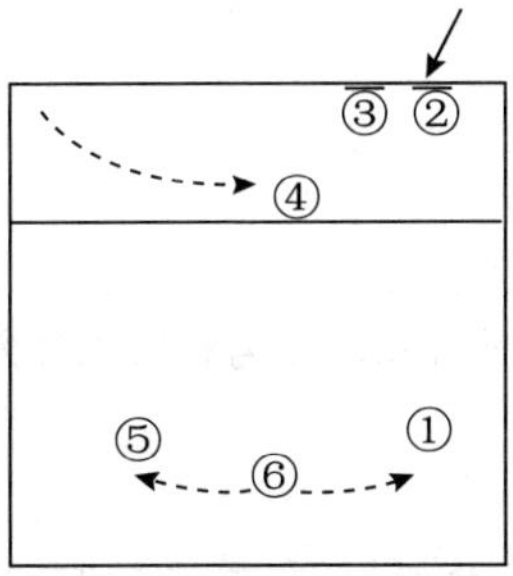

图 4–20 2 号位拦网“内撤”防守阵形

示例2

对方从 2 号位进攻，本方 4、3 号位双人拦网，2 号位内撤防吊，5 号为防直线，1

号位防斜线，6 号位摆动策应（图 4-21）。

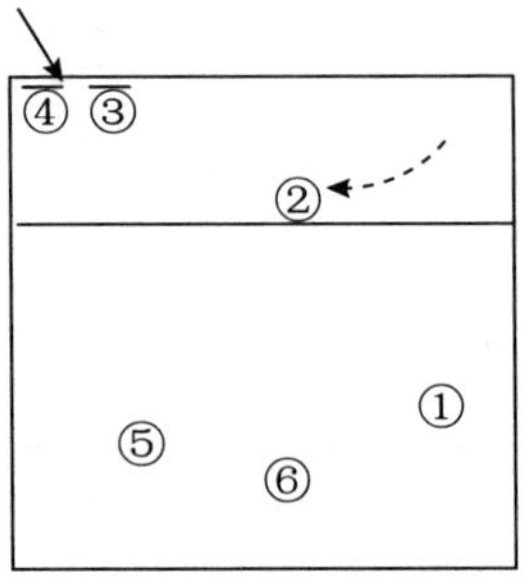

图 4-21　4 号位拦网“内撤”防守阵形

此外，还有“双卡”阵形，即“边跟”与“内撤”运用于同一阵形中，以对付对方惯用轻打和吊球。但这种阵形只能在特殊情况下偶尔运用，不适应现代排球攻防对抗剧烈的发展趋势，已逐渐被球队舍弃。

3. 三人拦网防守阵形

当前，由于运动员身高和进攻能力的加强，网上扣拦对抗的争夺相当激烈，力争集体拦网，若有 3 人拦网的机会也都紧抓不放。因此，3 人拦网的防守阵形也就越显得重要，特别是男排高水平对抗更是如此。

示例1

如图 4-22 所示，对方 4 号位强攻，本方 2、3、4 号位集体拦网，1 号位防直线为主，补吊为辅；5 号位防斜线，6 号位压底摆动策应。对方若有吊球，直吊则由 1 号位摔救；斜吊则由 4 号位拦网落地后立即转身补吊（虽然难度大，但专门训练后会有收效）。

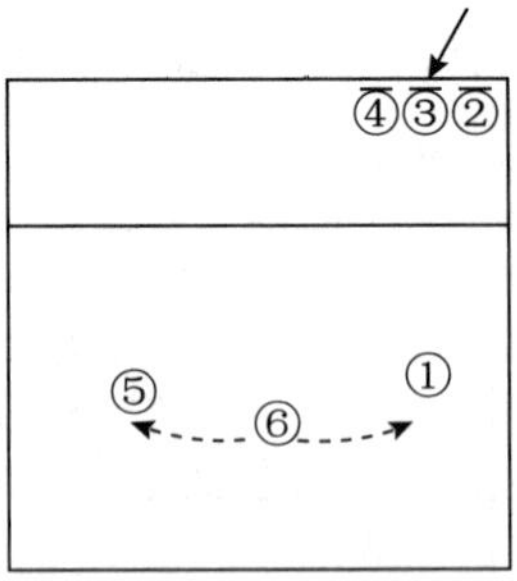

图 4-22　2 号位三人拦网

示例2

如图 4-23 所示，对方 2 号位强攻，本方 4、3、2 号位三人拦网，5 号位防直线为主，补吊为辅；1 号位防斜线；6 号位压底摆动策应。防吊与示例一相似，由 5、2 号位协同。这种形式也称“三二一”阵形。

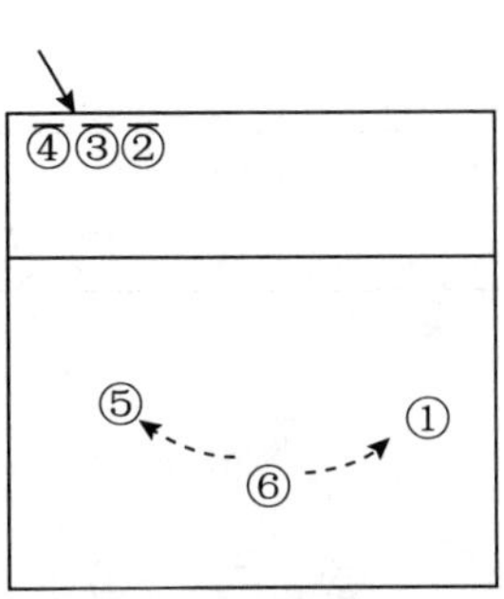

图 4-23　4 号位三人拦网

示例3

如图 4-24 所示，当对方发现本方对付强攻采用 3 人拦网时，可能会改扣为吊，而且吊球数量增多，本方则由 1 名后排队员跟进防吊，成“三一二”阵形，1、5 号位防两腰，6 号位跟进。

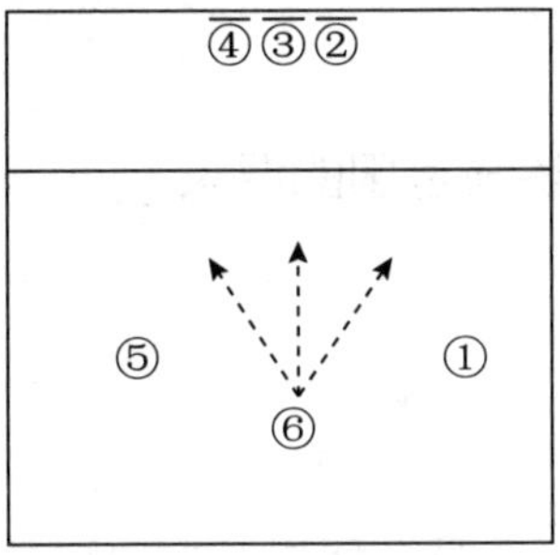

图 4-24　3 号位三人拦网

任何一种防守阵形都不是万能的，各有其优点和不足之处。重要的是根据本队该轮次的具体情况、对方进攻态势的变化、临场战局的发展及预测对方进攻可能的变换，适时和果断地进行某种防守阵形。对方变，本方也变，甚至有时本变动在前，力争主动。

对初、中级水平球队来说，技术不够熟练，身体素质需要加强，比赛经验不太丰富，战术意识有待提高，驾驭战局发展的能力不够完善，因此，高难度的防守阵形未必适合其运用。应选择采用一些相对简单、实用有效的防守阵形，少而精，简而实。

4. 无人拦网阵形

比赛中，本方无人拦网多基于两种情况：第一种是对方的二传离网太远，可能进攻乏力，或有明显的轻拍击球动作，或是由进攻能力较低队员扣球时，本方主动不拦网；第二种是本方拦网队员被对方掩护晃开，造成空网进攻时，本方被迫而无人拦网。

第一种情况在较低水平的比赛中常会出现，高水平的比赛也间或有之。此时的防守阵型如图 4-25 所示。

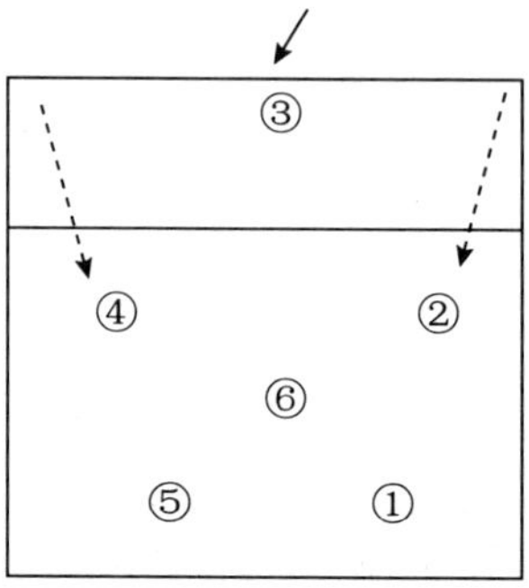

图 4-25　无人拦网防守阵形

不参加拦网的 2、4 号位前排队员迅速下撤防前区“小球”，6 号位略突前防中区，1、5 号位防后区左右两个半场。采用“中一二”和“边一二”进攻阵形时，二传队员 3 号位留在网前准备组织反击。“后排插上”轮次时，二传队员则快速“插上”。

但若出现第二种情况，只有依靠全队人员及时调整位置，全力顽强地拼起防守，才能争取有反攻的机会。

（三）接扣球防守战术训练与运用的要求

1. 对拦网队员的要求

（1）分清主次

拦网时，要确定拦网的主拦队员，如拦对方两翼进攻，本方分别以 2、4 号位队员为主拦，其他队员密切协同配合，防止各行其是。

（2）相互配合

起跳时，相互之间要保持一定的间隔距离，并控制好身体重心，避免相互干扰或冲撞。

（3）准确判断

拦网时，要准确判断对方扣球路线，尽可能扩大拦网阻击面，但拦网队员手与手之间的距离不能太大，以防中间漏球。

2. 对防守队员的要求

（1）注重防守

后排防守是第二道防线，是减少丢分和争取反攻得分的基础。当前虽然拦网高度和技术有了较大的提高，但仍有大量的球（约占 70%）会突破拦网后进入本方场区。成功的防守不仅争取了得分机会还能鼓舞士气，重拦轻防不可取。

（2）合理取舍

后排防守要与前排拦网密切配合，相互弥补。一般来讲，拦网队员应封住对方主要进攻线路，后排防守队员主要任务是防对方的次要线路、吊球和触网拦网队员的球。前排拦网队员已封住对方的中路进攻，1 号位队员取位防直线，5、6 号位队员侧重防斜线（图 4-26）。

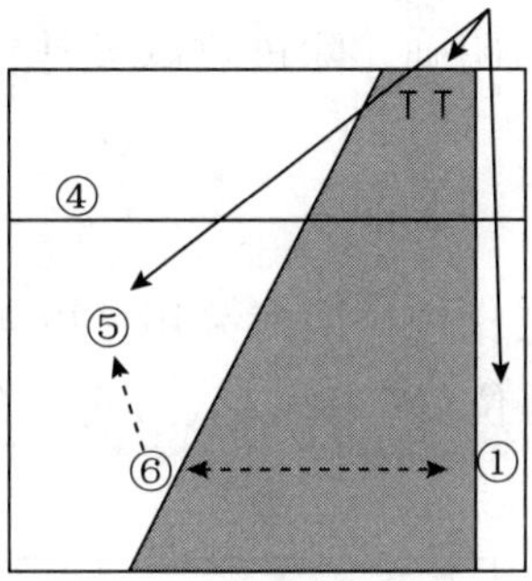

图 4-26 拦网与防守配合

(3) 互相策应

防守战术是一个整体，一人防守时，其他队员尤其是相邻队员要相互策应与保护；由于每名防守队员的判断取位或垫击时都可能出现错误，防起球的飞行方向也不规律，因此，场上其他队员都应采取补救措施，做好向各个方向移动的准备。

(4) 对全体队员的要求

防守的目的是为了进攻，一旦防守成功，全体队员要根据本方反攻战术组织的需要和预定的计划，不失时机地发起反攻。

三、接拦回球防守战术

接拦回球防守又称保护进攻，是指当本方进攻时，对被对方拦回来的球所采取的防守战术。在比赛中，相对于接发球和接扣球防守而言，这种球的次数不多，但随着拦网水平的提高，机会必将增加。又因接拦回球的扣、拦双方短兵相接，时间短促，难度较大，绝不可忽视。而且，接拦回球的成败，对本方扣球者和对方拦网者，乃至双方队员的士气与信心的影响极大，切不可等闲视之。

（一）选择与运用接拦回球防守阵形依据

①根据本方采用的进攻战术和进攻队员扣球的位置。如在 2、3 或 4 号位等。

②根据对方拦网队员的实际情况。如拦网的人数、拦网的手形及其反射面等。

③根据本方反攻战术组织的需要。如防守成功后准备从哪个位置发起反攻等。

（二）常用接拦回球防守阵形

1. 五人接拦回球阵形

本方以强攻为主时，进攻点明确，除进攻队员外，其他 5 名队员都可以参加接拦回球。

（1）“二二一”阵形

这种阵形在对方拦回球落点比较分散时采用。以 4 号位进攻为例（图 4-27），3、5 号位队员负责前场区，2、6 号位负责中场区，1 号位管后区。

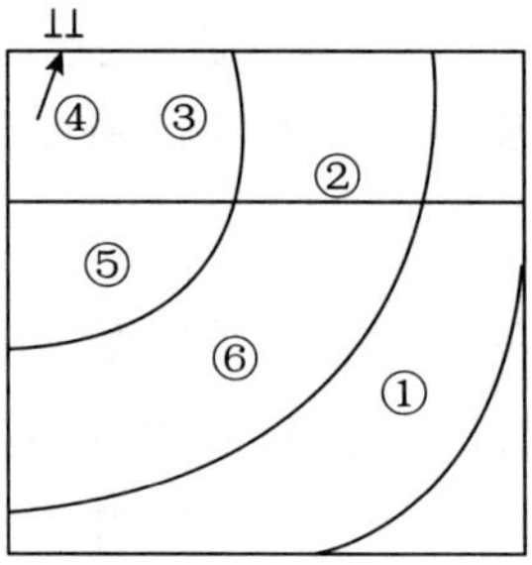

图 4-27 “二二一”阵形

（2）“二三”阵形

这种阵形在对方拦网能力一般、拦回球落点比较分散时采用。以 4 号位进攻为例（图 4-28），3、5 号位队员负责前场区，1、2、6 号位队员负责中场区和后场区。

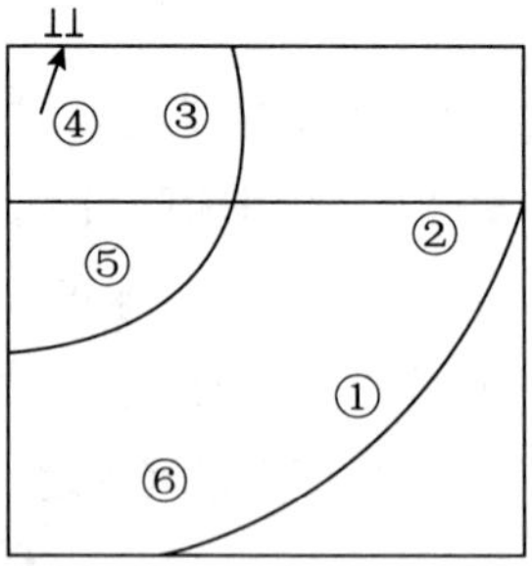

图 4-28 “二三”阵形

2. 四人接拦回球阵形

本方以后排插上及快球进攻为主时，进攻点经常变化，除进攻队员及二传外，只有 4 名队员能参加接拦回球。以 2 号位进攻为例（图 4-29），1 号位队员插上，跳传给 2 号位进攻，3、6 号位队员负责前场区，4、5 号位队员负责中场区及后场区，即采用

“二二”阵形。

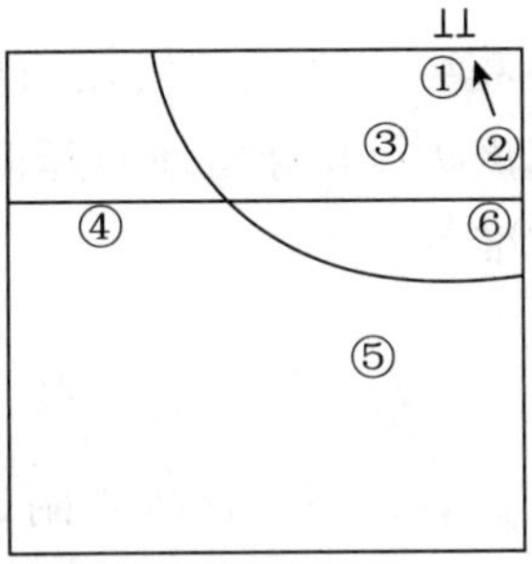

图 4-29　四人接拦回球阵形

3. 三人接拦回球阵形

本方以前排快攻配合为主时，进攻点变化较大，前排 3 名队员在掩护、跑动，二传队员组织进攻后立即参与保护接拦回球，形成 3 人接拦回球阵形。

前排 3 名队员掩护、跑动，最终的进攻点在 2 号位，1 号位队员传球后立即下撤，5、6 号位队员迅速向 2 号位移动接拦回球（图 4-30）。

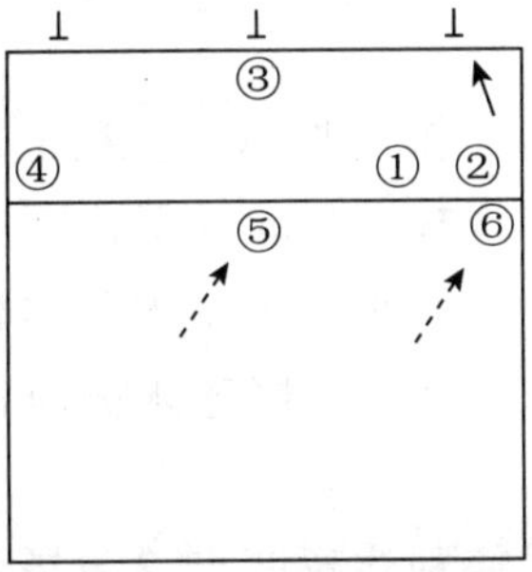

图 4-30　三人接拦回球阵形

（三）接拦回球防守战术训练与运用的要求

在接拦回球防守阵形的训练与运用中，全队要树立“一人扣球，全队保护”的意识。首先应判明进攻点的位置，迅速移动靠近。由于拦回球大多落在进攻点附近，且速度快、路线短，所以队员应根据防守战术阵形，降低重心，根据拦网手形、扣球手法等情况，对这一区域层层设防。防守队员除应具备敏捷的反应能力外，还必须训练掌握多种（如扑、跪、倒等动作）防守技术，以完成保护和防守的任务。

1. 对二传队员的要求

二传队员在完成组织进攻任务后，必须及时移动接拦回球。在接拦回球时，重心要低，根据对方拦网手形和本方扣球手法等情况，迅速取位，做好保护。

2. 对扣球队员的要求

扣球队员在完成击球动作过程中，必须有较强的自我保护意识。由于扣球队员最清楚球是否被拦回，因此，要求该队员扣球落地后降低重心，并立即面向球下落方向，积极配合接应和做好下一次进攻准备。

3. 对其他队员的要求

其他队员首先应判明进攻点位置，因为进攻点附近是接拦回球最困难同时也是最集中的地区，所以队员应根据防守战术，对这一地区层层设防。在防守时降低重心，观察场上情况，及时向各个方向移动。

4. 对全体队员的要求

一旦防守保护成功，要根据本方反攻战术的需要和对方当时拦网的情况，迅即由防守转入再进攻，并做好再保护的准备。

四、接无攻球防守战术

当对方无法组织有力的进攻，被迫将球传、垫、挡过网时，是本方得分的极好机会。这种球在初级水平比赛中出现较多，高水平比赛中偶尔出现。根据情况采用“中一二”“边一二”“后排插上”等阵形，组织多种多样的战术进攻。队员要集中注意力，观察对方意图，准确判断球的落点。接球队员应根据本方进攻战术的需要，确保传、垫球到位。

这种机会球在组织运用中需特别注意两点：一是全体队员尤其是前排队员要先准备接好来球，切勿只顾扣球，忽视接球；二是一旦接起球，全队要根据位置分工和战术组织的需要，呼啸而上，造成压倒的进攻态势，给对方以强大的心理压力。

五、自由人的运用

以本方自由人为中心的防守布阵，主要是根据自由人的水平和本队的实际情况安排自由人的接发球和防守位置，具体运用如下：

示例1

比赛中，在接对方跳发球时，本方一般采用 3 人接发球站位，自由人站位应放在重要的位置，并适当扩大其接发球的范围（图 4-31）。

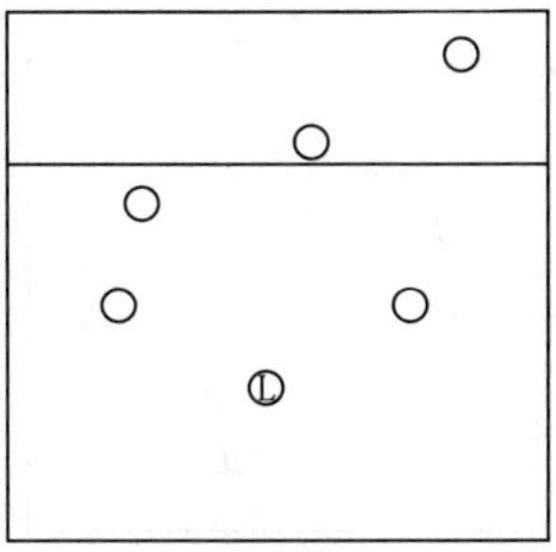

图 4-31 自由人 6 号位接发球

示例2

当对方发飘球时，男排队员一般采用 2 人接发球站位，这时自由人站位应放在最需要的地方，可在左半场或右半场（图 4-32）。

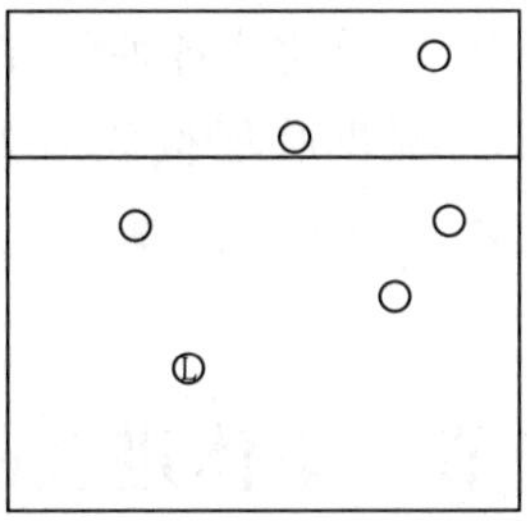

图 4-32 自由人左半场接发球

示例3

比赛中，一般都把自由人的防守位置放在 6 号位，因为 6 号位的防守比较重要，防守范围也较大（图 4-33）。

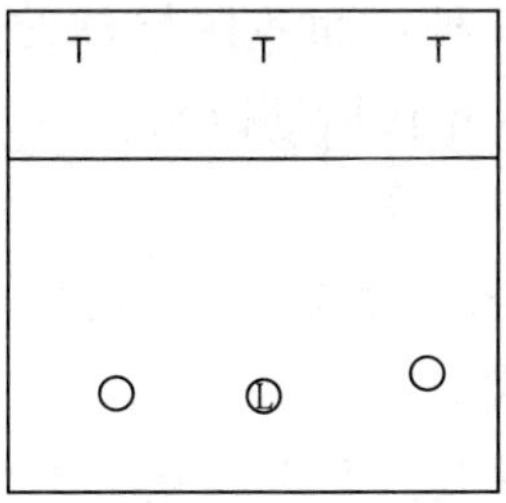

图 4-33 自由人 6 号位防守

示例4

比赛中，根据对方攻手的特定条件，如对方 4 号位扣球手进攻的落点大都在 5 号位时，把自由人放在该位置上防守等（图 4-34）。

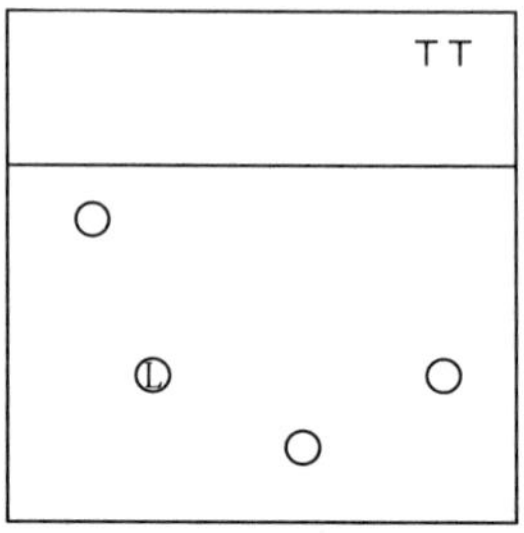

图 4-34　自由人 5 号位防守

任何防守战术都不可能天衣无缝、完美无缺，更何况，防守是在对方进攻的情势下所采取的被动行为。上述各种防守阵形是根据实践经验总结、抽象出来的带有规律性的模式。但在实际中必须根据情况灵活运用方能成效。因为进攻一方的人及其对球的控制，都是活的、动态的；由于受各种因素影响，其击出球的方向、弧度、速度、落点和性能等都不可能一样，永远不变。因此，各种防守阵形的站位只是理论参考，不能机械搬用，要在一般规律的指导下，根据临场彼我双方情况的发展与变化，事先预见，准确判断，灵活变化，正确取位，紧密配合，合理击球，这才是成功的防守战术秘笈。

第四节　集体进攻战术

排球的四个战术系统，分别各有防守与进攻两个子系统，即：接发球与一攻，接扣球与反攻，接拦回球与保攻，接无攻球与推攻。每个防守子系统中的防守阵形各有差异，如接发球与接扣球的防守战术阵形就大相径庭。但每个进攻子系统中的进攻战术阵形和进攻战术打法却基本相似，如进攻战术阵形通常有“中一二”“边一二”（含“反边一二”）和“后排插上”三种；而我国排球的进攻战术打法复杂多样，变化多端，闻名于世，尤其是20世纪70年代后期以来，中国排球人创造与发展了不少新的技术与战法，并冠以各式各样的排球术语。

尽管我国排球进攻战术打法名目繁多，举不胜举，却可归结为强攻、快攻、立体进攻和两次球及其转移进攻四大类。

《孙子兵法》写道：“声不过五，五声之变，不可胜听也；色不过五，五色之变，不可胜观也；味不过五，五味之变，不可胜尝也；战势不过奇正，奇正之变，不可胜穷也。”排球集体进攻战术的战术阵形与战术打法，不过就那么几套，但若周密思考、准确判断、精心组织、合理运用、灵活变化，却可上演出一幕幕威武雄壮、异彩纷呈的画面来。这就是“运用之妙，存乎一心”也！

一、选择与运用进攻战术依据

集体进攻战术的选择与运用主要依据以下几个方面：

①根据本队运动员进攻技术战术的水平与能力。有什么技术，打什么战术；有多大能力，用什么战法。

②根据对方运动员防守技术战术特点与表现。如根据对方不同轮次和人员的防守特点与临场表现，避其所长，攻其所短。

③根据临场比赛情况的发展与变化。赛事千变万化，要根据双方人员当时的战术运用与发挥情况，彼变我变，以变应变。

下文将对国内外强队采用的进攻形式阵形与进攻战术打法做一下介绍。

二、集体进攻战术阵形

集体进攻战术阵形，是指一个队在组织与运用各种进攻战术时的站位形式，或者说是组织与运用进攻战术打法的平台。通常只有“中一二”“边一二”和“后排插上”三种阵形，但却可以演绎出多种多样、精彩纷呈的战法来。

（一）“中一二”阵形

1. 二传队员在 3 号位

由 3 号位队员担任二传，2、4 号位队员扣球的战术形式称为“中一二”进攻阵形。“中一二”进攻阵形是最基本的进攻阵形，其特点是二传队员在中间，一传容易到位，战术可简可繁，适合不同技术水平的队。技术水平较低的队可组织前排 2、4 号位扣一般高球，高水平的队可组织各种战术乃至立体进攻。其基本站位如图 4-35 所示。

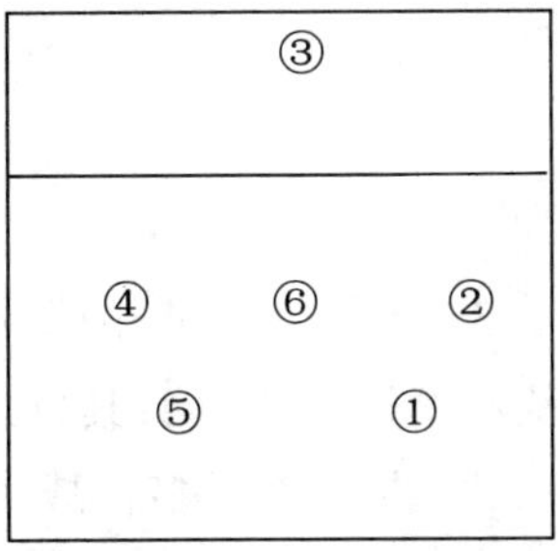

图 4-35 “中一二”阵形

2. 二传队员在4或2号位

可以通过换位变成“中一二”阵形（图4-36）。

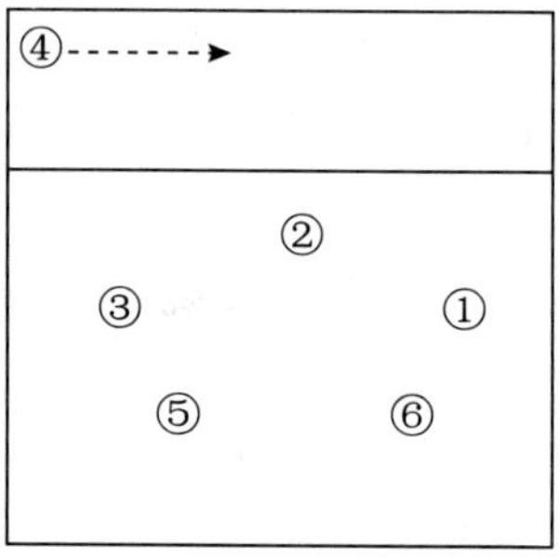

图4-36 换位成“中一二”阵形

3. 二传队员在后排

后排队员都可以“插上”担任二传，如6号位队员从3号位队员右侧“插上”成“中一二”阵形（图4-37），其他队员分别进行前排或后排进攻。

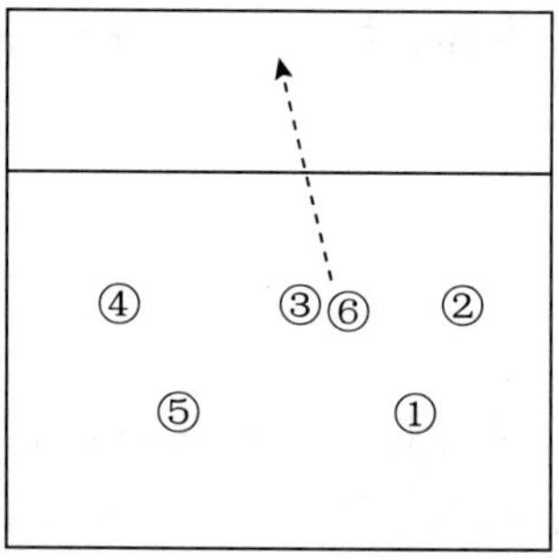

图4-37 3号位“插上”成“中一二”

（二）“边一二”阵形

1. 二传手在2号位

由前排2号位队员担任二传，3、4号位队员扣球的战术形式称作“边一二”进攻阵形。“边一二”进攻阵形也是基本的进攻阵形，其特点是二传队员在边上，对一传的要求稍高，但战术变化比“中一二”进攻阵形多，战术可简可繁，同样适合不同技术水平的队。其基本站位如图4-38所示。

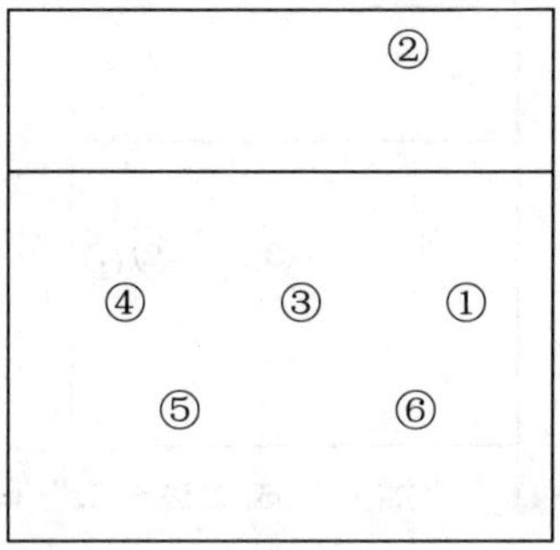

图 4-38 “边一二”阵形

2. 反“边一二”阵形

4号位队员站在网前担任二传（图4-39），其他队员参与进攻，如果2、3号位队员是左手扣球，采用这种阵形比较有利。

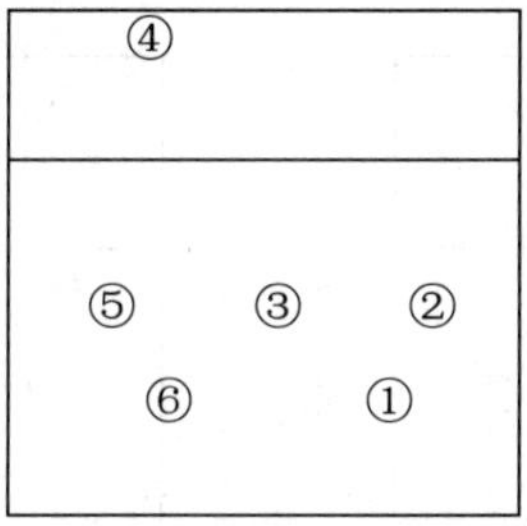

图 4-39 反“边一二”阵形

3. 换位成“边一二”阵形

当二传队员在4号位时，通常把“反边一二”换位成“边一二”阵形（图4-40）。

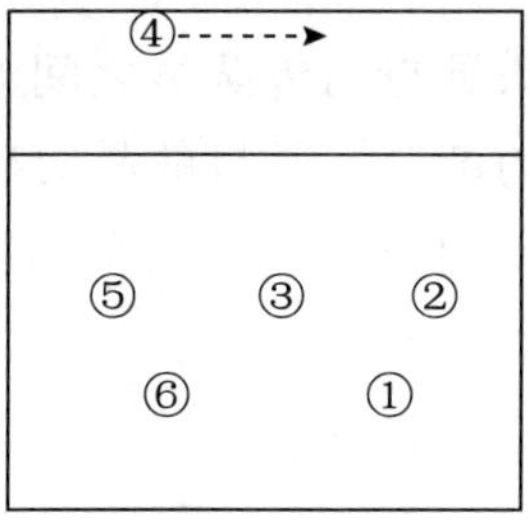

图 4-40 换位成“边一二”阵形

4. “插上”成“边一二”阵形

后排队员都可以“插上”当二传，如1号位队员从2号位队员右侧“插上”成“边一二”阵形（图4-41），其他队员分别进行前排或后排进攻。

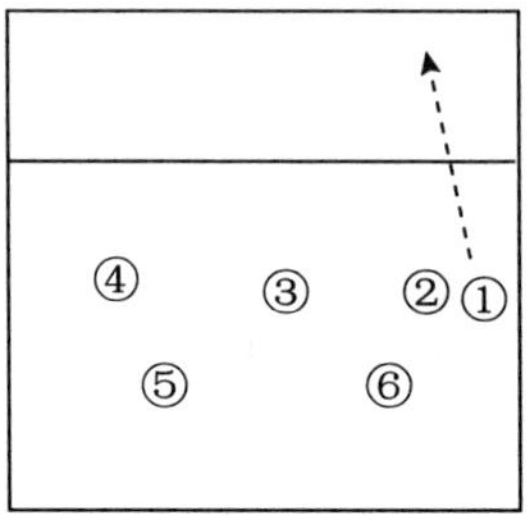

图 4-41 “插上”成“边一二”阵形

（三）后排插上阵形

由后排任何一个队员插到前排担任二传，前排 3 名队员进行扣球的战术形式，称“插上”进攻阵形（图 4-42）。这种阵形目前被国内外强队普遍采用。它的特点是可保持三点进攻，战术机动灵活，打法变化多端。

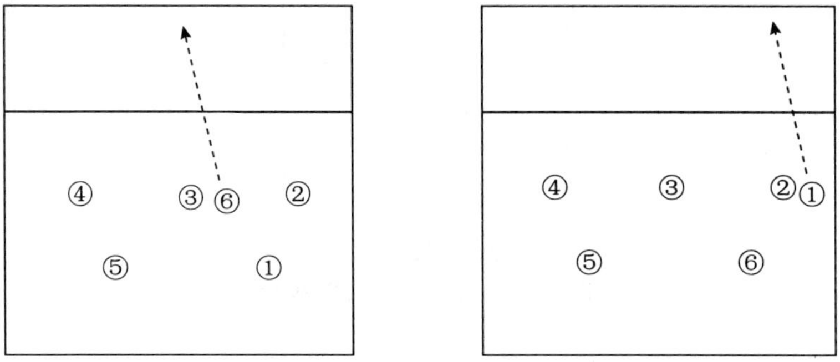

图 4-42 后排插上阵形

三、集体进攻战术打法

集体进攻战术打法是指扣球队员与二传队员之间的各种进攻战术配合的方法，是进攻战术打法最复杂也是最精彩的部分。其目的是突破对方前排拦网及后排防守，在突破与反突破、限制与反限制的激烈争斗中占据主动，争取胜利。集体进攻战术可分为 4 种类型：

（一）强攻

在无掩护或掩护较弱的情况下，主要凭借个人力量、高度和技巧强行突破对方的拦防。一般包括以下几种打法：

1. 集中进攻

集中进攻是指在 4 号位或 2 号位组织比较集中的不拉开的高球进攻，或在 3 号位扣一般高球。这种打法容易掌握，也容易被拦，适合初学者和水平较低的队运用，或是 2、4 号位队员因防守救球而来不及向外撤位时采用。

2. 拉开进攻

二传队员将球传到标志杆附近进攻的打法叫拉开进攻。扣球手拉开进攻可以扩大进攻面，以避开拦网，有利于线路变化及打手出界（图 4-43）。

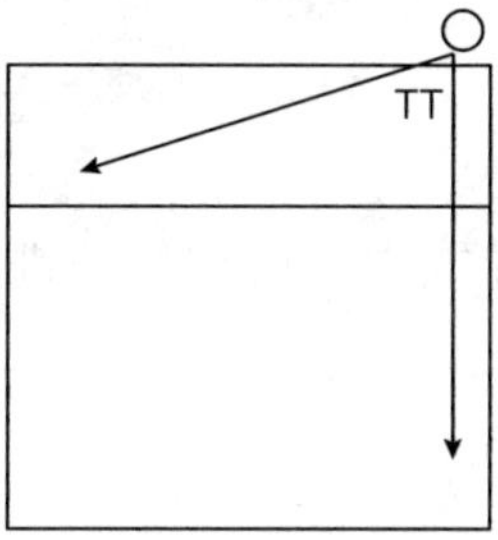

图 4-43 拉开进攻

3. 围绕进攻

进攻队员围绕跑动换位的目的是发挥自己的扣球特长，以避开对方拦网的有效区域，或为错开对方的拦网。进攻队员从二传队员前面绕到后面去扣球，称为“后围绕”进攻（图 4-44）。

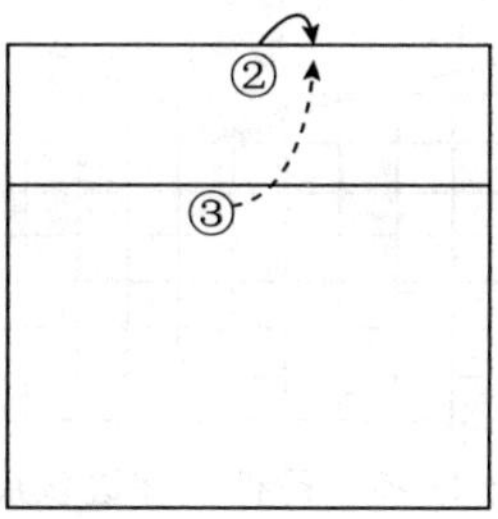

图 4-44 “后围绕”进攻

进攻队员从二传队员后面绕到前面去扣球称为“前围绕”进攻（图 4-45）。

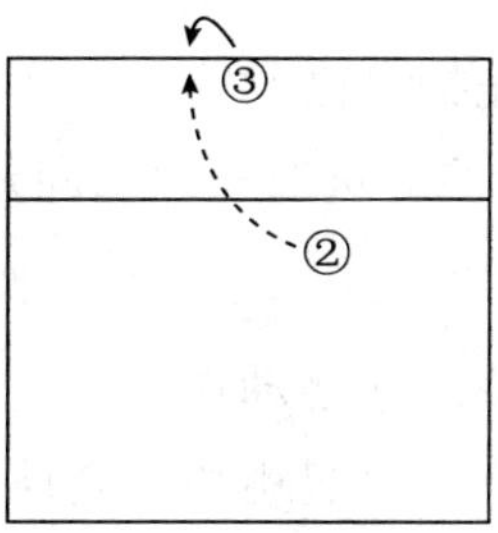

图 4-45 “前围绕”进攻

4. 调整进攻

当一传或防起的球不到位，球的落点离网较远时，由二传队员或其他队员把球调整到网前有利于扣球的位置上进行强攻的打法称为调整进攻。调整进攻在接扣球反击中运用较多，并占有比较重要的位置。调整进攻对运动员的体能与技术的要求较高，必须具备一定的弹跳高度和力量，以及运用合理的击球手法，才能有效地突破对方的拦网与防守。

（二）快攻

以各种快球作为掩护，由同伴或本人所进行的进攻，均称为快攻。各种称谓繁多的快攻可以归纳为 3 种类型。

1. 直接快球进攻

二传队员将球或快或平地传给扣球队员，扣球队员快速挥臂击球，称为直接快球进攻。快球进攻是我国的传统打法，其特点是速度快、变化多、突然性大、掩护作用强，有利于争取时间、空间和组织多变的战术。

如图 4-46 所示，快球有近体快（A）、短平快（B）、背快（C）、短平快（D）、背溜（E）、平拉开（F），以及调整快、远网快、后排快、半快球、单脚快等。

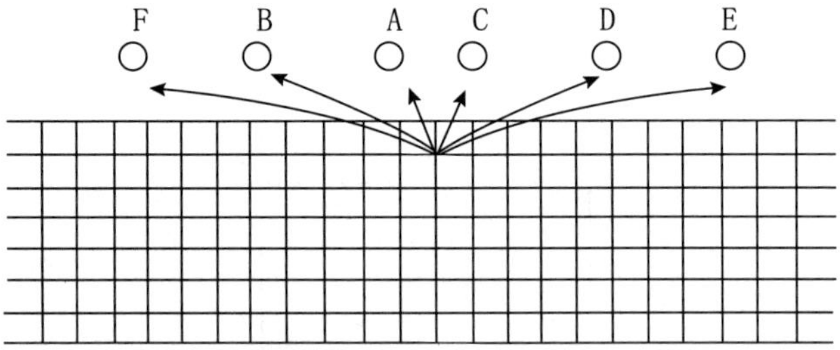

图 4-46 各种快球进攻点

2. 自我掩护进攻

扣快球者运用各种假动作来掩护自己的第二个实扣进攻，称为自我掩护进攻。它主要包括“时间差”进攻、“位置差”进攻和“空间差”进攻 3 种类型。

（1）时间差快攻

扣球队员佯做扣快球或短平快的起跳动作，但实际并未跳起，以欺骗对方拦网队员起跳，待拦网者下落时，再迅速原地起跳扣半高球或小弧度球，造成对方拦网在起跳时间上的误差。这种进攻在运用时要求扣球者与二传手之间通过信号来密切配合。

扣球队员的第一次佯攻助跑上步、急停制动动作都要做得逼真确切，同时，要与快球实扣交替使用，才能易于迷惑对方判断二传球的高度，在对方拦网队员下落之际，本方扣球队员能突然地起跳实扣为佳。

(2) 位置差快攻

扣球者佯做向某一方向助跑（如3与4号位队员之间），疑似要打短平快球，以吸引对方拦网者的注意和紧盯，但突然向右侧变步，变为扣近体快球；或佯做向二传手面前助跑，疑似要扣近体快球，但突然向二传手背后变步起跳，变为扣背快球；或佯做向二传手背后助跑，仿佛要扣背快球，但却变步去打背平快球等。这种错位的扣球，容易造成对手的错觉与不意。组织这种战术，扣球手与二传手之间，需要事先加强联系，密切默契。

(3) 空间差快攻

空间差与位置差的组织原理相似，区别在于后者是在地上完成，而前者却是在空中实现的。即：扣球者在打3号位短平快的位置上起跳，并运用冲跳能力，在空中“飞”到二传手面前扣近体半高球（号称“前飞”）；或在二传手面前起跳，疑似打近体快球，却“飞”到二传手背后扣半高球（背飞）等。

完成这种高难度的空间差进攻战术配合，至少必须具备三个条件：

第一，扣球者要有很好的弹跳高度、滞空能力和扣球水平；

第二，二传手传出球的高度与时机要恰到好处；

第三，扣球手与二传手之间要有联系信号和密切配合。

3. 快球掩护进攻

利用各种快球吸引对方拦网，然后给其他队员创造一打一或空网扣球的进攻打法，称为快球掩护进攻。在快球掩护下，其他队员还可以进行各种形式的跑动进攻，这样能起到出其不意、攻其不备、集中兵力、以多打少和避实就虚的作用。

在快球掩护进攻中，主要有交叉进攻、加塞进攻、重叠进攻和双快一跑动进攻等多种打法，现分述如下。

(1) 交叉进攻

交叉进攻是1名扣球队员做快球掩护（近体快、短平快或背快），另1名扣球队员与其做交叉换位扣半高球的打法。能造成对方拦网队员（人盯人拦网）互相阻挡形成空网进攻，或对方拦网队员的匆忙移动补拦。这种打法简便而实用，实战效果好，因而被普遍采用。

在实战运用中，有“后交叉”“假交叉”“前交叉”和“背交叉”等打法。

示例1 “后交叉”进攻

3号位队员做近体快佯攻掩护，2号位队员交叉跑动到二传手前面扣半高球，2号位队员的跑动路线如图 4-47 所示。

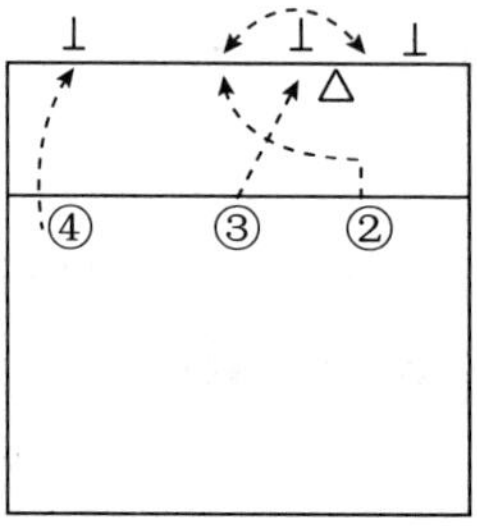

图 4-47　“后交叉”进攻

在助跑过程中，2 号位队员先做直线移动，以假象迷惑对方拦网，而后突然又迅速向二传队员的侧前方跨一大步做半高球进攻。这种跑动路线如果与下述的“假交叉”进攻结合交替，其效果更好。

示例2 “假交叉”进攻

3 号位队员做近体快佯攻掩护，2 号位队员佯做“后交叉”进攻的移动，最后一步突然折回 2 号位做半高位球进攻（图 4-48）。

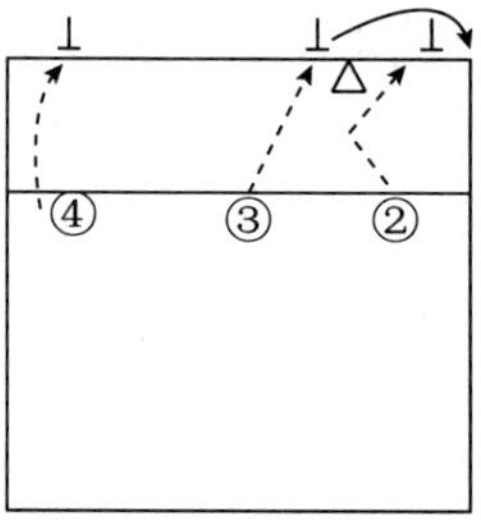

图 4-48　“假交叉”进攻

示例3 “前交叉”进攻

4 号位队员做短平快（或近体快）佯攻掩护，3 号位队员先做直线前移，最后一步突然向左横跨，在 4 号位队员身后做半高球进攻（图 4-49）。

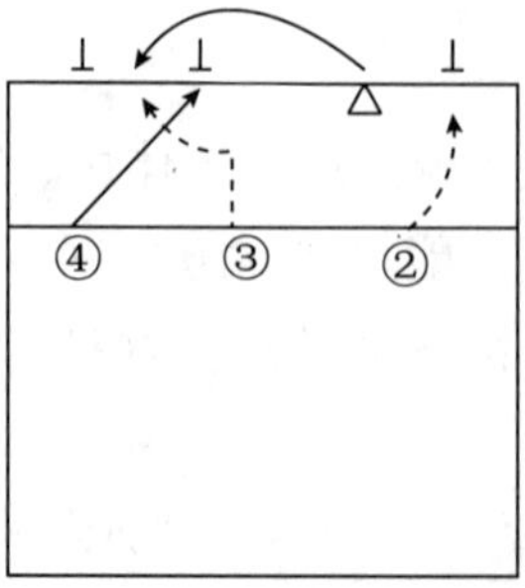

图 4-49　“前交叉”进攻

示例4 “背交叉”进攻

3号位队员做背平快佯攻掩护，2号位队员迅速插入二传队员的背后，在3号位队员与二传队员之间做半高球进攻（图4-50）。

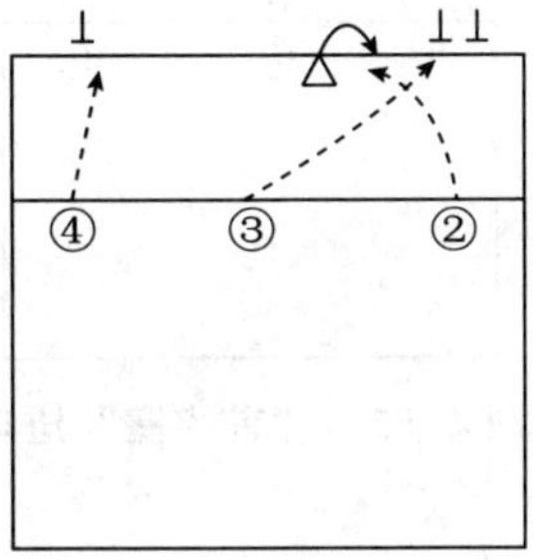

图4-50 “背交叉”进攻

2号位队员做背快佯攻掩护，3号位队员交叉跑动至2号位做半高球进攻（图4-51）。3号位队员若突然折回3号位做半高球进攻，则形成另一种“假交叉”进攻。

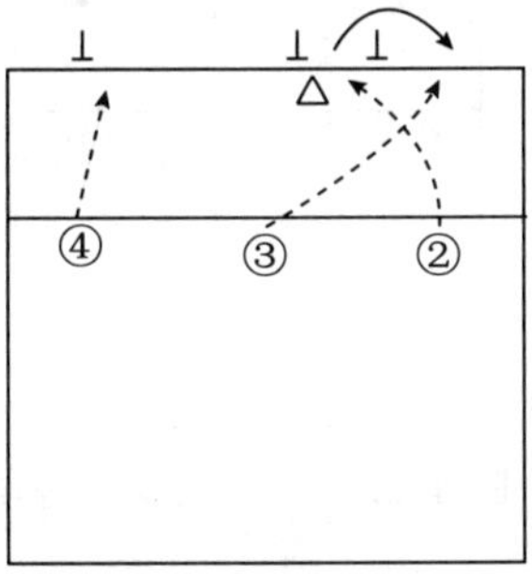

图4-51 “背交叉”进攻

运用“交叉”进攻战术，要注意做快攻掩护的第一进入队员必须快速而逼真，而第二进入扣半高球队员的助跑路线要有隐蔽性，关键在于最后一步的侧前跨或折向跨步要迅速又突然。可采用提前进入的“假示形”和推迟进入的“晚示形”，以迷惑对方，造成拦网队员的错误判断。

（2）夹塞进攻

夹塞进攻是1名队员做短平快或背平快（含背飞）佯攻掩护，另1名队员快速跑动至二传手与快攻掩护队员之间，进行半高球进攻的移动配合进攻打法，其作用是造成对方拦网队员互相阻挡，形成空网进攻或对方拦网队员匆忙移动补拦的1对1进攻。

常用的夹塞进攻有：“前夹塞”进攻，“背夹塞”进攻，“快夹塞”进攻，“假夹塞”进攻等打法。

示例1 “前夹塞”进攻

3号位队员做短平快佯攻掩护，4号位队员快速跑动，夹在二传手与快攻掩护队员之间进行半高球进攻（图 4-52）。

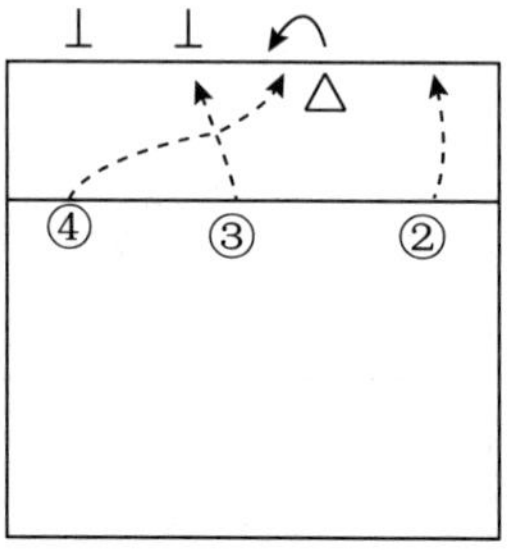

图 4-52　“前夹塞”进攻

示例2 “背夹塞”进攻

3 号位队员做背平快（含背飞）佯攻掩护，2 号位队员先做直线前移，然后快速插进二传手背后进行半高球进攻（图 4-53）。

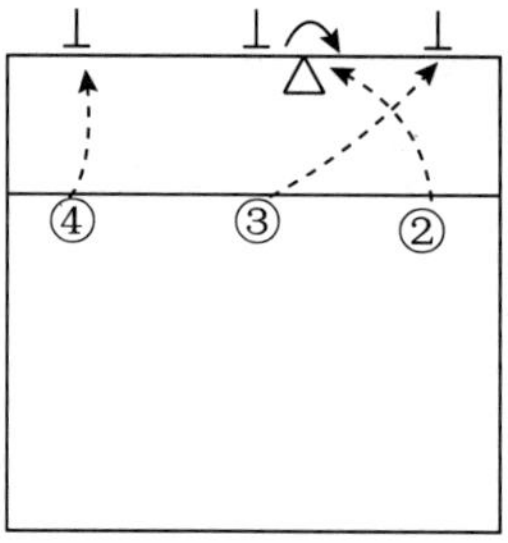

图 4-53　“背夹塞”进攻

示例3 “快夹塞”进攻

3 号位队员做短平快佯攻掩护，4 号位队员快速跑动到 3 号位进行近体快进攻(图 4-54)。

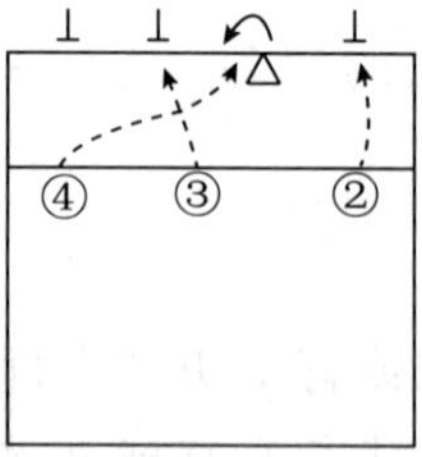

图 4-54　“快夹塞”进攻

示例4 “假夹塞”进攻

3 号位队员做短平快佯攻掩护，4 号位队员快速跑动佯做夹塞进攻，突然变步折回 3、4 号位之间进行半高球进攻（图 4-55）。

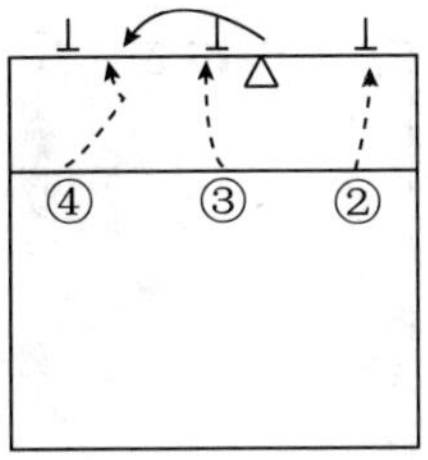

图 4–55　“假夹塞”进攻

运用“夹塞”进攻战术时，同样可采用提前进入的“假示形”与推迟进入的“晚示形”等稳蔽性助跑动作。倘若能把几种打法结合运用，其效果更好，如“前夹塞”与“假夹塞”结合运用，“背夹塞”与“后交叉”“假交叉”结合运用。真真假假，灵活多变，以达出其不意，攻其不备的目的。

（3）重叠进攻

重叠进攻亦称梯次进攻，即一名进攻队员做快攻掩护，另 1 名进攻队员在其背后（横向或纵向）扣中网半高球。形成在一个点上二打一的有利局面。

示例1 4 号位队员做短平快佯攻掩护，3 号位队员在其背后扣中网半高球（图 4–56）。

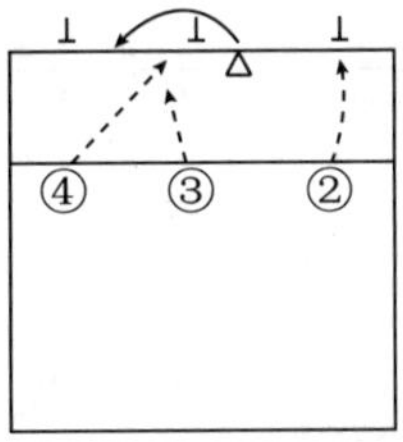

图 4–56　3 号位队员重叠进攻

示例2 3 号位队员做背快或背平快佯攻掩护，2 号位队员在其背后扣中网半高球（图 4–57）。

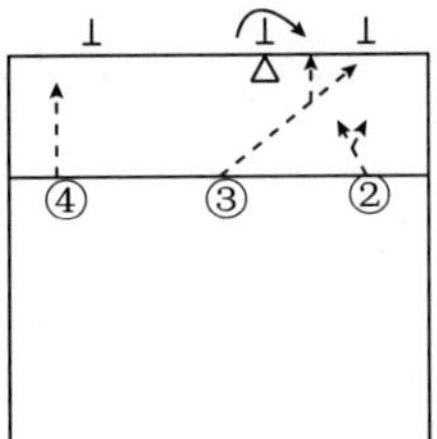

图 4–57　1 号位队员重叠进攻

示例3 3 号位队员做短平快佯攻掩护，4 号位队员在其背后扣中网半高球（图 4–58）。

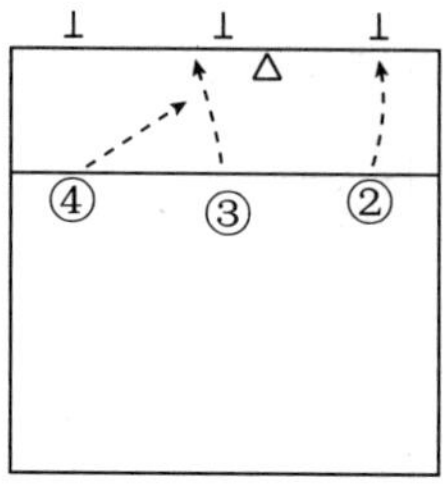

图 4-58　4 号位队员重叠进攻

运用“重叠进攻”战术，要求第二进入的扣球队员要有较好的身体素质及扣中网球的能力。

（4）双快一游动进攻

这是运用于前排有 3 名进攻队员的战术打法。顾名思义，要有 2 名进攻队员同时做快攻的佯攻掩护，另 1 名进攻队员按信号约定的位置，进行移动进攻，这是进攻战术中比较复杂也较为高级的打法。

示例1 4 号位队员做短平快佯攻掩护，2 号位队员同时做背快佯攻掩护，3 号位队员可按信号约定的位置，做如图的 3 种移动进攻（图 4-59）。

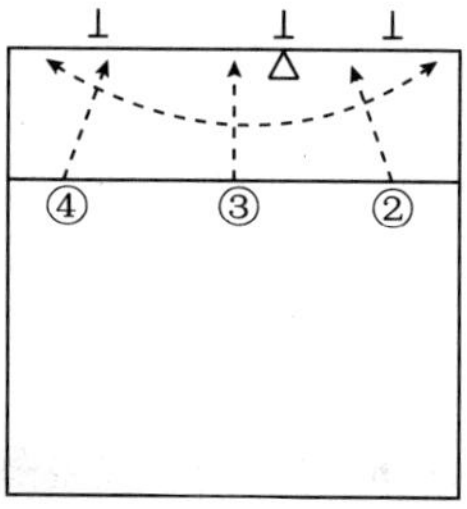

图 4-59　3 号位队员游动进攻

示例2 3 号位队员做短平快球佯攻掩护，2 号位队员同时做背快佯攻掩护，4 号队员按信号约定的位置，做如图的 3 种移动进攻（图 4-60）。

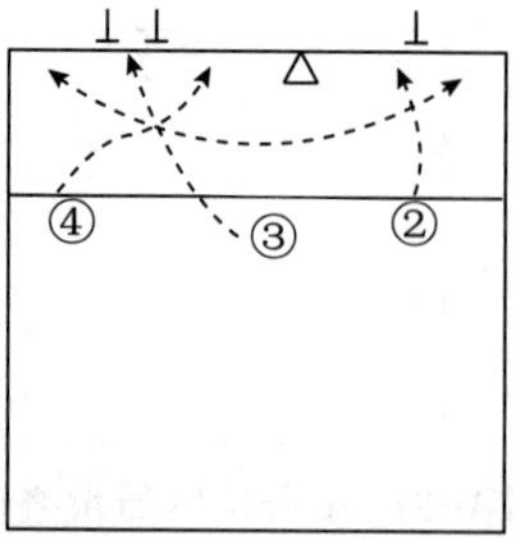

图 4-60　4 号位队员游动进攻

示例3 4 号位队员做短平快佯攻掩护，3 号位队员同时做背快佯攻掩护，2 号位队员按信号约定的位置，做如图的 3 种移动进攻（图 4-61）。

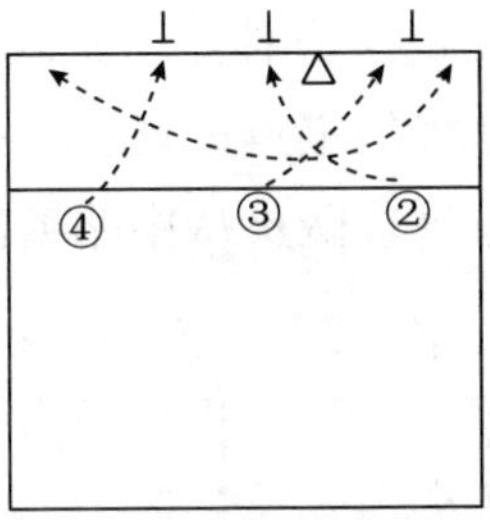

图 4-61 2 号位队员游动进攻

双快一游动的集体进攻战术打法，对做第二进入移动进攻扣球队员的要求较高，该队员既要有“假示形”的短距离移动进攻能力，又要有较长距离的移动进攻能力。这种战术打法，除了造成对方拦网队员在移动时互相阻挡，又能迫使对方拦网队员疲于奔忙，顾此失彼而不知所措。但这种打法对一传的到位率要求较高，信号发放要及时准确，进攻队员的行动节奏也要高度协调统一。

（三）立体进攻

是由前排队员在网前做横向的前沿进攻，发展成为结合后排队员在进攻限制线之后做纵向的纵深进攻，这是排球技、战术的重大发展，是现代排球发展的主要潮流之一。

立体组合进攻战术打法，是把前排快变进攻战术与后排进攻结合为一体的进攻战术打法。是当前最流行、最精彩，也是实战效果最好的进攻战术组合，代表当前进攻战术打法的方向。

立体组合进攻的优势在于参加进攻的人数多（除去自由防守人，可由其他 3~4 人参与进攻），进攻点多，进攻范围大，不仅可利用全网长的横向宽度，还可由后排队员参与进攻而形成纵向深度，给对方拦网的部署和后排防守的布阵、取位带来更大的难度。对“五一”配备来说，当前排只有 2 名进攻手时，可利用立体组合进攻来减轻由于对方密集拦网带来的压力。

示例1 当“边一二”轮次时，3 号位队员做各种快攻实扣和掩护，可安排 1 号位队员进行后排进攻（图 4-62）。同样，当“中一二”轮次时，2 号位队员做各种快攻实扣和掩护。6 号位队员可从中路进行后排进攻突破。

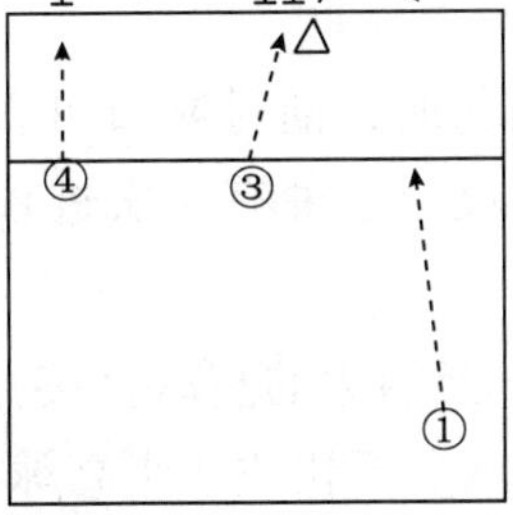

图 4-62 1 号位队员后排进攻

示例2 当前排有3名进攻队员时，立体组合进攻就更精彩。3号位队员做短平快佯攻掩护，2号位和4号位队员做常规的定点进攻，牵引住对方拦网队员。这时网的中段一带出现拦网空虚区。6号位后排进攻队员从中路突出，可形成空网进攻(图4-63)。

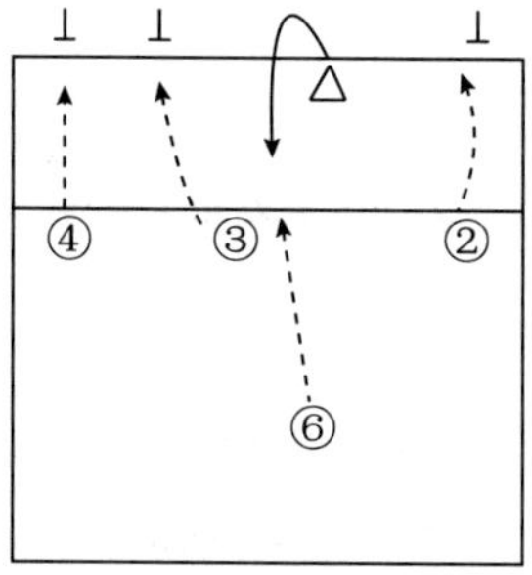

图4-63 6号位队员后排进攻

示例3 4号位队员做短平快掩护，2号位队员背快掩护，3号位队员移动进攻。这时网的右侧出现对方拦网空虚区。1号位队员可在右路进行后排进攻，同样可达到预期目的（图4-64）。

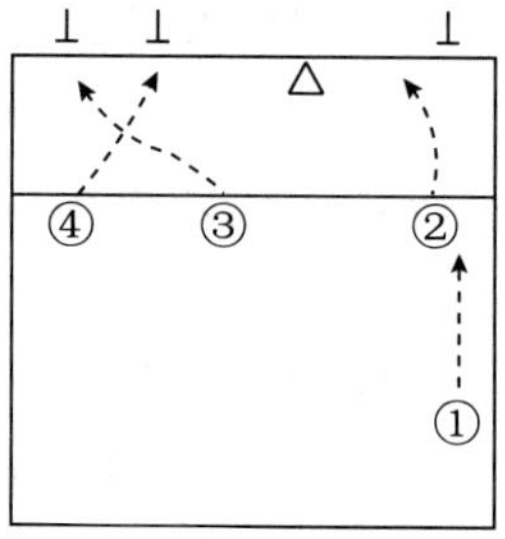

图4-64 1号位队员右路后排进攻

还有其他的各种变化，可相仿类推。立体组合进攻要注意战术行动的整体性、统一性和协同性。要有意识地选择对方拦网的薄弱区或空虚区，二传的弧度以半高球为宜。其距网应是中网偏远（离中线2m左右）。加快进攻节奏，后排进攻队员要用前冲起跳追打的方法，以加强扣球威力，提高杀伤力。

（四）两次球及其转移进攻

当一传弧度较高，落点在网前时，前排队员可直接将球扣入对方场区，或在空中把球转移传给另1名前排队员进攻，这种有两次进攻机会的方式称为两次球及其转移进攻的打法。

示例 2号位队员将垫（传）至网边的高球直接扣杀，然而当发现对方拦网队员跳起封拦时，则可把球传给3号位队员打快攻或半高球（图4-65）。

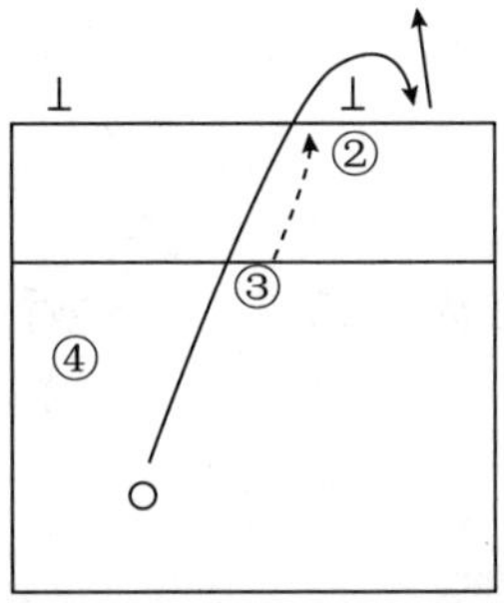

图 4-65 2 号位队员两次球进攻

两次进攻及其转移打法的发动者的最佳人选是二传手，尤其是左手二传队员，优点是扣球顺手、突然性大，其转移传球的质量也优于进攻手。转移球最好是传给其附近的队员，节奏快速，对方拦网难以判断。接对方无攻球或我方拦网拦起的高球，是运用两次球及其转移进攻的良机。要培养运动员运用两次球战术的意识，把战术用活。

两次进攻及其转移战术若与立体组合进攻相结合，则效果更好。这种打法由于难度较大，目前较少采用。

四、集体进攻战术训练与运用的要求

1. 注重攻防平衡

在进行进攻战术的教学与训练时，必须强调，一切进攻战术的组织与实现，都是在接好对方各种来球的基础上进行的。要教会运动员树立接好来球，先防后攻、攻防全面的意识，防止与摈弃重攻轻守的理念与行动。

2. 夯实技术基础

进攻战术的教学与训练，必须在掌握一定技术的基础上才能进行。因为技术是战术的基础，应先教技术，后教战术配合。随着各项技术水平的提高和熟练，要逐步学习基本的战术配合，同时通过战术配合的教学与训练，反过来带动技术的提高。

3. 结合战术意识

战术教学与训练，实质上就是技术的运用。因此，在练习技术时，就要贯穿着技术运用练习中对战术意识的培养，并将相关的技术有机地串联起来，提高个人的战术意识，才能更好地完成集体战术配合。

4. 先练攻后练守

在进行战术教学与训练时，要先教进攻，后教防守与反攻，进而把进攻和防守结合在对抗中练习。还要把一攻和反攻结合起来，才能互相促进，共同提高。

5. 选好二传队员

在战术教学与训练前，要注意选好二传手，然后确定阵容，并根据队员的技术特点，确定全员进攻与防守的战术。

6. 分与合相结合

采用分解和完整教学法相结合，先攻后防，注意攻防之间的衔接，加强技术与战术的串联练习，防止各环节的脱节。

7. 讲究循序渐进

战术的教学与训练，必须按照由简到繁，由易到难，由分解到完整，分练与合练相结合的步骤进行。

8. 训练结合比赛

“练为战”“战为胜”，在战术教学与训练进行一定时间后，要多组织和参加比赛，通过比赛来组织与运用战术，检验战术的实效性，以不断改进和提高战术的质量。

（张然、连道明、董天姝、郑宗源、徐建德）

第五章
排球运动员体能训练

第一节　排球运动员体能训练概述

一、排球运动员体能训练的意义

体能训练是现代运动训练的有机组成部分，也是运动训练中的基础训练。现代运动训练是由体能训练、技术训练、战术训练和心理训练构成的完整的训练体系，几个部分是完整的整体，相互影响，不可割裂。

体能训练是通过适应专项需要以及合理负荷的肌肉练习，充分提高运动员机体各器官系统的机能能力，促进运动成绩的提高。体能训练是技术训练、战术训练以及心理训练的基础，它对掌握专项技术、战术，承担大负荷的训练和激烈的比赛，促进运动员身体健康以及延长运动生涯等具有非常重要的作用。因此，良好的体能训练有利于掌握复杂先进的技术和提高运动成绩，有利于承受大负荷训练和高强度比赛，有利于在训练比赛中保持稳定；良好的心理状态、体能训练有利于预防伤病，延长运动员的运动寿命。

二、排球运动员体能训练的内容

体能训练是运动训练不可分割的重要组成部分。运动员的体能水平与运动水平应协调统一地发展，在训练比赛中才有可能获得成功和取得优异成绩。体能训练的基本内容就是充分发展与运动员专项运动密切相关的力量、速度、耐力、柔韧、灵敏等机能能力，从而促进运动员的体能能力和健康水平，为专项运动成绩和技术水平的不断发展奠定良好的基础。

体能训练可分为一般体能训练和专项体能训练，一般体能训练是专项体能训练的基础。

一般体能训练是指在运动训练中，采用多种多样非专项的身体练习的手段与方法，改善运动员的身体形态，增进运动员的健康，提高运动员各器官系统的机能和全面发展其力量、速度、耐力、灵敏及柔韧等素质。

专项体能训练是指在运动训练中，根据专项的特点采用与专项有紧密联系的专门性身体练习的手段与方法，充分发展和改善与专项运动有直接关系的专项力量、速度、耐力、灵敏及柔韧等素质，以保证运动员在训练中更好地掌握专项技术与战术，并在比赛中顺利有效地运用。

体能是排球运动竞技能力的基础，是竞技能力的重要组成部分，训练的内容不仅仅包括身体形态、机体能力、运动素质（速度、力量、耐力、柔韧、灵敏）等显性因素，还应包括心理能力、心理素质、科学文化知识的积淀等隐性因素。

在排球专项体能训练中，运动负荷的安排应增大体能负荷强度，适当减少体能训练的时间，这符合现代排球比赛的结构特征、时空特征、代谢特征和机能特征，使负荷量和负荷强度的控制有“度”的把握和“量”的限定。在训练方式上采用赛练一体化，以确保体能训练的专业化、系统化和节省化。

三、排球运动发展趋势对体能的要求

排球运动属技能类集体对抗性中的隔网对抗性项目。排球运动员的身体形态、机能和运动素质具有鲜明的专项特征。

排球比赛对抗性强，争夺的焦点是时间和网上空间。一场高水平且实力相当的比赛，需要 2 个多小时，比赛对抗激烈，运动强度大，攻防转换快，场上情况复杂多变，并且向着全、高、快、变的方向发展。比赛是由短暂的和持续的快速用力的有球活动及中低强度的无球准备动作和移位所组成的综合运动，对运动员各项身体机能提出了更高的要求，体能训练的重要性就显得更为突出。

随着竞技排球运动的发展，网上争夺显得愈加重要，扣球、拦网、发球三项技术是得分的主要手段，在比赛中起到决定性的作用。因此，高水平的排球对抗对运动员的体能也有了更高的需求，主要表现在高度、力量和速度上。为了占据网上的空中优势，各强队都试图提高高度，除了启用高大队员，另一措施就是加强身体体能训练，不仅是提高助跑弹跳高度，更重要的是提高排球比赛中运用最多的原地弹跳和连续弹跳能力。

竞技排球对体能的另一要求就是力量，尤其是快速的爆发力量，具体表现为扣球的力量和发球的速度力量。

贯穿在弹跳和力量素质的需求的同时，速度始终是现代高水平排球极其重要的身体素质之一。实践证明，现代排球的发展趋势，速度是取胜的重要因素，特别是移动速度、起跳速度、挥臂速度以及击球速度。所以现代高水平排球运动员身体体能训练的主要需求就是强化“速度、力量、弹跳”。

排球运动中体能的发挥，是通过一定的技术来实现的，技战术在运动中起着无法替代的主导作用。体能的优势可以带来技战术运用效果的提高，而运动技能是体能的表现形式。技能的合理化，也可以适当地弥补体能的不足，如跳发球技术的运用。后排进攻战术，以及由前排进攻和后排进攻发展到立体进攻战术，使得球速越来越快，力量越来越大，而实施这些技战术需要运动员具备高超的技术、灵活运用各种战术能力，以及良好的体能，如强有力的弹跳力、坚实的腰腹肌力量、快速的判断和反应能力、高度的灵活性和协调性等。回顾排球运动的发展历程，在技术简单的时期，体能在竞技中占主导作用，随着技术的发展，技能在竞技中又起到主导作用，排球运动发展到如今的现代技术时期，体能又成为竞争的新焦点。

排球运动发展趋势对体能的要求，具体表现为以下几点：

①由于网上争夺是排球比赛中攻防对抗的焦点，扣球和拦网是制胜的重要因素，排球运动员在身材大型化的前提下，不仅要跳得高、冲得远，而且还要跳得快、能持久。

②接发球和接扣球能力是一攻与防反的基础，低、中、高重心的反应速度、移动速度和变方向的移动能力，是提高防守起球效率的关键。排球运动员不仅要反应快、身体重心变方向控制能力强，而且要具备快速移动能力。

③扣球是排球比赛进攻和得分的最主要的手段，比赛中扣球效果优劣一方面取决于运动员的身体和跳跃能力，另一方面取决于运动员击球的挥臂能力。运动员的击球挥臂，既要挥得快，又要力量大，同时还必须具备灵活的变向挥臂能力。

第二节　体能训练的基本原则

一、关注有氧训练

排球运动是一项长时间的有氧代谢与短时间内爆发的无氧代谢相结合且攻防转换频繁的运动，属间歇运动形式。即短时间爆发式的身体运动被短暂的间歇体息分隔开，短时间、爆发式的扣球、拦网主要是无氧非乳酸系统供能，而短促的动作重复或连续的多回合争夺，则是无氧乳酸系统供能居主要地位。从这个角度来看，排球比赛主要取决于无氧供能系统，但从势均力敌的排球比赛持续时间这点来看，提高有氧供能能力同样不能忽视。决定运动员的供能系统是以有氧耐力为基础，无氧耐力为主导的，所需要的耐力是在适当间歇的情况下长时间保持稳定的强度能力，表现为频繁移动、防守和攻拦跳跃的耐力，以保持移动速度和弹跳高度的稳定性。所以，运动员必须具备良好的抗缺氧能力和乳酸耐受力，有助于长时间技、战术训练和长时间比赛时正常地发挥水平。

良好的心肺功能可为大强度的训练和比赛打好基础。在此基础上，要全面提高运动员的运动素质，首先应在力量、速度和耐力上下功夫，运动员要跳得高，扣球力量大，就必须具有良好的上下肢及腰腹肌、背部肌肉力量，并且上下肢力量还应该协调发展。其次，快速移动、快速起跳的能力对高水平的排球队来说又是至关重要的，这就要求运动员具备良好的身体素质。再次，灵敏、协调是运动训练不可缺少的一部分，同时也是在运动训练中最容易被忽视的内容之一。

二、重视基础力量训练

力量是现代竞技排球的重要特征，而排球运动员的力量训练，并非为了证明能举起多重的杠铃，而是要提高运动员的专项力量能力。美国著名教练员塞林格曾说过：排球运动员要求的就是速度和力量，没有速度打不了排球，没有力量的排球称不上是高水平的排球。力量素质的提高对优秀排球运动员具有重要的意义。力量素质在排球所需的众多素质中占据关键性和基础性的地位。扣球、拦网起跳、防守、接发球的移动都要求具有高度协调发展的力量素质。

基础力量训练的目的是增加肌肉的横断面，增加肌肉力量。基础力量训练的一般规律是，在适当发展肌肉维度的基础上，发展专项所需要力量素质，如速度力量、爆发力、力量速度等；在训练周期的准备阶段训练的总量较大，越接近比赛时力量训练的强度越高、总量越低；在基础力量训练阶段，训练的总量比训练的强度更重要。训练总量对增加肌肉重量的重要作用。

三、加强稳定性训练

稳定性包括静态稳定性和动态稳定性，在排球运动过程中，更重要的是动态稳定性，即人体在运动过程中抵制外部干扰并保持身体平衡的能力。

优质的功能动作依赖于人体动力链的各个环节充分发挥效力。稳定性与灵活性，是运动员创造优异成绩的重要基础。高效动力链体现出动作稳定性和灵活性的和谐统一，在动力链中精准、有序、集中地使用能量，最大限度地保障身体环节间的能量不“泄漏”。人体动作模式中的稳定性和灵活性是和谐统一、唇齿相依，甚至是可以相互转化的关系。例如，髋部的灵活性可以使身体核心区域的稳定性控制自发地得到重新设置，从而减少或缓解膝关节和腰部代偿动作的产生，但需要通过练习来促进这个过程。人体各种灵活性与稳定性问题通常都是分层次出现的，也常常相伴而生。如果使灵活性让步，僵硬和肌紧张调节程度就会增加，为保障整体功能提供了必要的稳定性。如果灵活性在任何动作模式上得不到保障，系统将不再需要一个更高水平的动作控制，而是自行创造解决之道，这便催生了各类代偿动作。恰恰是这些代偿动作、身体环节和肌肉发展不平衡、不对称和动作限制，破坏了真实动作和功能动作，成为累积性运动损伤的元凶。

排球运动中的发球、垫球、传球、扣球和拦网五大基本击球技术，每一个动作都是一条完整的动力链。力量自下而上依次传递，近端环节的相对稳定为远端环节能量的传递提供了基础，使远端环节产生加速度，而远端环节的惯性力又通过收缩着的肌肉及骨作用于近端环节，使其产生制动。这样，在制动过程中近端环节的动量就传递给了远端环节。没有踝关节的稳定性，膝关节就容易受伤；没有下肢的稳定性，起跳就会无力；没有核心的稳定性，击球会不到位；没有肩关节的稳定，挥臂容易变形。运动链在发力过程中，任何一个环节的不稳定都会造成整体运动链不能完整顺畅地发力，表现出动作不协调、动作僵硬、不能最大限度地使用全身力量，甚至造成损伤。

四、强调动力链均衡训练

人体若干环节借助关节使之按一定顺序衔接起来，称运动链。动力链由神经系统、骨骼系统、肌肉系统组成。

上肢运动链：肩带、上臂、肘关节、前臂、腕关节、手。

下肢运动链：髋关节、大腿、膝关节、小腿、踝关节、足。

动力链各环节是综合而并非孤立的，完成某技术动作时，力量沿各个关节传递至末端环节，完成有效的整体发力。

排球运动主要有发球、垫球、传球、扣球和拦网五大基本击球技术，每一个动作都是一条完整的动力链，其中，发球和扣球动作相似，是典型的鞭打动作。

鞭打动作的特点是：大关节带动小关节，大小关节依次活动。每一环节的最大活动速度都在前一环节达到最大速度之后获得。力量自下向上，经踝、膝、髋、腰腹迅速传递，以肩为轴带动肩、肘、腕关节做圆周运动击球，依次获得动量，形成鞭打动作。扣发球动作中，身体躯干部相当于鞭根部分，手腕相当于鞭梢部分，依次由鞭根产生加速度，然后鞭根突然制动，使鞭根产生的动量传向鞭梢，由于鞭梢的质量远远小于鞭根的质量，使得鞭梢获得足够的动量进行加速运动。人体运动链在鞭打动作中遵循“动量传递是通过物体间相互作用力的冲量来实现”这一定理，通过相邻环节的相互作用完成。起止于相邻环节肌肉的收缩力，使远端环节产生加速度，而远端环节的惯性力又通过收缩着的肌肉及骨作用于近端环节，使其产生制动。这样，在制动过程中近端环节的动量就传递给了远端环节。

如果运动链在发力过程中，过多地使用局部环节的力量，造成整体运动链不能完整顺畅地发力，就会表现出动作不协调、动作僵硬、不能最大限度地使用全身力量。

因而，在训练中要注意动力链的均衡发展，不仅要注意大肌群的力量，更要注意小肌群力量的发展；不仅要关注大关节的稳定，更要注意小关节的稳定。

德国专家研究认为，“完成竞技体育中的任何一个动作都需要一个完整的动力链，而动力链是由关节肌肉构成的”。即全身各主要肌群必须均衡发展，其中包括：拮抗肌之间的力量平衡、肢体两侧的同名肌的力量平衡、肢体内外侧的力量平衡及稳定肌群和动力肌群之间力量的平衡。动力链上的任何一个环节出问题，都会影响技术动作的质量。其外在表现形式为动作不对称、代偿性动作、动作不稳定，甚至造成损伤。总之，力量训练必须全面，不允许出现薄弱环节。

五、注重灵活性、协调性训练

排球运动是有机整体，它的技战术动作的掌握与运用，必须通过上肢、身体、脚步的协调配合来实现。因此，要在具备了一定的有氧能力和基本力量素质的前提下，尽早开始进行灵活性、协调性练习。训练要着眼于“早”。

排球运动员要根据球在空间的位置，不断调整自己身体的方位，使身体重心的支撑点不断地转换，以便及时、准确地完成防、调、扣各种技术动作，灵活地调整、控制自己的身体，在任何困难条件下都可以通过变换身体的位置来保证高质量地完成动作。运动员的身体素质制约着技战术的掌握与提高，而灵敏和协调素质所起的作用比其他素质要求更多、更高，是运动员完成正确的技术动作必不可少的因素。良好的灵敏和协调素质表现为能够自动化地完成各种排球专项技术动作，运动程序能够有效地得以融合，清除多余的动作，运动员在复杂多变的条件下能够有效地完成动作。

同其他一些运动项目的运动员相比，排球运动员身材较高，四肢较长，腰腹力量、踝关节力量相对较弱，髋关节灵活性较差，因此在训练中应注意培养提高身体重心转换能力，增强平衡性及良好的灵敏和协调能力，要加强前转、后转，变速、变向、起跑、突停等各种灵活多变的脚步动作练习，通过日积月累，为快速移动打下基础。为了增加腰腹力量和提高髓关节的灵活性，采用的方法尽可能适应提高高大队员专位和方位上变化的需要，突出排球专项特点。

从体操项目中选用各种基本练习如滚翻、倒地、平衡等动作，从田径运动项目中选用移动、弹跳、空中平衡等动作，结合专项进行高大运动员的急转、急停、转向、躲闪、重心转换、快速反应训练及各种步法的快速移动训练等内容，发展运动员的协调性、灵活性、平衡能力和柔韧性，训练高大队员视觉灵活性，培养大脑中枢神经系统支配肌肉的紧张与放松的能力，促进各种身体素质的提高，提高控制身体的能力。

六、聚焦专位及相关能力训练

排球场上 6 名运动员根据分工的不同可分为主攻、副攻、二传、接应、自由人 5 种职责，其中主攻、副攻、接应主要担负本方进攻的职责，他们的发挥直接影响着比赛的胜负，而他们的专项身体素质指标的优劣直接影响着其竞技水平的发挥，这往往关乎着比赛的胜负。

不同位置运动员的主要职责任务不同，就会要求他们具备不同优势的专项身体素质，因而对不同专位的排球运动员的训练方法也就要更加细化和具体化。

主攻队员身体训练应注重腰腹力量和肩带力量，同时加强上、下肢力量的平衡发展，尤其是爆发力、弹跳能力、跳跃高度的训练，加强短距离快跑的练习时间与比重和制动能力的训练，并应在复杂困难的情况下与专项技术练习紧密结合，练习中可选择前文所述的离心力量训练和快速伸缩复合练习等方法。

副攻队员的动作特征是单脚起跳击球较多，具有速度快、灵敏性好和掩护作用强的特点，能在时间和空间上发挥优势，有效地突破对方防守，因而副攻队员不仅要有极强的弹跳能力，还必须具备反应快速、灵敏性好、协调能力强和快速移动能力。因此，在身体训练中，应加强协调、灵敏与连续跑跳、短距离快速移动能力培养，注重爆发力、肩带力量和腰腹力量的训练，加强反应时训练，练习中可选择前文所述的离心力量训练、快速伸缩复合练习、灵敏练习等方法。

二传队员的动作特征表现在移动、转身的灵活性和手法变化的多样性，因而二传队员不仅要有很好的快速变向移动的能力，而且要有很好的下肢力量和灵敏协调能力。二传队员在身体训练中应注重各项素质的全面发展，注重全身力量的平衡协调，加强弹跳力和短距离快跑的训练，突出力量、协调性和快速移动的训练，特别是下肢步法灵敏性的训练，才能取好位、传好球。

接应队员的动作特征是身体素质好、弹跳好，扣球高度与副攻队员不相上下。场上专位要求决定了接应队员要有良好的弹跳能力，更要有较强的爆发力和力量。因此，接应队员在身体训练中，应注重弹跳能力和爆发力的训练，上、下肢力量协调发展，注重快速移动训练以及挥臂速度的训练时间和比重。

自由人主要特征就是防守，不仅需要有极强的灵敏和快速移动能力，更需要有快速爆发的腰腹力量和腿部力量，只有这样，才能在复杂、困难的条件下，接好球和控制好球。因此，自由人在身体训练中，应注重快速移动能力培养，下肢与腰腹爆发力的训练，快速协调能力的培养，可选择短距离快跑、变向移动等训练方法。

第三节　力量训练方法

一、影响肌肉力量的因素

（一）肌肉的横截面

肌肉的生理横断面越大，肌肉力量就越大。生理横断面积大小主要与肌纤维粗细有关。肌纤维增粗的主要原因是肌凝蛋白含量增加，除蛋白质、能源物质、毛细血管的数量增多外，同时伴随着肌肉中结缔组织的增多。肌肉结缔组织中的胶原纤维起着肌纤维附着框架的作用。最近的研究表明，肌肉中的结缔组织与肌肉的伸展性、弹性有关，可间接地影响肌肉的收缩速度。

（二）不同类型肌纤维的比例

肌纤维按收缩特性可分为快肌（白肌）纤维和慢肌（红肌）纤维两种。快肌纤维收缩速度快，且产生的张力也大，慢肌纤维则相反。白肌可以产生更大的力量，最主要是完成速度和爆发力的工作，但是容易疲劳；慢肌的特点是可以长时间工作不容易疲劳，但力量比较小。虽然机体的肌纤维比例由遗传决定且不能被改变，但运动可以干预某一类肌纤维优先发展。

（三）神经支配能力的改善

中枢神经系统的功能状态也可影响肌肉力量。神经对肌肉的支配能力是决定力量的重要因素。神经对肌肉的支配能力，即神经系统可以动员多少肌纤维同时来参加工作或可以动员多少运动单位来参加工作。改善大脑皮层神经过程的强度和灵活性可以明显提高肌肉收缩的力量。灵活性即兴奋与抑制相互转换的速度。当神经过程的灵活性提高时，肌肉收缩速度则会加快，速度性力量也就会增强。

（四）心肺机能

心肺机能和力量训练是一种间接的联系。在做比较长时间运动的时候，心肺功能影响力量的表达。如气喘、呼吸不足、眼前发黑、腿软等，这些不是肌肉的问题，而是循环的供应够不够，氧气的供应够不够等问题，它与力量的表达、肌肉的耐力有直接的联系。长时间的运动能力是需要支撑系统的，特别是心血管系统即心肺机能的支撑系统。

（五）生物力学因素（技术因素）

生物力学因素即技术因素，表现为运动员的协调性、运动技术、关节的活动范围、肌群之间的平衡等，这些因素必然影响运动员力量的表达。运动员在训练和比赛中实施各种力量，如若能充分利用骨杠杆的机械效率，调整肌肉对骨胳的牵引角度，改变杠杆的阻力臂与力臂的相对长度，则能有效地提高肌肉力量。

（六）肌肉的代谢能力

肌糖元是存在于肌肉中的多糖，是肌肉收缩时的能源物质。因此，在力量训练时必须保证糖元的供给。

（七）肌肉的初长度

肌肉的初长度是指肌肉在收缩前的长度。实验表明，肌肉的初长度与肌肉力量的大小有密切关系。在一定范围内肌肉的初长度越长，收缩时产生的张力就越大。

（八）年龄与性别

10~12 岁以下男性肌肉力量仅比女性高一点，之后男性的肌力明显增加，在 20~30 岁肌力最大，以后逐渐下降。男性在 25 岁、女性在 20 岁之前进行力量训练能收到较好的效果。

（九）内分泌水平

力量与内分泌水平有关，如雄激素水平、儿茶酚胺等激素水平的高低。雄激素的激素水平高低是遗传决定的，有明显的个体差异。雄激素水平的作用是促进蛋白质合成，促进红细胞的生成，所以血红蛋白多，肌肉力量大。

二、力量训练的基本原则

力量训练对竞技体育成绩的提高意义重大，科学合理的力量训练可以优化其训练效果，减少损伤发生。根据各国的经验，在进行力量训练时应遵循以下几项基本原则：

（一）大负荷原则

大负荷原则是为有效提高最大肌力，训练时的肌肉阻力负荷应该接近（大于最大负荷能力的 2/3）、达到甚至超过肌肉所能承受的最大负荷。通常小于最大负荷 80%的负荷对提高最大肌力的效果不明显。

（二）渐增负荷原则

渐增负荷原则也被称为超负荷原则，是发展肌肉力量最基本的原则。超负荷原则是训练时的负荷要超过原来的负荷，即大于或超过已经适应了的负荷。超负荷原则与大负荷原则是有区别的，超负荷原则并不是指负荷要大于本人的最大负荷能力。

（三）专门性原则

专门性原则是指所从事的肌肉力量练习应与相应的运动项目相适应。肌肉对施加负荷有专一的适应性，这就是所谓的 SAID 原则（Specific Adaptation to Imposed Demands）。

SAID 原则的本意是肌肉收缩方式受训练方式（如用力时关节的角度、负荷的重量、完成动作的速度和节奏等因素）的影响。因此，在训练过程中不能只为练力量而练力量，力量训练必须符合专项的需求，与专项技术动作结合。否则可能会出现另一种结果，即力量素质提高了，但对专项成绩的提高却没有帮助。

（四）负荷顺序性原则

负荷顺序性原则是指力量练习过程中应考虑前后练习的科学性和合理性。总的来说，应遵循先练大肌群，后练小肌群；相邻的训练动作避免使用同一肌群的原则。训练大肌肉时，运动中枢的兴奋面广、兴奋程度高，在练习过程中不仅可以提高练习肌肉本身的力量，由于兴奋的扩散作用，还对其他肌肉有良性刺激作用。此外，由于大肌肉相对不易疲劳，而小肌肉练习易疲劳，若先练习小肌肉，小肌群疲劳后，将影响大肌肉练习动作的质量，甚至导致大肌群力量无法完成，如抓握、提拉等动作。相邻的练习动作如果使用同一肌群，由于前一动作练习已经使该肌群疲劳，在完成后一个动作时，既不能保证动作的质量，又容易导致肌肉的过度疲劳和肌肉损伤；若使用不同的肌群，由于神经中枢的交互抑制作用（即一个中枢兴奋将对其拮抗中枢产生抑制），前一肌群的运动中枢受到抑制，从而使疲劳肌群得到“积极性休息”。这样既可保证训练质量，又可有效地预防运动损伤。

（五）合理的时间间隔原则

1. 两次力量训练课之间的间隔应合理

力量训练计划制订时，应寻求两次训练课之间的适宜间隔时间，使下次力量训练在上次训练出现的超量恢复期内进行，从而使运动训练效果得以积累。一般力量练习应当隔天进行。最近的研究表明，每周进行 3 次力量训练的效果并不比每周进行 2 次力量训练的效果好。

2. 运动与休息时间比值

训练的目的不同，负荷的强度不同、力量训练时运动与休息时间比值（exercise-to-rest period ratios）亦不同。确定运动与休息时间比值最重要的因素是力量训练的负荷强度。这是因为力量训练时的负荷强度决定了能量供应的方式。进行接近最大负荷的力量训练时（85%~100%最大功率），机体主要依赖直接的储备能源提供能量，运动可持续的时间一般为 5~10 秒，休息的时间间隔约为工作时间的 10 到 20 倍；而进行小负荷训练时机体主要依赖有氧氧化供能，比如在肌肉耐力（<30%最大功率）训练时，机体的能量供应主要来自于能源物质的有氧氧化（表 5-1）。

表 5-1 训练强度与训练间歇时间的一般要求

最大力量（%）	主要供能系统	训练时间	训练与训练间歇时间比
90~100	磷酸肌酸	5~10 秒	1:12—1:20
75~90	快缩—糖酵解型	15~30 秒	1:3—1:5
30~70	快缩—氧化—糖酵解型	1~3 分钟	1:3—1:4
20~35	慢缩—氧化型	>3 分钟	1:1—1:3

力量训练时负荷强度越大，运动与休息时间比值的差异就越大；反之则越小。

（六）全面性原则

全面性原则是指发展力量素质时，不仅要注意大肌群的力量，更要注意小肌群力量的发展；全面性原则的另外一层含义是，全身各主要肌群必须均衡发展，其中包括主动肌与拮抗肌之间的力量平衡、肢体两侧的同名肌的力量平衡、肢体内外侧的力量平衡、稳定肌群和动力肌群之间力量的平衡、动力链中所有环节均衡发展等。

（七）经常性原则

一般情况下将力量训练的适应分为两类：一类是神经控制的适应，另一类是肌肉结构的适应。首先产生适应的是神经系统，一般神经系统的适应可在力量训练开始后两到三周内出现。在一到两周的力量训练后，人们常常感到自己的力量有所增加，比以前更有劲了，这主要是由于神经系统的支配能力改善所致，即神经系统可以动员更多的肌纤维参与工作，而肌肉组织结构、肌肉中内容物并没有明显的变化。如果此时终止力量训练，已获得的力量素质，会很快退回到训练前的水平。

此外，力量训练的经常性原则，也是提高肌肉质量和预防延迟性肌肉酸痛（DOMS）所必需的。

（八）整体控制训练负荷的原则

整体控制训练负荷必须考虑与训练有关的多种因素，比如训练量、训练强度、专项特点、训练方法手段、个体差异等诸多因素。但在安排力量训练时，涉及整体控制训练负荷的原则主要是将力量训练纳入某一专项的整体安排来统一考虑。

三、力量训练方法

力量训练的方法多种多样，本节主要阐述预防损伤的功能性训练中经常用到的力量训练方法，其中包括：静力性力量练习、动力性力量练习、离心性力量练习、快速伸缩复合练习、循环力量练习、自由重物练习等。

排球基本技术动作包括移动、垫球、传球、发球、扣球、拦网，这些动作均涉及跑动、跳跃、挥臂。具体来说，蹬伸阶段臀大肌、股四头肌、腓肠肌向心收缩，缓冲阶段臀大肌、股四头肌和腓肠肌离心收缩，跳跃时不仅需要加强起跳能力，更要提高落地缓冲能力。挥臂扣球时，身体形成反弓，上臂由屈曲到外展，尽量向外上方抬起，肘高于肩，躯干的屈肌和四肢的屈肌被拉长，以增加肌肉的初长度，为击球时肢体的相向运动做好准备；击球时，身体屈肌和上臂屈肌收缩，上臂向前上方鞭打完成击球动作，这样的动作技术，加大了肌肉的初长度，利用腰腹力量，将能量自下向上传递，有效提高击球点的速度和力量，这就要求训练中不仅需要锻炼肌肉的向心力量，加强击球能力，更要锻炼肌肉离心收缩能力，提高引臂和躯干伸展能力，蓄积能量。只有这样，才能提高实际运动能力，既有利于比赛中快速转入下一动作，又利于运动员损伤预防。因而需采取多种方法进行训练，提高肌肉力量。

（一）静力性力量训练方法

静力性力量训练是一种单一重复的强度刺激。训练时，肢体静止不动或不发生明显的位移，肌肉长度也不发生变化，却处于紧张用力状态。静力练习与动力练习相比，能更有效地提高肌肉的张力，改善神经肌肉控制，在相对不疲劳的情况下提高肌肉力量。静力练习可以用于全身各关节、各部位。有关研究表明，静力性力量训练可提高关节的稳定性，对于运动损伤的预防有独到之处；同时，静力性力量训练是受伤后恢复阶段早期康复的重要手段，有改善神经肌肉控制、提高募集能力、抑制肌肉萎缩的作用。

在进行静力性力量练习时应注意的是，静力力量练习的强度不同，锻炼的效果不同。中小负荷的静力练习主要是动员慢肌（深层、小肌群、短纤维）参与工作，主要目的是提高关节周围局部小肌群的力量，增加局部的稳定性，练习时主要是单关节或局部肌肉参与活动。负荷较大的静力练习主要动员快肌（表浅、体积大、纤维长）参与工作，其目的主要是提高整体稳定力量，改善整体稳定功能，练习时多关节参与活动。所以应根据不同的练习目的，选择不同的身体部位和负荷强度，以便达到最佳的练习效果。

静力力量练习有独到的功能，但不是发展力量、发展肌肉收缩速度的主要手段。静力性力量训练虽然能增加肌肉力量，但静力力量训练所获得的力量只在某一特定的关节角度起作用，一旦关节的角度改变，力量会迅速减弱。静力性练习的另一个缺点是容易产生血压的急剧升高，这对有心血管疾患的练习者而言十分不利。心血管疾患练习者的血压急剧升高，可能会导致其发生心血管意外，必须予以注意。

静力力量训练示例：如腹桥跪姿两点支撑（图5-1）、背桥双脚（图5-2）或单脚（图5-3）支撑、肩关节侧姿支撑（图5-4）。

图 5-1　腹桥跪姿两点支撑

图 5-2　背桥双脚支撑

图 5-3　背桥单脚支撑

图 5-4　肩关节侧姿支撑

（二）动力性力量训练方法

动力性力量训练是相对静力性力量训练而言的。为了与离心性力量训练、快速伸缩复合训练等区分开来，本小节主要阐述几种常用的向心性力量训练方法。

1. 基础力量训练

基础力量训练安排应与运动周期、运动员的年龄等因素密切结合。基础力量训练的目的是增加肌肉的横断面，增加肌肉力量。基础力量训练的一般规律是，适当发展肌肉维度的基础上，发展专项所需要力量素质，如速度力量、爆发力、力量速度等；在训练周期的准备阶段训练的总量较大，越接近比赛时力量训练的强度越高、总量越低；在基础力量训练阶段，训练的总量比训练的强度更重要。训练总量对增加肌肉重量有重要作用。

有关研究表明，利用 8～15RM 的负荷强度进行力量练习，是最适合增加肌肉体积的训练方法。其优点是在增加力量的同时也增大了肌肉体积，这对提高绝对力量及机体的相对力量十分重要。

2. 改善神经支配能力训练

改善神经支配能力的训练采用的负荷强度比较大，通常为 1～5RM。其优点是不明显增加肌肉体积而增加肌肉力量，这对绝大多数运动项目而言是极为重要的。

3. 爆发力训练

爆发力的英文单词是 Power。Power 的原意是功率。爆发力是力（force）×速度（speed）的乘积。中文“爆发力”强调了力和速度的含义。

在实际训练中常用最大速度（Vm）的 30%左右的负荷或最大力量（Fm）50%左右的负荷来控制爆发力训练的强度。这是指导爆发力训练的重要参考依据。

（三）耐力力量训练

发展肌肉耐力的训练，一次负荷的 RM 次数一般应大于 20RM 或至力竭，重复 3~6 组。其优点是发展肌肉耐久力的同时，很少或不会产生肌肉肥大，以动员慢肌纤维参加工作为主。

（四）离心力量训练方法

离心性收缩是指肌肉在产生张力的同时被拉长，即肌肉做退让工作。离心力量是指肌肉在退让工作中表现出来的力量。离心力量越大则对退让工作的控制力越强。

1. 离心力量的功能

离心力量训练是提高肌肉力量，改善肌肉功能，有效预防肌肉损伤的有效方法。研究表明，离心力量训练可以打破力量练习中出现的力量增长的停滞现象，在一定程度上可使力量继续增长。较大负荷的离心力量训练有利于肌肉体积的增长；负荷较小、高速的离心力量训练有利于肌肉爆发力的提高。离心力量训练相对向心力量练习，参加工作肌细胞数量较少，因而可对神经肌肉施加超量负荷，使肌肉力量，特别是最大肌肉力量得到明显改善。离心力量练习可以明显提高肌肉的抗牵拉能力，大大减少肌肉损伤的发生。

德国专家研究认为，离心性力量训练后，在不增加肌肉重量的情况下就能够明显改善肌肉力量，这与肌肉内结构的适应有关。定期地、有目地地安排离心性力量训练，也是有效预防肌肉酸痛的重要手段。

2. 离心力量训练方法的分类

根据离心力量训练时所采用的负荷强度不同，把离心力量分为：保护性离心训练和打破力量训练平台期的离心力量训练。

（1）保护性离心训练

保护性离心练习是指重量（负荷）小于本人能够完成的最大负荷的离心性力量训练，或重复前一次同样或相似负荷的离心训练。实践中常用的所谓“快起慢下”的训练方法，就是典型的保护性离心训练方法。完成动作过程中，快起是运动员能够自己完成的动作，缓慢放下是典型的可控的退让收缩。进行这类训练可提高肌肉的抗牵拉能力，训练后，再次进行力量训练时肌肉的损伤程度大幅减轻，肌肉酸痛的症状减轻，而且恢复速度明显加快，这种现象被称为重复效应或保护效应。

（2）打破力量训练平台期的离心力量训练

打破力量训练平台期的离心力量练习是指离心性力量练习时所采用的负荷超过了本人最大向心力量的负荷。用离心性力量训练来发展最大力量时，必须同时满足以下两个条件：其一，离心力量练习的重量，应当超过向心力量练习的最大负荷，甚至可以达到向心负荷训练时的120%~150%；其二，完成动作的时间应是向心性练习的一倍以上。如果向心性训练时1~2秒完成的动作，离心性训练则要求2~4秒完成。

3. 离心力量训练方法示例

（1）下台阶

动作方法：练习者单脚站立于训练凳上，身体直立，另一条腿伸直置于训练凳前方，双手持哑铃于身体两侧，然后屈膝下蹲，模仿下台阶动作（图5-5）。负重的大小应根据运动员力量素质水平进行增减。

主要功能：锻炼股四头肌的离心力量。

图5-5　下台阶

（2）杠铃下蹲

动作方法：练习者将杠铃置于颈后，双手抓握杠铃，身体挺直，两眼平视前方，两脚同肩宽。屈膝慢慢蹲下至大腿平行地面（图5-6）。

主要功能：锻炼股四头肌（股直肌、股中肌、股外侧肌、股内侧肌）、臀大肌、股二头肌、半腱肌、半膜肌等肌肉的离心力量。

注意事项：整个过程中保持躯干直立，脚尖向前，下降过程膝关节不要超过脚尖。负重的多少应根据运动员力量素质水平进行增减。

图 5-6　杠铃下蹲

（3）卧推杠铃下放

动作方法：练习者仰卧于训练凳上，两腿屈膝，两脚着地，双手正握杠铃，握距稍宽于肩，手臂伸直，头正颈直，吸气后慢慢放下杠铃至胸部（图 5-7）。

主要功能：主要训练胸大肌、胸小肌、三角肌前束、肱三头肌和肘肌，兼练前锯肌、肱二头肌、喙肱肌及前臂肌群的离心力量。

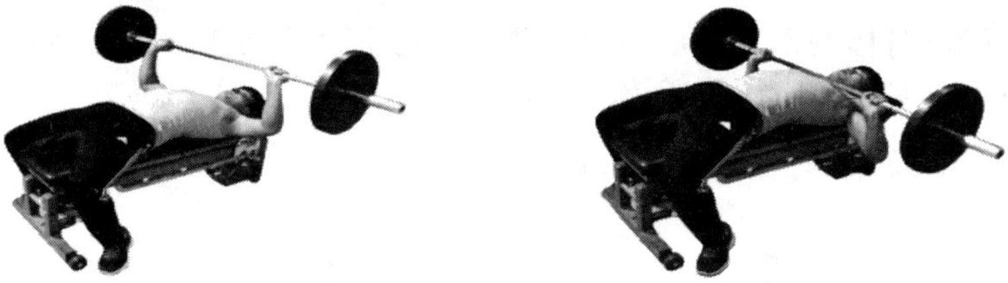

图 5-7　卧推杠铃下放

（4）坐姿负重屈膝

动作方法：练习者坐于器械上，腿部伸直，然后缓慢屈膝，直至不能屈曲为止（图 5-8）。

主要功能：发展股后肌群的离心力量。

图 5-8　坐姿负重屈膝

（5）肩带离心训练

动作方法：练习者呈跪姿，双手持滑轮于胸部下方，缓慢向前滑行，以至身体成一条直线，躯干和腹部不能着地（图 5-9）。

主要功能：发展肩带肌群的离心力量。

图 5-9 肩带离心练习

(6) 腘绳肌离心训练

动作方法：练习者呈仰卧背桥的姿势，头部、肩部着地，双手放于体侧，背部、臀部、膝关节成一条直线，屈膝 90°，双脚跟立于滑垫上，缓慢下放，以至身体呈一条直线，臀部和腿部不能着地（图 5-10）。

主要功能：发展腘绳肌的离心力量。

图 5-10 腘绳肌离心练习

（五）快速伸缩复合训练方法

1. 快速伸缩复合训练的概念

快速拉伸后接着进行快速收缩（Plyometric movement）是一种本能的普遍的运动方式。最早的有关快速伸缩复合训练的概念于 1969 年由苏联运动生物力学家 Verkhoshanski 总结并提出。后被介绍到美国，被称为震荡训练或冲击样训练（Shock Training）。

许多体能训练的教科书中将快速伸缩复合训练定义为：是一种快速、高功率的运动；在运动中，预先拉伸肌肉并激活肌肉的“拉伸—收缩循环”从而产生强大的向心收缩（图 5-11）。

图 5-11 快速伸缩复合练习过程

2. 快速伸缩复合训练方法

快速伸缩复合训练的方法多种多样，但在完成动作时必须注意以下特点：

①预先拉伸肌肉并激活肌肉的“拉伸—收缩循环”。

②充分利用拉伸积累的弹性能量。

③充分利用牵张反射。

④以最快速度完成动作，获得强大收缩力量和收缩速度。完成动作的速度减慢或终止，拉伸过程中积累的弹性能量就会消散或减弱。

常见的快速伸缩复合训练方法如：上肢快速伸缩复合训练方法（图 5-12），下肢快速伸缩复合训练方法（图 5-13），肩带快速伸缩复合训练方法（图 5-14）。

图 5-12　上肢快速伸缩复合训练方法

图 5-13　下肢快速伸缩复合训练方法

图 5-14　肩带快速伸缩复合训练方法

在进行快速伸缩复合训练前必须对运动员进行必要的评价，包括训练前的水平、最低的身体素质要求、基本的速度和力量基础、运动员的身材和体重，包括运动员的成熟程度、可训练性、项目的要求、身体素质水平等。

快速伸缩复合训练必须遵循循序渐进的原则，从低强度到高强度；练习的形式，从简单到复杂。快速伸缩复合训练不是一般的身体训练，而是速度力量和爆发力训练，训练必以最大努力完成，否则没有效果。

（六）循环训练方法

1. 循环训练的概念

循环训练是英国里斯大学的摩根（RE Morgan）和亚当逊（GT Adamson）两位教师所创的一种科学的锻炼全身的训练方法。根据训练的目的和具体任务，建立若干练习站或练习点，运动员按规定的顺序和路线，依次循环完成每站所规定的训练内容和要求的训练方法，是一种综合形式的训练方法。在一般情况下，每一次循环训练的内容都应该控制在 6~10 种不同的训练方式。

2. 循环训练方法

循环训练是一系列练习的组合，在训练时强调低阻力、多次重复。循环训练的主要内容包括：每站的训练内容、每站的运动负荷、练习站的安排顺序、练习站之间的间歇、每遍循环之间的间歇、练习的站数与循环练习的组数。

在进行循环训练的过程中，要遵循由易到难、逐步递进的原则，对强度的把握也要依据循序渐进的规律，让机体逐渐适应与接受训练行为的刺激，以避免造成关节、肌肉的损伤。训练伊始进行一个循环的练习，2~3 周后再增加一个循环，逐渐增加到 3~4 个循环，但最多不超过 5 个循环。

第四节 速度训练方法

一、速度素质的生理基础

速度素质是指人体进行快速运动的能力或在最短时间完成某种运动的能力。它是指人体快速运动的能力。按其运动的表现形式可分为反应速度、动作速度、周期性运动的位移速度三种形式。

反应速度是指人体对刺激发生反应的快慢。

动作速度是指人体或人体某一部分快速完成某一动作的能力。

位移速度是指在周期性运动中往往以单位时间通过的距离，或通过一定距离所需要的时间。位移速度包括速度和速度耐力。

（一）反应速度的生理基础

1. 反应时

反应速度的快慢取决于兴奋通过反射弧所需要的时间即反应时的长短。反应时的长短主要取决于感受器的敏感程度（兴奋阈值的高低）、中枢延搁和效应器（肌组织）的兴奋性。其中，中枢延搁又是最重要的，反射活动越复杂，历经的突触越多，反应时越长。

2. 中枢神经系统的灵活性与兴奋性

中枢神经系统的机能状态与反应速度有密切关系，良好的兴奋状态及其灵活性，能够加速机体对刺激的反应。运动员处于良好的赛前状态时反应时缩短，大脑皮层的兴奋性或灵活性降低，反应时将明显延长。

3. 条件反射的巩固程度

随着运动技能的日益熟练，反应速度加快。

（二）动作速度的生理基础

1. 肌纤维类型

肌肉中快肌纤维占优势是速度素质重要的结构基础之一，快肌纤维百分比愈高且快肌纤维愈粗，肌肉收缩速度则愈快。

2. 肌肉力量

力量是速度的基础，阻力负荷相同时，力量越大，加速度越大。肌力越大，越能克服肌肉内部及外部阻力完成更多的工作，因此，凡能影响肌肉力量的因素也必将影响动作速度。

3. 肌肉组织的兴奋性

在肌肉组织兴奋性高时，刺激强度低且作用时间短即能引起肌组织兴奋。

4. 条件反射的巩固程度

在完成动作过程中，运动技能越熟练，动作速度也就越快。此外，动作速度还与神经系统对主动肌、协同肌和对抗肌的调节能力有关，并与肌肉的无氧代谢能力有密切关系。

（三）位移速度的生理基础

以跑为例，周期性运动的位移速度主要取决于步长和步频两个因素及其协调关系，而步长和步频又受多种生物学因素的制约。步长主要取决于肌力的大小、肢体的长度以及髋关节的柔韧性；而步频主要取决于大脑皮层运动中枢的灵活性和各中枢间的协调性以及快肌纤维所占比例及其肥大程度。

二、速度素质训练方法

排球运动员判断场上情况变化、观察球的运行，需要反应速度；完成击球动作，需要动作速度；抢占有利位置或争取最佳空间，需要移动速度。由此可见，速度对于排球运动员十分重要。

（一）提高动作速率训练方法

1. 变换各种信号让练习者迅速做出反应的训练

①练习前规定若干动作方式与相应信号的对应关系。动作方式可以设定为蹲、立、卧、跳等不同动作，要求运动员根据不同信号的指令，迅速做出相应的动作。

②“全队转移”游戏：队员分成 6 人一队，纵队站在两个半场的进攻线上，两队队员要拉开间隔距离，选好自己的路线，看到教练员手势后，甲乙两组交换站线，比哪一组先到。

③2 人相对站在场上任何一条线的两侧，1 人移动，另 1 人紧跟，不能使对方“逃脱”，也可以使用反应腰带（图 5-15）。

图 5-15

2. 做各种高频率动作的训练

①初级方法：减小制动力、减少着地时间、发挥最大后蹬力等训练方法。

②高级方法：采用助力跑和阻力跑的方法。助力跑包括下坡跑（坡度3°~7°）、高速牵引跑、顺风跑以及其他辅助手段，使运动员以超出自己最大速度10%的速度进行练习，以达到提高步频的效果。阻力跑包括上坡跑、牵拉跑和其他增加阻力的方法（图5-16）。

图5-16

以上方法均为借助外力，在不缩短步长的情况下增加步频，以提高神经中枢兴奋与抑制快速转换的能力。

（二）发展快速移动能力训练方法

常用的训练方法为重复训练法，如采用10s以内的短距离反复疾跑，以发展磷酸原系统供能能力。

①各种小碎步移动（左右移动、前后移动、原地计时等）。

②多种步法移动。

队员站在进攻线上，看信号先向前移动3m，双手摸及中线，后退至进攻线，重复1次，左（右）侧移动单手摸中线，再右（左）侧移动单手摸中线，再右（左）侧移动单手摸进攻线，重复1次。转身冲刺钻网下到对场，单手摸进攻线后迅速转身跑回单手摸出发的进攻线。

③跑动滚翻或鱼跃救球。

④连续移动头顶球。

（三）提高挥臂速度训练方法

①徒手挥臂扣球练习，建立动作定型。

②投掷羽毛球、小石子、棒球、垒球等。

③系橡皮筋挥臂练习。

④对墙甩投实心球。

⑤连续对墙扣球。

（四）发展弹跳速度训练方法

①负重训练发展腿部力量。

②超等长练习如连续跨跳、单腿跳、蛙跳等练习。

③连续跳跃小栏架（固定高度、不同高度），要求落地后立即跳起，连贯性和节奏感要强。

④连续上下跳跃台阶或跳箱（图 5-17）。

图 5-17

⑤连续起跳扣半高球。

⑥双人移动网上击掌。

2 人隔网相对站立，同时跳起击掌，快速移动到某一位置，再跳起击掌，连续进行，避免触网。

第五节 人体核心区稳定性训练方法

一、人体核心区概念

人体核心区力量训练源于英语单词“core strength training”，指躯干及髋关节周围的力量训练。人体核心区力量训练对维持核心区的稳定性，对高质量地完成运动技术动作、提高运动效率、改善上下肢的协调性以及左右侧力量的传递等具有重要作用。

根据人体解剖学原理，一般将人体核心区定义在腰椎—骨盆—髋关节部位。人体核心区域是指由腰、骨盆、髋关节构成的一个整体，是人体结构的中间环节，具体是肩关节以下、髋关节以上包括骨盆在内的区域。人体核心区所包含的肌群有背部、腹部和构成骨盆部所有的肌群（图 5-18）。

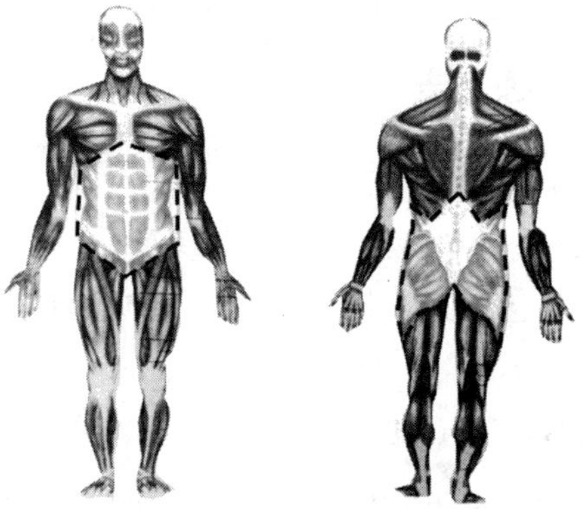

图 5-18　人体核心区

人体核心区稳定性表现为在运动中控制骨盆和躯干部位肌肉的稳定状态，使力量的产生、传递和控制达到最佳化的能力。也可以看作人体核心区肌群的收缩保持或维持脊柱和骨盆在正常解剖学位置的能力。其作用是在运动中控制骨盆和躯干部位肌肉的稳定姿态，为上下肢运动创造支点，并调节上下肢的发力，使力量的产生、传递和控制达到最佳化。

在排球运动中，要完成一个良好的扣球、发球动作，动作的质量取决于是否有一个稳定的旋转基础，也就是稳固的核心平台。扣发球时，人体核心区保持稳定，下肢力量通过核心区向上肢转移，人体核心区越稳定，由下肢转移至上肢的力量就越大，动作的效率就越高。与此相反，任何影响人体核心区稳定的因素，如腰腹肌肉无力，力量传递的效率就差，甚至导致重心不稳、动作变形、其他部位的肌肉代偿性工作，不仅影响力量的表达，久而久之，必然会出现躯干及其他代偿肌肉的损伤。

二、人体核心区力量和稳定性训练方法

首先必须明确人体核心区力量训练不等同于专项力量和专项能力的训练，也不可能完全替代传统的基础力量和专项力量训练，而是整体力量训练中的一个组成部分。

人体核心区的稳定性受诸多因素的影响，如关节、韧带的结构，神经支配，特别是受本体感受功能支配的影响。因此，人体核心稳定性训练不只是对核心区域的力量

训练，还包含稳定性、灵活性、平衡性以及协调性等诸多能力的训练。

（一）人体核心区静力稳定训练方法

1. 俯卧支撑

动作方法：练习者俯卧，双肘与双脚支撑，身体成一条直线（图 5-19）。由四点支撑，抬起一条腿，变为三点支撑，增加了练习难度，骨盆不要旋转。肘膝支撑，降低了练习难度，核心区力量弱者适合此种练习。

主要功能：改善稳定肌群，深层、短小、单关节肌群的力量。

图 5-19　俯卧支撑

2. 侧桥支撑

动作方法：练习者取侧卧位，单侧肘和脚将身体撑起，肩峰、股骨大转子、外侧踝在一条直线上；为增加练习难度，可将上方腿外展。为减轻练习难度，可做肘膝侧桥（图 5-20）。

图 5-20　侧桥支撑

3. 背桥支撑

动作方法：练习者呈仰卧位，头、肩部和双脚跟着地，将身体撑起，膝屈 90°，双手放于胸部，背部和大腿成一条直线。为增加难度可将一条腿伸直，呈单腿支撑状（图 5-21）。

图 5-21　背桥支撑

4. 负重两点支撑

动作方法：练习者仰卧，将小腿和肩部置于平台上，身体腾空并保持一条直线，将负重加于腰腹部，然后静立保持（图 5–22）。

图 5–22　负重两点支撑

（二）人体核心区动力力量训练方法

1. 腹部肌群训练

（1）仰卧两头起

动作方法：练习者取仰卧位，双手放于身体两侧，双腿并拢，腹肌用力，身体卷起，双手摸双脚脚尖，然后还原，重复进行（图 5–23）。

主要功能：腹部屈肌群的无固定力量练习。

图 5–23　仰卧两头起

（2）仰卧屈膝举腿

动作方法：练习者取仰卧位，双手放于身体两侧，双腿并拢，腹肌用力，双腿屈膝抬起，至大腿与躯干成 90°，屈膝 90°，然后还原，重复进行（图 5–24）。

主要功能：腹部屈肌群的下固定力量练习。

图 5–24　仰卧屈膝举腿

2. 背部肌群训练

（1）俯卧两头起

动作方法：练习者取俯卧位，双手放于身体两侧，双腿自然伸直，背部肌群用力，躯干向上抬起，与此同时，双腿后伸，然后还原，重复进行（图 5–25）。

主要功能：背部伸肌群的无固定力量练习。

图 5-25 俯卧两头起

(2) 四点支撑挺腹

动作方法：练习者呈仰卧位，首先背部和臀部着地，双腿屈曲，脚跟着地；然后背部伸肌头、肩部和双脚跟着地，将身体撑起，膝屈 90°，双手放于胸部，背部和大腿成一条直线（图 5-26）。为增加难度可将一条腿抬起伸直，呈单腿支撑状。

图 5-26 四点支撑挺腹

3. 负重侧屈

动作方法：练习者侧卧于罗马椅上，上体侧屈，两足固定，两手持杠铃片与胸前，吸气，上体向前慢慢弯下，然后再以腰背肌肉的力量，反方向侧屈还原，还原后再自然呼吸，重复练习（图 5-27）。

主要功能：练习躯干侧屈肌群的力量。

图 5-27 负重侧屈

（三）躯干旋转肌群训练方法示例

1. 四点支撑变两点支撑

动作方法：练习者由四点支撑变为两点支撑，做对侧上肢和下肢伸展动作，伸展的上肢、下肢和躯干尽量保持一条直线，骨盆不要旋转（图 5-28）。

主要功能：锻炼躯干旋转肌群的力量。

图 5-28　四点支撑变两点支撑

2. 仰卧肘膝交叉起

动作方法：练习者取仰卧位，右手放于颈后，右腿屈膝，左腿踝关节放于右膝上，腹肌用力，使右肘触碰左膝（图 5-29）。

主要功能：锻炼躯干旋转肌群的力量。

图 5-29　仰卧肘膝交叉起

3. 坐姿持实心球左右旋转

动作方法：练习者呈坐姿，双膝屈 90°，双手持实心球于胸前，做左右旋转的动作（图 5-30）。

主要功能：躯干旋转肌群的力量练习。

图 5-30　坐姿持球旋转

（四）人体核心区本体感受功能训练方法

1. 瑞士球

（1）单腿背桥支撑

动作方法：练习者呈仰卧位，头、肩部着地，双脚置于瑞士球上，将身体撑起，双手放于胸部，背部和大腿成一条直线。为增加难度可将一条腿屈膝上抬，呈单腿支撑状（图 5-31）。

图 5-31　单腿背桥支撑

（2）背肌后伸

动作方法：练习者取俯卧位，腹部置于瑞士球上，双手放于颈后，双腿自然伸直，背部肌群用力，躯干向上抬起，然后还原，重复进行（图 5-32）。

图 5-32　背肌后伸

（3）腹桥支撑

动作方法：练习者双肘置于瑞士球上，双腿向身体后方伸展，依靠手和双脚的脚尖保持平衡，尽量保持头、颈、背、臀部以及双腿在一条直线上（图 5-33）。

图 5-33　腹桥支撑

（4）直臂腹桥支撑

动作方法：练习者双手支撑身体，双臂垂直于地面，双腿向身体后方伸展，双脚放于瑞士球上，依靠双手和双脚的脚尖保持平衡，保持头、颈、背、臀部以及双腿在一条直线上（图 5-34）。

动作重点：全身挺直，平起平落。

图 5-34　直臂腹桥支撑

（5）仰卧转体

动作方法：练习者仰卧于瑞士球上，双脚着地，双臂伸直，双手十指相合于胸前，做躯干旋转动作（图 5-35）。

图 5-35 仰卧转体

（6）瑞士球俯卧撑

动作方法：练习者双手支撑身体，双臂垂直于地面，双腿向身体后方伸展，双脚放于瑞士球上，依靠双手和双脚的脚尖保持平衡，保持头、颈、背、臀部和双腿在一条直线上（图 5-36）。

动作重点：全身挺直，平起平落。

图 5-36 瑞士球俯卧撑

2. 波速球

（1）背桥支撑

动作方法：练习者仰卧，双手放于体侧，膝关节屈曲，双脚放于波速球上，做背桥动作（图 5-37）。

图 5-37 波速球背桥支撑

（2）腹桥支撑

动作方法：练习者双手支撑身体，双手放于波速球上，双腿向身体后方伸展，依靠双手和双脚的脚尖保持平衡，保持头、颈、背、臀部以及双腿在一条直线上（图 5-38）。

图 5-38　BOSU 球腹桥支撑

3. 平衡垫（或平衡板）

平衡垫俯卧撑

动作方法：练习者双手支撑身体，双臂垂直于地面，双手或单手放于平衡垫上，双腿向身体后方伸展，依靠双手和双脚的脚尖保持平衡，保持头、颈、背、臀部以及双腿在一条直线上。

动作重点：全身挺直，平起平落（图 5-39）。

图 5-39　平衡垫俯卧撑

4. 平衡轴

平衡轴背桥支撑

动作方法：练习者仰卧于平衡轴上，双手放于胸前，膝关节屈曲，双脚着地，在平衡轴上做背桥动作（图 5-40）。

图 5-40　平衡轴背桥支撑

（五）肩带及人体核心区稳定性综合训练方法

肩带及人体核心区稳定性综合训练，坚持时间 30 秒至 1 分钟，还可以采取跪、侧卧、俯卧的方式。

1. 平衡垫上肩带稳定

动作方法：练习者双手支撑身体，双臂垂直于地面，双手或单手放于平衡囊上，两腿向身体后方伸展，依靠双手和双脚的脚尖保持平衡，保持头、颈、背、臀部以及双腿在一条直线上（图 5-41）。

图 5-41　平衡垫上的肩部稳定支撑

2. 肩带及核心区稳定

动作方法：练习者手持悬吊带，做双脚和双膝支撑动作，手臂、躯干和下肢成一条直线（图 5-42）。

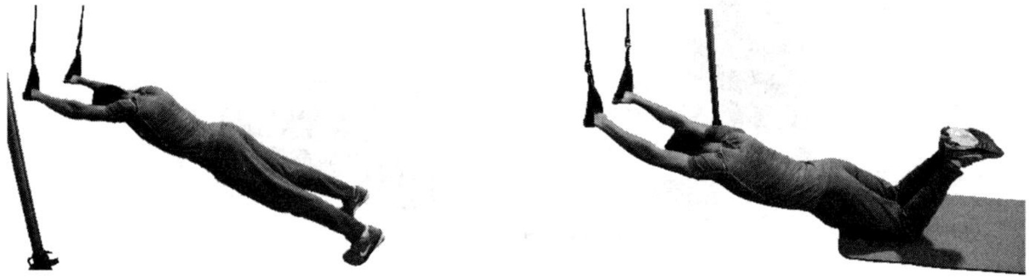

图 5-42　肩带及核心区稳定

3. 悬吊背桥支撑

动作方法：练习者呈仰卧位，头、肩部着地，双脚固定于悬吊带上，将身体撑起，双手放于胸部，背部和大腿成一条直线。为增加难度可将一条腿屈膝上抬，呈单腿支撑状（图 5-43）。

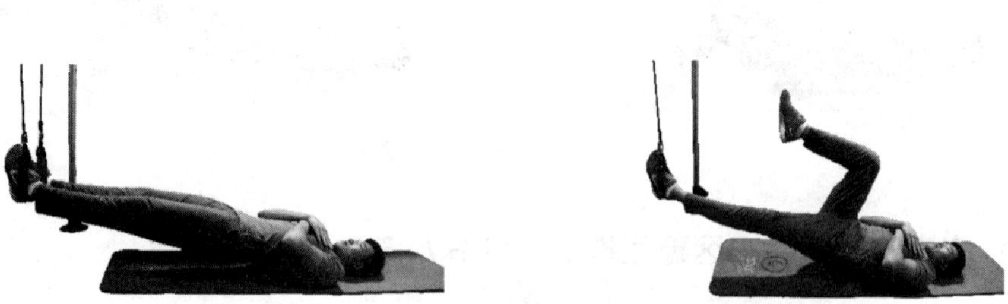

图 5-43　悬吊背桥支撑

4. 悬吊侧桥支撑

动作方法：练习者取侧卧位，单侧肘和脚将身体撑起，肩峰、股骨大转子、外侧踝在一条直线上；为增加练习难度，可将上方腿屈膝抬起（图 5-44）。

图 5-44　悬吊系统的侧桥支撑

第六节　平衡训练方法

一、平衡的概念

平衡是身体所处的一种姿态以及在运动或受到外力作用时，能够自动调整并维持姿势的能力。

按性质可将人体平衡分为对称性平衡、静态平衡和动态平衡。

对于排球运动员，主要是动态平衡的能力，也就是运动过程中控制身体姿势的能力。

二、平衡训练方法

在以往训练中，人们对本体感受功能训练不足，导致在比赛、训练中由于身体姿势控制能力差而出现损伤，特别是在伤后的功能恢复过程中，只注重力量、柔韧、心肺、代谢能力的训练，往往忽视了本体感受功能训练，导致损伤反复出现。

本体感受功能的训练，需要特殊的器械，如平衡垫、平衡板、小蹦床、瑞士球、振动训练器、悬吊训练器、轮滑训练器、悬吊训练器及滑板等训练手段来实现。

（一）单腿稳定界面训练方法

练习者单腿闭眼站立（图 5-45），进行米字练习（图 5-46），在地面画三条等长的直线，交叉于一点，一只脚站在交叉点，另一只脚沿不同方向向远处伸展，尽量保持身体直立，特别是支撑腿的膝髋关节的稳定。

图 5-45　单腿闭眼站立

图 5-46　米字练习

（二）双腿不稳定界面训练方法

练习者利用波速球（图 5-47）、泡沫轴（图 5-48）、平衡板（图 5-49）等进行练习，要求直立，保持身体的动态平衡。

下蹲　下蹲+转体　交替提踵　蹲跳

图 5-47

图 5-48　泡沫轴练习

图 5-49　平衡板练习

（三）单腿不稳定界面训练方法

练习者利用软垫（图 5-50）、泡沫轴等进行站立、跳跃等练习。

图 5-50　软垫练习

（四）全身不稳定界面训练方法

练习者呈俯卧撑预备姿势，双手与肩同宽支撑在泡沫轴上，脚趾放在瑞士球上，腹部收缩，保持脊椎中立位（图 5-51）。

图 5-51　全身不稳定界面训练

如进一步增加难度，可抬高一侧腿部，以单腿支撑完成练习。

以上是克服自身体重进行的平衡练习，负荷可选择“8—10—12”法”，即 8 次×3 组、10 次×3 组、12 次×3 组，如增加难度可额外增加负荷、不稳定性。

（五）其他训练方法

运动员可以选择各种有加速度变换的旋转运动进行训练，如空翻、滚翻、摇头操、弹网蹦床、荡秋千等，还可以选择一些瑜伽动作进行练习。

第七节　耐力训练方法

一、耐力训练的意义

排球运动是一种由多次、短促、完整的有球技术（传、垫、发、扣、拦）和较长时间中低强度的无球技术（暂停、换人、局间休息、死球等）所组成的间歇式的运动，是以有氧供能为基础，有氧和无氧相结合的运动。比赛中低强度的无球活动和各种短暂的休息所占比例大、时间长，约占总比赛时间的 70%～80%。在无球和死球休息时，体内被消耗的物质能量可通过有氧代谢提供，部分或全部得到恢复，使运动员能长时间地坚持比赛。确切地讲，在有球时，主要是无氧供能；在无球和休息时，主要是有氧供能。因此，高水平的有氧代谢能力和无氧代谢能力均为排球运动员的身体素质训练的重要目标。

根据研究，现代排球比赛一分球的争夺在5秒内的比例高达70%以上，在连续扣、拦反复攻防的情况下，心率可达180~200次/分。生理实验证明，5秒左右的高强度快速运动，完全是无氧供能。在排球比赛中无氧供能约占总能量的20%~40%，有氧供能约占60%~80%，比赛水平越高、越激烈、节奏越快，无氧供能占的比例越高，无氧供能中的乳酸能系统供能比例增大，血乳酸浓度升高，PH值降低，在此情况下，运动员必须具有良好的抗缺氧能力和抗酸性的耐受力，才能正常地发挥技战术水平。在平时的训练中，要有针对性地、有计划地加强运动员抗缺氧和抗酸性的耐受力的训练，这就需要有针对性地提高排球运动员的心肺功能。心肺功能训练应包括有氧耐力和无氧耐力两个方面，缺一不可。

二、有氧耐力训练方法

（一）持续训练法

持续训练法是指强度较低、持续时间较长且不间歇进行训练的方法。强度为最大摄氧量的70%（或最大心率的80%）。主要用于提高心肺功能和发展有氧代谢能力。练习时间在5分钟以上，甚至可持续20~30分钟，这类训练有“聊天”运动的特色。

持续训练法又可细分为以下几种：

以50%~60%最大心率或20%~36%最大摄氧量强度跑。较慢的速度，以脂肪为供能主要物质，属有氧训练，持续60分钟。适合于排球运动员在控制体重时使用。

以60%~70%最大心率或36%~52%最大摄氧量强度跑。稍快的速度，以糖原和脂肪为供能物质，属有氧训练，持续45~90分钟。可有效提高心肺系统功能，毛细血管增多。

以70%~80%最大心率或52%~68%最大摄氧量强度跑。10公里，以糖原为供能物质，属有氧训练，持续30~45分钟。可有效提高心肺系统功能，使毛细血管增多，糖原代谢能力加强。

（二）乳酸阈强度训练法

个体乳酸阈强度是发展有氧耐力训练的最佳强度，以乳酸阈强度进行训练，运动员随训练水平的提高，有氧能力的百分利用率明显提升。在具体应用乳酸阈指导训练时，常采用乳酸阈心率来控制运动强度。该法也称为速率/节奏训练法，持续20~30分钟。

（三）间歇训练法

间歇训练法是指在两次练习之间有适当的间歇，并在间歇期进行强度较低的练习，而不是完全休息。训练与休息比为 1:1，间歇训练法的强度接近 VO_2max，对运动员的机能要求较高，能引起机体结构、机能及生化等方面的深刻变化，包括毛细血管功能、心肌力量，提高氧摄取能力及对乳酸的耐受。所有这些都会使成绩有所提高，特别对提高心肺功能耐力有很好的作用。其特点一是完成的总工作量大；二是对心肺功能的影响大，最大摄氧能力得到显著提高。

（四）重复训练法

重复训练法其强度高于 VO_2max，训练持续时间基本在 30~90 秒。由于高度依赖无氧代谢，在类似的连续训练课之间，需要较长的恢复时间。恢复时间约是训练时间的 4~6 倍，所以运动与休息比为 1:5。该训练方法可提高跑步速度、改善跑步经济性及增加无氧代谢的耐受力，也对有氧耐力赛跑的最后冲刺有帮助。

（五）法特雷克训练法

法特莱克训练法起源于 20 世纪 30 年代，来自瑞典的“速度游戏”，同时结合了持续训练和间歇训练等前述几种训练方法的组合，包含轻松跑（$\approx VO_2max$）与短时间的快速冲刺（85%~90%VO_2max），挑战身体的所有系统，并减少每天训练的无聊单调，可以提高乳酸阈值，改善跑步经济性和能量利用率。法特莱克允许运动员在训练中随意变换速度、距离和强度，偶尔也会进行高速度的训练。这种训练方法着重培养有氧和无氧供能能力。

如排球运动中，运动员并非匀速运动，而是不断地加速、缓冲变向，因此在跑步训练中，应结合排球项目特点注意变速和变向训练。

第八节 柔韧训练方法

一、柔韧训练与牵伸的关系

柔韧性是指身体各部位在正常活动范围内活动的能力，能够提高运动水平，并有效地预防运动损伤。

柔韧性与牵伸练习是不同的两个概念。柔韧性的好坏用关节活动度的大小来表示。牵伸练习是柔韧性训练的重要组成部分，是发展柔韧性的有效手段。但是，牵伸练习的作用绝不仅仅局限于发展柔韧性。从系统和发展的角度看，牵伸练习既是运动前的准备热身环节，提高柔韧性的手段，又是运动后的整理恢复环节，可以改善肌肉组织的弹性与功能，防止运动损伤发生，最终释放最大能量，是提高运动成绩的重要环节。

二、牵伸训练方法

（一）摆动性牵伸

摆动性牵伸也称弹性牵伸或节律性牵伸，这类牵伸训练是以有节奏、大范围摆动并回弹的一类牵拉方式。

1. 扩胸运动

动作方法：练习者身体直立，肩外展 90°，屈肘 90°向后摆动，收回之后，直臂向后摆动（图 5–52）。

图 5–52　扩胸运动

2. 振臂运动

动作方法：练习者前跨步，双臂交替做伸展和屈曲运动（图 5–53）。

图 5–53　振臂运动

3. 弓步压腿

动作方法：练习者左腿在前，屈膝90°，全脚掌着地，脚尖向前，躯干直立，双手放于左腿上，右腿向后蹬直，然后身体做上下振颤运动（图5-54）。

图5-54 弓步压腿

4. 转体运动

动作方法：练习者取站姿，双脚分开，与肩同宽，肩外展90°，屈肘，双手握拳，然后做上体左右旋转的动作（图5-55）。

图5-55 转体运动

（二）静态牵伸

静态牵伸练习运动是在一定时间内，局限在一定活动范围内的牵伸练习。静态牵伸的主要特征是动作幅度相对较小，在肢体牵伸达到一定范围时，将肢体固定在某位置，并保持一定时间的牵伸练习。

1. 肩带前群牵伸

动作方法：练习者呈站姿，手臂外展90°，上臂紧贴门槛或同伴，上体前移到最大范围，保持一段时间后换对侧或者双侧同时进行，两脚分开，与肩同宽，同时一只脚稍微靠前，拉伸时注意重心的把握（图5-56）。

图 5-56　肩带前群牵伸

2. 肩带后群肌牵伸

动作方法：练习者呈站姿，双脚分开，与肩同宽，左臂于身前弯曲，与此同时右手抓住左肘，同时右手将左肘内收，并且试图环绕身体（图 5-57）。

图 5-57　肩带后群肌牵伸

3. 背阔肌牵伸

动作方法：练习者取站姿，同时肘部弯曲，向上抬左臂直到左肘靠近左耳，同时左手靠近右肩胛，右手抓住左肘同时在脑后向下拉（图 5-58）。

图 5-58　背阔肌牵伸

4. 屈腕肌群牵伸

动作方法：练习者取站姿，屈肘约 90°，尽可能地伸腕，手指向上指，右手将左手的手指向左肘方向推（图 5-59）。

图 5-59　屈腕肌群牵伸

5. 伸腕肌群牵伸

动作要求：练习者坐立或站立，转动左手直到手掌向上，屈肘到 90°，手腕屈至 90°，然后屈指使其指向肘部，右手压在左手指尖向下用力，朝着左手前臂方向（图 5-60）。

图 5-60　伸腕肌群牵伸

6. 俯卧后撑牵伸

动作方法：练习者呈俯卧位，双手手心向下手指向前方，缓慢拱起后背收缩臀部，继续反弓背并抬起头部和胸部使其离开地面（图 5-61）。

图 5-61　俯卧后撑牵伸

7. 坐姿躯干侧屈

动作方法：练习者呈坐姿，双臂抱于脑后，两肘在一条直线上，保持两肘靠后和在一条直线上，躯干侧屈，左肘向左臀移动（图 5-62）。

图 5-62　坐姿躯干侧屈

8. 单腿坐姿前倾

动作方法：练习者呈坐姿，右腿向前伸。屈左膝，左脚面贴于右大腿内侧，尽量贴近骨盆。双手撑地，放于右腿两侧。躯干尽量向右腿前方伸展，直至感到轻微拉伸（微痛）。弯腰时左腿保持水平，尽量不要屈膝，伸展时双臂尽量向前（图 5-63）。

图 5-63　单腿坐姿前倾

9. 臀部肌群自我牵伸

动作方法：练习者取仰卧位，屈左膝，使左膝离地，左脚保持贴于地面，屈右膝，右脚从左脚踝处上压，直至右脚高于左膝，双手交叉抱住左膝，连同右腿一起向胸部上压（图 5-64），直至感觉到轻微拉伸（微痛）。

图 5-64　臀部肌群自我牵伸

10. 内收肌群自我牵伸

动作方法：练习者盘腿坐于地面（屈双膝，双脚相抵），将脚跟尽量向臀部方向拉伸（拉伸程度和身体柔韧度相关）。双手抓住双脚脚踝以下部位，肘贴于双腿膝关节稍向下的小腿上。躯干前压，双肘尽量将双腿向下压（图 5-65）。

图 5-65　内收肌群自我牵伸

11. 坐姿 V 字形牵伸

动作方法：练习者取坐姿，两腿伸展成“V”字造型（两腿大幅度分开）。两膝伸直，尽量与地面保持平行。双手沿两腿方向前伸，躯干在两膝间向前弯曲。同时，双手抓住双脚脚趾，向身体拉伸（图 5-66）。

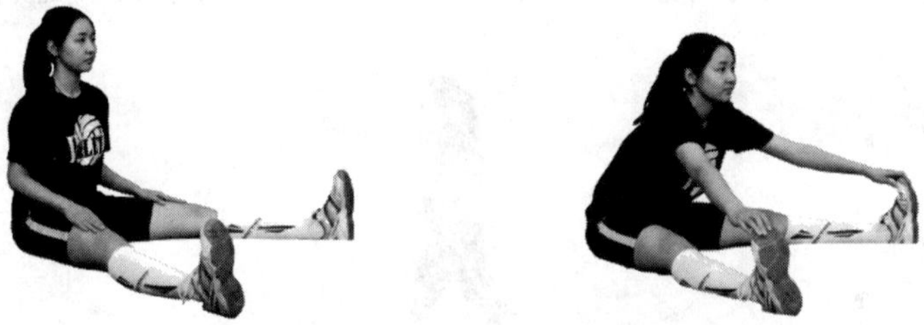

图 5-66　坐姿 V 字形牵伸

12. 跪姿前跨步

动作方法：练习者取跪姿，右腿前伸并且膝关节呈 90°弯曲，体后拉伸左腿并使右膝触地。选择支撑物体或将手放于右膝上以保持平衡。臀部向前移，使右膝位于右踝关节垂直位置前，并且使踝关节向背侧屈曲（图 5-67）。

图 5-67　跪姿前跨步

13. 站姿大腿前群牵伸

动作方法：练习者单腿站立，身体重心位于左腿保持平衡。保持左脚向前伸直，膝关节尽量伸直。左手撑墙保持平衡。屈曲右膝，握紧右脚或右踝关节，向后拉伸脚踵，臀部向上微提（10~15cm）同时，向前伸展臀部（图 5-68）。

图 5-68　站姿大腿前群牵伸

14. 伸踝、伸趾肌群牵伸

动作方法：练习者竖直站立，手支撑墙面或其他物体以保持平衡。右腿向后伸，脚趾背部支撑于地面，同时将重心向移向右腿，用自身体重按压脚趾背部（图 5-69）。

图 5-69　伸踝、伸趾肌群牵伸

15. 推墙动作牵伸

动作方法：练习者面向墙壁站立，双手支撑于墙面，左脚在前，右脚在后，两腿相隔 30~61cm 呈弓步站立。左脚距离墙壁 30~60cm，右脚距离墙壁 60~120cm。右脚脚跟贴于地面，胸部慢慢向墙靠。可以轻轻弯曲左膝以便将胸部靠向墙壁（图 5-70）。

图 5-70　推墙动作牵伸

（三）动态牵伸

动态牵伸是一个全新的理念，是基于功能改善的一种牵伸练习，也是近几年来发达国家流行并推荐的在准备活动中使用的牵伸训练方法。动力牵伸训练是运动员准备活动的主要内容之一。现在也经常把动力牵伸训练为主要内容的准备活动，称之为动态准备活动。

动态牵伸训练在跑步之后进行，可以继续提高组织的温度，降低组织的粘滞性，增加肌肉的血液供应，增加关节的活动度，改善能量代谢，改善肌肉的功能，并增加肌肉力量，有利于保持和提高神经系统的兴奋性，可以使运动员的机体更快进入工作状态，预防运动损伤。动力牵伸训练也是良好的协调、平衡、关节稳定性训练的方法，在国外常用于辅助身体训练。

1. 上肢动作

（1）直臂转肩

动作方法：练习者取站立位，双脚自然开立，与肩同宽，上肢外展 90°，手臂伸直，拇指向上，肩关节周围肌群发力，双上肢做小幅度有节奏地前后绕环练习，然后范围逐渐增大（图 5–71）。

图 5–71　直臂转肩

（2）俯卧支撑转体

动作方法：练习者做俯卧支撑姿势，然后单臂支撑，另一侧手臂向支撑手臂侧旋转，直到最大位置。然后向外侧展开（即旋转到另一侧），如此循环往复，也可换手进行动作（图 5–72）。

图 5–72　俯卧支撑转体

2. 躯干动作

（1）前弓步转腰

动作方法：练习者取站立位，左腿向前跨一步，成前弓步姿势，双臂抬起，双手交叉，躯干保持直立，向左旋转，旋转到最大幅度慢慢返回，还原至直立动作。然后跨出右腿，动作反之（图 5-73）。

图 5-73　前弓步转腰

（2）侧跨步转体

动作方法：练习者取站立位，左脚向左侧跨出一步呈侧跨步姿势，双手与肩同高举过头顶，抬头挺胸，左脚跟着地。身体转向右侧，返回时左脚用力，推动全身回到初始姿势，保持抬头挺胸（图 5-74）。

图 5-74　侧跨步转体

（3）抱头下腰

动作方法：练习者取站立位，双腿自然开立，与肩同宽，双手十指交叉于脑后，躯干挺直，向前弯曲（图 5-75）。

图 5-75 抱头下腰

（4）跪姿支撑变双臂支撑挺胸

动作要求：练习者呈 6 点支撑位，然后身体重心向前下方移动，呈跪姿俯卧屈肘支撑位，进而两手臂慢慢撑起，与此同时缓慢反弓腰背收缩臀部，继续反弓腰背并抬起头部和胸部使其离开地面，最后恢复到起始姿势，循环练习（图 5-76）。

图 5-76 跪姿支撑变双臂支撑挺胸

3. 下肢动作

（1）足跟走

动作方法：练习者直立，翘起脚尖（足背屈），足跟着地，直腿向前行进（图 5-77）。

图 5-77 足跟走

（2）足外侧走

动作方法：练习者直立，足外侧着地（足内翻），直腿向前行进（图 5-78）。

图 5-78　足外侧走

(3) 多方向跨步

动作方法：练习者呈直立位，双手叉腰，根据训练需求做多方向跨步，前跨腿膝关节不超过脚尖，后蹬腿伸直，然后恢复到起始位置，动作可行进间进行也可原地进行（图 5-79）。

图 5-79　多方向跨步

(4) 胸前抱膝

动作方法：练习者取站立位，左腿屈膝屈髋向上抬起，大腿尽量贴近胸腹部，支撑腿伸直。

主要功能：主要牵伸屈膝腿的臀大肌、臀中肌等；其次牵拉了支撑腿的大腿前群肌肉；同时提升了练习者单腿支撑时的稳定性（5-80）。

图 5-80　胸前抱膝

(5) 侧跨步重心转换

动作方法：双腿张开宽于肩部，双手放于胸前。臀部向下从一侧移动到另一侧，保持胸部挺直。注意膝关节不要超过脚尖，脚跟始终与地面接触（图 5-81）。

图 5-81 侧跨步重心转换

（6）盘腿半蹲

动作方法：练习者取站立位，双手放在腰间，躯干保持直立，右腿抬起，小腿踝关节放于支撑腿的膝关节上方，然后支撑腿屈髋、屈膝半蹲，以致支撑腿的大腿与地面保持平行（图 5-82）。

图 5-82 盘腿半蹲

（7）单腿支撑后掰腿

动作要求：练习者单腿站立，挺胸抬头。右膝关节屈曲，右手从后方抓住右脚，使右脚后跟尽量贴近右臀，换手换腿进行同样练习（图 5-83）。

图 5-83 单腿支撑后掰腿

（8）行进间旋转髋关节

动作方法：练习者取站立位，屈右腿在侧方抬起，踝关节相对于膝关节保持不动，膝关节向外侧划圈。然后右腿顺势向前迈一步换另一腿重复动作（图 5-84）。

图 5-84 行进间旋转髋关节

4. 全身动作

(1) 全身伸展

动作方法：练习者取站立位，双腿开立比肩略宽。双手伸直过顶，背向后伸（脚后跟可抬起）。然后迅速弯腰，双手接触两腿间地面。如此往复运动，在达到上下两端时不要停顿（图 5-85）。

图 5-85 全身伸展

(2) 波浪式俯卧撑

动作要求：练习者呈俯卧撑支撑的方式，做波浪形俯卧撑（图 5-86）。

图 5-86 波浪式俯卧撑

(3) 蜘蛛走

动作方法：练习者呈俯卧撑姿势，双上肢保持半屈位，右腿屈髋、屈膝向上抬起，髋关节外展；与此同时，左手臂向前伸出，呈右腿、左手向前爬行的姿势。然后，左腿、右手做上述动作，以便练习者缓慢向前爬行（图 5-87）。

图 5-87 蜘蛛走

（4）立卧撑收腹跳

动作方法：练习者取站立位，双手触地，双脚向后伸展，呈俯卧支撑，然后双脚收回，身体恢复直立，同时向上跳起，如此反复（图 5-88）。

主要功能：主要牵伸大腿后群肌肉、背部伸肌群等。

图 5-88 立卧撑收腹跳

（5）"仙人指路"

动作方法：练习者单腿站立，挺胸抬头。左膝关节屈曲，左手从后方抓住左脚。俯身向下，右手水平指向前方，然后换腿（图 5-89）。

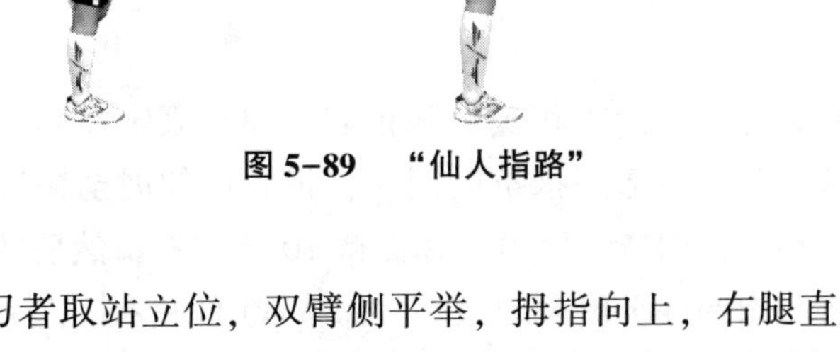

图 5-89 "仙人指路"

（6）燕式平衡

动作方法：练习者取站立位，双臂侧平举，拇指向上，右腿直腿向后抬起，同时身体直背向前倾斜，以致头、躯干、右腿成一条直线，与地面平行。左腿始终保持伸直状态，脚跟始终与地面接触（图 5-90）。

图 5-90　燕式平衡

（四）PNF 牵伸法

PNF 牵伸法，即本体感受神经肌肉易化牵伸法（proprioceptive neuromuscular facilitation，PNF），是近几年被用于发展运动员的柔韧性，也是预防延迟性肌肉酸痛、保持肌肉弹性、辅助发展肌肉爆发力的有效方法。

1. PNF 牵伸训练方法

（1）缓慢—逆向运动—保持—放松—相反方向牵伸

例如要牵伸大腿后群肌，首先将运动员的下肢在伸直的状态慢慢抬起，在适当抵抗的同时，将肢体牵伸至接近被牵伸者的最大活动范围，然后向伸展相反方向持续用力，并保持 10 秒左右，然后放松肌肉，接着缓缓牵伸用力的肌群，将肌肉牵伸至更大的范围，保持 30 秒左右，重复上述过程 3~4 次，直至最大牵伸范围。

（2）收缩—放松—向相反方向牵伸

第二种方法与第一种方法相比较为简单，如要牵伸某块肌肉，先令其主动收缩，抵抗外力，保持 10 秒钟左右，然后放松，同时向相反方向牵伸，将肌肉牵伸至最大长度后，保持 30 秒。重复上述过程 3~4 次，直至最大牵伸范围。

无论是第一种方法还是第二种方法，均可在肌肉放松后，令运动员主动收缩原动肌，操作者同步实施牵伸练习。这样做可以使自动抑制和交互抑制两种反射的效果叠加，牵伸效果会更好。

2. PNF 牵伸法应用

（1）直腿牵伸腘绳肌

动作方法：练习者仰卧，同伴将其右腿抬起，同时固定左腿，使其伸直。右手握住脚踝，左手固定膝关节。在适当抵抗的同时，将肢体伸展至接近被牵伸者的最大活动范围，然后向伸展相反方向持续用力，并保持 10 秒左右，然后放松肌肉，接着缓缓牵伸用力的肌群，将肌肉伸展至更大的范围，保持 30 秒左右。左右腿轮换做。重复上述过程 3~4 次，直至最大伸展范围（图 5-91）。

图 5-91　直腿牵伸腘绳肌

（2）坐位牵伸腓肠肌

动作方法：练习者取坐姿，双腿伸直，同伴于其前方，双手握住被牵伸者双脚。在适当抵抗的同时，将肢体伸展至接近被牵伸者的最大活动范围，然后向伸展相反方向持续用力，并保持 10 秒左右，然后放松肌肉，接着缓缓牵伸用力的肌群，将肌肉伸展至更大的范围，保持 30 秒左右。重复上述过程 3~4 次，直至最大伸展范围（图 5-92）。

图 5-92　坐位牵伸腓肠肌

（3）坐位牵伸胸大肌

动作方法：练习者取跪姿，身体直立，双手放于颈后。同伴立于其后，双手握住运动员双肘，向后用力。将肢体伸展至接近被牵伸者的最大活动范围，然后向伸展相反方向持续用力，并保持 10 秒左右，然后放松肌肉，接着缓缓牵伸用力的肌群，将肌肉伸展至更大的范围，保持 30 秒左右。重复上述过程 3 ~ 4 次，直至最大伸展范围（图 5-93）。

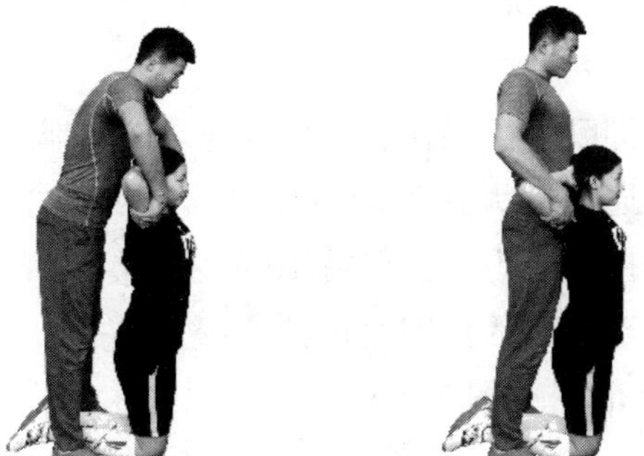

图 5-93　坐位牵伸胸大肌

（4）坐位牵伸髋内收肌

动作方法：练习者双腿盘坐，双脚掌相对，双手握住脚尖。同伴在其背后，双手握住被牵伸者膝关节，向下用力。将肢体伸展至接近被牵伸者的最大活动范围，然后向伸展相反方向持续用力，并保持 10 秒左右，然后放松肌肉，接着缓缓牵伸用力的肌群，将肌肉伸展至更大的范围，保持 30 秒左右。重复上述过程 3~4 次，直至最大伸展范围（图 5-94）。

图 5-94　坐位牵伸髋内收肌

（5）俯卧位牵伸髂腰肌

动作方法：练习者取俯卧位，同伴右手握住练习者膝关节将下肢抬起，左手按住练习者骨盆上端。将肢体伸展至接近被牵伸者的最大活动范围，然后向伸展相反方向持续用力，并保持 10 秒左右，然后放松肌肉，接着缓缓牵伸用力的肌群，将肌肉伸展至更大的范围，保持 30 秒左右。左右腿轮换做。重复上述过程 3~4 次，直至最大伸展范围（图 5-95）。

图 5-95　俯卧位牵伸髂腰肌

（6）牵伸梨状肌

动作方法：练习者取仰卧位，同伴右手握住练习者左脚踝，左手按住练习者左膝，双手同时发力，使膝关节屈曲，大腿外旋。将肢体伸展至接近被牵伸者的最大活动范围，然后向伸展相反方向持续用力，并保持 10 秒左右，然后放松肌肉，接着缓缓牵伸用力的肌群，将肌肉伸展至更大的范围，保持 30 秒左右。左右腿轮换做。重复上述过程 3~4 次，直至最大伸展范围（图 5-96）。

图 5-96　牵伸梨状肌

（7）牵伸肱二头肌

动作方法：练习者呈跪姿，身体直立，双臂后伸，同伴握住其前臂末端，向上用力。将肢体伸展至接近被牵伸者的最大活动范围，然后向伸展相反方向持续用力，并保持 10 秒左右，然后放松肌肉，接着缓缓牵伸用力的肌群，将肌肉伸展至更大的范围，保持 30 秒左右。重复上述过程 3~4 次，直至最大伸展范围（图 5-97）。

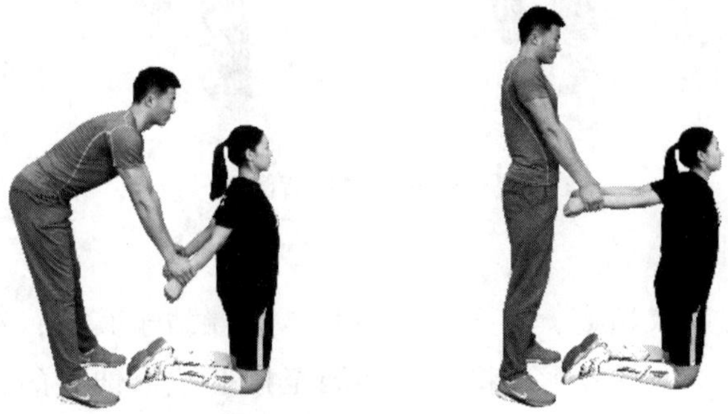

图 5-97　牵伸肱二头肌

（8）牵伸肩关节后侧肌群

动作方法：练习者取站姿，肩外展 90°，屈肘 90°。同伴左手固定其背部，右手推其肘部向身体内侧。将肢体伸展至接近被牵伸者的最大活动范围，然后向伸展相反方向持续用力，并保持 10 秒左右，然后放松肌肉，接着缓缓牵伸用力的肌群，将肌肉伸展至更大的范围，保持 30 秒左右，左右臂轮换做。重复上述过程 3~4 次，直至最大伸展范围（图 5-98）。

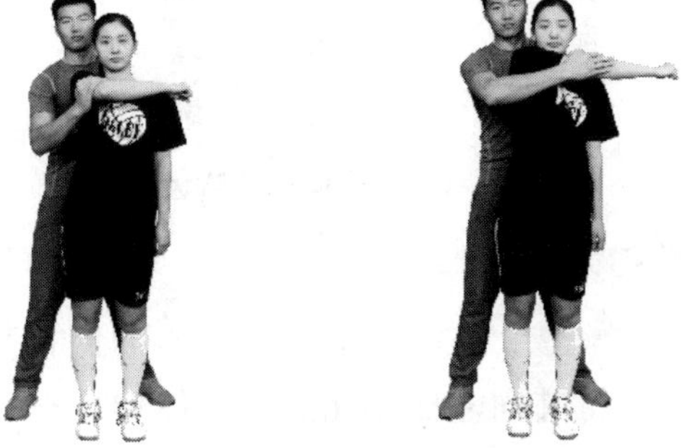

图 5-98　牵伸肩关节后侧肌群

(9) 牵伸背阔肌

动作方法：练习者取站姿，右手放于颈后。同伴站于其后，左手固定练习者肩胛部，右手握住肘关节，向上，向身体内侧推。将肢体伸展至接近被牵伸者的最大活动范围，然后向伸展相反方向持续用力，并保持10秒左右，然后放松肌肉，接着缓缓牵伸用力的肌群，将肌肉伸展至更大的范围，保持30秒左右，左右臂轮换做。重复上述过程3~4次，直至最大伸展范围（图5-99）。

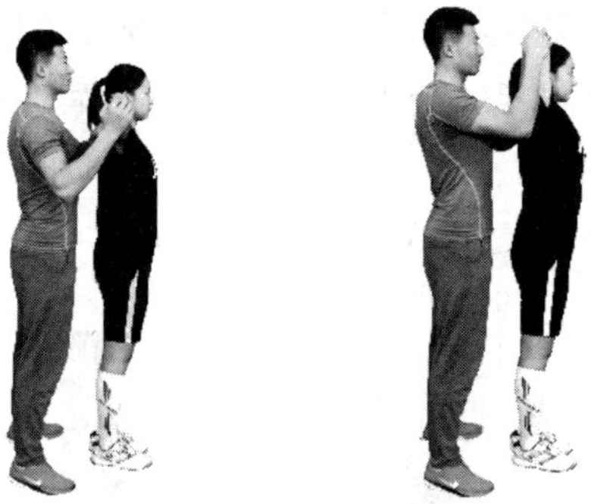

图5-99　牵伸背阔肌

(10) 牵伸单侧胸大肌

动作方法：练习者取站姿，右手放于颈后。同伴站于其后，左手固定练习者肩胛部，右手握住肘关节，向后发力。将肢体伸展至接近被牵伸者的最大活动范围，然后向伸展相反方向持续用力，并保持10秒左右，然后放松肌肉，接着缓缓牵伸用力的肌群，将肌肉伸展至更大的范围，保持30秒左右，左右臂轮换做。重复上述过程3~4次，直至最大伸展范围（图5-100）。

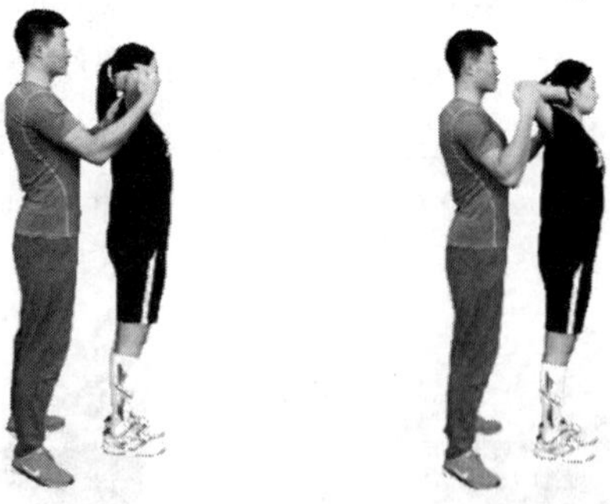

图5-100　牵伸单侧胸大肌

(11) 牵伸躯干侧屈肌群

动作方法：练习者取站立位，右手上举过头顶，同伴在其后，左手扶住练习者腰部，右手握住练习者右肘，将其向左侧侧屈。将肢体伸展至接近被牵伸者的最大活动范围，然后向伸展相反方向持续用力，并保持10秒左右，然后放松肌肉，接着缓缓牵伸用力的肌群，将肌肉伸展至更大的范围，保持 30 秒左右，左右方向轮换做。重复上述过程 3~4 次，直至最大伸展范围（图 5-101）。

图 5-101　牵伸躯干侧屈肌群

第九节　灵敏训练方法

一、灵敏的概念和作用

灵敏是指人体在各种复杂条件下，快速、准确、协调地改变身体姿势、运动方向的应变能力。它不仅与速度、力量和柔韧等身体素质有关，而且与年龄、性别、体型、肥胖、疲劳和神经类型等因素有关，是一种内容复杂的身体素质。

排球运动员的灵敏是指运动员对突然变换的各种来球能迅速、准确、协调地做出相应的击球动作。灵敏对排球运动员十分重要，如在排球训练和比赛中，要求运动员根据各种突然变化的来球做出准确的判断并快速地移动，保持好人与球的关系，在击球时能较好地调整自己的动作结构，以适应在时间与节奏、空间与位置上的变化，把击球动作做得合理正确。灵敏训练具有如下作用：

①有利于排球运动员掌握新技术。

②有利于排球运动员熟练运用技术。

③有利于各项技术素质的协调发展。

④有利于排球运动员全面发展身体素质。

二、灵敏训练方法

（一）简单训练方法

在日常训练中，可以通过一些简单的练习来提高灵敏性，如反复侧跨步、滑步跑、

“之”字跑、快速后退跑、变向加速跑、双人跳绳、滚翻、鱼跃前扑技术等。

（二）跳跃转体类训练方法

方法1：双脚起跳，腾空后身体保持挺身姿态，转体360°落地。

方法2：将俯卧撑、起跳、空中转体3个动作固定组合，完整完成立卧撑动作后接原地挺身跳转体180°的组合动作。

方法3：也可利用一些小物件进行练习，首先双脚跳过第一个障碍物，在空中侧向转体90°，落地；然后再次侧向转体90°，跳过第二个障碍物，依次进行练习。可以根据需要调整障碍物的数量，转体方向左右都可以，练习者要保持身体的放松状态。

（三）标志折返跑训练方法

方法1：直线折返（8字曲线跑）——直线设置3个标志物，各标志之间相距5米，以中间障碍物为起点，先向一个方向冲刺，跑到障碍物处并触碰地面，然后向起点跑，穿过起点后抵达反方向的障碍物，再次触碰地面。练习时间和频率根据个人体力可有所变化。

方法2：星型跑——在规定区域中心放一个标记物，在标记物处起跑，跑向限制区域的任何一个角后跑回到中心，换个角再跑，直至完成全部4个角（图5-102）。

下列每个脚步练习方式重复两遍。

①向前冲刺至角，然后快速后退至中心。

②后退至角，然后向前冲刺至中心。

③侧滑步至角，然后滑步回到中心。

④滑步至角，然后快速后退至中心。

⑤冲刺至角，然后滑步回到中心。

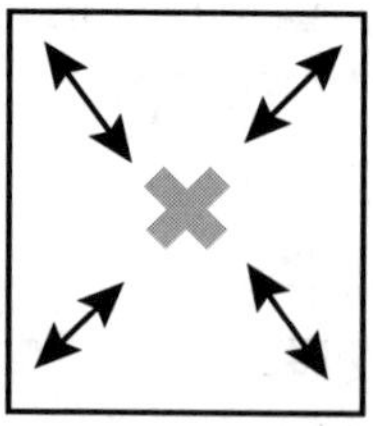

图5-102　星型跑图

（四）绳梯训练方法

方法1：跳进绳梯内，右斜侧弓步，右腿出绳梯至第二格外侧，移至第三格内，再左斜侧弓步，左腿出绳梯至第四格外侧，动作同上，只是方向相反（图5-103）。

方法2：立于“格”后，正对跑进方向，半抬高腿，一只脚踏进一格，依次跑过。

方法 3：侧对跑进方向，两脚同时踏在格内，以侧跨步（侧滑步）的方式一次一格快速前行。

绳梯训练有多种训练方法，可任意组合变化，或配合手上动作进一步增加难度，这里只简单介绍几种。绳梯训练一周进行两次训练，每次训练约为 15 分钟。

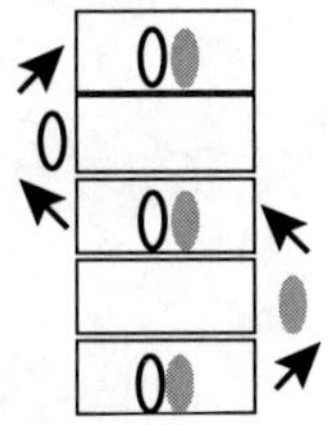

图 5-103 绳梯训练

（五）有球训练方法

方法 1：教练员对墙做不同角度、不同速度的抛球，运动员连续低姿态快速移动接反弹球。

方法 2：教练员任意抛球（可加虚晃动作），运动员移动接球后抛还给教练员，然后准备再次接球。也可采用教练员轮流抛两球的方法。

方法 3：对墙传接反弹球（图 5-104）。

运动员离墙 3~5m，双手持球做好准备。双脚稍稍分开，低位持球。有角度地将球传至墙面，滑步去接反弹回来的球，注意不要交叉步。传球要低（距地面 30~40cm），这样球比较容易滚回来。不要平传球，双手传球之后还要用双手接传球。接住球后将球通过墙的反弹传向另一侧，再滑步接球。连续做该练习，持续 10~15 秒，变向次数 5~6 次。

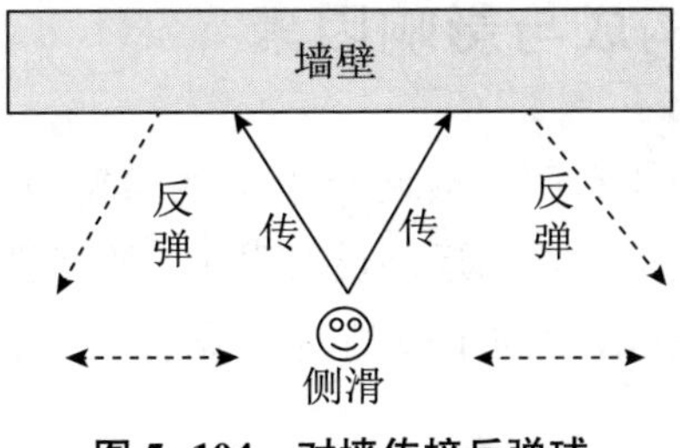

图 5-104 对墙传接反弹球

（王安利、鲍春雨）

第六章
排球竞赛参赛工作

第一节　参赛工作概述

一、参赛目标

参赛是指运动员在教练员指导下参加比赛活动的行为，是运动竞赛活动的重要组成部分。目标是指组织奋力争取达到所希望的未来状况。运动员、运动队参加某一竞赛同样会有自己的目标。

参赛目标是指运动竞赛的参加者所追求的最终成果和奋力争取达到的所希望的未来状况。如在2008年奥运争光行动计划中，将2008年北京奥运会的目标体系分为总体目标和具体目标，其中总体目标的内容是：2008年奥运会，争取参加所有大项目和更多小项目的比赛，力争保持金牌数排名第3位，并在奖牌和前8名数量上有较大提高。这个参赛目标主要是针对代表团参赛项目和整体运动成绩的一个表述。

二、参赛目标的构成与影响因素

任何一场运动竞赛都必须有两个或两个以上的参赛方（运动员或运动队）参加才可进行，每一个参赛方都包括参赛的运动员（队）、教练员以及规定的管理人员。运动员（队）的参赛是运动竞赛活动的主体行为，竞赛活动的组织行为是为竞技参赛服务的。

（一）参赛目标的构成

运动员（队）的参赛行为服务于参赛目标的实现。因此，首先要建立科学的参赛目标。

参赛者比赛的结果，即比赛的成绩，包括参赛者在比赛中所获得的名次以及所表现出来的竞技水平两个部分，参赛目标也包括这两部分，即比赛名次与竞技水平，二者虽有密切的联系，但却并非等同。一般来说，名次列前者通常都具有并表现了较高的竞技水平，而具有很高竞技水平的选手也理所应当地会获得好的名次。但在某些情况下，例如没有强硬对手时，参赛者仅表现出一般的竞技水平，也有可能获得甚至高层次比赛的优胜；而即便运动员表现了很高的竞技水平，当竞技对手表现出更高的竞技水平时，其仍然成为不了冠军。

因此，在设立参赛目标时，应依比赛性质的不同而有所侧重。在运动员代表某一国家、地域或单位参赛时，首先关注比赛名次的获得；而在专门为创造纪录而组织的比赛中，或在检查性、训练性的比赛中，则更加重视运动员竞技水平的表现。

不同水平的参赛者具体的参赛目标有所不同，有争取优胜可能的运动员把夺取金牌、奖牌定为参赛目标，实力明显薄弱的选手则力争较好的名次，或提高个人的竞技水平。因此，可把运动员的参赛目标定位于要争取理想的比赛结果（成绩），包括获得理想的名次和表现出理想的竞技水平。

（二）参赛结果的影响因素

任何一个竞技项目比赛的运动成绩，亦即竞技参赛的结果，不论是竞技水平，还是比赛名次，都是由运动员在比赛中的表现、对手在比赛中的表现及竞赛结果的评定行为这三方面所决定的。其中，运动员自身与对手在比赛中的表现都决定于他们所具有的竞技能力及在比赛中的发挥程度；而比赛结果的评定行为则包含着竞赛规则、评定手段及裁判员的道德与业务水平三个方面（图 6–1）。参赛者对这三个影响因素分别可以实施不同的控制行为。

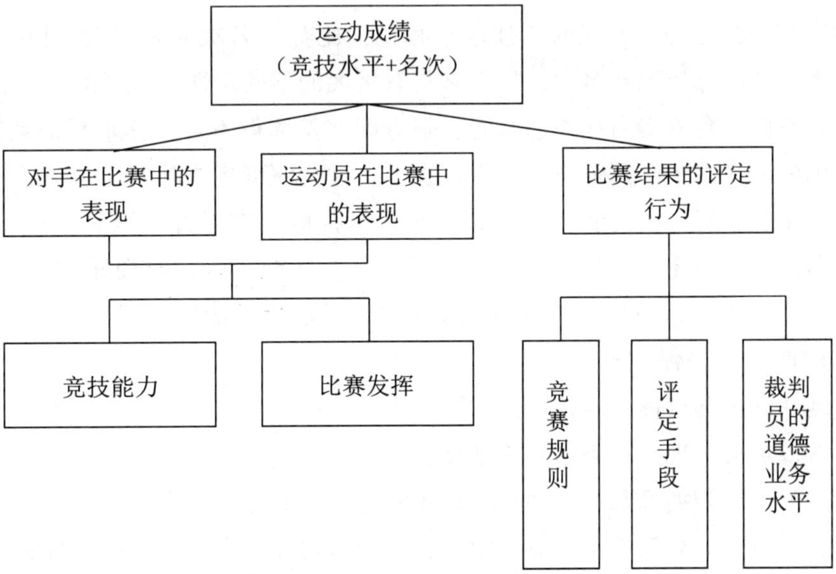

图 6–1　运动成绩的决定因素

（摘引自：田麦久．论运动训练过程［M］．成都：四川教育出版社，1988）

运动员在比赛中所取得的名次与其所表现出的竞技水平的高低，主要取决于运动员自身所具有的竞技能力、比赛时段所处于的竞技状态，以及在比赛中所发挥的竞技水平。尽管运动员在比赛中所发挥的竞技水平同时也不同程度地受着参赛对手所表现的竞技水平、比赛结果评定行为的影响，但总体来看，运动员可对自身在比赛中的表现具有较高的控制能力。

对手在比赛中的表现直接影响着比赛的结果，任何参赛者都不可能去决定对手具有什么样的竞技能力水平，也无法影响对手在比赛时段所处于的竞技状态，只能在规则允许的范围内不同程度地去约束、限制对手在比赛中的表现，运动员对竞技对手在比赛中的表现具有一定的干扰力。

三、参赛目标的实施与保障

（一）建立弹性的参赛目标

从训练及竞赛活动的控制机制来看，训练管理人员及教练员只能力求对运动员自身的竞技能力及比赛中的发挥状况实施有效的控制；而参赛对手的竞技水平及比赛结果的评定行为，则属于非可控因素。

因为不可能对参赛对手的竞技水平及裁判行为这两个决定比赛成绩的重要因素实施有效的控制，因此，也就不可能对比赛的结果做出完全准确的预测，也就不应强求建立一成不变的参赛目标，而应建立弹性的竞技参赛目标，有区别地建立不同的参赛目标。

与参赛选手在比赛中表现的竞技水平相比，比赛的名次受参赛对手以及裁判行为的影响更大，从而导致比赛名次结果常常具有极大的不确定性。

第一，不同参赛方实力相差悬殊时，强方即使发挥得不好，其水平仍然高于弱方，可能表现出的最高水平，则强方名次肯定在前，这时便可将取胜列为明确的参赛目标。

第二，不同参赛方实力相近，竞技水平的发挥区间有局部的重叠，赛场发挥状况对比赛的名次起着决定性的作用，在这种情况下，赛前则不应该要求建立绝对明确的或“保证完成”的名次目标，而应建立经过努力可能实现的“弹性”名次目标。如力求“进入前四”或“保三争二”等。

科学地建立参赛目标，应该注意如下要求：

第一，以运动员现实状态为基本依据；

第二，从体能和训练两个方面科学地预测运动员的竞技潜力；

第三，对对手的竞技水平及竞技潜力，对未来比赛的竞争强度进行科学的评估；

第四，客观面对未来的比赛地点、气候、场地等特点，以及观众自发的倾向性、裁判因素等对比赛结果的影响。

（二）参赛目标的实现

为了在特定的时间、地点，在与竞技对手的较量中有满意的表现，运动员不仅要努力提高自己的竞技能力，还要能够在“特定的时间和地点”，“在与竞技对手的较量中”充分地表现出自身已经具备的竞技能力。如何准备比赛？如何参加比赛？历来是竞技体育思考和实践的核心内容，涉及运动员参赛过程的自我控制、教练员的临场指挥等环节。

第二节　赛前准备

一、明确参赛目标

训练和比赛是教练员和运动员的两大主要任务。运动队伍的日常工作是以训练为中心，但训练的根本目的就是为了提高水平、培育人才、赛好成绩。养兵千日，用在一朝。运动队伍一年中的工作成果，在很大程度上都是以本年度参加重大比赛所取得名次作为考评的主要依据。

可以认为，训练是一种实施手段，比赛才是终极目的。每个教练员和运动员都必须倾注全部精力和智慧，认真对待每一次重大比赛，力争以最佳成绩来证明自己的水平与价值。比赛名次的高低关系到教练员职称、运动员等级称号和工资、奖金待遇的评定，甚至会影响到住房分配及未来工作定位等；同时对全队取得社会企业赞助经费和俱乐部资金的多寡有关。总之，运动队伍的比赛成绩，同每个主管领导、教练员、运动员的切身利益密切相关，因而，打好每场比赛，完成比赛任务，取得优异成绩，应是运动队伍工作中的重中之重。

比赛是训练的一面镜子，是展现一个队平时训练水平与质量的平台。通过比赛可以检验训练成效，发现存在问题，找出自身差距，为制订下一阶段的训练计划提供客观依据，从而促进训练水平的进一步提高。

运动队参赛工作的全过程，主要包括赛前准备、赛期工作和总结休整这三个既相互关联、又互为因果的任务。

运动队在参加重大比赛前，制订明确的预期目标，对于教练员和运动员具有激励斗志、指明方向和凝聚力量的重要作用，必须认真论证，准确定位。参赛目标制订的依据，一是根据本队当前的实际能力与水平；二是根据比赛对手的实力与状态。

制订参赛目标，全队上下必须认真讨论，统一思想，才利于贯彻执行。制订目标要实事求是，切实可行，既不要好高骛远，也不要自惭形秽。要制订经过努力可以达到的目标，并适当留有余地；要有必须达到的下限目标，又有努力争取好成绩的上限目标，如保三争冠，或保六争三，或保八争六等。只有制订好明确合理的目标，才能使全队既有一定的压力，又有调动全队积极性的动力。但在对外宣传上，应内外有别，适当低调，做到信心要足，但位置摆低，留有余地，以免产生不必要的压力和干扰。

二、做好思想工作

（一）加强责任意识

大赛当前，完成参赛目标是压倒一切的工作任务，所有工作和一切个人得失都必须服从这个大局。每个人的事业心和责任感都将在比赛工作中经受考验。为了完成比赛任务，夺取优异成绩，全队每个人都必须尽心尽职、努力工作。把个人和集体的荣誉与利益融合在一起，自觉严格要求自己，真正树立起为祖国为集体为个人的荣誉和利益而要求“我要练、我要赛”的意识，充分体现自我价值和良好职业道德。特别是队里的核心骨干队员，更应以身作则，严格要求，为全队树立良好榜样。

（二）发扬团队精神

团队精神是集体项目的生命线。团结就是力量，团结是夺取胜利的根本保证。堡垒最容易从内部攻破，要注意克服有可能使队伍不同心协力的离心倾向。要求全队必须有抱成一团的集体主义精神，做到“你中有我，我中有你”“我为人人，人人为我”。不允许出现任何不协调的干扰比赛的错误言行。首先教练班子要紧密团结，为全队做出表率，主教练更要以身作则，做团结的带头人；要把全队人员特别是核心骨干队员紧紧团结在自己的周围；要调动全队一切积极因素，在充分发扬民主的基础上作出重大决策，使全队团结一心，一致对外。只有高度的团结和高度的凝聚力，才能形成高度的战斗力。

（三）做到有的放矢

赛前准备期的思想工作，主要应抓住队伍内部团结、个人得失、正确对待胜负和心态稳定等问题。并针对比赛期中可能出现的上场与下场，主力与替补，新手与老将，比赛胜与负，发挥好与坏，信心强与弱，位置放得高与低等问题。主教练必须学会在赛前训练中发现和预见比赛中可能发生的问题，及时解决问题和做好预防工作。要根据每一个运动员不同的个性特点和思想倾向，进行细心观察，细致工作。要和运动员平等相处，相互尊重，深入了解情况，准确掌握动态，因人而异，耐心疏导，互相沟通，互相理解，努力做到抓思想工作与抓训练比赛同步进行，以确保比赛任务的顺利完成。

（四）教练员身体力行

作为教练员，尤其是主教练一定要重视抓好思想工作，亲自去做，身体力行。片面夸大思想工作的作用，迷信精神万能是不对的；而过分强调物质刺激，把思想工作看成可有可无，也是错误的。要清楚懂得做好思想工作的重要性，同时也不要认为做思想工作只是党支部或领队的事。应认识到做运动员的思想工作，教练员最有条件。实践证明，最有成效的思想工作是渗透在训练比赛中的思想工作。教练员要细心观察，做有心人，学会在训练比赛中发现问题，分析问题，并在训练比赛中解决这些问题。要知道，一名优秀教练员在做队员思想工作所花费的心血，未必比带队伍训练比赛所用的功夫少。

三、抓实赛前训练

（一）确定阵容配备

队伍经过准备期的系统训练，运动员的竞技状态已经基本形成，赛前训练的主要任务就是要使这种良好的竞技状态保持达到最佳水平，并把这种最佳水平转化到全队主力阵容的实战能力上。

要合理安排训练内容，这一时期应加大战术训练的比重，增加具有实战性质的对抗训练，把重点放在主要阵容的配合上，使全队战术配合的质量不断提高，更加成熟，达到更好的默契程度。同时要预见到比赛中可能出现的各种变化，及时调整阵容，变换打法，提高战术的灵活性和应变能力。

除了练好主力阵容外，还要安排好各个职能位置上的替补队员，对其进行实战性的训练，以便在未来比赛中召之即来，来之能战，战之必胜，充分发挥与调动全队人员的积极性与能动性。

（二）坚持扬长补短

赛前训练的重点，是巩固与提高全队和个人的技术战术风格，突出重点，强化特长，弥补短板，防患于未然。训练不宜一般化、笼统化。对全队的战术特点与个人的技术特长，必须加强训练，重点安排，精益求精，不断优化，使之成为对手所慑服的制胜武器。而对全队和个人的技术短处与弱点，必须努力弥补，逐步完善，不要成为对手有隙可乘的漏洞。可以根据每个运动员的长处和短处，比赛中不同的职能与作用进行分别对待训练，以及根据对手不同情况进行模拟对抗训练，以达到扬长补短的目的。无论整体对抗配合还是个人技术练习。要注重训练质量与效果，提高各项技战术的成功率，减少失误率。赛前训练是否抓住要害，突出重点，有的放矢，针对性强，是完成任务的重要因素。

（三）强化实战能力

赛前训练要强调训练的实战性和针对性，多安排主力阵容进行各种形式的成队对抗和练习比赛。通过激烈对抗和练习比赛，要求运动员最大限度地动员自己在训练中的能力和智慧，发挥出最佳水平。这种接近正式比赛的对抗训练，对运动员的生理与心理的刺激强度大，有利于提高运动员的技术战术运用水平，培养其意志品质和抗干扰能力；并在对抗训练中发现自身的缺点和问题，在困难局面中找到相应的对策和办法，以增强战胜对手的信心。

（四）重视体能训练

良好的体能，是排球运动员完成高强度训练负荷和剧烈紧张比赛的必要条件。没有良好的体能保证，将直接影响到运动员技术战术的充分发挥。无论是赛会制还是全国联赛，赛季时间较长，如何保持最佳的体能状态，安排好赛前、赛中的体能训练至关重要。赛前的体能训练应采用区别对待、因人施教的原则。根据每个队员的具体情况，选择适宜的训练方法、训练负荷量与强度，科学安排好强度和密度比例，合理掌握训练时间。

（五）调控好运动量

合理安排赛前训练的运动量，是保持良好竞技状态的重要条件。科学地把控赛前训练的强度、密度、时间和节奏，有助于更好地调整运动员的技能、体能、智能、心理及情绪等，以最佳的状态进入比赛期。既不要训练过度，影响比赛技术发挥，也不要训练不足，不能达到最佳竞技状态。赛前训练是正式比赛的预演，训练的强度、节奏等要与比赛相适应，包括训练内容、准备活动等应与比赛期的要求相对应。抓实、抓准、抓细、抓好赛前训练的运动量，掌控好适当的度，是保证赛期工作任务顺利完成的重要环节。

四、制订比赛方案

（一）调查研究，知己知彼

比赛方案的正确与否，取决于赛前情报是否真实准确。它直接影响到主教练的周密部署和正确指挥，以及运动员的正确判断和独立作战能力。

调查研究，知已知彼是确定比赛作战方案的重要前提。对本队的了解是比较容易做到的，主教练对每个队员的优缺点要了如指掌，心中有数。在确定主力阵容和主要战术时要比较所有队员，特别是同一专位几名队员水平相差无几时，除对他们的事业心、责任感、意志作风、心理状态、身体素质、技术战术能力，以及竞技状态等进行比较外，还要比较他们的团队精神、智力水准、比赛经验和应变能力。

对比赛对手情况的调查研究，应以近期了解的情况为主，结合过去的比赛资料来进行。主要包括对方主力阵容和主要替补人员的身高、体能、心理、作风、经验及伤病等；各轮次攻防的主要战术套路，个人技战术的能力和特点，全队长处和弱点，二传手分配球的规律，团结状况，教练员指挥能力特点等。要正确估计敌我双方实力并在此基础上进行综合、比较、研究与分析，进而着手制订作战方案。

在最后确定比赛方案之前，一定要使全队人员统一思想、统一意志、统一行动，因为比赛作战方案是全队行动的指南，是取得比赛胜利的重要条件。制订比赛方案要征求每位教练员和运动员的意见，这不但能集思广益，交流互动，而且是使全队每个成员熟悉比赛计划、领会比赛策略、了解战术方向的思维过程，也是最后补充完善确定比赛作战方案的过程。

（二）不同对手，不同对策

制订比赛作战方案最重要的还是落实到对策上，由于比赛对手水平不同，打法不同，特点不同，因而要有不同的对策、不同的方案。制订对策的依据，一般有以下 4 个方面：

①扬我所长。首先要充分发挥本队的长处，在加强防守基础上，采取主动进攻的态势。

②避我所短。想尽一切办法，不暴露本队的弱点或不让对方抓住本队的短处，在弱点暴露后要有应变的各种措施和有效手段，克服困难渡过难关。

③攻其所短。要寻找和抓住对方弱点，特别是弱轮次紧抓不放，以扩大战果。

④避其所长。对于对手的长处，一定要采取有效方法，抑制其特长的发挥，变被动为主动。

（三）慎重初战，力克要害

每次大赛，首轮比赛是各队初次登场亮相的遭遇战，对于初战，无论对手强弱都应十分慎重，充分准备，认真对待。比赛的作战方案首先尽力打好开局，强调斗志，激励士气，处理好每个技术环节和战术配合；同时做好应对各种困难的准备，及时调整策略，加强应变能力。初战水平能否正常发挥，比赛胜负结果如何，对队伍的士气和信心影响极大，对比赛任务的完成举足轻重。

为确保完成全队任务目标，必须战胜势均力敌的主要对手，一般地说，这是左右名次上下的关键之战，也是提升队伍战斗力、锻炼顽强作风的重要实践。要认真对待，全力投入，精心制订比赛方案，并在训练中认真演练对手主要阵容的打法，从中发现新问题，研究新对策。同时在大赛开始后，要进一步收集对手情况，进行录相等情报侦察，有条件时可以全队观摩主要对手的比赛，集中全队的智慧，对原有比赛作战方案进行修正、充实，使之更加周密、精细、完善，更加符合实际情况，为取胜关键战役打下坚实基础。

五、调适心理状态

（一）摆正自己位置

在赛前准备中，要根据彼我双方的实力对比，客观地进行认真分析，正确估量本队实力，摆正自己的位置。既不要高估自己实力，低估对手水平，随意提出难以到达的过高要求，以免压力过大，容易引起紧张，造成心态不稳；也不要妄自菲薄，高估对手，以免造成信心不足，未战先衰，挫伤自己的积极性。

无论是赛前训练还是在大赛中，都会出现各种困难。如训练中表现时好时差，比赛中有起有伏，比分出现领先或落后，水平发挥有高有低，即使是世界冠军也不例外，这是排球比赛的正常规律，不必大惊小怪，手足无措。正确的做法应是，一方面要努力找出失常的原因，寻求解决的办法，并采取有效的措施去扭转不利局面，发挥良好水平去争取胜利；另一方面，对待各种困难，应冷静面对、沉着应战、顽强拼搏、共渡难关，切忌出现缩手缩脚、想赢怕输的紧张心理。

（二）达到良性状态

为了在赛前和赛中能正确对待出现的各种困难，特别是克服想赢怕输、患得患失、缺乏自信，容易紧张的心理状态，运动员还需要努力学会掌握自我调节和自我控制心理状态的方法，提高自己的心理素质。比较简单有效实用的心理调节方法，有集中注意力训练、放松训练、想象训练、反馈训练和自我暗示等训练方法，可选用较适合熟悉的，自己认为有效的方法经常训练。

为营造各种紧张比赛的气氛和条件，提高临场适应能力，可进行心理模拟训练。模拟训练有语言形象的模拟和实践的模拟两种，其目的是消除赛前运动员精神紧张、焦虑不安、畏惧心理和信心不足等状态。其中模拟主要对手阵容和主要打法是运动队经常采用的方法，并可在训练中制造比赛气氛，增加难度和困难，培养在逆境中敢于胜利的信心和以我为主的独立作战能力。还可以通过场上队员位置的组合（进攻与二传、主攻与副攻、前后排、拦与防、防与防等），在技术环节、相互配合等方面的沟通，使队员们能更融合于实施作战计划之中。

此外，也可以模拟比赛环境与条件，如场地的大小，观众的吵闹干扰和裁判漏判、错判，以及赛程和作息制度的改变等。从而使全队人员的技战术水平、身体素质、生理机能、心理状态、思想作风等都争取达到最好水平，竞技水平达到最佳状态。

六、严格生活管理

（一）强化规章纪律

为了落实赛前制订的各项任务，保证全队达到最好竞技状态，顺利完成比赛任务，必须严格制订和执行赛前的各项规章制度，做到纪律严明，令行禁止，教练员更要严于律己，以上率下。要避免出现任何干扰赛前各项工作进行的行为，特别是赛前非战斗减员的恶性事故，以及不利于全队团结，影响战斗士气，涣散凝聚力的行为，保证养精蓄锐、集中精力、全力投入备赛工作。

（二）加强医务监督

提高健康水平，积极防治伤病，保持体力充沛，是运动队完成参赛任务目标的重要物质基础和必要条件。主教练、运动员都必须和队医或医务部门密切配合，认真对待，搞好全队的医务监督工作。医务监督的重点，首先是主力阵容和主力替补，力争在大赛开始前，不要出现重大伤病情况。对已出现的伤病人员，应认真制订治疗方案，一方面积极治疗，另一方面合理安排训练并控制训练量，保证在大赛中能全力投入比赛，发挥正常水平。

在大赛前，对运动伤病应是以预防为主，在赛前准备期内，运动员应增强自我保护意识，穿衣、吃饭都不可忽视。从每堂训练课准备活动到整理放松运动，都要精力集中，认真对待。训练中对地上滚动的球和网口球的对抗都要特的警惕。要尽力减少采用篮球和足球那样激烈的准备活动，以避免发生互相冲撞造成受伤情况，负重杠铃力量训练要精力集中和注意保护。总之在大赛前，对安排训练的手段、方法，要注意合理，在保证训练质量的前提下，更应注意安全，确保运动员以充沛的精力、良好的体能、健康的机体投入大赛中去。

第三节　赛期工作

一、主动适应，积极备战

（一）集中思想，养精蓄锐

无论是赛会制还是全国联赛，队伍一般提前两天到达赛区准备比赛，由于气候、环境的改变，生活节奏的变化，训练时间也不能正常等因素，都可能会打乱运动员的生活、训练规律，从而引起情绪亢奋或低迷，精神不能得到很好的休息，形成人为的精力消耗。为了有充沛的体力投入比赛，赛前管理尤为重要，要严格全队生活作息时间管理。同时，对赛区环境、饮食特点等因素所带来的影响，如处理不当，都会给比赛带来严重后果。因此要引导运动员尽量适应赛区的各种条件和环境，做好相应的应对措施，以保持良好的状态。

（二）秣马厉兵，进入状态

到达赛区后，一般赛前两天会安排适应性训练。要抓住这两次训练的机会，主要目的有：一是适应比赛场地、灯光等环境。场馆的空间大小和灯光状况，会使运动员对球的判断产生差异。通过适应性的训练，可以找感觉、摸规律、纠偏差。二是为首场比赛进行针对性的训练准备。首场比赛运动员心理上往往会比较紧张或拘谨，适应性的训练，可以缓解或解除其紧张和焦虑的情绪，在心理上、精神上适应比赛的要求，这对专注投入比赛具有积极意义。

（三）收集信息，去伪存真

“知己知彼，百战不殆”，全面细致了解对手，是打好比赛的先决条件。要把赛前工作中了解的情况，同赛期收集的新信息进行比对，去粗取精，去伪存真，加以补充和修正，力求准确无误，对症下药。准确的信息是制定对策的依据，高科技的发展为各种信息的收集提供方便条件。电视直播、网络、录像等，无论是直接还是间接，近期或较远的资料信息，都应加以综合分析。对手的人员变化、新队员的成长与替换等因素都应有所参考，分清主次，有的放矢，视对手的不同情况，有目的地酌情调配，排兵布阵，做好各种应变措施，做到以己之长，攻彼之短，有效地发挥出本队的最高竞技水平。

二、赛期训练，有的放矢

（一）合理安排，重点突出

比赛期间的训练时间为每天一小时左右，时间有限，要有目的性、针对性地安排训练。比赛中暴露出的问题和弱点，应及时在短暂的赛前训练中尽量加以解决。比赛中发现的问题往往对教练员和运动员的教训比较深刻，解决问题也相对容易形成共识。比赛期间不宜进行大强度、高密度的训练，应以提高运动员的战术配合和改进战术打法的训练为主要内容。在训练时间安排上，还可以打破平日惯例，不按常规做法，以适应比赛节奏，以此刺激和调动运动员兴奋性，积极进入参赛状态。

对于教练员而言，比赛也是自身学习、总结提高执教能力和指挥能力的好机会，要博采众长，善于学习别人先进的技术战术和有益的经验教训。

特别需要指出的是，在赛期一定要腾出时间，由专门教练抓紧安排替补员的训练。毋庸讳言，在求胜心切的情势下，多数替补员少有上场锻炼的机会。倘不争分夺秒、见缝插针地抓紧训练，其技术与体能必降无疑，全队总体实力的提高也将受到影响。

（二）加强体能，有效防伤

无数赛事证明，比赛中各种错综复杂、变化多端的攻防对抗，若体力不足将直接影响到技战术的发挥。现在全国联赛或赛会制赛程都比较长，体力消耗大，体能下降是必然的。如何解决在漫长赛期中保持体能是一个值得重视的课题，一是教练员要思想重视，合理安排，不能中断；二是训练要有计划性和针对性，根据每个运动员不同情况，安排一定的量和强度的体能训练，这既有助于保持体力，也可防止创伤发生。

三、开好“两会”，制订对策

（一）赛前准备会

准备会的目的是使全队统一思想、明确任务、熟知打法、布置对策。根据不同对手的情况，制订出比赛方案。主要包括两个方面：

一是技战术方面。根据彼我双方的情况，对比赛中可能发生的状况进行对比和预测，做到全队心中有数。主教练可根据对手的实力情况安排不同的首发阵容，无论实力相当还是略有优势，人员的组合都应体现出整体的力量，形成彼此协调，配合默契，发挥本队最擅长的技战术特点。在确定方案的前提下，教练员对本队重点战术打法要交代清楚，引导队员发表见解，对有争议的技战术打法要充分讨论，集思广益，最终形成全队共识的作战方案。

二是心理状态方面。赛前运动员的心理压力比较大，不可避免地会产生一些想法。教练员应实事求是地分析与判断本方和对手的实力对比情况，了解运动员的实际思想动态，帮助其解除顾虑，放下包袱，放开手脚，轻装上阵，全身心地投入比赛。可采取个别谈心、开小会等方式，以消除队员的各种顾虑和紧张心理。

准备会时间不宜过长，一般以一小时为宜。教练员布置策略打法要抓住重点，简洁明了，有说服力和感染力，不提或少提任务指标。会议方式，可先由运动员发言，提出意见和打法，后由教练员集中部署；亦可由教练员先提出方案，再请运动员补充意见。前者有利于调动大家积极性，后者利于集中统一。

（二）赛后小结会

赛前准备会和赛后小结会，两者相互联系，相辅相成。小结会是为了发扬上一场比赛的优点，寻找存在问题，为后一场比赛做准备和找对策，进一步完善自身的打法。

因此总结也是准备的开始。小结会的形式与方法视各队具体情况而定，可利用观看本队比赛录像，边观看边点评边总结，或利用上午训练时间，现场点评，现身说法。这种直观、简明的总结方法，可以让运动员更容易接受。

四、严明纪律，遵纪守法

无论是赛会制还是全国联赛，对赛风赛纪都有严格的要求。全队上下都应熟悉与了解各种纪律要求和规章制度，并坚决贯彻执行。主教练是全队的责任人，要以身作则，严格要求自己，比赛中如发生问题，主教练要果断采取措施，保持冷静，控制局面，防止事态的发展，确保比赛顺利进行。要培养运动员良好的职业品德，讲文明、讲礼貌、尊重观众、尊重对手、尊重裁判，自重自爱，严于律己。主教练、领队和队医要准时出席赛前技术会议，带好所规定的证件，如注册证、参赛证、身份证、健康保险证明、队医行医执照及三套队长比赛服等，以便检查、确认。无论比赛胜负，主教练和队长要根据赛会要求，准时参加赛后新闻发布会。赛事无小事，不能留遗憾。

五、排兵布阵，确定阵容

（一）确定出场阵容

主教练在准备会上首要考虑的是确定出场阵容，在正常情况下，特别是首场的遭遇战和实力相对接近的队伍，都会全力以赴，采用赛前准备阶段选定的，配合训练最多的，也是代表全队水平最高的主力阵容出场。这也是每个队努力打好开局，力争主动夺取胜利的重要条件。

（二）改变主力阵容

1. 培养新手

为培养有前途的新手而改变阵容，有以下两种情况：一是队伍本身实力较强，对手相对较弱，在确保能胜的前提下，换一两名条件较好有一定实力的新手上场。二是双方实力相差不是很大，但主力阵容中同一位置上有两名选手可以选用，一名新手实力较强，但经验稍差，而另一名较老队员经验丰富，但实力稍差。在这种情况下，可考虑先让新手先上，老队员在场下压阵。

2. 锻炼队伍

为锻炼队伍而改变阵容，大赛最后阶段，在名次基本确定的情况下，特别是主力阵容中老队员伤病较多的情况下，可以考虑改变出场阵容，使更多较少上场的替补队员得到锻炼。只要这些比赛的胜负和其他队的名次，特别是不影响其他队出现降组、降级或能否进入决赛的情况应该说是可行的。但必须兢兢业业，全力以赴，认真打好比赛，真正锻炼队伍，打出风格水平。

（三）策略调整阵容

1. 扬长避短

从双方技战术上的长处和短处对比考虑，主教练可调动全队整体力量的优势和替补队员各有专长的特点，运用自己的智慧，改变主场阵容。这种变阵，不但针对性强，能争得主动，扬我所长，避我所短，攻其所短，抑其所长，运用得好能收到出其不意、攻其不备的良好效果。如对方发球和拦网较好，但扣球一般的队，为了加强接发球到位率，可考虑起用接发球较好，身材相对较矮，拦网一般但善打快变战术进攻的队员上场。相反，如果对方强攻一般，但快攻出色的队，则可选用发球较好和拦网有威胁的队员上场。

2. 韬光养晦

为保存实力或体能，以备在关键场次或局次上场决战而改变阵容。如在比赛中遇到实力明显强于自己的对手，较难取胜，而下一场的对手，是实力相近，又是关键之战，可以让一部分年龄较大或有伤、体力稍差的主力队员不上场或少上场，便于养精蓄锐在下一场决战。再如，如果在比赛中曾以 2:0 或 2:1 领先后，但第三局或第四局以大比分落后于对方，场上队员思想处于混乱，发挥极不正常在局面难以挽回的情况下，主教练可当机立断，把场上大部分，甚至全部主力换下，让他们在场下休息调整心态，统一思想，找出对策，排除杂念，恢复信心。主教练要激励他们，重整旗鼓，从零开始，进行决战，有时会取得较好效果。

（四）排阵对位原则

排兵布阵是否合理得当，至关重要。特别是双方水平相当，实力接近，甚至比对方稍逊一筹的情况下，如何巧妙地排阵对位，运用战术，使战局朝着有利于本队的趋势发展，去夺取胜利。这是主教练在临场指挥中斗智斗勇较量的一个重要条件。排阵对位有四条原则：

1. 以我为主的原则

这是各队一般熟悉的常规排阵，也是力争打好开局，争取主动，并根据比赛进展的实际情况，以不变应万变的排阵方法。我国各队目前基本上都采用“五一”配备阵容，大都采用二传手从一号位插上作为开局的站位，前三轮都是三点进攻，保持强轮在先。这实际上也就形成了双方都基本上保持三点对三点、二点对二点进攻对抗的模式，相对来讲也是强对强、弱对弱的排阵格式。

2. 出其不意的原则

双方实力相当或自己稍弱的情况下，根据对方不变阵、不变位的习惯，本方把原来的排阵倒三轮或二轮。这样的变阵，会使对手缺乏准备，而本方却是有备而来，因而往往会打乱对方战略部署，从而能取得主动。如果开局得手，顺利取胜，就应考虑下一局的排位是否要变换。因为对手有较大可能也会采用倒三轮的排位方法。要善于分析对方主教练的性格和心理可能发生的变化，并密切观察一局比赛结束后，主教练和副教练的对话交流。由于填写位置表，一般由副教练担当，而且经常是事前填好。如果对方不变换第一阵容位置，主教练和副教练的对话就较短。如果时间较长，而且重新填写位置表，就有极大可能会改变阵容的位置。此时本方可决定恢复原始站位，而使对方料想不到，打乱其计划。如果本方第一次变位不成功，则可在下一局主动把阵容排位变到原来习惯的位置。另一种情况是，在比赛中如果本方连输二局，而且所采取的换人和改变打法仍无效果时，也以下决心连倒三轮，破釜沉舟，冒险一搏，或许会出现转机。

3. 重点突破的原则

采取排阵与对位时，首先要考虑到彼我双方战斗力的全面分析，特长特短的比较和相互制约的关系，尤其要了解对手的比赛意图，及对本方可能采用的策略和战术部署。要有一个准确的判断和相应的对策，更重要的是要考虑到双方总体实力和各轮次之间强弱比较关系。在排阵对位中，为了争取主动，可用重点是突破的方法，如选择发球攻击性强、拦网突出、防守较好的强轮次，使对手难以发挥，从而瓦解对方斗志、动摇其信心。同样，也可采取同样的重点突破的方法，集中优势力量，紧紧抓住对方较弱的轮次不放，连续得分，也可以取得同样效果。

4. “田忌赛马”的原则

排兵布阵要考虑每个轮次相对均衡，以发挥总体优势。但在实际应用中，只有利弊的多少，而少有环环领先、每轮有利的现象，除非是双方实力悬殊。因此，要权衡利弊，趋利避害，从选择利多弊少的原则出发，采用避强就弱，或以少数轮次相对劣势，换取较多轮次相对优势的总体优势；并要避免对方抓住我方弱轮次的策略所带来的被动。这种安排，可以对付势均力敌的对手，去争取主动与胜利。

六、临场指挥，运筹帷幄

主教练临场指挥的能力与水平，是参赛工作中的一门学问，是夺取比赛胜利的一个重要环节。

教练员的临场指挥，主要是通过思维过程、决策过程和实施过程体现出来的。临场指挥是教练员根据比赛进展和运动员竞技表现状态及其效果所做出的人员调整、战术安排、技术运用、心态调适等工作的综合，其根本目的是使运动员正常发挥训练水平，在比赛中抗衡对手，并取得理想成绩。在竞技赛场上，运动员同对手的较量紧紧依附于教练员的临场指导，并与其水平发挥息息相关。因此，在临场比赛中，对主教练的临场指挥能力与技巧都有较高的要求。

（一）主教练的自我要求

1. 文明礼貌，落落大方

主教练在赛场应头脑清醒、精神焕发、仪表整洁，身着大会规定的着装，自始至终有一个良好的精神面貌。这一方面可以感染调动运动员的积极性，另一方面可以给观众留下良好印象。

要有良好的职业道德，尊重裁判、尊重观众、尊重对手，不弄虚作假，认真打好每一场比赛，无论胜负，赛后都要和裁判员及对方教练员热情握手致意，并准时出席比赛规定参加的新闻发布会。如果取胜，应注意谦虚谨慎，适当表扬对手的优点。如果失利，应实事求是从主观上多找原因并祝贺对手取胜，不要责怪队员发挥不好，推卸责任，更不要指责裁判员和对新闻记者不礼貌，应表现出自尊自爱、不卑不亢、文明礼貌的风范。

2. 心态稳定，沉着应战

首先要有一个正确的比赛动机和参赛目的，实事求是地估计双方队伍的综合实力。摆正全队和个人的位置，对任何比赛不管对手强弱都应认真对待，每一场比赛都应努力去争取最好的结果，并做最坏的准备。

同时要正确对待胜负得失，领先落后都是排球比赛的规律，在临场指挥时应神态自若，沉着稳重，举止大方，做到胜不骄，败不馁，危不乱，领先不松懈，落后不泄气，相持不紧张，关键不犹豫。不斤斤计较一时一分的得失；出现困难时，更不要失态，埋怨队员，指责裁判，甚至放弃指挥。

3. 冷静观察，果断决策

面对比赛过程中复杂多变的局势，作为主教练无论比赛中是领先还是落后，是相持还是关键，都应保持清醒头脑，冷静观察。认真思考、综合分析影响比赛成败的技术、战术、体能、心理、意志、经验、裁判和观众等多种因素之间的关系。应善于根据临场的情况和对手的变化，审时度势，把握时机，制订新的对策，对原定方案进行不断的修正和补充。

在激烈的对抗比赛中，场上风云变幻，战机稍纵即逝。临场指挥中的决策，常常产生于一瞬间，主教练要果断，有魄力，更需要无私无畏，勇于担当。不能有任何私心杂念、患得患失，否则无法及时作出决策。

对于重大比赛或决定名次的关键比赛，主教练的压力巨大，而此时也最能考验其决策水平。当场上争夺势均力敌、难解难分或出现惊涛骇浪、危在旦夕时，要做出正确的决策，如恰到好处的暂停，不失时机的换人等。只要抓住、抓准一两个机会，就可能改变整个局面，胜负便在果断、正确的决策中见分晓。

4. 抓住重点，言简意明

一场紧张激烈的排球赛，局间交换场地休息有 3 分钟，每次暂停、技术暂停各只有 30 秒钟，主教练临场指挥要言简意明，一语中的，抓住主要问题，突出重点要害，不说空话废话，要具体而明确地提出解决问题的办法，哪一轮，哪个人，落实到具体的哪一项技术。这样运动员容易听得明白，见诸行动，取得良好效果。切忌滔滔不绝，喋喋不休。教练员平时要锻炼高度概括的思维能力和语言表达能力，巧妙运用指挥语言向运动员面授机宜，沟通意图，提高指挥的质量和吸引力。

（二）临场指挥主要方式

教练员临场指挥方式有直接和间接指挥，指挥途径主要通过口头语言、肢体语言、换人和暂停等方式。

1. 口头语言

口头语言是教练员主要采用的临场指挥方式，尤其是在暂停阶段，教练员按照自己的判断和助理教练员提供的信息，对运动员在上一比赛阶段技战术表现做出简要评价，对下一比赛阶段技战术提出要求和安排。特别是对重点运动员完成技战术存在的问题，进行专门的指导。

2. 肢体语言

肢体语言又称身体语言或非口头语言，是指经由身体的各种动作，从而代替语言达到指导、沟通、提示等目的的肢体动作。

在比赛过程中的非暂停情况下，教练员临场指挥大多采用肢体语言来进行，常用的有手势语、头语和触摸三种。手势语是教练员和运动员在长期接触中积累起来的交流默契；头语是利用身体动作或脸部表情，来表达某种意图的无声语言；触摸大多发生在教练员与运动员近距离的情况下，教练员对运动员参赛行为、参赛表现以及运动员的情绪、态度进行表达时所采用的包括握手、爱抚、拥抱、拍肩等行为动作。

（三）暂停的时机与运用

暂停是主教练在比赛过程中对处于不利时扭转战局、顺利时发展优势、相持和关键时争取主动而进行临场直接指挥的机会。首要目的是稳定局面，调整心态，部署打法，或坚持预定的技战术实施，或改变技战术打法。

暂停既是战术实施的需要，也是战略设计的需要。合理利用暂停，既可以重新部署自己的打法，或改变新的策略；也可以干扰对方比赛节奏，破坏对方战术实施，从而达到争取主动、战胜对手的目的。

1. 两次技术暂停的运用

第一次 8 分技术暂停，是开局阶段的后期并进入中局阶段。在开局阶段，双方以我为主的技术发挥都可能是高水平的，比分一般难以拉开。主教练应有充分的心理准备，尤其应准备困难局面的出现。如果比分落后处于被动，应及时调整作战方案，随机应变，力争改变被动局面；如比分处于一两分之差的相持阶段，说明双方攻防水平接近，战术基本对路。主教练应密切观察，寻找对方的弱轮、弱点，指挥运动员充分发挥本队长处，抓住机会进行有力突破，拉开比分距离，争取中局的主动；如比分领先，则要继续保持以我为主的策略，不要主动改变已经取得成功的进攻和防守战术，但要注意对手变换战术和换人，并防止松劲情绪。

第二次 16 分技术暂停，是中局阶段的结束并进入结局阶段。在中局阶段，双方主要攻防战术和每个轮次的特点以及运动员的技战术水平都已充分展示，而进入结局阶段双方竞争将更加激烈，心理压力增大。因此，主教练在暂停时，无论是领先、相持还是落后，都应要求队员多做自我动员，互相鼓励，稳定心态，克服想赢怕输的思想，抓住机遇发起最后的冲击。因为，即使是被动落后的一方，只要有一线希望，也会采取一切有效方法，拼死相争，力挽败局。在相持关键的情况下，一定要抓好以我为主的一切有效得分手段，进攻上要以临场有效的战术和发挥最好的运动员为主，尽力减少各项技术失误，并要求运动员在场上能根据实际情况，随机应变，特别是场上核心队员，要发挥主动、灵活，独立作战的能力。

2. 对方请求暂停的运用

在本方领先的情况下，对方叫暂停，主教练的指挥基本上可按二次技术暂停本方领先时的要求进行指挥。但应更有针对性，即抓住对方暂停的这一轮相对较弱的情况，紧抓不放，继续扩大战果，并预防对方可能改变战术打法。

对方领先请求暂停，可能一是对方领先后，出现放松苗头；二是本方虽比分落后但不气馁，而且连续得分或比分开始接近对方。这两种情况都说明，本方虽然比分暂时落后，但已开始出现良好转机。此时，一方面要鼓励队员进一步增强信心，一鼓作气，坚持已取得的有效对策，不断扩大战果，以挫伤对方士气，变被动为主动；另一方面要估计到对方会可能会改变战法，并随机应变，做出新的对策。

3．本方两次暂停的运用

在技术发挥正常、领先较多的情况下，一般不主动请求暂停，不打乱本队正常节奏，给对方以喘息的机会。

在比分落后不是很多的情况下，开局和中局一般不必动用本方两次暂停，而是充分利用两次技术暂停和在死球时主教练在场外进行简短扼要的提示或换人。

在比分虽然领先较多，但场上出现松劲情绪，精力不集中，失误增加的情况下，必须及时叫暂停，主教练必须严肃批评指出，注意赛场作风，不要给对手有可乘之机。

由于对方及时改变策略取得明显效果，本方发挥被抑制，特别是主要进攻队员严重受阻，比分逐渐被拉开或接近，此时无论比分是领先还是落后，都应及时请求暂停。部署新的对策，改变打法、争取主动，并稳定场上队员的情绪。

比赛中无论是领先、相持或落后，是开局、中局或后局，在同一轮次连续丢失 3 分的情况下，都应及时请求暂停，并采取相应对策。首先在接发球进攻上有所突破，要从接发球、二传组织和个人进攻为要点，具体落实到每个人。避免再连续失分，影响士气，动摇信心。

比分落后较多时，无论在开局和中局都应不受有两次技术暂停的影响，该暂停时就叫停，两次暂停用完后，也可以通过换人等办法来改变场上的被动局面。

当比赛进入 20 分之后，双方比分交替上升，在此关键时刻，主教练能否根据临场战局的变化，冷静、果断、恰到好处地运用暂停时机，部署打法，采取对策，将对战局的发展乃至于胜败产生重要作用。

比赛中如出现运动员不够冷静，与对手或观众，特别是与裁判员发生争执，或出现被判罚，或在关键时刻突然受伤，场上其余队员情绪不够稳定时，应及时请求暂停，调整心态，稳定情绪，集中精力，布置新的对策。

（四）局间休息临场指挥

1．前四局的局间指挥

主教练应充分利用 3 分钟局间休息时间，进行临场指挥。要用简明的语言总结上一局比赛的经验教训，提出下一局的具体要求和主要对策，特别要继续发扬优点，对存在的问题和不足，无论是全队和个人都应及时提醒，并给予解决问题的具体办法。替补队员应认真进行准备活动，保持状态，时刻待命。要留一些时间，让主力队员调整休息，互相交流，冷静思考，或由主教练员或其他教练员进行个别提醒、指导。

2. 决胜局之前的指挥

主教练要充分肯定前四局的成绩，以统一思想，鼓舞斗志，增强信心，赛出风格与水平为主要内容，同时以明确的语言提出攻防战术的对策和重点要求，特别要调动核心队员的带头作用，坚忍不拔，耐心打球，力争打好开局，先声夺人，并做好克服困难，不到终局永不言弃的准备。

（五）换人的时机与运用

在比赛中，主教练要根据规则适时运用换人策略，除“自由人”可随时进行替换外，每局还有 6 人次的换人机会。在实力相当的高水平比赛中，替补队员技术能力的高低，主教练临场运用换人的技巧，以及能否充分发挥全队整体实力的优势，对决定比赛胜负至关重要。在比赛中还可通过换人来传达主教练指挥意图。换人有两种类型：

1. 主动换人

主动换人是教练员依据比赛场上形势的发展走向和人员组合配备的需要，采用的具有一定战术目的的人员替换。主动换人一般有以下各种情况（表 6-1）。

表 6-1　主动换人原因与目的

原　　因	目　　的
对方技战术实施顺利，效果显著；本方队员思想不统一，出现急躁情绪时	应换上威信较高、技术扎实全面的，并有一定组织能力的队员上场，以稳定情绪，振奋斗志，扭转战局
对手改变战术打法，或本方战术不顺，需改变策略时	及时换上在某项技术有一定特长的队员，使本方战术有所改变，达到克制对手的效果
双方处于相持阶段，为打破僵局时	试探性地换人，如果上场的队员不能适应即马上换下来，或者频繁换人
为战术需要加强防守时	在加强攻击的基础上适当换上防守能力强的队员，达到攻防平衡
当本方处于领先，而比赛接近尾声时	应换上本队防守能力强的队员，加强防守，通过防守，打乱对方阵脚，保持胜利局面
当本方处于落后，比赛即将结束，还存在着取胜希望时	应换上攻击能力强的队员，全力进攻，放手一搏，用进攻破坏对方的防守，打乱阵脚，激发队员的必胜信心，争取比赛胜利
需要盯住对方的核心队员，制约对方有效进攻时	换上本方发球、拦网和防守好的队员，打乱对方阵脚
对方换人的时候	可换上相应的队员，打乱对方的部署，让对方的战术思想得不到有效的实施
需要用换人代替暂停时	当暂停次数用完，在不影响场上实力的情况下，可通过换人传达教练意图，调节紧张情绪，缓和体力消耗

续表

原　　因	目　　的
需要利用换人传达教练员意图时	将教练员的指挥意图，通过换人传达给场上队员
本方领先较多，胜利在握，或为保存实力时	可换上年轻队员上场培养锻炼

2. 被动换人

被动换人是在不得已的情况下采取的措施，一般在以下几种情况下换人：

①临场表现失常，不能正常发挥水平时。

②意志比较薄弱，或思想不集中，反应迟钝，不能适应激烈对抗的比赛时。

③犯规或失误次数过多，心理上造成障碍，不能正常发挥技术水平时。

④对裁判员的判罚产生不同意见，或者与对手、队友发生龃龉，情绪激动，甚至出现言语和肢体冲突时。

⑤因突发伤病，不能继续比赛，或体力不支，不能正常发挥作用时。

（六）换人应注意的问题

1. 大胆谨慎，果断决策

无论是被动换人还是主动换人，一般来说大都是在比分落后、相持阶段或关键时刻时使用。在决策时，必须既大胆又谨慎。要用在最关键的时刻，掌握最好的时机。大胆使用那些心态稳定、准备充分、经验丰富、状态良好、有特殊专长的人上场。既不盲目莽撞、草率从事，也不要举棋不定、优柔寡断。

2. 掌握情况，成竹在胸

主教练要充分了解替补队员平时和临场的思想、意志、信心、能力、智力、意识和个性特点，有计划、有目的地加以使用。平时应着力培养他们的技术专长和运用能力，并十分信任和重视他们的作用，做到心中有数，大胆使用。

3. 事先招呼，有备而来

换人前，应让准备上场的队员事先了解上场的打法和所起的作用及要求，做好思想、技术、战术、身体等方面的准备。如果是新手上场，更应多鼓励其信心和士气。

4. 疑兵不用，用兵不疑

应充分相信被换上场的队员，不能因技术上的一时失误或暂时失利而马上又被轻易换下（关键时和战术换人例外），应给换上场的队员在实践中锻炼的机会。如果队员确在思想作风上出现了严重错误，就应立即换下场。同时被换下来的队员，应时刻做好充分准备，根据需要重披战袍，奋勇上阵。但要防止替补员上场后发挥良好，甚至扭转了战局，只因偶有失手就被换下，这最易伤害人的积极性，也不利于新生力量的成长。

（七）择机运用“鹰眼挑战”

为了保证比赛的公平性与公正性，纠正由于裁判员的错判或漏判而引起的纷争，根据国际排联竞赛规则的规定，与赛双方可以运用“鹰眼挑战”。即在该回合结束后8秒钟内，由质疑方的主教练向裁判员提出。主裁判根据“鹰眼”的判断，做出最终的判决。每局比赛每队有两次挑战机会，如果挑战成功还有两次挑战机会，挑战失败则只剩一次挑战。

鹰眼挑战适用于以下6种情况：

①落地界内或界外球。

②球是否触手出界。

③球是否触及标志杆（先打手还是先打杆）。

④扣球或拦网的触网。

⑤是否踩到发球线、3m线和中线。

⑥自由人上手击球时脚的位置（是否在3m线内）。

主教练和场上队长在临场比赛中要善于利用规则，择机巧用“鹰眼挑战”。一般可以有两种情况。

1. 实质性挑战

当比赛过程中确实存在有错判或漏判时，场上运动员应及时向教练员示意，由主教练向裁判员提出挑战。这类挑战，场上运动员身临其境，情况清楚，应力求准确无误，以免挑战失败，本局失去一次挑战的机会。

2. 战略性挑战

这类挑战，一般运用在临近终局或关键阶段（每局20分或决胜局12分之后）。即当本方比分落后、战无章法或情绪不佳，“暂停”次数已经用完，但尚有“鹰眼挑战”可用时。为了干扰对方比赛节奏，抑制其上升势头，同时给本方以喘息调整和以利于再战的机会，可以在适宜时机，明知裁判员无错，却利用规则提出挑战；此时教练员可以在场外喊话指挥，以图扭转战局。为人要老实，打球应狡诈，“兵者，诡道也”。

第四节　总结休整

一、认真搞好赛后总结

（一）要重视总结工作

每次大赛无论结果如何，都会有成功经验和失败教训，应及时总结，发扬成绩，纠正缺点，明确方向，以利再战，达到不断提高水平的目的。大赛总结不同于每一场比赛的小结。要从技术、战术、体能、心理、作风、意志、智力、科研，以及赛前准备、排兵布阵、临场指挥等方面，认真进行总结。这对于今后改进训练工作，提高训练水平，丰富比赛经验，吸取有益教训，提升执教能力，并为下一次大赛取得优异成绩，将会产生积极影响。

（二）总结内容与要求

总结既要全面评估，又要突出重点。重点是本队比赛风格的表现和技术战术水平的发挥。要与前一两届参加大赛的情况进行比较，也要与同一主要对手近两年来比赛的进步程度进行比较。

总结既要充分肯定成绩，以增强全队的士气和信心，又要正视存在的问题，找出原因所在，并寻求改进问题的意见和方法。

总结应围绕得失分，特别是具体强弱轮次的得失分进行分析比较，找出全队的特长和短处，以便在今后的训练中进一步取长补短。

总结赛前准备工作和作战方案与实际比赛情况是否相符，存在哪些差距和问题，从而研究出如何进一步完善赛前准备工作和知已知彼的调研工作。

总结主力队员的技术战术运用、作风表现、心理状态及体能水平等情况，肯定成绩与优点，找出缺点和改进的办法，并通过总结找出每个队员的发展方向和创新的设想。

总结替补队员的表现，规划他们的发展前景，从中选拔有培养前途的人才大胆任用，为在今后大赛中，扩大主力阵容的实力。

总结临场指挥能力和教练班子在赛前、赛中和赛后的协调配合情况，充分听取全体队员意见，以便今后进一步提高临场指挥的水平。

总结要联系平时的思想工作、训练质量，后勤保障、医务监督和科研工作等问题，进行深入的探讨，为完成下阶段的训练和比赛任务打下基础。

（三）总结时机与安排

大赛结束后，要抓紧时间进行总结。此时，大家对比赛情况记忆犹新，及时总结会有更好的效果。总结工作可先全队后个人，全队总结要列出提纲，个人总结则要求写出书面的文字材料。

教练组要以定量和定性的各项技术统计和有关资料，总结分析全队和个人运用技战术的详细情况和往年比赛相关技术统计资料，以及主要对手比赛的相关资料和变化了的情况，进行对照，为总结成功的经验和失败的教训提供可靠的依据。

对全队在比赛中能有效发挥、关键时起作用，并开始形成的技术战术特长，可认真进行专题总结，总结重要的经验，有利于进一步巩固和发挥。而对全队暴露出来的主要薄弱环节，也应认真进行专题总结，找出不足和解决的办法，以便今后克服和改进。

在个人总结时，特别对主力队员的总结，全队人员都应关心，应用一分为二的方法，在充分肯定成绩的基础上，帮助其找出问题和改进的方法，明确今后的方向、目标，但不要搞人人过关。

总结的最后阶段，主教练应代表教练组，对全队做一个较全面的总结。在取得成绩面前，要谦虚谨慎，寻找不足和差距。在失利面前要主动承担责任，实事求是分析问题，认真总结教训。总之，通过总结要肯定成绩，提高信心，找出问题，明确方向。

总结的同时，要和下阶段训练比赛的实际紧密结合起来。总结的目的就是为了今后，无论是全队还是个人都应通过总结认真思考下阶段的工作打算，并着手制订新的训练计划。

二、适当安排赛后休整

（一）调整的目的

由于长时间的艰苦训练和紧张激烈的比赛，教练员和运动员的精力体力、生理机能消耗极大。为了消除精神和体力的疲劳，以及养伤治病，应安排时间适当地进行休整，以便尽快恢复体力，调整心态，养精蓄税，迎接新一轮的训练与比赛任务。

（二）调整的方法

有积极性休息或消极性休息两种。积极性休息可采用爬山、游泳或其他项目的练习等；消极性休息可探亲访友，或与家人、亲人和朋友相聚的方法，也可度假旅游、摄影、钓鱼、下棋、唱歌、跳舞、看电影等多种多样方式，度过一个轻松愉快、有乐趣、有意义的调休期。休整的方法与时限，应视与下一个比赛任务相隔时间的长短而定。

（三）调整的要求

①放松而不放纵。在与朋友交往中，要保持清醒头脑，提高法治观念，务必遵纪守法，加强保护意识，防止意外事故发生。

②保持正常规律。注意劳逸有度，重视作息安排，防止暴饮暴食，杜绝酗酒、酒驾。

③适当安排运动。在休闲之余，要安排一些体育锻炼，不要只是消极性的休息，以防体重增加，体能下降，机能消退。保证在休整期结束后能及时跟上训练节奏，迎接新的训练任务。

④考虑今后计划。调整期间应安排一定时间，完成尚未完成的赛后总结工作，整理相关资料、数据和比赛录相，为今后训练和比赛服务；研究制订下一阶段的训练计划与安排，迎接新的挑战与考验。

第五节　排球比赛信息系统

一、DATA VOLLEY 的功能及在比赛训练中的运用

现代排球信息系统是专门用于采集、分析、处理排球训练比赛中技战术数据的计算机程序的总称。其中，使用较为广泛的是 DATA VOLLEY 系统。

DATA VOLLEY（排球数据统计）软件是 20 世纪 90 年代，意大利体育部与美国微软公司合作开发的排球统计软件。一些国家（如意大利等）排球队早已应用 DATA VOLLEY 软件，并取得了较好的应用效果。该软件主要是把一个比赛过程转化为特定数据代码，通过键盘录入电脑中，根据排球比赛基本特点，把轮次、人员、技战术种类、球运动方向及触球效果进行量化处理，并通过其强大的运算和检验功能，向使用者展现排球比赛或训练过程中有关轮次、人员、战术特点、技术运用效果、进攻路线等详细的统计结果与信息。

（一）DATA VOLLEY 的基本功能介绍

该软件操作较简单，软件的统计内容详细，可统计全队和每个运动员的详细信息、统计各种技术和战术的应用情况、统计本队和对手的比赛情况。软件的主要作用有赛前了解对手、比赛临场分析和赛后总结分析三个方面。

DATA VOLLEY 软件的界面分为三个部分：比赛画面区（Rotation area）、录入区（Scouting area）和代码显示区（Codas list area）。比赛画面区显示比赛两个队的队名、运动员名单、上场队员和场上队员轮转情况等；录入区是录入者键盘录入的位置；代码显示区显示录入的所有代码。

DATA VOLLEY 软件已经把排球的各种技术和战术设定了固定代码，录入者可根据自己的习惯通过录入菜单设定部分技术和战术的代码。比赛录入顺序按照比赛的实际进程进行录入，顺序是队员号码、球飞行路线、击球效果。如每一轮次的顺序是从发球开始，从几号位到几号位，对方哪个队员接球，几号队员进攻，进攻效果如何，球的飞行路线等。

DATA VOLLEY 软件还具有强大的分析功能，Datavolley 软件的数据分析简便易行，并且十分详细实用，可对全队比赛情况进行分析，可对每一位运动员的比赛数据进行分析、赛前对对手进行分析、了解对手全队的情况和个别队员的特点，在比赛现场进行及时分析，了解对手的比赛情况和本队的比赛情况，以便采取有效的应对措施，教练员做到科学临场指挥，在赛后进行赛后总结分析，了解本队和对手的发挥情况。DATA VOLLEY 软件数据分析的具体内容主要有：发球分析、接发球分析、进攻分析、拦网分析、二传传球分析、接扣球分析、发球路线分析、扣球路线分析和战术应用分析等。

DATA VOLLEY 软件的分析菜单（Match Analysis）中有多种分析功能，能够针对场上每一名队员和全队进行详细的技战术分析，包括本队和对手的各项信息，能够做到赛前了解对手，比赛信息的现场及时反馈和赛后总结分析，能够根据教练员的具体需要进行专门性的分析。目前许多国家的排球队都在使用这套软件，并取得了较好的效果，这套软件可以说是目前排球比赛临场技术统计软件中最为实用先进的。国家体育总局排球运动管理中心在 2004 年购买了这套软件，目前我国男排已经在实战中充分地应用了该软件，并取得了较好的效果。

（二）DATA VOLLEY 的基本操作思想

DATA VOLLEY 软件通过键盘录入代码。每条代码代表着一个技战术的运用基本信息，包括了运动员号码、技术动作、类型、效果、触球区域和球飞向的区域等信息。一条代码可以归纳为如下格式（图 6-2）：

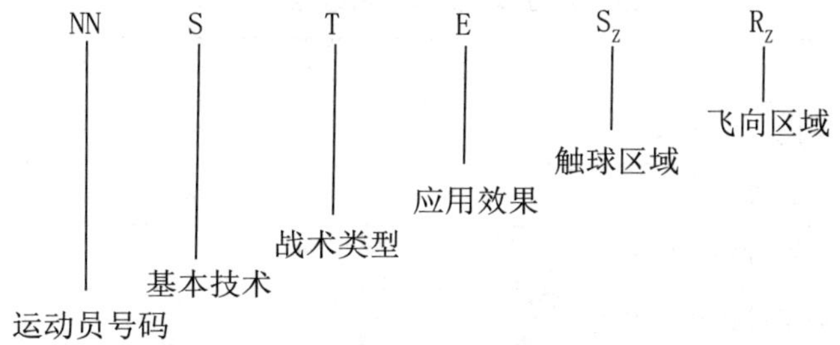

图 6-2 录入代码

排球比赛中，一回合过程包括了许多的击球动作，因而快速、准确录入这些代码是掌握该软件必须突破的前提，高水平的分析人员可以在比赛中同时记录双方的每一次击球动作。

其中技术动作是以击球技术中的发、垫、传、扣、拦为基础，变化为发球、一传、二传、进攻、拦网、防守和一般垫球七大类，分别由七个字母（S、R、A、B、D、E、F）代表，该代码的基本技术及评价标准如表 6-2～表 6-8 所示。

（1）S——发球

表 6-2 发球技术运用效果评价表

发 球	
=	失误：下网，出界等
/	大破：对方接发球过网，被我方球员打探头球或拦网；或对方无攻过网
-	效果不佳：对方一传到位
!	对方接发球距网 1～2m，对方无法组织战术进攻
+	较好：对方接发球距网 3m 以外，二传手无法组织快攻
#	得分，对方没有碰到球或救起后失掉

（2）R——接发球

表 6-3 接发球技术运用效果评价表

接 发 球	
=	失误：未碰到球，出现错误或未救起
/	大破：接发球无攻过网，或无法组织进攻
-	效果不佳：接发球距网 3m 以外，二传手无法组织快攻
+	较好：接发球距网 1～3m，有快球节奏
#	很好，一传到位并且有高度，可以组织各类战术球

（3）A——扣球

表 6-4 扣球技术运用效果评价表

扣 球	
=	失误：下网、出界等
/	被拦网：丢分
-	不佳：被对方轻易防起
!	被拦网但又被进攻方救起
+	较好：防守起球但是反方无法组织扣球
#	成功：得分

（4）B——拦网

表 6-5　拦网技术运用效果评价表

拦　网	
=	失误：窝果或触网
/	被从单人手中穿过
-	触球后，球直接飞出无法救起
!	把对方球拦回，但没有得分
#	拦死对方扣球，直接得分

（5）D——防守

表 6-6　防守技术运用效果评价表

防　守	
=	失误：垫飞或未防起等
/	破攻：防起球无改过网，或无法阻止进攻
-	防战术：防起球距网 3m 外，二传手无法进攻
+	半到位：防起球距网 1~3m，有快球节奏
#	绝对到位：防守到位且有高度，组织各类战术

（6）E——传球

表 6-7　传球技术运用效果评价表

传　球	
=	失误：连击或其他传球直接得分
/	无攻：传失误，无法进攻
-	效果不佳：战术攻配合失误
+	基本到位：与攻手配合稍显不流畅
#	绝对到位：形成理想进攻战术

（7）F——一般垫球

表 6-8　一般垫球技术运用效果评价表

一般垫球	
=	失误：垫飞或其他垫球直接失分
/	破攻：垫起球后直接过网
-	破战术：垫起球距网 3m 以外

续表

一般垫球	
+	半到位：垫球距网 1~3m，有快球节奏
#	绝对到位：垫球到位并且有高度

（三）触球区及球落点区域划分

在录入球飞行方向上，把一边的排球场地分为 9 个区域，用数字 1~9 代表，又在每一区域中，用 ABCD 分为四个小块（图 6-3），这样只要录入这些信息，软件就可以把球的飞行路线画出来了。

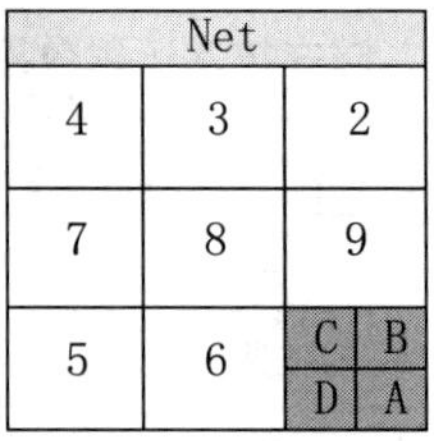

图 6-3　球落点区域划分

二、DATA VOLLEY 在训练及比赛中的应用

（一）对比赛双方的技战术信息进行统计分析

随后就可以在计算机上检索这些代码对双方的技战术信息有选择地进行统计分析。而且该软件提供了完全相同的三种分析对话框（图 6-4），而且从下图中不难看到它还可以根据不同比分阶段，对手不同轮次，不同比赛局，以及不同的二传作为检索条件。

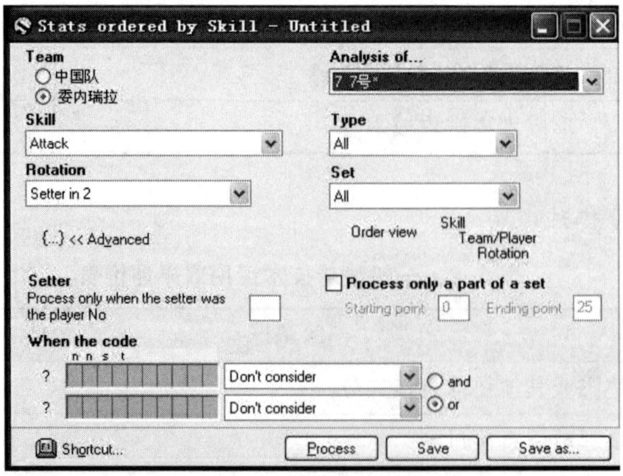

图 6-4　分析对话框

为了使数据分类更为细致，该软件还提供了对某类代码检索的前置，同步后续等指标的设置大大方便了对分析结果的处理。

（二）按队员、技术、站位统计数据或技术效果分析对手

如图 6-5 所示，在绿色条框的下面，显示的就是分析结果的表格。以“按队员统计”为例，分析表格内容依次为：

队员、动作、类型、轮次、局次、Vot（加权平均分）、Eff（实际效果率）、Tot（动作总数）、效果统计方面以进攻为例分为 6 种效果，如效果为“=”为进攻失误的动作次数、占此动作总数百分比、往返球得/失分（BP）次数、接发球进攻得/失分（pS）次数；效果为“#”是进攻的得分的动作次数、占此动作总数百分比、往返球得分（BP）次数、接发球进攻得分（pS）次数等。

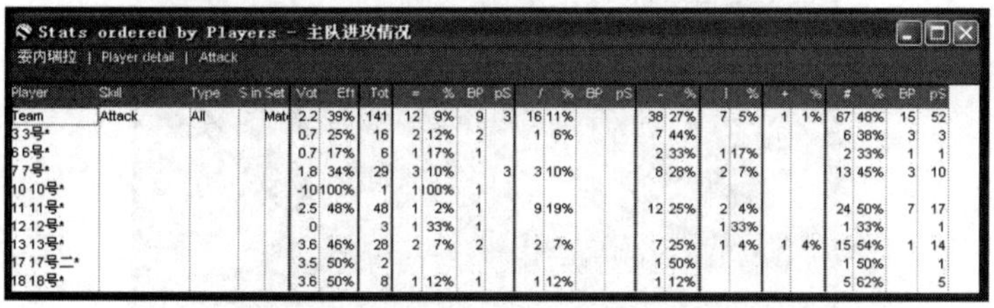
Stats ordered by Players - 主队进攻情况
荽内瑞拉 | Player detail | Attack

Player	Skill	Type	S in Set	Vot	Eff	Tot	=	%	BP	pS	/	%	BP	pS	-	%	!	%	+	%	#	%	BP	pS
Team	Attack	All	Mat	2.2	39%	141	12	9%	9	3	16	11%			38	27%	7	5%	1	1%	67	48%	15	52
3 3号*				0.7	25%	16	2	12%	2		1	6%			7	44%					6	38%	3	3
6 6号*				0.7	17%	6	1	17%	1						2	33%	1	17%			2	33%	1	1
7 7号*				1.8	34%	29	3	10%		3	3	10%			8	28%	2	7%			13	45%	3	10
10 10号*				-10	100%	1	1	100%	1															
11 11号*				2.5	48%	48	1	2%	1		9	19%			12	25%	2	4%			24	50%	7	17
12 12号*				0		3	1	33%	1								1	33%			1	33%		1
13 13号*				3.6	46%	28	2	7%	2		2	7%			7	25%	1	4%	1	4%	15	54%	1	14
17 17号二*				3.5	50%	2									1	50%					1	50%		1
18 18号*				3.6	50%	8	1	12%	1		1	12%			1	12%					5	62%		5

图 6-5　“按队员统计”某一分析结果

（三）按进攻区域图表分析对手

由于教练员往往还需要更为直观的图形表达，该软件还可以通过对代码的分类整理把代码中所能表达的区域以图形形式直观地呈现出来（如图 6-6）。尤其是在对对手进攻实际发生区域的描述最为适用，它可以根据需要把对手的六轮进攻的区域上的进攻效果在一个不大的图形中表达出来。根据分析的需要可以显示必要的技战术效果数据，这使得教练员或队员可以非常直观地了解对手情况，并把数据以他们的观察结果直接地对应起来。

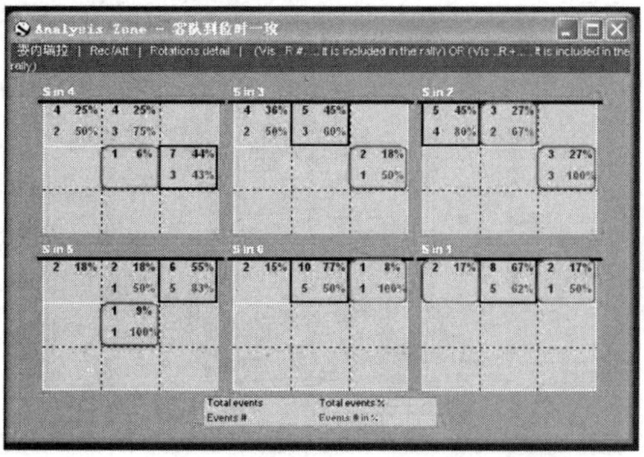

图 6-6　“区域图表”的分析条件窗口

（四）按扣球与发球的线路分析对手

DATAVOLLEY 软件还通过对球运行轨迹的描述来反映直观的信息。它提供了把数据代码中所标出的球的运行起止区域来画出球的运行轨迹。如图 6-7 是奥运会中国男排的重要对手委内瑞拉队的调整进攻的扣球路线。在实际运用当中运用该软件可以调出某个队员的进攻路线或者是发球路线。

在方向图表的分析设置中还提供了根据对手的不同进攻种类进行进攻路线的分类描述，图 6-7 中有奥运会比赛前委内瑞拉队的主要战术的最终进攻球的路线。

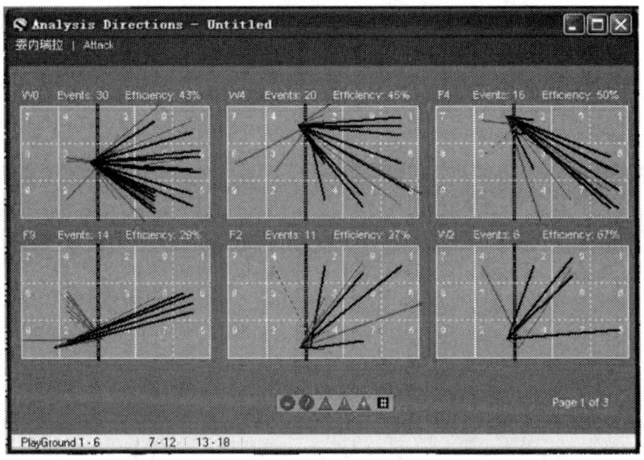

图 6-7　“方向图表”分析结果

（五）二传组织战术选择分布情况分析对手

该软件还提供了一个有效分析对手二传选择进攻区域的组织分布图。通过该图形运动队可以直观了解对手各轮次的主要进攻区域，它有利于本方副攻大致了解对方二传的进攻区域选择的某些规律，在对手二传组织前优先注意最有可能的进攻方向。图 6-8 为 2008 年奥运会比赛时中国男排的主要对手委内瑞拉队的二传各轮一攻战术进攻区域选择情况。

图 6-8　二传六轮次一传到位情况分布表

三、分析报表打印与临场数据传输

该软件还提供了可根据球队需要自由组合打印上述统计分析结果，通过纸质文档的方式向教练组或运动员提供训练与比赛数据。除此之外，该软件还可通过无线信息技术，使多台电脑共步共享统计分析结果，现实临场数据在多台电脑上的及时传递。

（邹志华、邸安和、张然、葛春林、孙敬）

第七章 排球运动员心理训练

第一节 心理训练概述

一、心理训练的概念与基本要求

排球作为一项技巧性攻防对抗类项目，具有瞬时技术风险性、战术组合随机性和进攻防守受迫性的特点，对运动员个人的心理素质要求较高。此外，作为集体性项目，排球运动对成员之间的相互依赖程度要求也很高，排球场上各队员是按一定规律和一定方式组织起来的有机整体，竞赛强调“团队一体化”，要求团队成员具有共同的运动目标和志向，并且保持一定程度的稳定，即所谓的“团队竞技心理”。

在攻防对抗空前激烈的现代排球竞赛中，运动员及其团队的心理状态已经成为影响其比赛成绩的重要因素之一。重视运动心理训练，可以有效地提高运动员在复杂多变的情况下最大程度地调整好自己的竞技状态，提高运动员的竞技能力，挖掘其个人及团队的运动潜力。因此，心理训练已成为现代排球运动训练中不可缺少的组成部分。

教练员在设计和实施心理训练前，要对涉及心理训练的一些基本概念、原则等有所了解，做到知其然，知其所以然。因为心理的复杂性和训练、竞赛对运动员心理要求的全面性，决定心理训练必须是因材施教和因人而异、因势利导和因地制宜的，放之四海而皆准的心理训练是没有的，因此，要举一反三，有的放矢地进行运动员的心理训练。

心理训练包括一切针对运动员的心理进行的训练，包括心理训练的目的、方法和范围等。虽然任何运动员所完成的训练都会对运动员的心理产生这样或那样的影响，但针对性和专门的心理训练被自觉地运用到运动训练之中还只有几十年的历史。同时，随着心理科学的进步和运动实践的发展，人们对心理训练的认识也在逐步发展着。概括来说，运动员的心理训练是围绕这样一些问题展开的：心理训练的直接目的是帮助运动员最大限度地发挥已有的身体素质能力和技、战术水平，从而获取最佳运动成绩。

要达到这一目的，就要通过训练使运动员的心理素质得到提高。还要提高运动员心理的适应性和心理的自我控制、自我调节能力。提高运动员的自我控制和调节能力的有效途径是提高运动员的认识问题、分析问题和解决问题的能力，这方面能力的提高也标志着运动员心理健康水平的提高。因此，心理训练不局限于帮助运动员应付比赛时紧张激烈的场面，也不是完全为运动成绩服务的，还要有助于促进运动员作为一个人的健康发展，使其成为全面发展的人。

二、心理训练的目的与作用

（一）心理训练的目的

在讨论这一问题之前，让我们分析一下“教练员”的职业特征，要实现其自身价值需要怎么办？答案显而易见：多出成绩，多出人才。但是，与其他职业不同，直接出成绩的是运动员或者说运动人才，而不是教练员自己。一般来说，教练员和运动员的利益应该是一致的，教练员通过培养运动员来体现个人价值，运动员则通过教练员的帮助来展现自身能力。但不可否认的是，有很多时候教练员和运动员之间也会存在利益冲突，当面临这种情况的时候，成熟的教练员会把运动员的利益放在第一位，尽力帮助、引导运动员成功，在帮助运动员实现个人价值的同时，实现自身的价值。

在这样一种认识下，心理训练逐渐走出行为主义心理学的影响，对心理训练的对象——运动员作为人的需要、动机、信念、态度与期望等主观意识给予了更多的关注。因此心理训练的根本目的在于培育和发展运动员成为心理健康的全面发展的人。通过心理训练使运动员保持一种良好的心理状态，形成良好的心理品质，能够很好地适应环境与社会，愉快地接受生活规律，具有生命力和适宜的情绪，保持健全的人格。总之，运动员应该是自己心理的主人，这样才能按照运动训练、竞赛所需要的心理能量，在竞赛中充分地以最佳的竞技状态表现自己。

在“培养运动员成为一个高素质的人”这样一个大目标下，心理训练是否达到了预期目的，还有一些近期的考察指标，或说近期目的。运动员的成长和全面发展是一个相对漫长的过程，心理训练在帮助运动员成长这一过程中的作用效果如何，其真正的检验可能是很长时间，甚至是运动员结束运动生涯以后的事。因此，在实践中往往用运动员在竞赛中的心理表现来作为预期这一结果的指标。这一指标大致包括：

运动员在竞赛和训练中对心理状态的控制能力的发展，如学会在紧张的比赛过程中保持积极的兴奋性，克服恐惧、担心等不良情绪。这一指标的核心是运动员心理适应和调节能力的提高。

形成正确的动机，如为什么从事运动、认识竞赛的规律和本质等。这一指标的核心是运动员的人生观、世界观和价值观的形成和发展。

培养健全的人格，如良好的人际关系、形成积极的态度和行为方式等。这一指标的核心是自我知觉和社会知觉能力的发展。

（二）心理训练的作用

心理训练的主要作用就是能够帮助运动员健康地全面发展。运动员作为运动竞赛这一特定活动的从事者，其活动的主要内容及对象、达到目标所借用的“工具”主要是运动员的身体。因此，会遇到更多的健康问题，心理训练对于运动员来说也就显得特别重要。

运动员的心理健康标准，可以概括为以下几项：

①正常的智力活动。

②健全而适度的情绪。

③奋进而丰富的情感。

④坚强的意志与顽强的毅力。

⑤完整的人格与开放的性格。

⑥和谐的人际关系。

⑦正常的行为与遵守社会规范。

⑧正确的自我观和悦纳自己的态度。

除此以外，心理训练还有以下作用：

①使运动员形成正确的动机。运动员参加训练和竞赛抱有什么样的动机对他在训练和竞赛中的表现及效果有着很不同的影响。同时，运动训练和竞赛本身也会对运动员已有的动机产生影响作用。因此，心理训练应该具有帮助运动员树立正确动机的任务和作用。

②促进运动员心理过程的发展。人的心理包括认识、情感和意志三个过程。这些心理过程在运动员的训练和竞赛中发挥着基本的心理支持作用，比如球感、空间知觉能力、对球的速度的知觉等。

③提高运动员的心理适应能力和调控能力。竞赛的一个最大特点是，运动员面对的赛场瞬息万变，怎样适应这些变化，掌握变化的一般规律、学会在正确认识的基础上调节控制好情绪是心理训练的任务之一。

④帮助技、战术训练任务的完成和错误动作的纠正。有效的心理训练可以帮助运动员更加客观和正确地认识自己并观察自己的行为方式，从而为技战术的训练提供一定的帮助。

⑤有助于运动员疲劳的消除。运动员的疲劳不仅仅表现为身体上的生理疲劳，训练与比赛带来的内源性或外源性心理压力也在不断损耗运动员的心理资源，从而出现心理疲劳。心理疲劳在一定程度上会导致生理疲劳产生或加剧生理疲劳的程度，因此消除心理疲劳有助于运动员生理疲劳的消除。

三、心理训练的基本原则

运动员心理训练是一种双边，甚至多边活动，它既有教练员与心理工作者参加，更有运动员的配合，其中的关键因素是运动员。同时，心理训练不仅需要具体操作实施办法，同样还需要在一定原则的指导下进行。违反了心理训练的原则，所进行的心理训练就很可能是盲目的和低效率的，甚至起到了相反的作用。只有遵循了心理训练的科学原则，才会使心理训练取得良好的效果。

（一）发展原则

把心理训练仅理解为是保障竞赛成绩的手段是短视和不全面的。越来越多的心理学家和教练员、运动员发现，运动队的经历对一个人的发展，乃至离开运动场以后所从事的事业、生活非常重要，这种经历不仅使其学到了专项技术，还使他们学会了如何观察思考问题，如何去运用自己的能力，如何去克服困难直至取得成功，而这些正是一名高级排球教练员应该教给队员的。这就是排球运动员心理训练的发展性原则。

发展是指运动员心理能力的发展。运动员心理训练的根本任务和目的就是发展其心理能力，并通过心理能力的发展、提高运动员在竞赛中最大限度地发挥其已有的身体和技、战术水平的能力，从而使长期训练的结果在竞赛中得到应有的表现。作为一名优秀的排球运动员，应具有的心理特征和能力至少包括：健全、健康的人格特征；适宜的动机水平；高水平的专项知觉和思维流畅性；和谐的人际关系；抗干扰能力和自我调节能力；成熟的社会适应能力；良好的习惯。

（二）个性化原则

排球作为一个集体运动项目，其心理训练有其普遍的和一般的规律。而这些规律对于任何一个从事排球运动的人来说都是适用的。同时，我们也应该注意到在一个球队的十几名队员中，每个人在能力、对事物的态度及行为方式、习惯和兴奋、抑制过程的发展等方面所存在的差异，即个性的差异。

个性化原则就是要求我们在进行心理训练时，要根据运动员不同的个性、不同的位置和任务、不同的身体素质和技术特点、不同的训练年限和比赛经验甚至是不同的生活环境和习惯来进行。总之，是要对一切存在的不同而精心加以有针对性地设计和实施。所以，个性化原则也就是尊重运动员现有的实际情况，并从实际出发进行有针对性的心理训练的原则。

（三）协调原则

协调指教练员与运动员之间、教练员与运动队之间、运动员与运动队之间，以及科研服务人员与教练员、运动员之间的相互协调，但主要是指教练员与运动员之间的协调。

心理训练的过程实际上就是对运动员的心理施加影响并促使其发生积极变化的过程。在这一过程中，教练员是促进运动员心理变化的主导者，运动员是接受者，教练员的意图和目标要通过运动员来实现。要想顺利达到这一目的，没有教练员和运动员之间的协调是不可想象的。

教练员和运动员之间的协调主要表现为以下几个方面：

①教练员的发展和运动员的发展一致性。

②对全队所要达到的目标的协调一致的认识。

③共同明确每一阶段所要完成的任务和每个人的职责。

④对现有优势及困难认识的协调。

⑤对为了达到目的所采取的方法、手段的共同了解和理解。

⑥相互尊重、信任。

⑦利益的一致性。

⑧对纪律和规章制度的共同制定和遵守。

同时必须指出的是，协调不等于相互迁就。完整地理解协调的原则，应是在每个成员个人发展的前提下和在全队总目标指导下，通过教练员的工作而形成的强大的凝聚力和团结拼搏的斗志。

除此以外，教练员在安排全年或阶段训练计划时，除了考虑身体和技、战术训练外，心理训练也应列入训练计划中，包括对运动员心理状况的诊断、训练结束时在心理发展上要达到的目标、现存差距及改进提高的方法和具体实施安排，这其中除了在专项训练中安排和体现外，设计专门的训练日记，利用课前、课中、课后及其他时间进行专门的心理训练及心理咨询等，对于实现教练员与运动员之间的协调也都是有益的。

第二节　排球运动竞技心理要素

一、排球运动员的个体心理

（一）排球运动员的认知心理特征

认知（认识）是获得知识和运用知识的过程，它包括感觉、知觉、记忆、思维、想象和言语等。人对世界的认识始于感觉和知觉。

1. 感觉

感觉是感受器——眼、耳等器官中的结构——所产生的表示身体内外经验的神经冲动的过程。

感觉是人脑对刺激物直接作用于感觉器官，经过神经系统的信息加工所产生的对该刺激物个别属性的反映。根据感觉刺激是来自机体外部还是机体内部，可以把各种感觉分为：内部感觉和外部感觉。外部感觉接受机体外的刺激，反映外界事物的个别属性，属于外部感觉的有视觉、听觉、嗅觉、味觉、皮肤感觉。内部感觉接受机体内的刺激，反映身体的位置、运动和内脏器官的不同状态。属于内部感觉的有：肌肉运动感觉、平衡感觉、内脏感觉等。

排球运动员击球时，关于球、场地、本方和对方队员的位置等各种时空信息及准备采取的行动等，主要来自于运动员的视觉、听觉、肌肉运动感觉、平衡感觉等。

（1）感觉适应与反应偏差

如果对个体进行持续作用的刺激输入，那么他感觉系统的反应会逐渐减小，这种现象就是感觉适应。例如，在户外待一段时间后，阳光看起来就不那么耀眼了；走进一个房间，闻到恶臭的气味，一段时间后，嗅觉系统适应了就意识不到这种气味。

此外，由于注意、疲劳等因素变化，观察者在刺激觉察过程中会发生微小的变化，产生“反应偏差”。

（2）视觉与视觉训练

视觉是人最重要的感觉，它能使人们意识到物理环境的变化并采取相应的行动。

研究表明，排球运动员在竞赛中所接受的来自外界的信息，约有80%以上是通过视觉通道的。我们也可以理解为排球运动员的焦虑有相当部分是源于他们所看到的信息，比如在接一传时看到迅速向自己飞来的球体，在发球时看到教练员、观众和对方队员，暂停时看到教练员及队友包括替补队员的表情及二传手在传球前看到对手情况等。所以运动员通过视觉训练是可以在很大程度上降低过高的焦虑达到自我控制目的的，可使用的方法如深度视觉训练、运动和速度训练、各种视觉表象训练及结合训练的视觉控制训练等。

2. 知觉

感觉是把物理能量转换成大脑能够识别的神经编码的过程。知觉是一系列组织并解释外界客体和事件产生的感觉信息的加工过程。也就是说，知觉的作用是使得感觉有意义，它是对感觉经验的确认、解释、整合和分离。

排球运动员有效地完成各种击球动作，依赖于在各种感觉基础上所形成的对人、球、网、场地等的时间知觉、空间知觉和运动知觉等。

（1）错觉

错觉是指在特定条件下对事物必然会产生的某种固有倾向的歪曲知觉。如果知觉的情景已经发生了变化，但人却以原先的知觉模式进行感知，这就可能产生错觉。例如，“时间差”战术就是利用时间错觉使对方拦网队员产生失误。

此外，错觉的产生还可能与过去的经验、情绪等因素有关。人对当前事物的感知总是受着过去经验的影响。错觉的产生也受到过去经验的影响。

情绪态度也会使人产生错觉。全神贯注于比赛，会觉得时间过得很快；训练枯燥会使人觉得训练时间漫长。面对强大的对手，由于恐惧情绪而产生“风声鹤唳、草木皆兵”的错觉等。

错觉也可能是各种感觉相互作用的结果。例如，错觉的产生很可能是大脑接受视觉信息多于肌肉动觉的信息而引起，因为正常人从外界所接受的信息，绝大部分来自视觉。在提同样重量的物体时，根据视觉提供的信息，人便准备用大力气去提大的物体，用小力气去提小物体，结果便感到两个物体重量不同，总觉得小的物体重些。

通过对错觉的研究，可以在实践活动中采取措施来识别错觉和利于错觉。有时我们需要识别错觉，当错觉出现时，能辨别其真伪，以免在行动上发生错误或事故。识别错觉的最有效的办法是实践。而有时我们还需要利用错觉使其在某些活动实践中产生预期的心理效应。

（2）球感

球感是排球运动员的专门化知觉能力，是一种精细分化后的复合知觉，其主要表现为两个方面，一个是运动员对排球的特性（形状、大小、弹性等）和不同角度不同力量击球时球的运动速度、轨迹等变化在感知时能够进行精细分辨；另一个是各种触球瞬间运动员对手或手臂的相应肌群活动方式的精细分化。

良好的球感能够帮助运动员将注意力从完成击球动作过程转移到完成战术配合等方面，但它只有在运动员具备较高的技术水平并达到一定的竞技状态时才能够出现，而且会受到间断训练、情绪紧张、身体疲劳等因素的影响。因此，为防止球感的消失，应经常地持续性地进行有球的专项训练。

3. 注意

注意是心理活动（意识）对一定对象的选择性和集中性。注意的对象既可以是外部世界的对象和现象，也可以是自己的身体、行为和观念。人在任何特定的时刻都可以得到围绕着我们的无数刺激。但是，人并不是对所有的刺激都加以反应的，他只对某些刺激发生反应而对其他所有刺激不发生反应。这就是心理活动的选择性。心理活动的选择性表现为人脑信息加工时对刺激的有意的选择和无意的选择两种形式。无论是哪一种选择形式，在特定的时间内，人对刺激进行有意识反应的能力总是有限的，反映出注意的集中性。

（1）无意注意和有意注意

无意注意是事先没有预定的目的，也不需要做意志努力的注意。例如，在安静的阅览室内，突然传来一声巨响，大家都不由自主地转过头去注意那个声音，这就属于无意注意。无意注意是人和动物都有的初级注意。

刺激物的强度特别是相对强度及刺激物的新异程度是引起无意注意的重要原因之一。因此，教练员在训练时经常性地增加新的训练内容或是变更训练方式，不仅可以从外部吸引运动员的注意，而且可以长时间地维持注意。

有意注意是服从于预定目的、需要做意志努力的注意。有意注意是一种高级的注意方式，它是人向自己提出一定的任务、自觉地把某些刺激物区分出来作为注意的对象，这时我们所注意的那个刺激物的特点，不论是否强烈、是否新异、是否有趣，我们都必须集中注意，同时排除各种无关刺激的干扰。因此，有意注意必须付出意志努力。例如，排球运动员在比赛时，可能受到来自于对手和观众等的视觉和听觉等方面的干扰，但他必须将注意力集中在对球的判断和如何与队友协作完成战术配合上。

(2) 注意的分配和转移

注意的分配是指个体在进行两种或多种活动时能把注意指向不同对象的现象。注意的转移是指个体有意地把注意从一个对象转移到另一个对象上，或从一个活动转移到另一个活动上。

排球运动是一项短时间大强度运动与短时间间歇相交替的运动，它要求运动员有意识地把注意分配至与比赛活动有关的对象上，同时要求运动员在比赛中有意识地随着比赛的“运动—间歇”的交替情况而进行转移，从而能够正确迅速地把握赛况、应对对方的击球，高质量地完成各种击球任务。因此，注意的分配和转移是排球运动员重要的心理品质之一。

（二）排球运动员的情绪心理特征

情绪是个体对待他所认识的事物、所做的事情以及他人和自己的态度体验。它不同于认知、感知等认知活动是反映事物或事物的属性及其联系和关系。情绪是人对反映内容的一种特殊态度，具有独特的主观体验、外部表现并且总是伴有植物性神经系统的生理反应。

1. 焦虑

焦虑是人类在进化过程中形成的一种适应环境的情绪和行为反应方式，是人类的基本情绪之一。它所表现的是对现实可能产生的潜在威胁的一种情绪反应，这种情绪反应与现实威胁的事实相适应，是一个人在面临其不能控制的事件或情景时的正常反应。因此，焦虑具有适应性，其强度与现实威胁的程度相一致，并随现实威胁的消失而消失。

排球运动员在应激面前保持适度的焦虑具有积极的意义，它可以使运动员充分地调动身体各脏器的机能，适度提高大脑的反应速度和警觉性，逐渐达到应对挑战所需要的控制感，并能够充分挖掘排球运动员个人的身体潜能来面对现实的威胁，及时采取有效解决问题的措施，直到这种现实的威胁得到控制或消除。

2. 压力与应对

来自外界或自身内部的刺激事件超过了个体的能力所及时，就会产生压力。这些刺激事件要求个体作出生理上的、行为上的、情绪上的和认知上的适应性的反应。

应对就是对付那些被知觉为紧张或超过了个体资源所及的内在或外在要求的过程。应对可能包括行为的、情绪的或动机上的反应及想法。

进行应对时主要有两条主要途径，一种是解决产生压力的问题，称之为问题指向的应对方法；另一种是减轻压力产生的不适，称之为情绪指向的应对方法。

问题指向的应对方法适用于产生压力的应激源可以改变或消除的情况。例如，在一场关键的排球比赛过程中，会出现比分落后而带来心理压力的情况，那么此时可以通过改变战术或换人等努力来消除这种压力。这种情况下，关注的焦点是要对付的问题和产生压力的事件。

情绪指向的应对方法适用于应激源无法改变或消除的情况。例如，在主客场制的比赛中，客场参加比赛的排球运动员都会不同程度地感受到来自周围环境和观众等所带来的主场压力，那么这种应激源是不容易改变的，只能采取一些措施来减轻运动员对于这种压力所产生的各种不适感（如焦虑、急躁等），如躯体指向的做法（使用放松方法等），认知指向的做法（有意地分心、幻想、自我想象）等。

（三）排球运动员的意志心理特征

人们除了能认识世界，对事物产生某种情绪体验之外，还能在自己的活动中有目的、有计划地改造世界。这个在活动中设置目的和计划并力图达到该目的的心理过程就是意志活动。

意志是人为了一定的目的，自觉地组织自己的行为，并与克服困难相联系的心理过程。这一过程大致可以分为两个阶段：采取决定阶段和执行决定阶段。前者是意志行动的开始阶段，它决定意志行动的方向，是意志行动的动因；后者是意志行动的完成阶段，它使计划付诸实施，以达到某种目的。

1. 期望

期望是主观上希望发生某一事件的心理状态，其结果就是意志行动所要达到的目的。由于期望的结果会带来需要的满足和情绪上的好感，因而促使人产生要达到目的的动机。目标（或目的）的确定和选择是意志行动的一个基本特征。

排球运动员面对训练和比赛会产生各种期望，但是往往行为的结果和期望之间会发生矛盾。所以此时教练员应该帮助运动员在行动中选择恰当的目标，或对奋斗目标做出合理的安排。

2. 抱负水平

目标的确定和选择与一个人的抱负水平密切相关。所谓抱负水平是指个人在做某件实际工作之前估计自己所能达到的成就目标。例如，一名队员在发球前将目标设定为发球过网，但实际操作中却发球失误，这时就会产生失败感；如果实际操作中发球直接得分，这时就会产生成功感。所以成败感实际上是个人的抱负水平与实际成就之间所产生的“负差”（成就高于抱负）与“正差”（成就低于抱负）时的主观体验。抱负水平制约着对行动目标的追求。

个人的抱负水平是后天形成的。这些因素会影响一个人的抱负水平：①成败经验。成功的经验一般能导致抱负水平的提高，成功的经验越强烈，以后的抱负水平就提得越高；而失败的经验一般则导致抱负水平的降低，失败得越厉害，以后的抱负水平就会降得越低，并且变化也很大。②自信心。自信心是过去获得很多成功经验的结晶，自信心与努力从事的领域有关，并且只有在这个领域内影响抱负水平。③团体的成败经验。个人的抱负水平不仅受个人的直接的成败经验的影响，而且也受团体的成败经验的影响。当个人从事他未曾做过的工作时，确定自己的抱负水平往往以他人或团体的成败经验为定位点。

抱负水平制约着排球运动员的的意志行动。因为要取得比赛优胜和进一步成功的期望会增强运动员对平时训练和比赛的期待；而失败和对失败的预期会减低对平时训练和比赛的期待。因此，抱负水平高的运动员一般来说对待训练和比赛能够自觉、有信心、有毅力，能努力地去克服困难；而抱负水平低的运动员一般来说对训练和比赛缺乏自觉性、缺乏信心和毅力。但是运动员的抱负水平也不能太高，严重地脱离自己的实际情况，这会在实际训练和比赛中经常遭受失败感的折磨，引起严重的情绪冲突，有碍心理健康。对于这样的运动员，教练员应帮助其实事求是地分析估量自己，把过高的抱负分解为一个个远近不同的具体目标，由近及远，逐步实现。对于抱负水平过低的运动员，教练员则应帮助他提高其抱负水平，以锻炼其意志，充分发展其才能。

3. 意志品质

意志品质是构成意志力的稳定因素，主要的意志品质包括自主性、自制力、果断性、坚韧性。

上述四种意志品质是每一名优秀的排球运动员都应该具备的。首先，应具备自主性，表现为比赛中在理智分析赛况和吸取他人合理意见的基础上具备独立作出重要的决定并执行这些决定的能力，并愿意对自己的行为所产生的结果负责。其次，应具备自制力，表现为比赛中能控制自我，克制与实现目标不一致的消极情绪（如厌倦、恐惧、焦虑、急躁等），排除外界诱因的干扰，迫使自己执行已经采取的正确决定。再次，应具备果断性，表现为运动员具有对自己的行为及可能产生的后果有清醒认知的能力，这种能力使得他能够在经过周密思考后迅速明辨是非，及时坚决地采取决定并执行决定。最后，还应具备坚韧性，表现为长时间地相信自己决定的合理性，并坚持不懈地克服困难为执行决定而努力，不怕困难，不怕挫折，善于总结经验教训，为达到目的坚毅有恒、百折不回。

（四）排球运动员的个性倾向性

个性倾向性主要包括需要、动机和价值观，是个性结构中最活跃的因素，是推动人进行活动的动力系统。它决定着人对周围世界认识和态度的选择和趋向，决定着他追求什么，什么对他来说是最有价值的。

1. 需要

需要是个体内部的某种缺乏或不平衡状态，它表现出有机体的生存和发展对于客观条件的依赖性，是个体活动的积极性源泉，是人进行活动的基本动力。人有各种需要，如生理需要、安全需要、交往需要、成就需要等。

任何一种需要浮现于意识中的或然性，取决于更具优势需要的满足或不满足状况。占优势的需要将支配一个人的意识，并自行组织去充实机体的各种能量；不占优势的需要则被减弱，甚至被遗忘或否定。当一种需要被平息，另一种更高级的需要就会出现，转而支配意识生活，并成为行为组织的中心，而那些已满足的需要即不再是积极的推动力了。例如，当排球运动员渴望夺冠时，就会废寝忘食地刻苦训练，此时其成就需要占主导，而其他的如吃饭睡觉等生理需要就被弱化。一旦他得到一个或数个冠军后，成就需要得到满足，这一需要就不再是他的前进动力了，而怎样突破自我便成为其下一个目标，此时自我实现的需要会转而继续支配其后续行动。

2. 动机

人的一切活动，不论是简单的或复杂的，都是在某种内部动力推动下进行的，这种推动人进行活动，并使活动朝着一定目标的内部动力，称为动机。动机的基础是人的各种需要。

（1）动机的功能

动机具有三种功能：激发功能、指向功能及维持和调节功能。对排球运动员来说，动机能够激发起运动员进行训练和比赛活动并且能够使其训练和比赛活动针对一定的目标。而且在训练和比赛过程中，动机能够维持着运动员的活动针对其特定的目标，并调节着运动员活动的强度和持续时间。如果通过一定的活动达到了目标，动机可以促使运动员终止这种活动；如果活动尚未达到目标，动机将驱使运动员维持（或加强）这种活动，或转换活动方向以达到特定目标。

（2）耶克斯—多德森定律

耶克斯—多德森定律（图 7-1）认为，动机强度与工作效率之间不是线性关系，而是呈倒 U 形曲线关系。也就是说，动机处于适宜强度时，工作效率最佳；动机强度过低时，缺乏参与活动的积极性，工作效率自然不高；动机强度过高时，工作效率也会随强度增加而不断下降。

同时，在各种活动中都有一个动机最佳水平问题。动机最佳水平因任务的性质不同而不同。在比较容易的任务中，工作效率有随动机提高而上升的趋势；而在比较困难的任务中，动机最佳水平有逐渐下降的趋势。

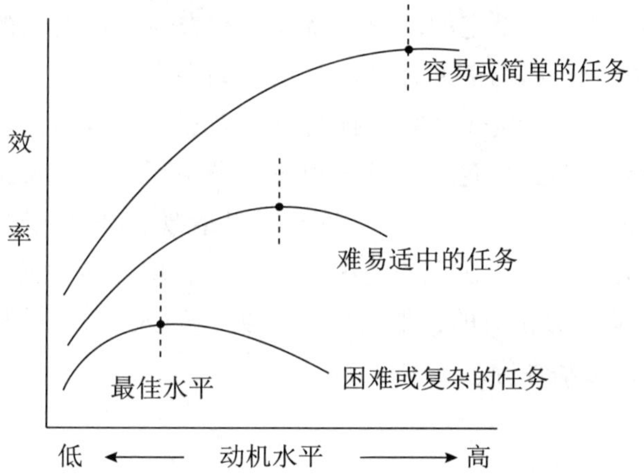

引自：黄希庭．心理学导论［M］．北京：人民教育出版社，2001.

图 7-1 任务难易程度、动机强度和工作效率的关系

根据耶克斯—多德森定律的原理，在比赛中排球运动员的动机水平也应该维持在中等水平最为适宜，动机强度过低，会使运动员轻视比赛轻视对手，不利于其自身竞技水平的发挥，而动机强度过高则会使其处于过度焦虑和紧张的心理状态，干扰心理过程的正常活动，影响技战术水平的正常发挥。

并且，在排球训练和比赛中，同样存在动机水平最佳的问题，教练员应有意识地根据训练和比赛任务的难度，调整运动员的动机水平，以达到最佳的训练和比赛效果。

3．价值观

对运动员来说，什么是最重要的？想要怎样生活？又必须怎样生活？由此而产生的愿望、态度、目标、理想、信念等，都是由他的价值观所支配的。价值观是一种浸透于人的所有行动和个性中的支配着人评价和衡量好与坏、对与错的心理倾向性。价值观的基础也是人的各种需要。如果说需要是个性倾向性的基础，那么价值观则处于个性倾向性的最高层次。它制约和调节着人的需要、动机等个性倾向性成分，它为人进行自认为正当的行为提供充分的理由，是浸透于整个个性之中支配着人的行为、态度、观点、信念、理想的一种内心尺度。因此，排球教练员应在平时训练时，随时关注队员的思想动态，并有意识地从点滴小事入手，逐步帮助队员们树立正确的价值观。

（五）排球运动员的个性心理特征

心理特征是指一个人的认知、情绪、意志等心理过程进行时经常表现出来的稳定特点。气质、能力、性格等统称为个性心理特征，它集中反映了一个人的精神面貌的稳定的类型差异。

1. 气质

气质是人的心理活动的稳定的动力性特征。动力性特征所指的是心理活动发生时力量的强弱、变化的快慢和均衡的程度等特点，如果我们去训练场地观看训练，就会看到有的运动员精力充沛，生气勃勃；有的情感激烈，爱激动而难以自制；有的人却沉默寡言，比较冷静，不露声色；有的人思维十分灵活，动作敏捷，善于适应；而另一些人则反应比较慢，不善应变等。运动员的这些表现，都是气质的表现。

气质的这种动力性特征，在人的情绪和言行上表现得最为显著。研究表明，气质与人的认识能力也是密切相关的，如不同气质类型的人具有不同的注意力、感受性、知觉的广度和思维的灵活性等。

2. 气质类型

人的气质可分划为四种类型。在西方，最早研究气质现象的是古希腊波克拉底和盖伦。他们认为，有些人易怒、动作激烈，是由于黄胆汁多，所以称之为“胆汁质”；有些人热心、喜欢活动，是由于血液过多，所以称之为“多血质”；另一些人冷静、善于算计，是由于粘液多，所以称之为“粘液质”；还有一些人神经过敏、易于郁闷，是由于黑胆汁过多，就称之为“抑郁质”或“神经质”。他们用液体来解释气质的原因，并不符合现代生理学研究所揭示的事实，但是他们把人的气质分为四种基本类型则比较切合实际，所以多数人都同意这种分类，并且心理学上至今仍沿用这些名称。

巴甫洛夫通过动物实验的研究，并结合日常的观察，对气质的生理机制作了新的解释。他发现神经系统具有强度、平衡性和灵活性三种基本特性。所谓强度是指神经细胞和整个神经系统接受强烈刺激或持久工作的能力，这里有强弱之分；所谓平衡性是指神经系统兴奋与抑制两种过程的力量是否相当，这里有平衡与不平衡之分，而不平衡又有兴奋占优势和抑制占优势之分；所谓灵活性是指兴奋与抑制两种神经过程相互转化的速度与能力，这里有灵活与不灵活之分。所有这些特性都在条件反射形成时或改造时得到表现。

由于这三种特性在个体身上存在着差异与不同的组合，就形成了种种神经系统的类型，其中最显著的四种类型是：

强而不平衡的类型，兴奋占优势，阳性条件反射比阴性条件反射形成得更快，是一种易兴奋、易怒而难以控制的类型，所以也叫作“不可遏制型”或“兴奋型”。排球运动员中这种类型较少。

强、平衡而灵活的类型，容易形成与改变阳性或阴性反射条件，爱动而且行动迅速，所以也叫作“活泼型”。排球运动员中属于这种类型的很多。

强、平衡而不灵活的类型，条件反射容易形成而难于改造，是一种稳重、行动迅速，一旦缺乏刺激就很快入睡或者显得无精打采的类型，所以也叫作“安静型”。有人认为“二传手”需要这种类型。

弱型，由于兴奋与抑制的力量都很弱，两种条件反射的形成都显得吃力，接受不了强刺激，但有较高的感受性，是一种胆小的神经质的类型。排球运动员中这种类型较少。

3. 能力

能力是顺利完成某种活动必备的心理特征。它总是和人的某种活动相联系并表现在活动中，而且只在那种没有这些能力就不能实现的活动中表现出来。

能力是一种心理特征，它不是遗传的结果，也不完全由环境决定，而是在人的后天生活实践中，由某种先天素质同客观世界相互作用而形成的。素质是能力产生的自然前提，但它本身并不是能力，它仅为能力发展提供了可能性，而能力需要在必要的教育和训练过程中形成和发展起来。所谓的运动能力、运动才能或运动天才，只能在长时间的运动训练、运动竞赛中形成和发展起来。

对排球运动员来说也是如此，一名排球运动员在具备身高、臂长等基本身体条件的基础上，只有在长期并持续不断的训练比赛过程中，才能够保持和提高相应的力量、柔韧、灵敏等身体素质，并获得注意力稳定、空间感强、动觉表象清晰和情绪适宜等心理条件，才能够称得上是一名具备排球项目运动能力的优秀的排球运动员。

4. 性格

在活动过程中客观事物对人的种种影响，通过认识、情绪和意志活动在个体反映机构中保存下来，构成一定的稳定态度，并且以一定的形式表现在个体的行为之中，构成个人所特有的行为方式。这种个人对现实的稳定的态度和习惯化了的行为方式即为性格。

性格作为个性的一个方面，它同气质、能力一样，都指的是人们之间存在着差别的、比较稳定的心理特点，但性格特征有着其特殊的表现。

性格特征是一种社会化的倾向，是个性中具有核心意义的部分。性格是现实的社会关系在人脑中的反映。个人对现实的稳固态度和采取某种行动方式，都是人们的一定思想意识和行为习惯的表现。

性格特征是一种比较稳定但又可变的倾向。在人的态度和行为方式中，偶然的失态和一时的冲动并不是性格特征的标志。例如，一名勇敢而又沉着的运动员偶尔也会出现震惊和后怕，但不能因此说他是一名怯懦的运动员。所以，性格特征是稳定的、经常的、一贯的表现。

但是通过长期的实践锻炼、陶冶，人的性格特征也是可以变化的。例如一个胆小怕刺激的人，经过长时间的运动训练和多次比赛活动，很可能会变成一名比较坚强的运动员。

所以，培养性格乃是培养人的一项重要的任务。应该培养运动员具有开朗、热情、勇敢、坚定、意志坚强、情感丰富等优良的性格特征。

5. 心理状态

心理状态是指人在进行心理活动时，在一定时间内心理活动的状况。如运动竞赛时，运动员心理或焦虑，或沉着，这是情绪方面的状况；有的运动员表现为机智勇敢，有的表现为软弱无力，这为意志方面的状况；有的机动灵活、巧用战术，有的出现了感觉迟顿、记忆混乱，这为认识方面的心理状况等。

一个人在不同时间里、不同的活动中和不同的情景下，其心理状态也是不尽相同的。了解运动员的心理状态，可以预测和了解其行为与活动结果，掌握其心理状态的变化规律，以便更好地予以帮助，从而达到调控的目的。

最佳状态也称最佳竞技状态，是运动员在运动时，充分发挥自己的潜能，并形成积极、乐观、理想的状态的简称。最佳状态可分为三种成分：一是身体的成分；二是情绪的成分；三是思维的成分。最佳状态的获得和出现是运动员训练、比赛成功的预兆和保证。下面就训练和比赛中一些可能影响和控制运动员最佳状态的方面进行讨论。

①在疲劳中训练。在训练中始终保持运动员高涨情绪的重要性已成为训练工作者的共识，值得注意的是这种状态获得的方法。事实证明，通过减少运动量或不断根据运动员的喜好改变训练的组织和要求，一味地迁就运动员的做法是不足取的，在这样情况下获得的“积极情绪”状态是脆弱的，经不起困难局面的考验。而有益的做法是在疲劳中训练，让运动员在战胜由大运动量训练而带来的疲劳中，调动情绪、控制情绪体验，并逐渐获得最佳竞技状态。

②准备活动。准备活动，尤其是比赛前的准备活动，对比赛的成败有着至关重要的作用。好的准备活动应该使运动员在开赛前十几分钟在生理和心理上都做好充分的准备，以保障开局时的最佳竞技状态。从心理训练的角度看，准备活动的组织安排应注意：平时技术训练课的准备活动时间应尽量与比赛的准备活动的所用时间相近；准备活动应考虑设计施加心理准备内容；在准备活动中应安排一定的专门时间，给运动员个别准备。

③借助心理咨询。尽管耶克斯—多德森定律告诉我们，对于排球竞赛这样的运动

来说，要想获得最佳的工作效率（运动成绩），应使运动员的激动水平保持在中等偏低的状态，但我们似乎还是不能很好地予以把握。在与不同对手竞赛时或在不同的比分状态下应怎样更好地去控制运动员的情绪？这确实不是一个简单的问题，这一点正像没有一位教练员事先就能告诉运动员一场比赛中所有的扣球将在怎样的情形下进行并如何控制一样。

借助心理咨询是有益和可行的，运动员的心理咨询主要是针对运动员在训练和竞赛环境中的认识态度、观察角度、思维方式和解决方法等心理问题，通过心理手段给予改善和发展的过程。心理咨询可以由教练员来进行，但最好还是能借助运动心理学工作者或有心理训练经验的排球专家的帮助。

（六）不同专位运动员竞技心理特征

系统科学认为，整体由部分组成，并具有非加和整体性和整体涌现性。在排球比赛中，为了战术配合的需要，通常把不同身体条件和运动能力的运动员放在阵容中的不同位置上，从而提高团队的整体攻守实力，达到整体大于部分之和的良好效果。随着竞技排球的发展，排球运动的技术水平不断提高，战术组合不断丰富，对排球运动员的专位划分及专位化要求逐渐达成共识。目前较为普遍的专位划分为：主攻、副攻、二传、接应、自由防守队员。

经过日积月累的专位化训练，不同专位的运动员在身体条件、运动技能方面均有不同程度的差别，而专位职责的变化也使得该专位运动员在心理竞技能力方面具有不同的特点。拥有高水平“专位”心理竞技能力的团队就像一架设计精密的仪器，能够起到很好的互补作用，从而保证团队整体竞技实力不下降。

1. 二传的竞技心理特征

二传是进攻战术的发起者，主要运用传球技术来组织进攻。比赛中常常会根据场上比分情况、对手拦防特点和本方进攻队员的位置进行调整传球、隐蔽传球、背传球等，组织本方的进攻战术的同时要考虑避开对方的拦网队员。因此，二传需要具备的竞技心理特征包括：良好的观察能力，注意的广度和深度，情绪稳定，性格沉稳，良好的创造力、判断和决策的能力等。

2. 主攻的竞技心理特征

主攻是进攻战术的实施者，主要运用扣球技术来完成进攻。比赛中主攻需要根据二传传球的位置和对方拦防队员的位置进行扣球路线、力量、手法等的选择。因此主攻需要具备的竞技心理特征包括：良好的应变能力、意志坚定、执行力强、果断等。

3. 副攻和接应的竞技心理特征

在“四二”配备的阵容中有两名二传，在现代流行的“五一”配备中为了增加进攻队员，原来担任二传的两名队员的其中一位，由主要的传球职责变为了在二传不到位的情况下客串行使二传职责，更多的是参与快变进攻、拦网和后排防守，基本与副攻的职责相似。

副攻主要负责前排拦网，在没有自由防守队员上场的情况下，还需要参与后排防守，同时也是快速多变战术的参与者，是快攻、掩护进攻、背快、背飞等战术攻的实施者。

因此，副攻和接应具有快速启动、移动迅速等特点，其竞技心理特征应包括：视觉和运动知觉敏锐，能通过视觉信息快速形成精细的心理表征；具备良好的判断能力和反应能力等。

4. 自由防守队员的竞技心理特征

自由防守队员主要职责为接发球和后排防守，此外还有保护进攻等。一般认为，自由防守队员的接球过程是一次复杂的知觉过程，同时还要注意环境中的重要信息。因此，自由防守队员的竞技心理特征有：敏锐的观察能力；快速处理视觉信息和语言信息的能力；注意的广度和深度；高效的沟通能力；坚定信心和对抗压力的能力；及时调节情绪的能力等。

二、排球运动的团队竞技心理要素

排球运动是一项基于瞬时技术、在随机组合的集体战术配合下、隔网完成的以增加对方失误为目的的球类竞赛项目。根据这一特征，可以发现排球运动竞赛具有以下特征：瞬时技术的风险性、战术组合的随机性和进攻防守的受迫性。团队耦合力、战术拼搏力和认知平衡力正是由排球运动的本质特征决定，是排球比赛技战术水平发挥、克敌制胜的重要保障。这三种竞技能力的内容构成和形成过程，都与“团队”的文化建设和心理素质等相关，因此称为“团队心理竞技能力”。

（一）团队耦合力

现行排球比赛规则采用每球得分制，队员每次击球都有得分的可能同时也存在失分的风险。心理生理学理论告诉我们，人的肢体活动，特别是精细的活动会受到心理活动的影响。因此，如何保障运动员在击球，特别是无责任分担击球（如发球）和少责任分担击球（如一传）及关键球（如赛点时的扣球、发球）的刹那不受心理杂念的干扰，完美地表现技术是至关重要的。

运动员通常会受到哪些心理杂念的干扰及如何去化解这些干扰呢？通过心理分析我们发现，对击球失分所带来的风险责任的担心是主要的心理杂念来源，既然心理杂念是来自队友态度的压力，队友间的相互信任和依赖就成为化解心理杂念、提高技术表现水平的关键，将加强团队成员间信任和依赖程度的能力称为团队耦合力，它能够使团队成员之间互相信任，彼此包容，高度默契，达到在比赛关键阶段勇于拼搏，不担心自己的失误会引起其他队员埋怨的团体心理状态。它是一种团队文化，能够反映团队成员间“相互亲融水平”，越是在比赛关键时刻越是能够体现出这种团队能力。

高团队耦合力的团队不仅是团队成员能够做到在其他成员出现失误时予以理解，不指责不抱怨，更重要的是，队伍中每一位成员都确信在自己出现失误时，其他成员不会指责和埋怨，并且越是在关键时刻，越是能感受到同伴的支持和鼓励，而不是来自同伴的可能出现的埋怨的压力。

团队耦合力与团体凝聚力存在一定程度上的相似性。团体凝聚力是指使成员保持在群体内的合力，具有多维度和动态性的特点。根据前述的团队耦合力概念及其特征来看，它与团体凝聚力同样具备多维度和动态性的特点。

但是二者之间也有很大区别。凝聚力的载体范围较广，可以是一个国家、一个民族，也可以是一个体育团体。它可以凭借外界压力产生，而对其他条件的依赖性较小。而当外界压力消失后，则产生的凝聚力往往也随之消失。

耦合力的载体则是小范围、相对固定并拥有共同任务目标的团队。它的产生则需依赖团队成员彼此熟悉并相互了解，对团队成员的要求较高，它更强调团队成员之间的心理融合程度。高团队耦合力的团队，成员之间相处融洽，有明确的共同目标，相互之间心理上没有间隙，能够产生类似“打仗亲兄弟，上阵父子兵”的情感。团队成员感受到的压力均是来自外部的任务压力，内部不会派生出其他的压力。相比团体凝聚力，这种特性更加持久和稳定，更加利于维持团队高水平的心理竞技能力。

根据二者定义分析认为，凝聚力主要描述的是团队成员与整个群体之间的趋近愿望与程度，而团队耦合力则是表达团队成员之间的相互融合程度的能力（图 7–2）。

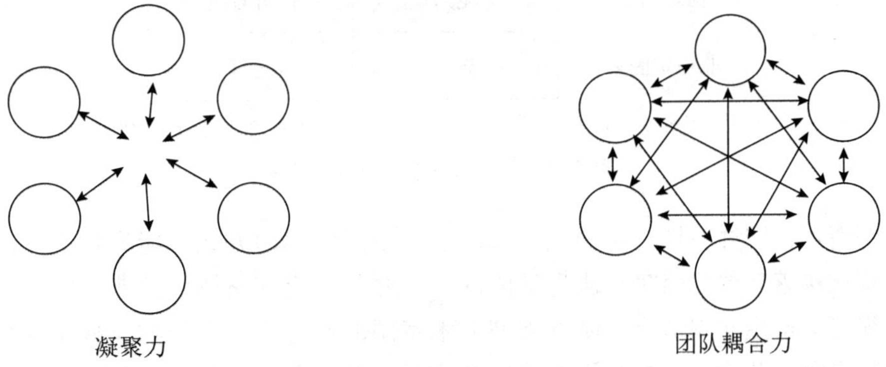

图 7–2　团队凝聚力与耦合力的区别

根据排球运动竞赛特征来看，强调团队成员与整个群体之间趋近程度的凝聚力是不能解决问题的，只有强调团队成员间相互亲融水平的团队耦合力才是一支排球队心理竞技能力的有效构成。

（二）战术拼搏力

根据排球规则，比赛中每队最多击球三次将球击回对方场区，且一名队员不得连续击球两次。在有限的击球次数之内，球队要在完成防守的同时组成有效战术进攻。排球比赛的惯例是，比赛中每一球之前场上队员会使用手势或简短的语言事先约定一个战术打法。但是作为基于瞬时技术的集体项目，在各种随机发生、环环相扣的战术行动过程中，场上的每个运动员都有可能在距离、高度、角度等方面处于对手制造的困难之中，因此排球比赛的战术打法组合更多的是在相对随机的状态下发生和完成的，任何一个环节的丝毫误差都有可能妨碍整个战术意图的实现。

那么，比赛中团队成员克服困难，坚定贯彻整体战术意图并采取灵活战术组合的信念、决心和努力的程度就成为保证战术质量的关键，我们将这种能力称为战术拼搏力。高战术拼搏力的团队具有清晰明确的共同目标，强烈的合作意识，高度的责任感，以及与团队荣辱与共、共同进退的情感状态。

战术拼搏力是贯彻战术意图、掌握比赛主动权的重要保证，它在激烈对抗的条件下得以体现，与运动员的情绪和意志紧密相连，主要受到团队成员归因方式和动机定向的影响。

根据心理学理论，归因是关于结果产生的原因的评价。解释结果产生原因的方式有可能成为习惯化的归因方式，而归因方式能够影响个体的动机、行为甚至是完成任务的能力。根据控制源与稳定度，可以将归因分为内归因和外归因及稳定性归因和非稳定性归因（图 7-3）。

	内部	外部
稳定因素	能力	任务难度
非稳定因素	努力	运气

引自：黄希庭．心理学导论［M］．北京：人民教育出版社，2001.

图 7-3　关于行为结果原因的归因

如图所示，同样一场比赛的领先和落后，不同的归因方式可能导致不同的比赛结果。解释比赛落后的原因时，认为是内部产生并且稳定和整体性的能力或实力不足的团队，很可能产生悲观情绪，使得贯彻战术意图的信心不足而影响技战术水平的发挥导致比赛失利，此为悲观的归因方式；认为是外部非稳定的运气不足时，有可能更加坚定地贯彻既有战术意图，并根据临场变化及时调整战术打法而扭转落后局势，此为乐观的归因方式。而解释比赛领先的原因时，悲观归因方式的团队会认为这是外部的非稳定的运气导致的；乐观归因方式的团队则认为这是内部产生的稳定的能力问题，从而增强获胜的信心。由此证明，归因方式对于坚定比赛信念，贯彻战术意图，对于战术拼搏力的提高有着十分重要的影响。

故而在日常训练中，教练员应有意识地引导团队成员发展对成功和失败的乐观解释方式，并通过检查环境中可能的随机因素，避免对失败采取消极的、不变的归因方式。但同时要防止出现“自利性偏差”，即按照对自我有利的方向来为错误寻找原因，将成功归结于自己，否认或推托自己失误的责任。队员一旦出现这种归因方式对战术拼搏力的培养和提高是十分不利的。

动机定向对战术拼搏力是存在一定影响的。心理学理论中的动机是激发和维持个体进行活动，并导致该活动朝向某一目标的心理倾向或动力。所谓动机定向，在运动心理学中是指运动员在训练和比赛时所抱有的内部动机的性质。根据目标的不同可将其分为成功定向和失败定向。

成功定向的运动员，将训练和比赛视为走向成功的机会。确定训练任务难度时，通常会制定一个中等难度的任务，并愿意承担任务完成的不确定性所带来的焦虑，并自觉将这种焦虑和压力转化为动力。他们可以承受更长时间得不到努力结果的外在反馈，能够较好地理解教练员对训练过程的安排，在比赛中也总能保持愉快积极的心态和旺盛的精力。

失败定向的运动员，训练和比赛的终极目标是为了避免失败。通常其任务难度容易走极端，过高的任务难度根本达不到或是过低的难度完全能达到，这样做的“好处”是使得任务不存在不确定性，因而不用承担任务目标带来的焦虑。他们将绝大部分注意力放在了如何避免在训练或比赛中承担失败的责任。他们不能承受较长时间没有努力结果的反馈，需要时刻发现自己的进步，一旦得不到明确和积极反馈，往往失望、气馁，对一切丧失信心。

显而易见，在排球比赛中具有成功定向比失败定向的团队更有利于取得成功。

需要特别指出的是，动机定向并不是与生俱来不可改变的，它更多的是运动员在环境情景的反馈中逐渐形成和发展的。因此，如何在训练和比赛中培养运动员及整个团队的成功动机定向，切实提高战术拼搏力是每个教练员值得深思的重要问题。通过适当的心理学手段对团队的动机定向方式加以培养和调整是提高战术拼搏力的有效手段。

（三）认知平衡力

根据规则，排球比赛是一方千方百计地使球在对方落地或造成失误，而另一方则极力防起各种来球，再转守为攻去争取主动和克敌制胜。这种隔网相对一攻一防的矛盾对抗都是在克服对手制造的困难（逼迫）中实现的，导致“进攻防守的受迫性”。排球比赛中无论是进攻还是防守，均可能由于攻防的受迫性带来获胜的艰苦。这种不利因素极易造成思想波动：在比分落后的情况下，容易产生悲观失望，放弃比赛的念头；而在比分领先的情况下，则会不自觉地产生“不战而屈人之兵”的念头，希望通过威慑对手加速比赛的进程。这种思想波动或由此带来的思想包袱产生的后果就是导致技术动作变形、失分、输掉比赛。

因此在排球比赛中，在对方比分较大幅度领先时如何不被对方威慑得丧失斗志，在本方比分较大幅度领先时如何克服“通过威慑可以加速对手失败”的幻想而带来的思想包袱，也是排球运动团队非常重要的心理竞技能力之一。我们将这种能力称为认知平衡力，它是指团队成员在比赛过程中对双方实力、任务难度和战略战术关系始终保持清醒的认识，并能够自动平衡比分领先或落后带来心理波动和压力的能力。

高认知平衡力的团队对自身实力有着清晰的认知，比赛中能够专注技战术水平的发挥而不容易受到比分落差的影响及其所带来的荣辱名誉等社会因素的影响，始终保持健康向上、积极进取的心态。影响认知平衡力的主要因素是赛况认知偏差。

赛况认知偏差是指运动员在比赛场上对双方实力产生的虚假和错误的认识和判断。人总是愿意对眼前的工作难度有个判断，以便更好地筹划体力和脑力的付出，而且通常人们不愿意用很大的付出来完成一件难度较小的工作任务。排球比赛中，领先对手尤其是较大程度领先的情况下，团队成员多会怀疑对手的实力，从而导致认知偏差，而这种偏差往往是最致命的。因为队员一旦认为对手并没有那么强，就会觉得付出过多是不合算的，甚至对自己的正常的失误也不能理解，并对对方正常的技、战术发挥也觉得意外。这样一来，往往会不知不觉地将得分希望寄托在对手失误和本方队友身上，自己产生了畏难和恐惧，几次失误之后又会认为先前的认知有误，实际上对手的实力远远高于自己，产生新的认知偏差……雅典奥运会排球比赛决赛的中俄对决；北京奥运会排球比赛的中美、中古之战均出现在领先两局的情况下后三局全部输给对手的现象，赛况认知偏差大概是其中重要原因之一。

由此可见，赛况认知偏差是造成团队成员“心理波动”和“思想包袱”的主要原因。发展认知平衡力的重要途经就是消除团队成员对比赛赛况的认知偏差。

第三节　排球运动员心理训练方法

一、心理训练指导新成果

排球运动员在其运动生涯中会面临各种困境，其中难度最大的任务之一就是克服逆境并进而达到最佳表现。心理训练的出现就是为了帮助运动员达成这一任务。心理训练的过程其实就是采用一定的心理训练的方法对运动员心理施加影响从而帮助其发生积极变化的过程。作为一名高级排球教练员，除了要掌握基本的心理训练知识以外，对于运动心理学最新的研究成果也应有所了解，并根据需要应用在训练实践中，从而提高运动员心理训练的效果与效率。下面结合排球运动项目特点，选择一些针对性较强的成果进行介绍。

(一) 正念训练

过去三十多年来，以认知行为主义为基础的方法一直是心理技能训练的主流。而近年来，以正念和接受为基础的干预方式开始在运动心理学领域兴起，并取得了一定研究成果的支持。

在高水平竞技领域，运动员在赛场上可能会在巨大压力下产生心态的改变，从而出现思维紊乱并最终影响比赛成绩。这样的例子屡见不鲜，俯拾皆是。这时候，运动心理学家一般会采用传统的以认知干预为基础的心理训练手段来帮助运动员。然而，近年来有研究表明，这种传统的心理技能训练在实证研究中的效果并不理想，并指出以觉知和接受为基础的不加评判和反应的正念干预技术对高水平运动员的帮助更大。

1. 什么是正念

目前，学术界引用最多的正念定义来自卡巴金（Kabat-Zinn）：正念是以一种特定的方式来觉察，即有意识地觉察、活在当下及不做判断。正念对于运动员比赛中的卓越表现和面对逆境时的表现能起到很大的作用，其主要机制被归结为自我调节。

2. 正念的作用

有研究指出，正念能够通过以下几个方面对运动员产生作用：

①帮助运动员有效控制注意力，避免出现注意力分散。

②提升身体觉知能力，帮助运动员了解身体对比赛压力的反应，从而减少比赛中梗阻（choking）现象的发生。

③正确面对逆境和挫折，不做评价，从而解决之前固有情绪反应带来的不良影响。

④客观地看待比赛，不以自我为中心，从而避免受比赛胜负概念的影响。

3. 正念训练方案简介

尽管进行专门的正念训练需要运动心理学专家的帮助，但是作为高水平队的教练员对于这种心理机能训练的方法有一定了解并有意识与自己的训练内容相结合，则会起到事半功倍的作用。

中国学者姒刚彦设计了一套适用于中国运动员的正念训练方案，并将其分为了7个章节，现简介如下：

第一章，正念准备训练。在这一环节主要是进行正念训练基本情况的介绍，为后续的训练做好准备。第二章，正念。首先给运动员介绍正念的概念，即如其实际地明了当下的身心状态及其变化，并活在当下，不干预、不判断。随后，让运动员结合自身进行体会。第三章，去自我中心。去自我中心，即把自我放下，把注意力集中在需要完成的任务上，全身心投入其中。第四章，接受。接受是指以开放的态度与所面临的一切和平相处，不判断、不反应、不处理。尤其是在面临消极情绪及身体感觉的时候，做到坦然接受，不回避。第五章，价值观和觉悟。本章的目的是帮助运动员明确自己当下的行为方向。价值观是一个人生活的基本原则，为运动员提供行为的方向和动力；觉悟是思维不执着的表现，表现出对信念及想法的灵活性，有助于当下问题的解决与改善。第六章，投入。投入是对价值观的延续，将价值观转化为具体行为。在这一章主要分析实现价值观的计划以及困难，并运用正念、去自我中心和接受的技能来实现目的。第七章，综合练习。正念训练的各项技能并不是孤立的，而是彼此相关。在这一章就是要将正念训练的所有内容进行综合的练习，并为正念训练结束之后的练习进行计划与安排。

（二）逆境应对训练

体育运动中的逆境，是指阻碍运动员实现比赛目标的各种情景。应对，则是指克服或处理逆境的意识与方法。众所周知，运动员在参赛时往往面临许多心理问题并承担巨大心理压力，如何在巨大压力下保持自身心理状态的稳定性，达到理想竞技状态，成为了影响比赛结果的重要因素之一。有学者认为，理想竞技表现是指在比赛中对各种逆境的成功应对。也就是说，即使运动员未处于最佳心理状态（指最佳心境、最佳焦虑/唤醒状态、流畅状态），只要能合理应对逆境，有效地补偿过失，调节自身，仍有可能达至理想竞技表现。因此，要想帮助自己的运动员在重要比赛中取得优异成绩，教练员们有必要初步掌握这方面的基本知识并对运动员身处逆境时的应对方式与策略有一定了解。

1. 竞技运动中的逆境分类

（1）与特定比赛有关的逆境

主要是指由于特定比赛或任务形成的逆境。比如个人项目中有的运动员平时练习质量很高，就是一到大赛就“蒙”；还比如，集体项目中有的运动队在遇到某个对手时就好像中了魔咒一样，水准大降。

（2）与个人特点有关的逆境

这类逆境主要与运动员个人心理特质有关，比如容易急躁或者在比赛中“慢热”。

2. 逆境应对训练

姒刚彦针对逆境应对训练展开了系列研究，提出了这类训练的程序，可以为教练员在日常训练中提供一定的参考。这套程序主要分为 4 个阶段。

阶段 1：确认与预见典型逆境

这是指从过去已有的经验中提取、识别并确认对运动员或运动队完成比赛任务、实现比赛目标形成主要威胁的那些逆境；或者，从别人的遭遇或者自身的预判中对比赛中有可能面对的逆境情况进行分析与评估。

阶段 2：找出合适的应对逆境方法

应对方法包括应对策略与技能。有研究表明，高水平运动员应对策略基本可以分为 4 类：①解决问题的应对策略；②解决情绪的应对策略；③回避应对策略；④阿 Q 式应对策略。而常见的应对技能包括但不限于：唤醒水平调节、注意控制、表象、思维控制、行为程序。

只采用一种策略或技能解决问题，叫作单一应对方法。而在多数情况下，解决逆境情况会采用综合的应对方法，即把不同的策略与技能相组合，从而更好地应对所面临的逆境。

阶段 3：实施个人化的训练

要实施个人化的训练，首先，需要评价个人应对逆境的能力，这种评估可以从对逆境的准备、承受力和控制力三个方面展开。其次，强化意识，学习技能，形成习惯。再次，从训练过渡到比赛。如果把日常训练中的逆境应对训练看作静态学习的话，那么比赛就是对逆境应对能力的动态的考察。只有通过比赛的反复检验与磨练，形成习惯，才能保证运动员在面对大赛时能够稳定发挥。最后，还要将大周期心理训练与小周期相结合，即根据不同的任务有针对性地安排逆境应对训练的时间和计划。

阶段 4：评价训练效果

对逆境应对训练效果的评价主要包括 4 个方面：

①评价意识、态度、应用，这方面的变化是逆境应对训练的底线效果，是运动员行为改善的基础。

②评价逆境应对行为的改善程度，即评价运动员在面对典型逆境时应对行为或竞技表现的竞技状况。

③评价应对方法的合理性，即把应对逆境方法的合理性与运动员比赛中的技战术使用合理性相结合进行评价，检验逆境应对效果。

④评价运动成绩，运动员在比赛中的成绩进步与否也从侧面反映了逆境应对训练效果，因此也应作为一个评价标准。

3. 教练员在逆境应对训练中的重要作用

教练员在这方面的重要作用主要体现在：①观念的贯彻，即教练员要持续向运动员贯彻逆境训练的重要性，强调逆境应对能力与表现能力成正比。②赛前逆境应对方案的制订、赛中逆境应对心态的调整及赛后逆境应对能力的评价。

总之，逆境应对训练的各个环节都体现出教练员的创造性和智慧，是运动员获得成功的重要帮助。

（三）自我控制

自我控制是指个体克制、调节、改变冲动、欲望和习惯性反应的能力。良好的自我控制有助于运动员从事极其艰苦的训练，提高其在竞争激烈的比赛中的表现从而取得优异成绩。

张力为在2011年从辩证法思想出发，针对运动员备战及参赛过程中常见的心理问题，分析和讨论了用辩证法思想处理8对重要关系从而实现增强自我控制、促进竞赛表现的目标，下面针对其中较有操作意义的4对进行介绍。

1. 紧张与冷静的关系

紧张与冷静对于运动员来说是最常见的一对情绪体验，二者可以体现在生理、情绪、认知等方面。作为教练员，提示运动员赛前要保持冷静是很常见的工作内容之一，但是对于紧张的必要性也需要提示运动员，从而使运动员能够做到正确对待之中看似消极的情绪。

有效应对紧张的方法可以包括：第一，对运动员讲清紧张与平静的辩证关系，是他们认识到平静不是静止，而是有控制的紧张，这是所有人，包括对手都会面临的情绪体验。第二，帮助运动员找出可以使自己处于“紧张，但可控”状态的具体方法，比如听音乐等。第三，提示运动员更多关注可以控制的因素，如比赛策略等，而忽视那些不可控的因素，如裁判等。第四，提示运动员进行积极的自我谈话，从而达到排除杂念、正本清源的目的。所谓杂念，可以包括名次、利益等。

2. 简单与复杂的关系

简单与复杂都是认识世界和改造世界的视角和方法，也是运动训练领域很重要的一对矛盾。比如：赛前准备就是一个复杂的过程，需要考虑比赛中可能遇到的各种情况并设计相应的应对方案，这个过程要做到事无巨细，可以说准备环节越复杂，比赛中的表现可能越稳定；反过来，一但进入比赛环节，就必须抛弃一切杂念，尤其是关键时刻，处理起来越简单可能效果越好，简单意味着果断，而复杂则导致犹豫，可能放走了稍纵即逝的机会。

处理这二者关系要遵循的基本原则是：计划详尽，准备复杂；执行果断，行动简单。以排球比赛举例来说，在赛前教练员与运动员可以通过各种手段收集比赛及对手信息，并有针对性地设计各种比赛方案。此外，教练员对自己队员的特点也要全面掌握与考虑，并有针对性地制订预案。例如某位运动员一到关键时刻容易紧张导致发挥失常时该如何处理等。而当真正进入比赛过程中，教练员要根据场上的局势快速抓住主要矛盾，并进行简单直接地任务布置，此时不要再对运动员进行包含大量信息的复杂提示。比赛中的运动员也要将注意力集中到比赛本身，执行战术时不瞻前顾后，而是必须果断。

3. 拼搏与淡定的关系

拼搏可以说是高水平运动员的必备品质之一，不仅指在比赛中不惧强敌勇于挑战，同时也代表了在训练中卧薪尝胆，发愤图强。而淡定看似与比赛之间关系并不密切，但某些情况下却能取得比拼搏更佳的效果。总体上说，拼搏与淡定是一张一弛的关系，二者辩证统一于关注比赛本身。在比赛中勇于拼搏，体现了运动员的执着，而对结果的淡定则能帮助运动员排除杂念，更好地关注过程、动作和自己，从而更好地发挥个人水平。

4. 充满自信与放低位置的关系

在比赛中，我们经常会感叹一只球队非常善于打关键球，总能在关键时刻抓住机会，取得胜利；我们也会说某某运动员是比赛型选手，一到比赛中很容易超常发挥。这都与运动队或运动员自身的强大自信有关。反之，缺乏自信的球队往往表现出遇强则弱、遇弱则强的特点，而训练型运动员也往往有自信心不足的特点。

强调自信的重要性并不意味着这就是全部。放低位置，保持低调，也是比赛前心理准备很重要的一部分。“上善若水”就是这一思想的最好表达。

处理充满自信与放低位置这对矛盾的原则是：第一，随机应变，遇到强大对手要强调自信的重要性，反之则要放低位置，戒骄戒躁。第二，从自身情况出发，胜利了要保持低调，放低位置，而失败后则要树立自信，为再接再厉积蓄能量。第三，比赛筹备上要做到战略上藐视，不惧怕任何对手，坚信自己的能力；战术上要重视，赛前做到充分准备，不因对手实力不足而有任何疏忽出现。

（四）心理疲劳

1. 心理疲劳及其形成原因

在竞技运动领域，运动性心理疲劳是运动员在应对内源性压力和外源性压力时，心理资源及生理资源被不断消耗，而没有得到及时补充时所出现的心理机能不能维持原有心理活动水平，即心理机能下降的现象。具体表现在情绪维度、认知维度、动力维度、行为维度和生理维度的改变上。

换言之，心理疲劳是指区别于生理疲劳的身心状态发生的疲劳现象。这种疲劳是一个不断发展的过程，有阶段性表现及轻重之分。轻者容易消除，会对运动员的动机和热情产生影响，从而影响运动成绩；重者会产生身体反应，对运动参与有严重干扰作用，且长时间也未必康复。

造成运动员心理疲劳的因素可以分为内源性和外源性两类。其中，内源性因素有认知、人格和年龄因素；外源性因素包括社会、训练比赛、管理和项目特点等因素。有研究表明，外源性训练和管理因素是其中最重要的原因。

2. 运动性心理疲劳的控制

认识了运动性心理疲劳的内涵及其形成原因，教练员们需要做的就是在日常的训练及生活中找对方式来预防及缓解运动员心理疲劳的产生。下面介绍几种方法以供参考：

（1）变换训练方式

运动训练的特点及规律之一就是重复。然而不断重复所造成的单调与枯燥感会使运动员训练兴趣下降、训练动机丧失。因此，教练员要不断尝试训练方式的改变，例如变换场地、形式、内容等，从而缓解训练枯燥感的产生。

（2）变换休息方式

变换休息方式可以转换运动员对训练比赛的注意，从而避免中枢神经系统不断对训练比赛信息进行加工并产生保护性抑制。教练员可以提示运动员发展一些有益身心的休息方式，或组织拓展训练等活动来丰富运动员业余生活，避免运动员对训练比赛过度关注而产生心理疲劳。

（3）提供社会支持

研究表明，教练、队友、朋友、家庭这 4 种重要的社会支持资源中，教练员对于提高运动员训练比赛满意感的贡献最大。因此，教练员要充分发挥自身的作用，帮助运动员处理伤病、失败、家庭、退役、队内矛盾等问题，从而降低运动员心理压力，减少心理疲劳的发生。

（4）设置短期目标

短期的目标对于运动员来说更容易得到积极反馈，从而保持其对训练和比赛的兴趣并提高自信心与成就感。因此，教练员在技战术、身体、心理等方面设计合理的短期目标有助于预防运动员心理疲劳的发生。需要注意的是，这些短期目标应该做到可操作、可检验。

（5）诚心悦纳自我

引导运动员保持乐观与豁达的心态，全面接受自己的优缺点和成功与失败，有助于使其以更好的心态面对困难，降低心理疲劳的感受。

（6）注意营养补充

适当为运动员补充一些含有抗抑郁成分或中枢神经抑制性介质的营养物质有利于控制心理疲劳。比如黑芝麻、瓜子仁、面包、麦片等。

二、团队竞技心理能力训练

团队竞技心理是指集体类项目在高度的时间压力、骤变的空间条件下所表现出来的全体一致的情绪表现、行为反应和思维模式。场上各队员是按一定规律和一定方式组织起来的有机整体，它更强调“团队一体化”，要求团队具有共同的运动目标和志向，并且保持一定程度的稳定。袁伟民在《我的执教之道》（1988）一书中阐述到：场上 6 名队员只有从思想上、意识上、技术上、战术上高度配合、高度协调、高度默契，才有可能提高整体战斗力，真正达到“6>6”。由此可见，排球运动中“团队”心理竞技能力就显得更为重要。因此，针对“团队”心理竞技能力进行专门训练，将有助于一支球队整体实力的提升。

排球运动中对团队竞技心理进行训练主要是对其团队耦合力的培养，并在其中贯穿了战术拼搏力和认知平衡力的训练。

加强团队成员间信任和依赖程度的能力称为团队耦合力。它能够使团队成员之间互相信任，彼此包容，高度默契，达到在比赛关键阶段勇于拼搏，不担心自己的失误会引起其他队员埋怨的团体心理状态。团队耦合力是一种球队文化，它与凝聚力在一定程度存在相似性，因此团队耦合力的培养在一定程度上可以借鉴凝聚力培养的方法。

形成一个队伍的集体凝聚力必须通过多种途径和方法来实现，如利益的一致性、全队的共同信念、组织和管理的艺术性、长期训练的磨炼，以至每一次训练、比赛、准备会、总结会、批评和表扬等细微环节，甚至与教练员的性格特征有关。这些都是重要的，每位教练员也都会对自己实践探索的经验进行总结，这里仅就训练的组织方式和要求对凝聚力的影响进行重点讨论。

运动员参加训练和比赛都有其各自的目标结构和由此产生的动机系统，运动员的目标结构是在教练员的训练组织形式和要求下建立起来的。心理学家认为，运动员参加训练时因训练的组织形式和要求的不同大致有三种目标结构，分别是竞争性目标结构、合作性目标结构和个体性目标结构。

（一）竞争性目标结构

竞争性目标结构之下，运动员感到成功与否同队友的成功与否是对立的，其动机来源于战胜别人或促使别人失败，将自己的成功与失败归结为自身的能力水平，自我评价中心是“我的能力比别人强得多吗”，行动的决策中心是“我能练好吗”。

（二）合作性目标结构

合作性目标结构之下，运动员感到成功与否同队友是一致的，自己要达到目标就必须使别人都达到目标，将自己的成功与失败归结为自己的努力和集体之间的合作，自我评价中心是“我为集体尽力了吗?”，行动的决策中心是“我们怎样练得更好?”

（三）个体性目标结构

个体性目标结构之下，运动员感到成功与否同队友相互关系不大，其动机来源于在追求目标中发现自己，将自己的成功与失败归结为自己的努力程度。行动的决策中心是“我如何练得更好?”。

上述不同目标结构下动机系统的理论给我们更好地组织训练提供了思路。

一般认为在重点“刻画”技术动作的阶段应使用竞争目标结构，以引导运动员在技术上比、学、超。训练的组织和要求是以个人和单位设置评比，鼓励相互的竞争。

在战术“串联”阶段应采取个性目标结构，以鼓励运动员充分发挥自己的特点，在这样的目标结构下人们发现几乎每名运动员都会练出自己的“撒手锏”。训练的组织和要求也是以个人为单位，但不简单地强调竞争，而是引导、帮助运动员认识自己的特点和潜力，鼓励大胆尝试，培养他们的成功动机定向。同时，这一环节也是团队战术拼搏力形成的关键期。尽管训练中突出了个人目标，但是并不忽视队员之间的合作。训练中要培养运动员明确的团队目标意识以及高度责任感。

在整体配合阶段应建立合作目标结构，以加强集体的凝聚力。这一阶段也正是团队耦合力培养的主要时机。在训练的组织形式和要求上，应强化全队的信念，重视核心队员的作用，同时要在队伍中树立荣辱与共的思想；以集体为单位适当增加任务难度，建立困难情境迫使运动员团结、更团结以克服困难，并共同取得成功。上述方法只是参考方案，仍需教练员根据具体情况灵活地设计实施。

三、比赛心理调控

（一）赛前心理准备

赛前心理训练的主要任务是提高运动员的唤醒水平，经典的“倒 U”曲线（耶克斯–多德森定律）告诉我们，过高和过低唤醒水平都不利于提高工作效率，只有适中的唤醒水平才是最有利的。日本女排前教练大松博文，有时会要求运动员在正式比赛前进行大运动量训练 2~3 个小时，其结果是充分活动开了的队员去打比赛从第一个球开始就表现出了最高的水平；相应地又有沃尔特、艾波特和斯韦伯克（Waltet Apter Svebak）提出有两条唤醒曲线。当人们从事剧烈运动时往往需要很高的唤醒水平，当人们从事安静的工作或放松休息时会喜爱偏低的唤醒水平。所谓适中唤醒水平实际上很难去把握，同时运动员无论是躯体还是心理，在赛前似乎是越兴奋越好。当然，尽管目前还没有仪器可以明确地区分良性的兴奋和恶性的紧张恐惧，但每位临场的运动员都知道，他自己内心的体验正预示着成功还是失败。

因此，教练员赛前在心理方面最重要的工作就是充分调动运动员机体和心理的活动积极性。有时一个队在打了半局球以后或第二局开始才“醒过盹来”，才进入“比赛状态”。相反，有的队一上来就表现出最高水平。因此，运动员在赛前的唤醒水平在每球得分制的情况下更显得重要。

调动运动员的方法有很多，充分的准备活动、平时唤醒过程的习惯培养、心理的调节和思想工作等都很重要。总之，要想尽一切办法，使运动员能以百分之百的热情和机体及心理活动水平去迎接第一个球。

当然，过早地使唤醒水平达到高峰也是不利的，在距离比赛还有好几天，运动员就兴奋或紧张得睡不着，这无疑会使到了比赛时反而调动不起来。

（二）赛中心理指导

赛中教练员在心理方面的主要任务是使运动员进入“忘我”的意境。最佳竞技状态的核心内容是“忘我”，就是运动员将个人的荣辱得失置之度外，专心投入比赛的情境之中，不注意比分、环境、观众、裁判等因素，一心享受表演的乐趣；头脑清醒，反应敏捷，技、战术自如发挥。这种状态的获得和保持需要运动员的心理能力和技能，也要求运动员有较高的素质，要靠平时的积累和磨炼。但在赛中教练员通过有的放矢的指导语和谈话等手段与方法是可以达到促进、保持这种最佳竞技状态的目的的。

（三）赛后心理调节

赛后要开好总结会，主要目的是帮助运动员建立起正确的归因习惯。在分析成败时要多从努力的程度入手，避免不负责任的夸奖和贬低。有的教练员似乎认为在取得成绩时应多批评、多找不足，在失败时要多鼓励，多表扬，其实不尽然，关键是要通过内部归因的分析，引导运动员看清本质，找到规律，树立自信，逐渐形成正确的归因方式。

（吉承恕）

第八章

训练计划的制订与负荷监控

第一节 概 述

影响排球教练员胜任水平的因素有科学组织训练能力、指挥比赛能力、管理教育能力和科研与创新能力四项。其中，科学组织训练能力是教练员专业能力中最为核心、最重要的能力。科学组织训练最重要的前提是制订一个完善的训练计划。但是有些教练员对训练计划的类型、内容及其作用缺乏科学的认识，致使所制订的训练计划的类型以及内容不全，缺乏长远规划，使训练过程的控制及系统性降低，往往造成训练过程的随意性，降低训练质量。出现这种现象，大多是因为教练员对训练计划的制订的重要性认识不足。

训练计划的制订与实施是运动训练过程的中心环节，是为实现训练目标，对未来训练进程的科学预测与理论设计，是实现由现实状态向目标状态转移的保证，是对运动训练过程实施有效控制的前提和基础，也是教练员、运动员进行运动训练的依据，应该贯穿于教练员和运动员的全部训练实践活动之中。凡事预则立，不预则废。训练计划就是具有“预”的一项重要内容，是运动训练过程中的重要决策。

一、凝炼教练员的训练理念

教练工作是一项具有挑战性的工作，其中蕴含着许多困难和道德难题，建立良好的理念有助于做出解决这些困难的决策，并更加成功的执教。没有良好的理念，你会发现自己缺乏方向，很容易屈服于外部的压力。

训练理念，就是教练员在训练过程中建立的理念，它是指教练员对运动训练本质及其影响运动训练的多种因素的理解，是教练员对运动队“目标”“使命”及“训练方法”等所具有的明确的基本认识，是指导运动训练的“思想”。训练理念决定了教练员如何运用自己的技战术技能、对排球运动的认识、体育科学和管理等知识，直接影响其训练方式，影响着运动员的成长。只有建立良好的理念，才有助于教练员在困难的情景中做出决策并更加成功地训练。每名成功的教练员都应该建立起符合项目成功规律的训练理念。

有设计、有计划的训练才有助于教练员积累思想，打开思考空间，归纳形成训练理念。无设计的训练就不可能归纳形成训练理念。教练员制订训练计划的过程其实就是其训练理念凝练的过程。对理念，我们可能会主动意识到它的存在，也可能仅是一种无意识的感觉。当教练员在许多训练问题上做选择的时候，其执教理念便受到了检验。一旦做出选择，教练员就会根据自己的原则评价所选择的结果。有利的评价会强化其原则，不利的评价，尤其是重复的不利评价，可能告诉他需要寻求不同的原则。

训练理念一旦形成，必将影响教练员执教的新一轮训练。有执教经历的教练员在设计新一轮训练时，他们会根据对运动员的了解，对排球项目竞技规律的认识，以及在以往的训练过程中形成的训练理念去制订合理的、有效的、系统的训练计划。而制订训练计划的过程是对教练员训练理念的又一次总结和升华，可以帮助运动员少走弯路，能够更快、更好地达到训练目标。

二、实现教练员的训练目标

（一）便于训练的实施与评价

运动训练计划体现着运动训练实施的基本决策，在制订训练计划时既要考虑到现时训练目标的需要，又要考虑长远目标的需要，也必须考虑主客观条件提供的可能。

制订运动训练计划，可为教练员和运动员提供一个较为科学和准确预测的训练目标及为实现这一目标的具体任务和方法，还可把整个训练过程划分为若干相互联系的训练阶段，通过逐步完成各阶段目标而最终实现训练计划的总目标。通过训练计划的制订，可使教练员对训练过程进行有效的合理控制，对训练工作做出科学、客观的评价，有利于训练目标的最终实现。

（二）便于训练的监控与调整

训练计划是为训练行为服务的。有了计划方可言训练的监控，也才能谈论训练的调整。同时，只有合理地实施训练计划才能充分体现出计划的价值。训练中，教练员必须严格执行训练计划，才会取得预先的效果。但是训练又是一个动态的过程，运动员之间存在明显的个体差异，训练场上的情况往往不会像训练前模拟的那样一成不变，因此可以根据运动员的变化情况进行调整，保证科学合理地去实施，达到对运动员竞技能力、竞技状态的组织和管理。监控与调整都应以训练计划或训练设计为依据。

（三）调动运动员的积极性

制订训练计划时可以让运动员参与其中，考虑运动员的个体需要，尊重运动员的意见，制订合理的训练计划。运动员只有在明确自己要干什么，知道所要进行的训练是否和自己的实际情况、实际需要相符时，参与训练的积极性才会明显提高。由于自己亲自参与了训练计划的制订，当因为某种生理或心理因素没有完成训练计划规定的任务时，运动员会自觉地去弥补，会有更高的自主训练积极性。

通过训练计划的制订可以逐步解决训练中存在的内容一般化、手段简单化及态度自由化等不良倾向的问题。由教练员、运动员共同制订一个完整的训练计划，一目了然，便于掌握。运动员充分理解计划中各环节的意义和作用及阶段计划的目标，在训练过程中能充分调动主观能动性，能够全身心地投入训练。

第二节　训练计划的制订

制订排球运动训练计划是以排球运动训练目标为出发点和归宿。在进行科学诊断和科学预测的基础上，为运动员建立理想的训练目标。

一、训练目标的确定与分解

制订训练计划的一般程序包括：明确训练计划目标，运动员起始状态诊断，确定达标手段，制订计划细则，计划评审，计划审批，输出计划等几个子程序。明确训练计划目标是重要的第一步。

训练目标体系是一个多层次的有序系统。一个完整的训练目标体系不应仅局限于期望获得的名次或是可测量的一个比赛结果，而应描绘出完整的目标状态。它主要包括三个层次，即运动成绩目标、竞技能力目标和训练负荷目标（表 8-1）。运动成绩目标包括运动员在比赛中所表现出来的竞技水平和比赛名次两个方面；竞技能力目标是决定运动成绩的最重要因素，可分为反映运动员各种能力特征而彼此紧密联系的一组具体指标；训练负荷目标是目标体系中比较具体的因素，包括训练内容、负荷量、负荷强度等。

表 8-1　训练目标的确定与分解示例

目标	子目标	细化目标
成绩目标	名次	在各类比赛中保持前 3 名水平
竞技能力目标	竞技能力	增加比赛场上的意识，应对各种复杂局面
	体能	400m 计时跑 70%以上有不同幅度的提高 36m 移动 60%都有提高 重点队员的助跑起跳有所突破，达到 3. 1m 以上

续表

目标	子目标	细化目标
	技能	个别队员技术动作规范化 发球成功率40%以上，失误控制在20%以内 提高移动接球能力，接发球到位率达到40%以上
	战术能力	发展短、平、快的战术特点，增加2~3个战术打法
	心理素质	建立吃苦耐劳、团结协作的理念，增强意志品质培养
	运动智能	对排球的发展变化、新规则等专业知识的掌握 提高文化课成绩
说明：这是运动智能带来的效果，也是训练目标之一		
训练负荷目标		训练内容负荷目标细化为：一般身体训练占10%，专项身体训练占20%，技术训练占40%，战术训练占20%，心理训练占5%，理论学习占5% 生理负荷基本趋势为量逐步增加并达到最大，强度逐步增加，强度保持时量适当减少，强度减少量保持或减少

确定运动训练计划目标，就是对运动训练计划目标进行系统分析和分解，加深对运动训练目标的认识和理解，从而达到由抽象到具体、由宏观到微观、由定性到定量、由粗糙到详细、由孤立到系统的目的；或者说是将运动训练目标分解成可操作、监测、评估的目标指标体系。

训练目标分解的步骤是：名次目标或成绩目标——竞技能力目标——竞技能力子目标——任务指标——训练内容负荷目标（包括技术负荷和生理负荷）。

在此基础上，将目标体系分解到时间序列中，明确各个时间段的训练计划目标、任务、负荷和指标。

明确排球运动训练计划目标的过程，既是教练员对排球运动训练规律和本质进行深层次认识和理解的过程；也是对运动队和每个运动员竞技能力情况进行系统分析和认识的过程；同时又是对运动训练能力和水平及教练员敬业精神的检验。

如果没有能力完成这项工作，那么必然会给未来的排球运动训练带来盲目性，更谈不上科学训练。只有做好训练目标分解细化的工作，才能保证训练目标逐级实现。只有坚持实现每堂训练课的目标，才能保证周训练目标、阶段训练目标的完成。

细化后的训练目标既可以成为评价的内容，又可使课的训练任务更加明确。

二、评价指标的确定与细化

评价是训练活动的出发点，科学的评价能为目标的建立和训练计划的制订提供重要的依据；也是检验训练效果的终点，反馈训练目标的达成。对排球运动训练的评价可从运动成绩、竞技能力和训练负荷三个指标进行评定。

（一）运动成绩指标

运动成绩指标可分成竞技水平指标和名次指标。

对技能主导类对抗性项群则可提出若干较为模糊的竞技水平指标。如教练员制订总的参赛目标时，期望本队能在比赛中发挥自己防守能力强的特长，扼制对方的一攻，并通过快速多变的反攻得分。为此，要求队员在比赛中后排防守起球率应在30%~35%之间，接发球到位率应达到70%以上。

比赛名次指标涉及对手在比赛中的竞技水平、比赛条件和裁判员的倾向性等因素，这些因素对教练员来说基本上属于非可控的因素。决策理论告诉我们，人们只能对受可控因素影响的事物的未来发展进行有效的预测，而对不可控因素影响的事物是无法准确预测的。虽然，教练员可以力求在较大程度上控制运动员的训练过程，但对对手在比赛中的表现也只能施以有限的影响。因此，在制订比赛名次指标时必须持谨慎态度，应以一个区间作为比赛的名次目标，任何硬性规定的名次指标往往都是难以准确实现的。

（二）竞技能力指标

竞技能力的决定因素从技能、战术能力、体能、心理和智能方面体现。针对排球项目竞技能力的评价也可以从以上方面进行。当然，对不同年龄阶段的运动员、不同的训练周期、不同专位的运动员的竞技能力评价应有不同的侧重点，应进行分类评价。

1. 技能指标

对排球运动员技能的评价可以从训练或比赛中的技术运用效果进行，如一传的到位率，发球的成功率等。DATA VOLLEY统计软件可以进行发球、接发球、进攻、拦网、二传传球、接扣球、发球路线等的分析，是目前排球技术统计软件中比较实用和先进的。

对技能的评价还可以分析技术动作的合理性。通过运用高速摄影机、三维摄像系统、测力台、表面肌电仪等设备，解析技术动作的速度、角度、高度、力学、肌肉动员等参数，实现对运动员技术动作的分析和评价，帮助改进技术动作，提高训练效率。

2. 战术能力指标

排球战术可分为个人战术和集体战术，包括进攻战术和防守战术。实战中进攻战术和防守战术的组合，便形成了接发球及其进攻、接扣球及其进攻、接拦回球及其进攻、接传垫球及其进攻。

通过大量的录像统计和临场统计，获取战术运用效果的数据，进行数理统计，制订出相应的累进评分表（或标准分表）和评定标准，建立相应的评定标准体系。在此基础上，对比赛中战术实际运用效果进行验证与评价。

还可以对集体战术质量进行评价（表8-2）。

表 8-2　高水平排球队集体战术质量指标评价表（得分）

编号	对方防守情况	进攻战术质量	防守战术质量
1	本方组织进攻时，对方无人拦网	6	1
2	对方单人拦网，后排防守无阵型	5	2
3	对方集体拦网但超手（拦网起跳时间有误）	4	3
4	对方单人拦网，后排防守有阵型	3	4
5	对方双/三人拦网，后排防守无阵型	2	5
6	对方双/三人拦网，后排防守有阵型	1	6

引自：李宗浩，孙敬，张欣，等．高水平排球队核心竞技能力、制胜规律及其对策研究［J］．北京体育大学学报，2008（7）：865-867.

3．体能指标

排球运动员的专项体能是运动员身体形态、身体功能、运动素质和健康水平诸方面专项化的综合体现。

排球专项体能评价指标体系为：男子包含小腿长、克托莱指数、上臂围差、助跑摸高、V 形移动、斜板仰卧起坐、羽毛球掷远、双摇跳绳、血清睾酮、血尿素、血红蛋白、既往史恢复情况和现病史损伤程度共 13 个三级指标；女子包含踝围、手足间距、体脂率、挺举、米字移动、助跑摸高、双摇跳绳、血清睾酮、血尿素、血红蛋白、既往史损伤程度和现病史恢复情况共 12 个三级指标。

我国优秀排球运动员专项体能评价体系与各项指标权重如表 8-3 所示。

对运动员体能变化的潜力做出适当的评估，对运动员可能达到的目标状态做出准确的预测，为制订训练计划提供了依据和出发点。通过阶段性检查评定，可以对前一阶段的训练工作及其效果做出客观评价，进而做出必要的调节，保证体能训练进程按规定的方式运行，为教练员科学规划和制订运动员的体能训练策略提供依据和操作方法。

表 8-3　排球运动员专项体能评价指标体系与各级指标权重

一级指标	权重	性别	二级指标	三级指标	权重
A 身体形态	0. 20	男	A1 肢体长度	A11 小腿长	0. 57
			A2 身体成分	A21 克托莱指数	0. 28
			A3 肌肉发达程度	A31 上臂围差	0. 15
		女	A1 身体围度	A11 踝围	0. 49
			A2 肢体长度	A21 手足间距	0. 31
			A3 身体成分	A31 体脂率	0. 20

续表

一级指标	权重	性别	二级指标	三级指标	权重
B 运动素质	0.38	男	B1 弹跳力	B11 助跑摸高	0.32
			B2 移动能力	B21V 形移动	0.27
			B3 专项力量	B31 斜板仰卧起坐	0.18
			B4 上肢爆发力	B41 羽毛球掷远	0.12
			B5 协调能力	B51 双摇跳绳	0.11
		女	B1 专项力量	B11 挺举	0.47
			B2 移动能力	B21 米字移动	0.26
			B3 弹跳力	B31 助跑摸高	0.16
			B4 协调能力	B41 双摇跳绳	0.11
C 身体功能	0.28		C1 运动机能	C11 血清睾酮	0.47
			C2 恢复机能	C21 血尿素	0.31
			C3 心肺机能	C31 血红蛋白	0.22
D 健康水平	0.14	男	D1 既往史	D11 既往史恢复情况	0.58
			D2 现病史	D21 现病史损伤程度	0.42
		女	D1 既往史	D11 既往史损伤程度	0.73
			D2 现病史	D21 现病史恢复情况	0.27

引自：金宗强，葛春林．优秀排球运动员专项体能评价与诊断系统的开发与应用［J］．北京体育大学学报，2012，35（10）：115-121.

4. 心理指标

心理能力是运动员竞技能力的重要组成部分。

对排球运动员进行心理负荷和心理状态评价的指标主要包括心理与神经疲劳状态、注意力水平、专项认知水平、心理技能水平、比赛心理兴奋点的状况、团队凝聚力等。通过这些心理指标的评定可以把握运动员的比赛心理状态，为运动员的系统心理训练和比赛心理调控提供参考依据。

5. 运动智能指标

运动智能也是运动员竞技能力的重要组成部分。

运动智能作为竞技能力的评价指标分为一般智能和专项智能，一般智能包括观察力、注意力和思维、想象力等。专项智能包括排球专项信息加工速度、决策能力和排球反应认知方式等。

（三）训练负荷指标

训练负荷是对训练内容负荷量和负荷强度的统计。训练负荷是指运动员在运动训练中所承受的生理和心理上的负荷。运动员承受训练负荷的状态直接体现在身体机能的一系列生理生化变化上，而这种变化可以通过生理生化指标来定量地描述、诊断和调控。评价指标可从氧转运与运动性贫血、内分泌、神经系统疲劳程度、骨骼肌代谢及组织损伤和物质能量代谢及代谢能力五方面进行评定。

三、训练计划的内容及制订原则

（一）训练计划的内容

①运动员起始状态，或上一周期训练结果的分析。

②确定运动训练目标，确定基本对策。

③安排比赛序列，或明确参赛时间、地点。课训练计划中不包含此项内容，周训练计划中也可能不包含此项内容。

④划分训练阶段，明确各阶段的训练任务和内容比重。

⑤规划负荷的变化趋势。

⑥确定检查评定的内容、标准、时间、方法和手段。

⑦规划运动训练总时间。

⑧选择运动训练方法和手段。

⑨确定各方法手段的负荷量度。

⑩确定恢复措施。

第①、②项内容属于训练计划制订的准备性部分，这两项内容为训练计划的制订提供必需的信息与依据。

第③~⑦项内容属于训练计划制订的指导性部分，属于全局的整体决策。各种类型的训练计划都应该重视这部分的设计。

第⑧~⑩项内容属于训练计划的实施性部分。这部分涉及具体的训练手段和负荷，教练员一般考虑得比较细致，但是不可忽略相应的训练恢复措施的制订。

第⑥项内容是训练过程监控的重要依据，整个训练的设计和实施过程通过检查评定和分析，形成训练计划的控制性部分。

（二）训练计划制订的原则

制订训练计划要体现计划的针对性、实践性、特殊性和节奏性。教练员制订训练计划的目的是为了更好地控制训练和比赛，需要考虑以下原则。

1. 从本队实际情况出发

本队的实际情况包括队员年龄、身高、身体素质、基本技术、战术、比赛水平、心理因素、作风、智能、特点、潜力及过去比赛所取得的名次等。训练目标订得过高达不到，易失去信心；过低容易完成，但有损上进心和积极性。为此，在现有的基础上，通过一定的努力能达到的目标比较恰当。

2. 适应排球运动发展趋势

当前排球运动技术水平发展很快，运动员身材日趋高大，对高大运动员的训练有其特殊性；比赛的对抗程度更加激烈，对体能和心理的要求更高；运动员参赛次数增加，疲劳更易出现，体能恢复凸显重要；女子技术发展男性化，跳发球、后排进攻等比重增加，必须加强训练。

竞赛规则的改变，鹰眼技术的使用，有利于公平竞争，有利于促进攻防平衡，有利于观众欣赏，有利于电视播，有利于比赛时间的控制。排球规则正向竞技排球、观赏排球和大众排球方向发展。同时，也要求运动员技术更加细腻。为此，制订训练计划时应重视这些因素。

3. 把握排球比赛制胜规律

排球比赛胜负的一般规律是：多得分、少失分，首先得满局分。加强得分技术训练，提高失分技术的细腻程度和关键环节的训练；加强关键球、关键局和开局等的训练。

排球运动攻中有防，防中有攻，攻防随时转换。打好一攻可以少失分、慢输球，只有打好反攻才能赢球。注重形成自己的战术风格和特点。加强一攻、反攻、再攻等各个环节的训练。

在确定训练计划的目标、内容安排、时间分配等方面需要考虑以上因素。

4. 考虑参赛和主要对手状况

不同层次的队伍参加的比赛各不相同。如省、自治区、直辖市排球队参加的比赛有：全运会、全国锦标赛、全国排球联赛，大奖赛、邀请赛等。青少年队伍参加的比赛有U系列比赛、选拔赛、全国青年锦标赛、青运会等。

对主要对手的分析应该包括：组建时间，成长过程，已取得的成绩，打法特点，队员年龄、身高、身体素质、基本技术、战术、作风、心理、比赛经验、轮次打法，后备力量，教练水平等。通过对以上内容的了解分析，从而制订出有针对性的训练计划。

5. 分析竞赛规程

比赛时间的确定，是制订训练计划的关键所在。确定比赛地点，为适应环境条件做好赛前准备。分析比赛制度、规程、规定和规则，参加队数，报名条件，报到日期等，以便加强适应性训练。单循环，双循环，主客场，混合赛，淘汰赛等不同的赛制，对训练计划的阶段划分、负荷安排等都将提出不同的要求。

6. 遵循竞技状态形成的规律

训练的主要目的是使运动员获得最佳竞技状态，在比赛中取得优异成绩。竞技状态形成与发展的过程是：首先获得竞技状态，其次保持竞技状态，最后是竞技状态的暂时消退。这三个循环阶段是有规律的。获得竞技状态应具备的条件包括提高运动员的健康水平，全面发展运动员身体素质和意志品质，改进原有并掌握新的动作技能与技巧，提高各器官的机能水平，加强专项素质和技能的训练，使其高度完善。但是，如果训练不当，伤病事故发生，生活缺乏规律，初步形成的竞技状态也会受到破坏。

（三）训练计划规范化示例

表 8-4~表 8-9 所示为不同时间、不同阶段及不同内容的训练计划示例。

表 8-4 历时半年的大周期训练计划示例

<table>
<tr><th colspan="2">时期</th><th colspan="2">准备期</th><th colspan="2">比赛期</th><th>恢复期</th></tr>
<tr><td colspan="2">阶段</td><td>一般准备</td><td>专门准备</td><td>赛前准备</td><td>集中比赛</td><td></td></tr>
<tr><td colspan="2" rowspan="2">时间</td><td colspan="2">3 个月</td><td colspan="2" rowspan="2">2~2.5 个月</td><td rowspan="2">0.5~1 个月</td></tr>
<tr><td>1.5~2 个月</td><td>1~1.5 个月</td></tr>
<tr><td colspan="2" rowspan="2">任务</td><td colspan="2">增进健康，发展素质，学习或改进基本技术，掌握新战术，增强意志品质</td><td colspan="2">发展专门素质，熟练完善技术，提高战术技巧，发展稳定的竞技状态、创造好成绩</td><td rowspan="2">积极恢复，消除生理和心理疲劳，总结经验，制订新计划</td></tr>
<tr><td>提高一般训练水平，改进技术环节，提高个人战术能力</td><td>提高专项技术水平，改进多人或全队战术配合</td><td>发展专项素质，发展竞技状态，参加热身赛</td><td>保持最高竞技状态，参加重要比赛，创造优异成绩</td></tr>
<tr><td colspan="2">比赛</td><td>没有或少</td><td>少</td><td>中</td><td>多</td><td></td></tr>
<tr><td rowspan="2">负荷</td><td>量</td><td>中→</td><td>最大或大→</td><td>中→</td><td>中或小→</td><td>小或中</td></tr>
<tr><td>强度</td><td>小→</td><td>小或中→</td><td>中或大→</td><td>大或最大→</td><td>最小</td></tr>
<tr><td rowspan="2">方法</td><td>素质</td><td>持续法、重复法为主</td><td>间歇法、重复法为主</td><td>重复法、间歇法为主</td><td>比赛法、重复法为主</td><td rowspan="2">游戏法、变换法、持续法为主</td></tr>
<tr><td>技战术</td><td>分解法为主</td><td>分解法、完整法为主</td><td>完整法为主</td><td>完整法为主</td></tr>
</table>

续表

时期	准备期		比赛期		恢复期
手段	专项身体训练辅以一般身体训练，个人技战术训练与串联训练相结合	专项体能训练，个人技术精细化训练，局部战术配合为主，整体战术配合	整体战术配合，接近比赛形式练习为主，专项体能训练	比赛，一般性、积极恢复性练习，保持专项体能	改变环境及练习形式，增加一般身体练习比重，磨砺基本技术
恢复	注意负荷节奏，各种积极的与自然的恢复措施		注意负荷节奏，各种积极的与自然的恢复措施		减负荷，变换负荷形式与组合
检查	负荷及机体适应情况，技战术水平		负荷及机体适应情况，技战术水平，心理状况		心理、生理恢复状况

整理自：田麦久，刘大庆．运动训练学［M］．北京：人民体育出版社，2012.

表 8-5　周训练计划示例

周训练主要任务及负荷安排							
训练内容比重	1 身体训练	2 技术训练	3 战术训练	4 比赛			
星期 时间	星期一	星期二	星期三	星期四	星期五	星期六	星期日
上午							
时间							
负荷							
下午							
时间							
负荷							
晚上							
全天训练时间							
周训练小结							

表 8–6 课训练计划示例

训练课计划及实施情况（ 年月 日 星期 天气 气温 ）

课计划教案	实施情况
训练课任务： 训练课总负荷：大（ ） 中（ ） 小（ ）	正常训练人数： 缺勤人数：
一、准备部分（手段、时间）	
二、基本部分（训练手段、时间、数量、强度、密度）	
三、结束部分（手段、时间）	
课后小结：（课的评价、优缺点、体会等）	

表 8–7 排球运动员的一般准备阶段体能训练示例

训练模块	练习内容	负荷	间歇安排	备注
动作准备	1. 泡沫轴软组织按摩 2. 动作模式纠正：胸椎 90°/90° 旋转；深蹲头上举（脚跟抬高、膝关节带迷你带、手握横杆） 3. 迷你带臀肌激活：髋关节内收、外展；前后、左右行走 4. 动态拉伸：前抱腿，后搬腿，侧搬腿，前弓步体侧屈，扭步蹲，最伟大拉伸，手足行走 5. 神经激活：单足交替连续踏地；左、右 45°转髋跳	各部位 20 秒×1 组 左、右各 10 次×1 组；10 次×2 组 各 10 次×1 组 左、右每边 5 次×1 组 5 秒×2 组；5 秒×2 组	练习之间无间歇	

续表

训练模块	练习内容	负荷	间歇安排	备注
力量/爆发力	1. 杠铃深蹲 2. 斜板哑铃卧推 3. 单腿箱子上步伸髋 4. 引体向上 5. 跪姿下砍（实心球） 6. 循环练习： （1）瑞士球俯撑前臂揉球 （2）屈肘侧撑挺髋，单臂传、接小实心球 （3）（俯撑）撑哑铃行进	10RM×4 组 10RM×4 组 每边 10RM×4 组 10 次×4 组 每边 10RM×3 组 左、右各 5 圈×3 组 左、右各 30 秒×3 组 8 米往返×3 组	组间 2 分钟，前后两个练习之间 3 分钟 每个循环之间 3 分钟	连续完成 3 个练习中的各 1 组为一个循环
整理、放松	用泡沫轴或按摩棒做身体各主要部位的软组织按摩；或进行主要肌群的主动或被动牵拉	按摩或牵拉约 15～20 分钟		态度认真，按摩或牵拉动作准确到位

一般准备阶段的体能训练应以神经肌肉骨骼检查和运动模式筛查结果作为训练起点。一般准备阶段的体能训练目标以增加肌肉围度和肌肉耐力、提高机体的有氧能力为主，暂不安排专门的爆发力和速度训练。负荷安排以强度低、量大和频率高为特色，抗阻练习强度 10～12RM，训练量 4～6 组，训练频率每周 3～4 次。练习选择应针对解决筛查识别出的功能缺陷，重点发展对基本竞技动作起决定作用的力量和神经肌肉能力，如负重全蹲、分腿蹲、台阶上步等练习变化，以及不同平面的上肢推、拉、举等动作，躯干的稳定性及平衡控制等。机能训练以长时有氧练习为主，可采用游戏或交叉训练（其他项目）模式以单独的体能训练单元安排或在技术训练课后安排，如 3 组 65%最大心率的 3000 米放松跑或以同样强度蹬功率自行车 30～40 分钟等，但一般不在有力量训练的同一天尤其是力量训练前安排耐力训练，以免因出现冲突性激素反应而影响力量训练效果。

表 8-8　排球运动员特殊准备阶段体能训练示例

训练模块	练习内容	负荷安排	间歇安排	备注
动作准备	1. 软组织按摩：泡沫轴按压腓肠肌、股四头肌、屈髋肌、臀肌、三角肌及背部和腰部 2. 动作模式纠正：跪撑胸椎旋转；深蹲头上举（以交叉式拉线训练器械或拉力带为阻力） 3. 臀肌激活：（踝、膝关节带迷你带）左、右行走；跳步单	每个部位各 20 秒×1 组 左、右各 10 次×1 组；10 次×2 组 左、右各 6 米×1 组	练习之间无间歇	

续表

训练模块	练习内容	负荷安排	间歇安排	备注
	腿支撑，悬浮腿侧向、侧后45°方向伸腿 4. 动态拉伸：前抱腿，后搬腿，侧搬腿，前弓步体侧屈，扭步蹲，最伟大拉伸，手足行走 5. 神经激活：左、右45°转髋跳；看教练员手势单足交替连续踏地移动	 左、右每边5次×1组 5秒×2组；5秒×2组		
力量/爆发力	1. 悬垂高翻（杠铃） 2. （对墙）连续侧抛实心球 3. 后腿抬高分腿蹲（杠铃或壶铃） 4. 斜撑单臂划船（哑铃） 5. 速度滑冰跳 6. 循环练习： （1）瑞士球勾腿 （2）TRX直臂拉起 （3）JC带侧拉、前推	6RM×3组 每边6RM×3组 每边6RM×3组 每边6RM×3组 每边16次×3组 10次×3组 10次×3组 每边10次×3组	组间间歇2分钟，前后两个练习之间间歇3分钟	充分伸髋； 转髋发力； 膝关节不超过脚尖； 躯干伸直； 臀肌主导发力； 充分挺髋； 躯干伸直； 躯干伸直
机能训练	看教练员手势在间隔3m、正方形排列的4个标识点间进行移动（结合无规律的听口令俯撑），每次触摸标识点后都回到正方形中间	30秒×3次×3组	练习之间20秒；组间3分钟	
整理、放松	用泡沫轴或按摩棒做身体各主要部位的软组织按摩；或自我进行主要肌群的牵拉、放松	按摩或牵拉约15~20分钟	练习之间无间歇	态度认真，动作准确到位

特殊准备阶段的体能训练目标以发展多关节抗阻的速度力量、爆发力和反映比赛特征的身体机能为主。力量练习模式从双侧多关节抗阻练习逐渐推进到单侧多关节抗阻练习；爆发力训练可从奥林匹克举的多种变化、抗阻短距离多方向移动、实心球练习等形式中灵活选用；身体机能训练向反映比赛特征的间歇式练习过渡。体能训练负荷呈现强度逐渐增大、量逐渐减少的趋势，训练强度5~7RM，训练量3~4组，训练频率每周3次（其中的1次包含专门的身体机能训练）。力量/爆发力练习组间间歇2分钟，前后两个练习之间间歇3分钟。

表 8-9　比赛阶段体能训练示例

训练模块	练习内容	负荷安排	间歇安排	备注
动作准备	(1) 软组织按摩：泡沫轴按压腓肠肌、股四头肌、屈髋肌、臀肌、三角肌及背部和腰部 (2) 动态平衡练习：前、后、左、右方向单脚起跳落在博苏球上 (3) 支柱力量练习：俯撑，对角线伸展手臂、腿；俯卧，肩胛 T、Y、W 型伸展 (4) 动态拉伸：前抱腿，后搬腿，侧搬腿，前弓步体转，后弓步扭步蹲，最伟大拉伸，手足行走 (5) 神经激活：看教练员手势单足交替连续踏地多方向移动；双脚沿端线左右跳跃前进（尽最大努力加快频率）	每个部位各 20 秒×1 组 每边各 1 次×2 组 每边 10 次×2 组 每边 10 次×1 组 每边 5 次×1 组 5 秒×2 组 9 米×2 组	练习之间无间歇	控制身体的稳定和平衡
力量/爆发力	1. 壶铃单臂摆 2. 跳起屈体头上下贯实心球 3. 跳深：高箱上落下，双腿起跳连续跳过两只栏架 4. 弹射式俯卧撑击掌（小腿支撑在博苏球上）	4RM×3 组 4RM×3 组 4 次×3 组 6 次×3 组	组间间歇 2 分钟，练习之间间歇 3 分钟	充分展髋； 躯干鞭打； 落地后迅速起跳； 把身体推起至空中击掌
机能训练	抗阻移动双手接球：对抗拴在腰部的橡胶阻力带，以教练员无规律的抛球为起动信号	30 秒×3 次×3 组	每次练习间休息 20 秒；组间休息 3 分钟	每次接球后迅速把球抛还给教练，并移动回到起动位置
整理、放松	用泡沫轴或按摩棒做身体各主要部位的软组织按摩；或自我进行主要肌群的牵拉、放松	按摩或牵拉约15~20 分钟	练习之间无间歇	态度认真，动作准确到位

比赛阶段的体能训练目标以发展爆发力、爆发力—耐力以及高度符合排球专项运动生物能学特征的身体机能为主。练习模式选择多关节参与的抗阻力量练习、超等长练习及弹射式练习等。身体机能训练以高强度专项动作模式练习为主。训练负荷呈现强度大、量少的特点，训练强度≤4RM，训练量≤3 组，每周训练频率 1~2 次。间歇安排上组间休息 2 分钟，前后两个练习之间休息 3 分钟。

第三节　训练负荷监控

训练负荷监控的主要内容是运用人体科学理论、实验技术和相应的医学检查方法，检测和综合评定运动员现实身体机能状态，并预测机能变化趋势和潜力，对运动员承受训练负荷能力和对训练负荷的适应程度进行诊断。

一、训练负荷监控的理论基础

（一）训练负荷监控的意义

在排球运动训练中，运动员身体机能水平是影响或决定运动能力的重要因素。利用现代化的科学手段，定期对运动员身体机能水平进行检测和评定，可以帮助教练员准确、及时地掌握运动员身体机能状态，为训练负荷的安排提供科学参考依据，这已成为教练员制订和调控训练计划的重要前提。

对优秀排球运动员来说，不断增加运动负荷，使身体机能能力达到“生理负荷良性积累”有利于创造优异成绩。一般认为，人体逐步达到或接近最大极限生理负荷的训练将对机体产生巨大刺激，它虽然造成人体机能水平的暂时性下降，但之后会产生波浪式的提高，从而带来运动成绩的飞跃。但必须注意，最大生理负荷极限与病理性的过度疲劳也许只有半步之遥。在整个训练中既要达到最大的良性刺激又不至于造成过度疲劳，使运动员机能状态保持在良性动态变化的提高过程中，这是一个教练员所面临的最大工作难点之一。所以，运动员机能评定具有重要的意义。

①评价训练负荷的大小是否适当，对机体产生的训练效益是否达到最佳化；区别生理极限与病理的界限，为教练员挖掘运动员的最大运动潜力提供可靠的科学信息。

②评价运动员训练后的恢复情况，为系统的再训练提供科学的依据。从健康学角度，训练负荷监控致力于保护运动员健康，预防运动伤害的发生及其对运动员远期的负向影响；从训练学角度，训练负荷监控维持训练的科学性，帮助运动员以精准的训练负荷追求最大的超量恢复。

（二）训练负荷监控的理论基础

1. 运动应激理论

生物体最基本的生理特征之一，是可对任何内外刺激发生应答性反应。体育运动是一种外部刺激，而且是一种比较强烈的刺激，会导致机体发生较剧烈的应答性变化。应激的定义是：机体应付任何需要时的非特异性反映。如创伤、机械力以及运动员在训练和比赛时的精神紧张、缺氧、失水等都会成为“应激源”作用于机体引起应激。机体或一切活体组织对周围环境变化具有发生反应的能力或特性成为应激性。

2. 运动疲劳理论

运动性疲劳是由运动引起的一种特有生理现象。从某种意义上说，疲劳是运动训练所追求的，是超量恢复的基础，所谓没有疲劳就没有训练。可见疲劳虽然影响运动能力，但却是运动训练所追求的，训练时的消耗既要接近生理极限，又必须在极限内进行，同时每个运动员身体机能能力存在个体差异，这使人们对如何达到合理的疲劳程度很难掌握。

3. 超量恢复理论

运动对机体的影响实际就是结构与机能的破坏—重建过程。运动者通过运动达到一定的疲劳程度后，身体结构与机能均会发生一些变化，如肝糖原和肌糖原以及相关的酶被消耗，身体工作能力明显下降；肌纤维的微细结构会发生程度不等的损伤，受力骨骼的微细结构也会发生某些变化。运动停止后，进入恢复期。在适宜运动后的恢复期，运动中损伤的肌纤维不仅可以得以修复，而且修复后的肌纤维有所增粗，可以产生更大的收缩力量；运动中所消耗的能量等物质以及所降低的身体机能在运动后一段时间不仅可以恢复到原有水平，而且会超过原有水平，这种现象称作“超量恢复”。超量恢复的程度和时间取决于运动时的消耗程度，在一定范围内，肌肉活动量越大，消耗程度越剧烈，超量恢复越明显。但如果活动强度或运动量过大，超过了生理范围，机体所产生适应性变化的结果并非我们所预期的机能能力提高，而是发生运动能力反而降低的现象，这就是所谓过度训练或过度疲劳。

运动与人体机能能力的关系实质上是一个不断重复进行的刺激—反应—适应过程，是一个身体结构与机能不断破坏与重建的循环过程。经常在超量恢复阶段内进行下一次适宜的运动，由于体内能源物质的不断积累，因此，人体的机能能力会逐步提高。但是，运动所产生的超量恢复现象并不会永久保持。若不及时在已产生的超量恢复的基础上继续施加新的刺激，则已经产生的运动效果经过短暂时间后又会逐渐消失。超量恢复的程度和出现的早晚与所从事的运动量有密切的关系。在一定范围内，肌肉活动量越大，消耗过程越剧烈，超量恢复越明显。但是，如果活动量过大，超过了生理范围，恢复过程就会延长（图 8-1）。

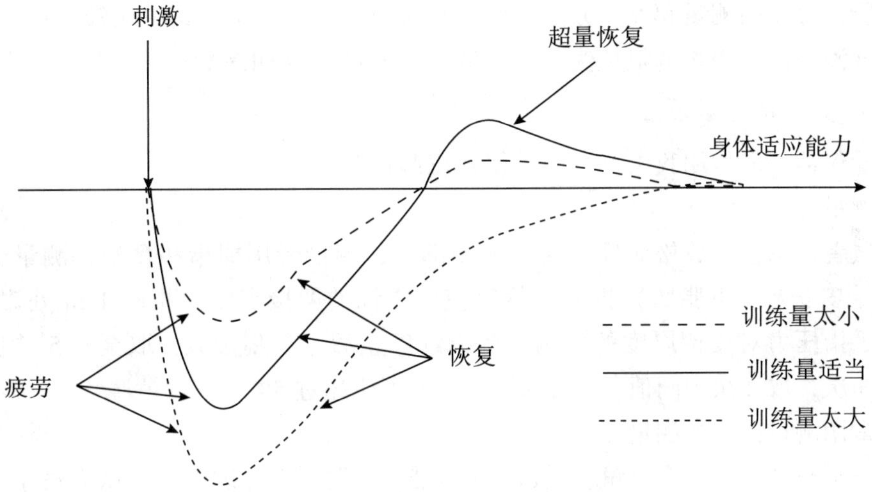

图 8-1 不同训练负荷超量恢复图示

二、训练负荷监控的方法与评定

（一）身体形态指标测试与评价

身体形态是指人体在一定条件下的表现形式，包括人体各部大小、人体重量、性征、骨骼、体型及体姿等。它表达了人体概观性特征，包括器官的外形结构、体格、体型和姿势。身体形态指标在训练负荷监控中最常用的是体重和身体成分。

1. 体重

体重的测量应注意使用标准体重计，并应按时校准仪器；进行比较时每次测量着装和测试时间应基本相同。

体重的变化可以反映人体的营养和肌肉发达的程度。测量体重可以了解体育锻炼和运动训练对机体的影响及机体对运动负荷的适应情况。一般说来，除人为有意控制体重外，优秀运动员的体重应是相对稳定或只有轻微的波动。在大运动量训练期，由于消耗较多，体重可能出现暂时下降，但经过一段适应期后，体重应逐渐回升，在一次训练课中大量出汗和能量物质的消耗，体重会减轻 0.5～1.5kg，但一般次日清晨便能恢复。

在非有意控制体重情况下，运动员体重急剧减少表达能量摄入不足，代谢不平衡；如呈进行性下降，则可能是训练安排不当或身体患病等征象。

2. 体脂百分比

体脂重量占体重的百分比，称体脂百分比，它与去脂体重（包括骨骼、水分、肌肉等）组成人体各组织器官的总成分称为身体成分。

体脂百分比的测量和评价方法目前主要采用间接测量法，其中比较方便使用的是：皮脂厚度测量法、生物电阻抗法、双能量 X 光吸收法（DEXA）。

（1）皮脂厚度测量法

测量仪器一般使用我国产“仿荣研式皮脂计”。

①测量方法

受试者取站位，放松肢体，裸露被测部位，测量者用拇指和食指将测量部位的皮褶（两层皮肤与皮下脂肪）捏起，然后使皮脂计的两接点距离指端 1cm 处钳住皮肤，以防止手指压力对皮褶厚度的影响，待指针停止后，立刻读数，取至 0.5 单位。可连续测量 3 次，取 2 次中间值，3 次测量的误差不应超过 5%。

②常用测量部位的测量点

肱三头肌部皮褶厚度测量：受试者右臂曲 90°肘于身体侧部，测试人员于受试者背后用软尺在其上臂的侧面测量肩峰顶和鹰嘴突之间的距离，并标出两点的中点。

受试者前臂自然下垂，测试人员左手拇指、食指朝下，于受试者上臂后部高于标记点 1cm 处垂直捏起皮褶，测试人员将皮褶钳咀置于标记点水平处测量皮褶厚度（图 8-2）。

肩胛骨下角部皮褶厚度测量：测试人员触摸受试者的肩胛骨下角并在其下做标记，在高于标记点 1cm 处（肩胛下角 1～2cm）与脊柱呈 45°角捏起皮褶测量皮褶厚度（图 8-3）。

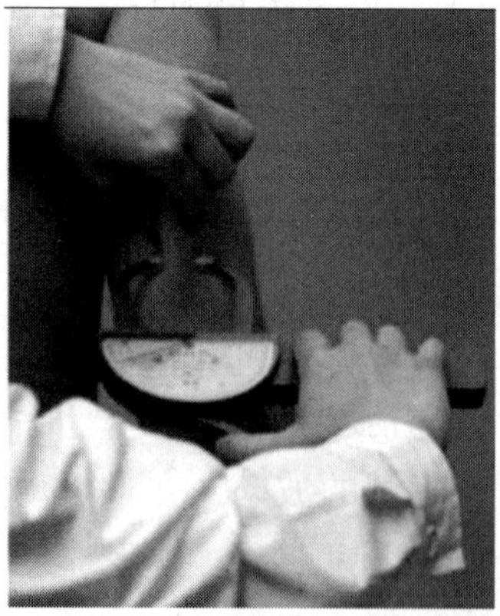

图 8-2　肱三头肌皮褶厚度测量

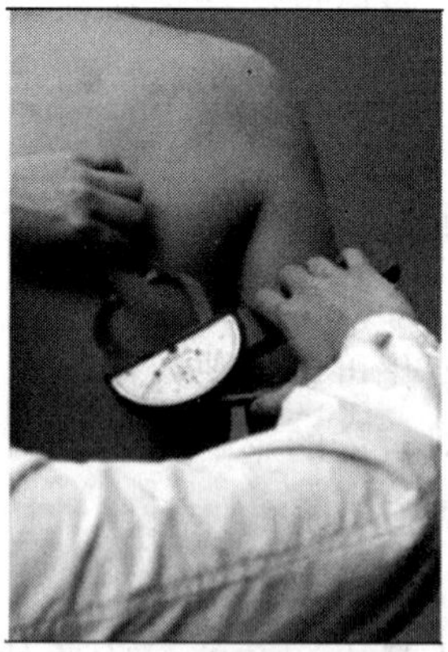

图 8-3　肩胛下部皮褶厚度测量

引自：Donoghue WC. How To Measure Your % Bodyfat，1987

③常用体脂百分比推算公式

我国运动员常使用日本长岭—铃木计算公式：

体脂百分比=（4.201/Db-3.813）×100%，身体密度（Db）计算参考表 8-10。

表 8-10 长岭—铃木身体密度推算公式

年龄	男	女
9~11 岁	1.0879-0.00151×S	1.0795-0.00142×S
12~14 岁	1.0868-0.00133×S	1.0888-0.00153×S
15~18 岁	1.0977-0.00146×S	1.0931-0.00160×S
19 岁以上	1.0913-0.00116×S	1.0897-0.00133×S

注：S 为肱三头肌部、肩胛下部皮褶之和。

引自：陈明达，于道中．实用体质学［M］. 北京：北京医科大学、中国协和医科大学联合出版社，1993.

（2）生物电阻抗法（BIA）与双能量 X 光吸收法（DEXA）

BIA 与 DEXA 法的测量均需使用专门的仪器设备，其中 BIA 法测量更为简便，而 DEXA 法不仅测量的精确度更高，而且可以测量身体各部位的体脂%及骨密度(图 8-4、图 8-5)。

图 8-4 BIA 法测试图示

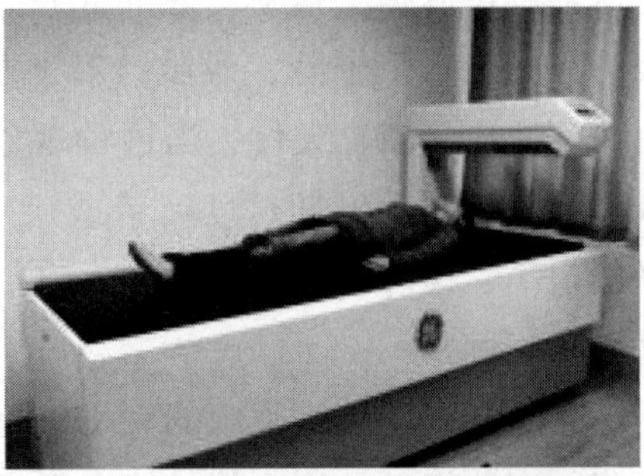

图 8-5 DEXA 法测试图示

（3）评价

维持合理的体脂百分比和身体成分对于排球运动员竞技能力有重要的影响，良好的肌肉质量有利于运动员肌肉力量的提高和运动技能的获得；体内含有合理的脂肪贮备可为机体提供丰富的能源，也能起到保护内脏器官、缓冲机械撞击、促进脂溶性维生素吸收等重要的生理功能。但脂肪堆积过多会增加机体负担，对运动能力产生负向影响。排球运动员身体脂肪百分比应低于一般人，男运动员的理想值约为 6%~10%，女运动员约为 10%~15%。曾有报道，国内排球优秀选手的体脂百分比为：男子 11.50 ±1.58；女子 19.68 ±4.21。

（二）心血管机能指标测试与评价

1. 脉搏

脉搏测量不仅能够反映人体心脏血管本身的功能水平，更可简便了解运动员训练负荷的大小和对负荷的适应情况等。

（1）脉搏测量

可采用指触法和遥测心率表进行。

选用遥测心率表测量需按照说明书佩戴好仪器（Polar 表）和调好各功能键。

指触法测量是最常用的简便方法，检测者用食指、中指、无名指轻按受试者一侧手腕部桡动脉或颈动脉处测量脉率，使用秒表记数。需要注意的是：

测量安静时脉搏受试者至少应静坐休息 30 分钟以上，记数时间应在 30 秒以上，以减少误差。

运动后即刻和恢复期脉搏主要用于观察训练强度的大小，计数时间应为 10 秒或 15 秒，然后换算成 1 分钟脉搏用于评价。有资料证明：运动后即刻第一个 10 秒相当于即刻脉率的 99.3%，误差最小。

（2）评价和应用

①晨脉

清晨起床前卧位脉搏为晨脉。正常情况下晨脉应相对稳定，当运动负荷过高，或由于身体疲劳，机能水平下降，晨脉会有所加快，若比平日上升 12beat/min 以上，说明对运动负荷不适应，恢复欠佳，当这种现象持续 2~3 日，应注意调整运动量。晨脉突然加快或减慢常常提示早期过度疲劳或疾病的出现，应特别注意查找原因。运动员随训练水平的提高，晨脉会略有减慢。

②运动后即刻脉搏

运动后即刻脉搏提示训练强度的大小，可以比较不同时期同等负荷下即刻脉搏数，如果呈现下降，表明运动员心血管机能水平提高，训练负荷能力上升。

③恢复期脉搏

恢复期脉搏是了解运动员身体机能特别是心血管系统对负荷强度的适应程度，可在运动后 1 分钟、3 分钟、5 分钟、10 分钟和 30 分钟时分别进行。同一强度同一组合的训练手段后，若运动员恢复期脉搏前后对比有所下降，说明机能水平提高。反之则提示机能水平下降，恢复情况不好。这种情况如偶尔出现仍属正常情况。但若持续一段时间，且运动员感觉较差就应被视为早期疲劳征兆，应调整运动量。

④立卧位脉差评定法

测量受试者安静卧位脉搏数，记为 A，然后以平常速度站起后测量立位脉搏记为 B；评价方法是：

B-A<18 为心血管机能良好；B-A=18 为心血管机能一般或临界疲劳；B-A>18 提示心血管机能不佳或出现疲劳。

采用立卧位脉差评定机能状态及恢复情况时应注意个体差异，并应做动态纵向观察。

2. 联合机能试验

联合机能试验利用运动员连续进行三种亚极量运动负荷后恢复期脉搏、血压的变化，并与安静时数据进行对比，诊断心血管机能，从而评定运动员机能状态并早期发现过度疲劳。

（1）测试方法

测量受试者安静时脉搏及血压，脉搏记录 10 秒脉搏次数。

不解下血压计气囊，在 30 秒内做 20 次深蹲起，运动后即刻听心跳 10 秒，再测血压。以后每分钟重复测量脉搏与血压。共测 3 分钟。

然后进行 15 秒的原地疾跑，同样测运动后即刻及恢复期每分钟脉搏、血压，共测 4 分钟。

最后以每分钟 180 步的速度原地慢跑，男子 3 分钟，女子 2 分钟，测运动后即刻及恢复期每分钟脉搏、血压至恢复安静水平。

（2）评价与应用

填写事先准备好的表格，并绘制曲线图（图 8-6）。

姓名：			性别：			年龄：		专项：				测试时：				
负荷项目		20次蹲起				15秒快跑					3分钟慢跑					
时间	安静时	即刻	1	2	3	即刻	1	2	3	4	即刻	1	2	3	4	5
脉搏																
血压																

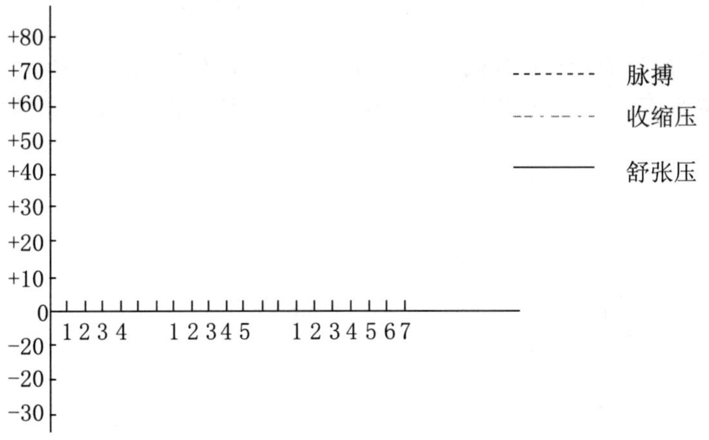

图 8-6 联合机能试验记录表

一般可观察到以下几种类型：

①正常反应

其主要特征是运动后脉搏与收缩压适度增加，20 秒蹲起后即刻脉搏增加 5beat/10s，收缩压上升 15~20 毫米汞柱；15 秒疾跑及 3 分钟（或 2 分钟）慢跑后脉搏即刻增加10 beat/10s，收缩压上升 30~40 毫米汞柱，舒张压不变或轻度降低 4~10 毫米汞柱，脉压增加。恢复时间：20 次蹲起为 2~3 分钟；15 秒疾跑为 3~4 分钟；3 分钟慢跑为 4~5 分钟（图 8-7）。

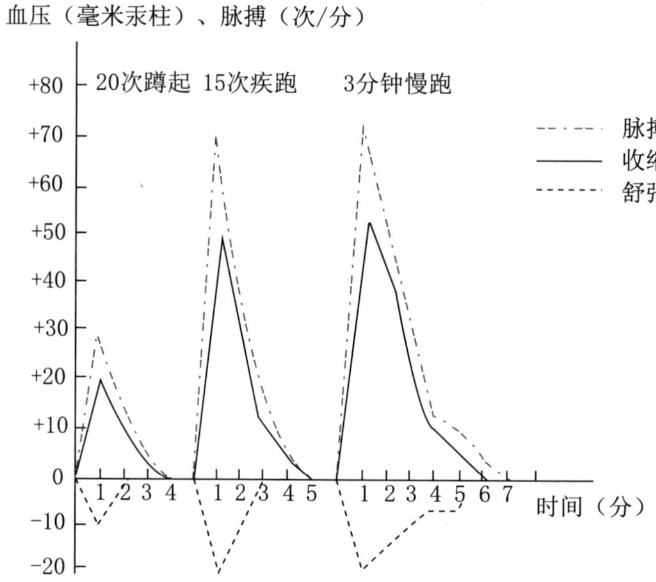

图 8-7　联合机能试验正常反应图示

②紧张性增高

其主要特征是运动后收缩压明显升高，可达 180~200 毫米汞柱，舒张压也升高，较安静时增加 10~20 毫米汞柱，脉搏明显加快，恢复时间延长（图 8-8），这种反应一般判断为周围血管调节障碍。

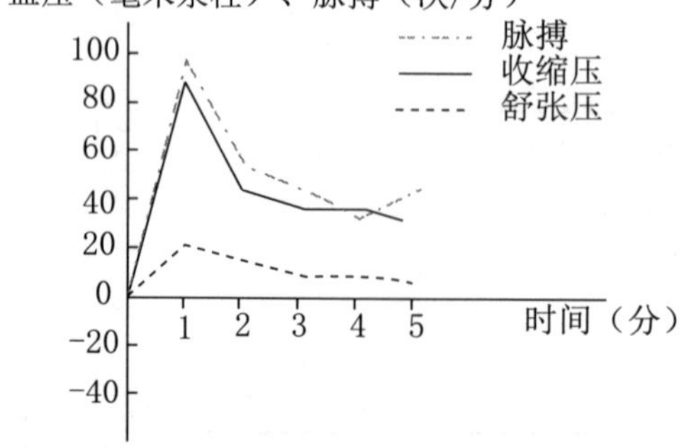

图 8-8　联合机能试验紧张性增高图示

③无力反应

其主要特征是运动后脉搏明显加快，血压表现不规律。收缩压升高不多或不升，或降低，舒张压变化无规律，脉压增加较少或减少，脉搏恢复时间延长（图 8-9）。这种反应表示心脏收缩机能减退，多见紧张不全。

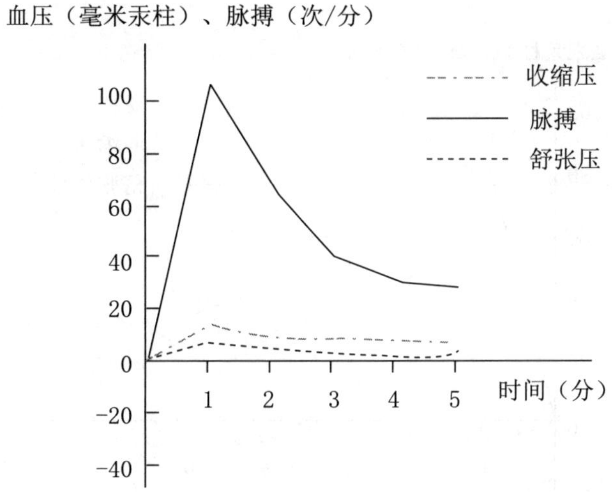

图 8-9　联合机能试验无力反应图示

运动后收缩压、脉搏均明显增加，舒张压显著下降，甚至降低到零，所谓“听不完的血压”（图 8-10）；如果在 2 分钟内舒张压上升，还可判断为正常现象。若舒张压在零位持续存在 2 分钟以上者，则表示血管调节障碍，提示神经系统疲劳。

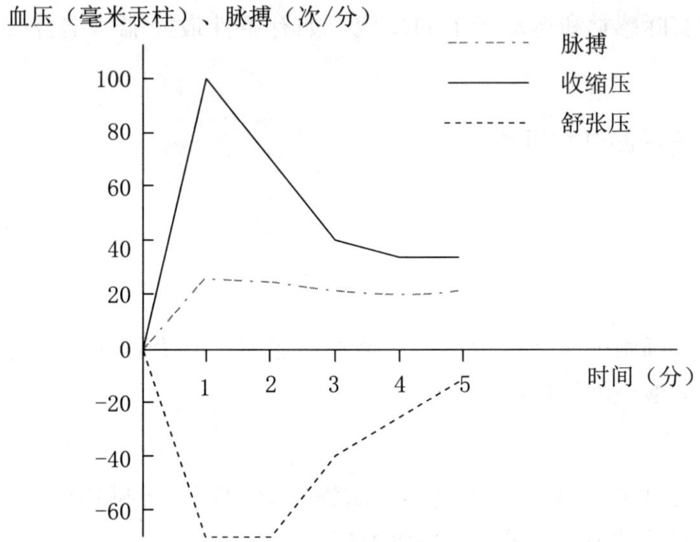

图 8-10　联合机能试验紧张不全图示

④梯形反应

其主要特征是运动后收缩压不是在第一分钟达到最高，而是在第 2~3 分钟达到最高，或阶梯上升，脉搏增加，舒张压变化无规律，恢复时间延长（图 8-11），这种反应被认为是心血管系统机能不良导致的惰性现象，常在运动员训练水平下降或过度训练早期时发生。

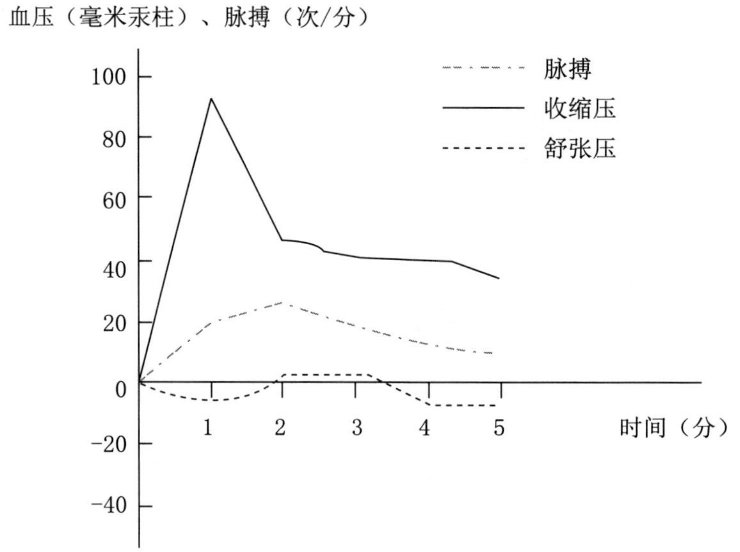

图 8-11　联合机能试验梯形反应图示

此外，联合机能试验还可出现混合型反应等。

利用联合机能试验评定运动员机能状态仍要注重个体差异，既要重视测试结果，也要结合受试者实际感觉和运动场上的反应，如有条件最好能够结合其他指标综合分析，以得到正确结论。

（三）生化指标测试与评价

1. 血红蛋白

（1）意义

血红蛋白是红细胞中的含铁蛋白质，俗称血色素，具有运输氧气和二氧化碳的功能，并有缓冲血液酸碱度的作用。

（2）测定方法

常用的测定方法有：沙利氏比色法、高铁氰化钾法、干试剂法、血细胞计数法。均需使用专用仪器及试剂，可采集末梢血测试。

（3）评价

血红蛋白水平可用于评价营养状况，同时与运动员的机能状态高度相关。相关资料证实，运动员出现运动性贫血时运动能力显著降低。一般来说，在大运动量开始时，红细胞破坏加速会引起血红蛋白下降，如果对运动负荷逐步适应，血红蛋白会有所回升，但随着训练负荷的加大，运动疲劳逐渐积累，当连续的大运动量训练后，运动员一般会伴随着运动能力的降低，疲劳感加剧，出现血红蛋白显著下降的状况，此时应考虑调整运动量或其他针对性措施。

运动员血红蛋白水平存在着一定的个体差异，这与遗传因素有一定关系。一般认为运动员血红蛋白水平应高于男子 130g/L、女子 120g/L。

运动员应定期进行血红蛋白测定，可每月测定一次，重要训练期应每周测定一次。当血红蛋白水平下降程度大于个人基础值的 15%以上，提示运动性疲劳；下降程度高于 30%，则提示较大程度的运动性疲劳，应调整训练。

在重要的比赛前，测定血红蛋白可以帮助我们了解运动员的竞技状态，若血红蛋白达到个人较高水平，说明赛前调整得当，竞技状态良好。一般来说，大赛前运动员的血红蛋白应达到本人的最高水平。

2. 肌酸激酶

（1）意义

人体骨骼肌、心肌、脑中都含有肌酸激酶（CK），尤其是骨骼肌含量最为丰富。肌酸激酶在肌肉收缩中占有重要地位，它催化三磷酸腺苷（ATP）与磷酸肌酸（CP）之间高能磷酸键的移换，保证剧烈运动肌肉收缩时的能量供应和 ATP 的再合成。在正常情况下，人体肌细胞膜完整，功能正常，CK 极少透出细胞膜，因而，血清中 CK 的总活性应小于 100U/L。在临床医学当中，当病人 CK 大幅度升高是心肌炎、心梗的主要特征之一。运动训练会导致血清肌酸酶活性升高，使之释放增加并进入血液循环，故运动后 CK 常呈现明显升高的现象。甚至一些运动员运动后 CK 上升的数值与急性心肌梗死病人相近，但它们主要来源于骨骼肌。心肌梗死病人 CK 升高来自心肌，故运动员训练后 CK 升高的现象与心脏病人 CK 升高的意义不同。运动强度是影响 CK 活性的一个重要因素，研究发现血清 CK 的含量与肌肉强度的负荷量有很大的关系，血清 CK 活性的变化可以作为评定肌肉承受刺激和了解骨骼肌细微损伤及其适应与恢复的重要敏感的生化指标。

（2）测试方法

CK 的测试可以应用半自动生化仪采用动力学法（速率法）进行测定，需要的仪器有：半自动生化分析仪、移液器及采血装置、试剂盒等，一般需要静脉取血。

还可以使用干式生化分析仪采用干试剂法进行测定。需要的仪器有：干式生化分析仪、采血装置、肝素抗凝管、专用试剂条。采集末梢血即可。

（3）评价

正常参考值：安静时每升血液100国际单位以下（0~100U/L）。

CK指标评定运动员机能状态十分敏感，应用CK指标作机能状态评定时，可在训练后和次日晨，也可以根据运动训练周期定期检测。

一般情况下，在训练期间运动员清晨安静时CK在200U/L以内都被认为是正常状况。但在比赛前竞技状态良好时，运动员安静时CK应在100U/L以内。高强度的训练会引起CK显著增高，有时可达5000 U/L。

CK活性增高的现象也与运动时间成正相关。不少研究证明持续一定时间的运动或训练时数较长的运动项目CK都有显著增高的现象。值得注意的是，血清CK活性在负荷后的增加程度存在着显著的个体差异，负荷后血清CK的恢复程度个体差异也很大。因此在进行训练负荷监控时应进行个体纵向跟踪监测。对于CK超高的队员要注意营养补剂的补充，并进行积极性的休息，加速酶活性的恢复。

运动员安静时血清CK活性持续上升，经过调整不回落，或者在运动量不大时出现高CK的现象，还应注意同工酶的变化。CK主要有三种同工酶：肌型同工酶（CK-MM），心型同工酶（CK-MB）和脑型同工酶（CK-BB）。高强度的运动可使骨骼肌膜通透性增加或肌膜受损，CK-MM可显著增高。因此，一般情况下，运动后高CK几乎全部来自于MM型。CK的心型同工酶（CK-MB）主要用于评价心肌损伤，当安静时CK-MB>5U/L或>CK总活性3%时应注意考虑运动员心肌受到损伤，如果其比例增高超过血清CK总活性的6%或>24U/L时，提示运动负荷致使心肌细胞损伤较严重，需要调整运动量，甚至应进一步除外心脏疾病。

3. 血尿素

（1）意义

尿素是体内蛋白质和氨基酸代谢的分解产物。当剧烈运动时，能量消耗大，体内蛋白质分解代谢加强，血尿素（Urea）生成量增多。在持续30分钟以上的运动时，骨骼肌中蛋白质参与供能加强，于是肌肉中构成蛋白质的支链氨基酸开始脱氨基，碳链被氧化，氨基与丙酮酸发生反应生成丙氨酸，通过血液循环在肝中丙氨酸再脱氨基而生成尿素，致使血尿素增加。还有长时间运动肌肉能量平衡遭到破坏，以致ATP不能再合成，生成的一磷酸腺（AMP）在肌肉中容易脱氨基生成次黄嘌呤核苷酸（IMP），氨在肝脏中合成尿素使血尿素增加。再有，运动时排汗增加，尿排泄量减少，使血液浓缩，造成血尿素增加更为明显。因而Urea被认为是评定运动员机能状态的一项重要指标。

（2）测试方法

同CK测试方法。

(3) 评价

正常参考值：安静时 4.0~7.0 mmol/L（19~42mg/dL）。

大运动量训练期内，运动后 Urea 将明显升高，训练水平高的人或机能状态良好时，恢复较快。应用 Urea 这一指标可以评定身体机能对训练负荷的适应程度。一般是在大运动量训练课后及次日晨进行测定。若一次训练课后的 Urea 超过 50mg/dL，提示运动量过大，特别是次日晨不能恢复，应及时调整。

一般认为，运动时间对 Urea 的影响比运动强度更敏感。运动员应用 Urea 指标监控训练，Urea 的变化基本上可分三种类型：在训练期 Urea 没有变化，提示运动负荷过小，对身体的刺激不足；在训练期开始时 Urea 上升，然后逐渐恢复正常，说明运动负荷适宜，运动员产生了良好的适应性反应；在训练期中 Urea 持续升高，调整周后仍然不能下降，提示运动负荷过大，有疲劳积累现象，遇到这种情况要及时进行调整，并加强恢复措施。

Urea 与蛋白质代谢密切相关，运动员过量服用高蛋白食物会使 Urea 升高。

4. 血清睾酮

(1) 意义

睾酮也称同化（合成）激素，是体内活性最高的一种雄激素，男子的雄激素主要产生于睾丸间质细胞，女子产生于肾上腺皮质、卵巢的基质细胞。睾酮可抑制肌糖原分解，激活肌糖原合成，对于调解代谢能力、促使肌糖原快速恢复极为重要。血清睾酮（T）的生物学作用有：促进体内合成代谢，刺激组织摄取氨基酸，促进骨骼肌肉增长，有利于提高力量、速度、耐力；发动性器官的发育并维持其功能；刺激 EPO 分泌；提高神经肌肉的兴奋性，促进雄性攻击意识等。

(2) 测试方法

血清睾酮的测试需要具备专用仪器设备，目前常用放免发光法进行，需要静脉取血。

(3) 评价

运动员参考值范围：男子为 270~1000 ng/dL，或 9.5~35.0nmol/L。女子为 10~100 ng/dL，或 0.35~3.50nmol/L。

运动训练可导致体内血睾酮水平发生改变。测定运动员睾酮水平是评定机能状态的敏感指标之一。有研究表明，血清睾酮基础值越高，运动员表现出的肌肉爆发力就越强。一般来讲，血清睾酮水平较高也是机能状态良好的表现。在大赛前测定血清睾酮水平可观察运动员的竞技比赛能力，此时运动员血清睾酮值应能达到个人最高水平。

当身体机能训练负荷适应时，T 值变化不大，且有随体能增强血清睾酮增加的趋势，此时可认为机体合成代谢旺盛，可继续加大训练负荷，以获得更好的训练效果。

而在疲劳、过度训练或机能状态不好时，血清睾酮值水平下降，当低于参考值时，提示身体比较疲劳，如果这种情况持续一段时间，教练员应有足够的重视。可考虑调整运动量，使运动员睾酮水平回升。

由于血睾酮的个体差异性较大，在训练监控中应采用对运动员纵向比较的方法，一般认为当运动员血睾酮低于个人基础值的25%以上，并持续不回升时，即应进行调整。

5. 尿十项

（1）意义

尿液是人体代谢的终产物，因而可以反映出人体各器官系统代谢功能是否正常。尿十项包括10个指标，当运动负荷大时，尿液成分含量会发生变化，通过检测运动前后尿液各项成分的数值，可以评价运动员对训练负荷的适应能力以及判断运动性疲劳的程度。

（2）测试方法

使用尿十项全自动分析仪和专用试剂条、尿杯等。

收取中段尿液10~15mL（运动后测试要在15分钟以后取尿），按照仪器操作说明书可以自行完成测试。

（3）评价和应用

①尿蛋白（Urine Protein，PR0）

正常人尿中蛋白含量极少，人体一天的尿液中排除的总量约在10~150mg之间，用一般的检查方法如“尿十项分析仪”检查不出来，因此，正常情况下，尿蛋白应为阴性。普通人当体力活动超过身体负担能力，或出现肾功能障碍、肾炎、泌尿系感染等病理状况时可出现尿蛋白。运动员进行激烈运动常会引起尿蛋白增加，称为运动性尿蛋白，休息后应会很快消失。

当尿蛋白含量为30mg/dL时为“+”；达到100 mg/dL时为“++”；达到300mg/dL时为“+++”；达到1000 mg/dL时为“++++”。

一般说来，在大运动量训练期，尿蛋白出现在运动后第一次尿中，正常情况下，应在4小时内恢复为阴性，如果恢复时间过长，甚至训练后次日晨尿中仍有尿蛋白出现，意味着运动员机能状态不好。

在晨尿中出现尿蛋白提示恢复不佳，若持续2~3日，运动员同时自我感觉乏力，就应减少运动量或进行全面调整，以防止过度训练的发生。

运动性蛋白尿的出现有较大的个体差异，有些运动员即使是完成较剧烈的运动后，尿蛋白数量并不多，而表现在其他指标的剧烈变化，因此应充分考虑运动员个体应用尿蛋白指标的敏感性。

②尿胆原（Urine Urobilinogen，URO）

尿胆原是体内血红蛋白分解的产物。当人体疲劳时，肝脏利用尿胆原再合成血红蛋白的能力下降，尿胆原从尿中排出的数量便增加，因此通过尿胆原数量变化可了解运动员肝脏功能及血红蛋白的代谢情况。

正常尿液中的URO含量为±0.2mg/dL。URO的测定也可在训练后进行，阳性提示训练负荷较大。

在非疾病状态下，运动员晨尿中URO>2mg/dL，提示恢复不佳；>4mg/dL，应做减量处理；>6mg/dL，提示有较严重的疲劳，教练员应注意调整运动量。

尿胆原与运动负荷量的关系较为密切，但对运动强度的敏感度不高。

由于尿胆原的排泄量与血红素形成量有关，在用URO评定运动员机能时，可以结合血红蛋白指标，使评定结果更具可靠性，如在尿胆原增多的同时，同步测试血红蛋白，观察血红蛋白是否下降。如果也出现显著下降，则说明运动员的疲劳比较严重。

③尿胆红素（Urine Bilirubin，BIL）

普通人尿中无胆红素，临床上尿胆红素阳性判断为肝、胆方面的疾病。

BIL增多的机制与URO相似，当溶血过多时，胆红素增加，肝、胆功能降低时，血中结合胆红素浓度超过肾阈（340mmoL/L），便自尿中排出较多的BIL。但运动训练导致BIL增多较少出现，所以一般在训练负荷监控中不作为主要评定指标。

④尿潜血（Urine Blood，BLD）

它产生的原因主要有：大运动量训练使肾血管剧烈收缩，红细胞溶血增多，同时肾脏缺血、缺氧，使肾脏通透性增高，原来不能通过的红细胞也能通过了滤过膜，导致产生血尿。再有运动时撞击过多，或对运动不适应都可能导致尿潜血或血尿的出现。

正常情况下，尿液检测尿潜血应为阴性，运动强度和运动时间都可造成尿潜血阳性，阳性结果提示运动员对运动负荷的不适应或出现疲劳，若这种情况持续3天以上，要注意调整运动量或采取恢复措施。女运动员出现尿潜血阳性时，应排除月经原因。

在尿潜血阳性时，要注意观察运动员是否伴有尿蛋白及肌肉症状，如尿中血量较多，尿蛋白++以上，并且出现肌肉剧烈疼痛、肿胀、僵硬、无法走路等现象则运动员可能出现了严重的疲劳，常称之为“肌红蛋白尿”，有时还伴有发烧、无力症状，严重者还会导致肾衰及心脏受损等后果。一旦出现这种情况，应立即停止训练，并采取相应的措施。

⑤尿糖（Urine Glucose，GLU）

正常人尿内可有很微量的葡萄糖，用尿十项仪器检测显示为阴性。

但当血糖浓度增高时，因肾小管不能将尿液中的葡萄糖吸收，可导致尿糖升高，当尿糖值大于50mg/dL时为阳性。运动员出现尿糖阳性多数是属于饮食原因，在运动强度很高的情况下，偶见运动员出现尿糖阳性，可能是运动导致肾脏功能一过性损伤造成的，经过恢复和调整，会很快消失。运动员经常出现尿糖阳性，不排除其糖代谢失衡的存在。

⑥尿酮体（Urine Ketones，KET）

酮体是脂肪酸在肝脏分解氧化时所特有的中间代谢产物。脂肪酸在线粒体中经β氧化生成大量的乙酰 CoA，不能同时都进入三羧酸循环。在正常情况下，它能够被充分地分解利用，故在血中浓度恒定，且含量很少，尿液检测中呈阴性。

当人体饥饿、糖供应不足时，酮体可以代替葡萄糖，成为脑、肌肉等组织的主要能源供应。在大运动量训练，特别是运动强度较高时，运动员体内缺氧或糖供应不足的情况下，脂肪酸动员加强，会生成大量的酮体，当酮体生成超过组织所能利用时，尿中就会出现酮体，呈现 Ket 阳性，提示运动员恢复不佳或对负荷不够适应。

运动的持续时间比运动强度更影响 Ket 的出现率。

运动员比一般人氧化酮体的能力强，训练水平高的运动员可以在脂肪酸大量增加时充分利用其供能，而很少有酮尿现象。因此定期测定 Ket 可以了解运动员糖代谢和脂肪代谢的情况以及判断运动员的训练水平和恢复能力。

⑦尿比重（Urine Specific Gravity，SG）

SG 是指尿液与纯水的重量之比，SG 检测一般被作为评价肾对尿的浓缩和稀释功能。正常值为 1.002~1.030，尿比重增高常见于急性肾炎、高热、心功能不全及糖尿病等；降低常见于肾功能不全、肾小球肾炎和尿崩症等。

运动员在夏季进行强度较大、持续时间较长的运动，由于大量泌汗，尿量减少，同时机体代谢加强，SG 会有所上升；提示运动员失水，应及时补充。

⑧白细胞（Urine leukocytes，WBC）

尿中白细胞的出现，在临床上常见于肾炎、泌尿系统结石等病症。运动员出现尿中白细胞大多与尿路感染、炎症有关。一般认为，运动训练不会直接导致白细胞阳性。

⑨尿液酸碱度（Urine pH，pH）

尿液酸碱度受饮食、药物、疾病的影响较大。正常新鲜的尿液 pH 在 4.5~8.0，平均为 6.5。有关运动员尿液 pH 与机能的关系尚无确切的研究报道。

⑩尿亚硝酸盐（Urine Nitrite，Nit）

正常情况下 Nit 应为阴性。临床上 Nit 提示膀胱炎、肾盂肾炎等疾病。运动训练导致此项阳性检出率极少。

（四）代谢能力的测试与评价

1. 有氧代谢能力

有氧代谢供能是指在较长时间运动时，体内氧供应充足的情况下，能源物质在酶的催化下充分氧化释放能量合成 ATP 的过程。有氧代谢供能能力是排球运动员体能训练的基础，定期测试有氧代谢能力能够及时了解机能状态和评价训练效果。

一般用最大摄氧量 VO_{2max} 指标反映排球运动员的有氧代谢能力。

VO_{2max} 是指人体在进行有大量肌肉群参加的较长时间的剧烈运动中，当心肺功能和肌肉利用氧的能力达到本人极限水平时，单位时间内（通常以每分钟为计算单位）所能摄取的氧量称为最大摄氧量。它反映了机体吸入氧、运输氧和利用氧的能力，是评定人体有氧工作能力的重要指标之一。

VO_{2max} 的测试方法分两类：第一类是直接法，第二类是间接法。直接测定法数据可靠，重复性好，能准确客观地评定人的有氧能力。

最大摄氧量的表示法有：绝对值（L/min）和相对值（mL/kg/min）。

（1）测试方法

在实验室条件下，让受试者在专业跑台上进行逐级递增负荷运动试验，使用心肺功能仪直接测出其呼出气中的氧和二氧化碳含量，得出每分钟的摄氧量值直至达到最大值。

（2）评价

我国正常成年男子 VO_{2max} 约为 3.0~3.5 L/min，相对值为 50~55 mL/kg/min；女子较男子略低，其绝对值为 2.0~2.5 L/min，相对值为 40~45 mL/kg/min。

运动员的 VO_{2max} 显著高于一般人，美国女子排球运动员的 VO_{2max} 为 56mL/kg/min。

在运动训练中，常以 VO_{2max} 强度指定训练强度的依据，如根据训练周期和每次课的目的不同，VO_{2max} 百分比来作为运动强度设计的依据，这可以使运动负荷更科学。

2. 无氧代谢能力

无氧代谢能力包括磷酸原代谢和糖酵解代谢，一般认为排球运动员按其项目能量代谢特点应重点进行磷酸原代谢能力的评定。

磷酸原系统常简写为 ATP-CP，其代谢能力主要取决于肌肉中三磷酸腺苷（ATP）、磷酸肌酸（CP）含量及其参与反应的 ATP 酶、肌酸激酶的活性，ATP 是肌肉收缩的直接能量来源，CP 是高能磷酸基团的储备库，肌酸激酶的活性和 CP 的储备量是影响 ATP-CP 供能能力的关键因素。

（1）磷酸原能商测试

磷酸原系统中 ATP-CP 均以水解分子内高能磷酸基团的方式供能，具有快速供能和最大输出功率的特点，肌细胞内 ATP-CP 储量有限，在极限强度运动中可以维持 6~8 秒，此时如果持续高强度的运动，糖酵解系统被激活，肌糖原将迅速分解提供能量，其主要代谢产物是乳酸。一般认为，在一定时间的高强度运动后血乳酸浓度高者，其 ATP-CP 系统能力相对较弱，所以更早地动用了糖酵解系统。

①测试方法

使用仪器为：自行车功率计、血乳酸测试仪等。

运动员进行15秒的最大能力持续实验，计算完成的总功量，并且通过运动后比安静时的血乳酸浓度的增长值按照公式计算磷酸原能商。

②评价

受试者完成的功量越大，血乳酸增加较少，则磷酸原能商大，说明受试者磷酸原能力强。

磷酸原能商是运动员完成最大工作负荷与血乳酸增加水平的比值，此比值越大说明运动员磷酸原能力越强，因为它表达了运动员作功较大而血乳酸水平增加较少，说明相对动用乳酸能较少。

运动员磷酸原代谢能力的个体差异较大，目前用于横向比较可参考的数据不足，一般以自身测定的数据纵向比较为主要评价方法。

（2）Quebec10s 无氧功测试

①测试方法

使用仪器：瑞典 Monark 无氧功测功仪、遥测心率表等。

将仪器阻力负荷设置为男每千克体重0.09kp，女每千克体重0.075kp，或根据受试者水平选择负荷。

准备活动：受试者在测功仪上中慢速骑行5分钟，然后休息2分钟。

正式测试：受试者蹬车3秒后，测试人员发出“开始”口令同时将阻力负荷加上，受试者全力快速骑行10秒。在测试过程中，测试人员应不断大声鼓励受试者全力完成测试。

②评价

选取的指标有：最大功量（最大做功峰值）、平均功量、疲劳度（%）。

峰值功率（PP），数值越大表达运动员有较强的在瞬间产生高机械功的能力；平均功率数值越大表达运动员有较强的在短时间内产生高机械功的能力；疲劳指数即运动员单位时间内作功量递减率，是用功率下降的百分比来表达运动员在连续作功过程中是否能维持住高水平的作功能力，指数越小说明运动员保持工作能力的水平越高。

实验证明，以全力运动前10秒的总输出功率来评定 ATP 和 CP 能力这一方法是可靠的（$r=0.83\sim0.99$）。比如研究发现，短跑运动员的 ATP 和 CP 供能能力（每千克体重计）高于马拉松运动员和一般无训练者；在完成负荷相同的无氧运动时，运动员血乳酸积累的出现比一般人迟，表明运动员能通过 ATP 和 CP 供能完成更多的工作。这些发现与短跑训练引起的有关 ATP 和 CP 供能能力生理生化因素的适应性变化相一致，也为10s极限负荷试验评价 ATP 和 CP 能力提供了依据。

（3）上肢5秒×10间歇无氧功

①测试方法

使用仪器：瑞典Monark-881E型上肢测功仪（图8-12）；血乳酸测定仪及采血装置等。

A. 测试安静时血乳酸。

B. 受试者进行准备活动：双手握住仪器摇柄，中速转动2分，休息2分。

C. 正式测试：测试人员发出“开始”口令后，受试者全力快速摇动手柄5秒后，间歇15秒再继续摇动，连续10次，测试人员须依次记录10次所转圈数。

D. 测定运动后2、4、6、8分钟血乳酸值，取峰值血乳酸。

E. 计算下列指标：峰值功率、50平均功率、50总功、疲劳度（%）、磷酸原能商。

F. 磷酸原能商= 总功（50秒）/血乳酸增值。

图8-12　上肢测功仪图

②评价

排球运动员要求上肢有很强的连续爆发式工作能力，“上肢5秒×10间歇摇动无氧功”测试表达运动员不是只具备打出一次高质量球的能力，而是要在连续爆发式工作中具备ATP-CP供能快速启动又能快速恢复的能力。计算出的50秒总功越大而血乳酸增值越少越好。

（五）肌肉功能测试

目前采用等速力量测试系统评价运动员肌肉能力受到广泛的认可，被视为肌肉功能评价的黄金方法。

等速运动是指利用等速运动设备，预先设定运动速度，在运动过程中，等速运动设备根据运动中肌力大小的变化，相应调节外加阻力，使整个关节运动按预先设定的速度进行，并能将任何超过该速度的运动力量转化为对抗阻力的一种主动运动模式。在测试时，肌肉可大幅度缩短，带动仪器的杠杆绕其轴心做旋转运动，杠杆转动角速度预先设定，肌肉收缩所产生的拉力不能使之加速，但使力矩输出改变，此改变由仪器绘图记录并提供数据。由于等速测试能提供肌力、肌肉作功和功率、耐力及爆发力等多方面的数据，已成为肌肉功能评价及肌肉力学特性研究的主要方法之一。

1. 等速肌力测试方法

使用仪器：要在专门的等速测力仪器进行（图 8－13）。现已有 Cybex、Biodex、KinCom 等多种牌号的仪器可供应用。

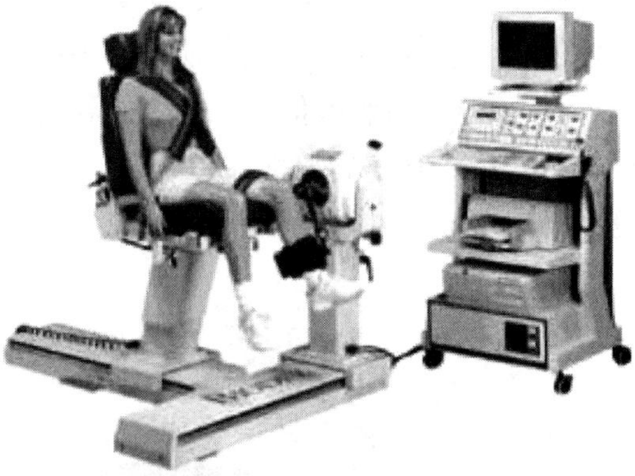

图 8–13　等速测力仪图

等速肌力测试可以设定从 30°/sec ~330°/sec 各种测试速度，表达的意义各不相同，应该根据评定需求事先设定好实验速度。

等速测试的运动速度不同时肌肉的力矩输出不同，速度为 0 时即为等长力矩，速度加大时力矩值下降。可选用 30°/sec ~330°/sec 的速度进行测试。测试部位可选择肩、肘、腰背、膝、踝等。具体方法如下：

①将预定好的实验参数输入计算机中。

②受试者做好准备活动。

③按仪器要求对受试者受测肢体进行规范的固定，同时进行必要的讲解。

④受试者按照测试人员要求完成测试动作。

⑤测试完立即检查有无丢失数据。解开受试者固定肢的绑带。

2. 评价与应用

测试者选用不同的测试速度，表达的意义各不相同，因此所得结果间不能互相比较。应该根据评定需求定好实验速度。

大多数人认可慢速测试可以较好地评价肌力，通常以 60°/sec 测试为慢速测试，因此，60°/sec 被称为最大肌力测试。可以进行左右两侧肢体的对比性测试。一般认为两侧差异大于 10%～15%时则提示功能的不对称，容易出现运动损伤。

测试速度为 180°/sec 被认为是中速测试。

而快速测试常用的测试速度为240°/sec、300°/sec，这种速度较接近运动实际，快速测试比慢速测试可更好地反映肌肉的功率输出，能更敏感地反映肌肉实际工作能力。

在训练监控中应用较多的评价指标有：峰力矩（peak torque）、总做功量（TW）、平均功率（AP）、拮抗肌力矩比等。

（1）峰力矩（peak torque）

即力矩曲线最高点所代表的力矩值（N·m）。每千克体重的峰力矩称峰力矩体重比（peak%BW）。

（2）平均功率（AP）

即单位时间内所做的平均功量。

（3）总做功量（TW）

指单次或指定次数运动所作的功，即力矩曲线下的面积之和，由仪器自动计算，单位为J，也可以其体重比表示。

（4）拮抗肌力矩比

排球运动员应定期进行膝关节屈、伸肌力矩比（flea-ion/extension，H/Q）测试与评价。H/Q比提示肌力的平衡情况，如果平衡明显失调会影响膝关节的稳定性。通常情况下，主要是由于腘绳肌力量偏低而引起的，排球运动员膝关节损伤有较大的发生率，H/Q比值降低提示应加强腘绳肌力量练习，使屈、伸肌发展平衡，预防膝关节损伤。H/Q一般用峰力矩计算。

（六）神经与感觉机能测试与评价

神经系统调控人体各器官、系统的功能，维持整体机能的协调去适应身体内外环境的变化。在剧烈的运动训练和比赛中，神经系统要保持良好的兴奋状态，使各系统的机能活动正常。感觉器官的功能也很重要，感觉器官接受外界刺激传入中枢，中枢发放神经冲动，经过大脑皮层精确分析和综合后形成指令，指挥运动器官进行工作。研究表明，运动疲劳会造成中枢神经系统的抑制，使神经和感觉功能能力下降和失调。

1. 两点辨别阈

皮肤感觉能分辨出的最小距离叫皮肤两点辨别阈。运动员从事大运动量训练达到疲劳状态时，可能会引起皮肤感觉敏感性下降等。因而，测试皮肤两点辨别阈可以作为判断运动员疲劳的参考指标。

（1）测试方法

使用仪器：两点阈测定仪（图8-14）。

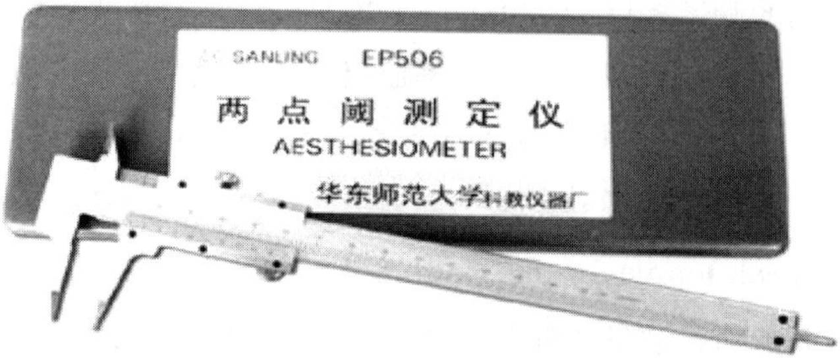

图 8-14 两点阈测定仪

测定部位：手指指腹、脚趾趾腹、掌心部、脚前掌和手腕等处。

测定步骤：

将两脚规的两角同时接触皮肤。

测试人员逐次移动脚规两角，并逐次询问受试者，直至测出可辨别的两点的最短距离。

（2）评价

由于在皮肤表层广泛分布着各种形式的感受器，如无髓鞘的游离神经末梢、感觉神经末梢集中成一团所构成的特殊小体等，所以皮肤受到刺激会产生多种感觉。这些皮肤感觉同视觉、本体感觉相结合，对运动员完成技术动作起着重要的作用。当运动员身心达到疲劳状态时，可能会引起身体一些机能特别是神经系统机能状态发生紊乱，从而也会导致人体感觉机能失调。因此，根据疲劳会引起各种皮肤感觉敏感性下降的特点来测试皮肤两点辨别阈可以作为判断运动员疲劳程度的参考指标。

参考评价标准：

比值小于 1.5cm 为无疲劳出现；大于 1.5cm 小于 2.0cm 为轻度疲劳；大于 2.0cm 为重度疲劳。

2. 闪光融合频率

用闪光刺激人眼时，若刺激频率较低，则产生一闪一闪的光感。当频率逐渐增高到超过一定界限后，则人眼产生连续光感，此现象称为融合现象，此时频率即为闪光融合频率（FFF）。FFF 反映运动员神经系统的兴奋性，可以表示从视网膜经过视神经以致视觉中枢的整个视觉系境的兴奋程度。

（1）测试方法

使用仪器：闪烁频率测定仪，由窥视器和频率指示器两部分组成。窥视器为内壁涂黑的金属筒，筒的一端为闪烁发生器，由微电机带动的扇形齿轮和光源组成，另一端为与眼眶形状相吻合的黑色接目镜。方法：

受试者坐位，双眼通过接目镜向另一端看，开启闪烁光。

逐渐加大转动频率（或频率由大变小），直到受试者看到闪烁光变为融合光的瞬间，此时频率指示器上的显示值，就是闪烁光融合临界频率值。

测试值与运动员对光源的颜色、亮度等的适应程度有关，因此前后对比时应该保持测试条件一致。

（2）评价

FFF 可作为判断大脑功能的兴奋水平和状态的一个指标，如在正常情况下感到是闪光，而发生疲劳后则感到是连续光点，可看作是视觉系统的兴奋水平下降，即大脑功能水平降低。

每个运动员都有自己的闪光融合临界频率。FFF 减少，提示视分析器区域神经过程的灵活性降低，脑工作能力下降。许多研究证实，当运动员神经系统及机能状态良好时，FFF 较高。疲劳情况下，这一数值相应下降。因而可以通过测定运动前后不同时相的闪光融合值来判断机体的恢复程度，评定运动员神经系统的机能状态。闪光融合值存在一定个体差异，因而不宜进行横向对比，而是应对每一运动员做纵向观察分析。表 8-11 为运动员闪光融合频率评定参考值。

表 8-11　闪光融合频率评定表

疲劳程度	闪光频率减少（周/s）	恢复速度
轻　度	1.0~3.9	休息后当日可以恢复
中　度	4.0~7.9	睡一夜才能恢复
重　度	>8	休息一夜不能完全恢复

引自：冯连世，李开刚．运动员机能评定常用生理生化指标测试方法及应用［M］．北京：人民体育出版社，2002.

3. 主观体力感觉等级

RPE 是由著名的瑞典斯德哥尔摩大学的心理学教授 Gunnar Borg 创立的评估不同工作和运动中用力感觉的方法（RPE）。Borg 认为，如图 8-15 所示，感觉指标积聚了来自于体力上、精神上和生理上的劳累信息，所以它对一个人的用力感觉评估是全方位的。体力上的负荷，如负载重物，作为自变参数（IV）可导致作为因变参数（DV）的生理反应，如心率和耗氧量增加（图 8-16）、血乳酸堆积或心理反应等。同样，精神或心理上的压力，例如焦虑、情绪激动可增加心理劳累，这通常也将产生心理和生理反应。再有，生理上的劳累也可由作为心理参数的用力感觉指标反映出来。因而 RPE 是一种简易而有效的评价运动强度和训练负荷监控的方法。

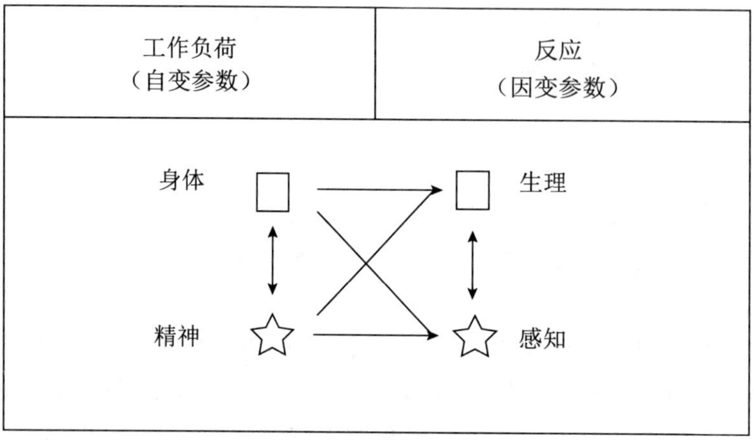

图 8-15　用力感觉形成的图示

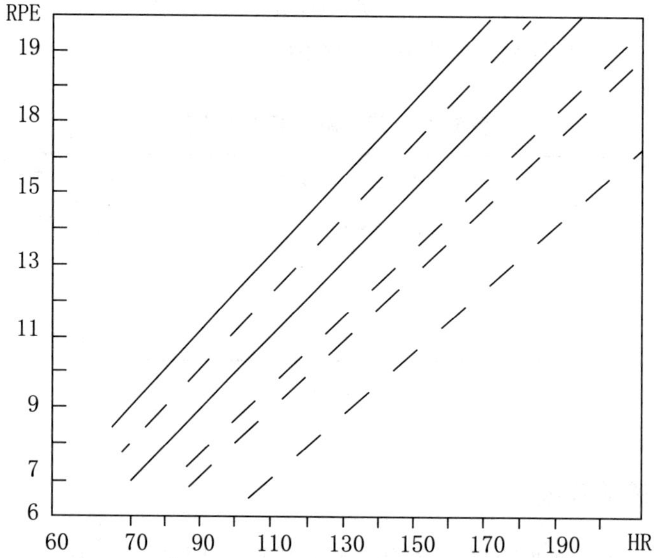

图 8-16　RPE 与心率的关系

（1）测试方法

制作一块 RPE 牌子（表 8-12），教会运动员客观地反映自己的疲劳感觉。运动员在运动过程中说明自我感觉的等级。

表 8-12　Borg 的体力感觉等级表

RPE	主观运动感觉	相对强度（%）	相应心率
6	安静	0.0	
7	非常轻松	7.1	70
8		14.3	

续表

RPE	主观运动感觉	相对强度（%）	相应心率
9	很轻松	21.4	90
10		28.6	
11	轻松	35.7	110
12		42.9	
13	稍费力	50.0	130
14		57.2	
15	费力	64.3	150
16		71.5	
17	很费力	78.6	170
18		85.8	
19	非常费力	95	195
20		100	最大心率

（2）评价

体力感觉等级表从 6~20 共 15 级，表示疲劳感觉从极轻到极重。以此来判断疲劳程度。如果用 RPE 的等级数值乘以 10，相应的得数大致就是完成这种负荷的参考心率。

由于对体力的感知程度与运动强度负荷有关，也与疾病症状或运动者的机能状态有关，许多人认为，应该将这种主观症状感觉变为具有实际意义的指标，并且采用一种方法将其量化，使这种方法能够为较大多数人所应用。在训练负荷监控中可以把 RPE 值和其他指标相结合来判断疲劳程度。特别是当运动员主观感觉很累时，即使生理、生化指标正常，也要高度重视，因为也许选择的指标不够敏感，没有发现运动员潜在的疲劳现象，此时参考运动员的 RPE 可以避免机能评定的偏差。

三、训练负荷综合评价方法

训练负荷监控与临床医学的检查和疾病判定有许多不同，运动疲劳的产生常常是多个系统的共同作用，需要对多个系统同时监测综合分析，而且，许多指标表达的信息也有时并不是单一的，因而，检测和评定都有特殊性和复杂性。综合评价的意义在于能对运动员机能状态进行全面的分析，因此应是多指标、多层次的整体评定，而且横向观察、纵向追踪都具有重要意义。

训练监控应长期不间断地进行。在重要训练或比赛期应加大测试评定的密度。在此基础上建立完整的训练、比赛、调整、恢复周期的机能档案，以利于对运动员进行系统的观察与分析。训练监控要在机能测试准确的基础上才可进行。因而机能测试的指标、仪器和方法应相对固定，以增加可比性。

由于运动员身体机能状况随训练负荷的变化和比赛安排在不同时期会表现出不同的水平，评定的目的和方法也会有所不同，因此在进行训练负荷监控时，要首先了解运动员训练的周期，才能进行有针对性的评定。一般可以分为：训练准备期、训练期和赛前准备期。

（一）训练准备期综合评定

训练准备期一般是指每年的冬、春、夏训或某一重要训练周期前。

1. 评定目的

全面了解运动员健康水平和身体机能状况，除外疾病，判断运动员能否进入训练期。在必要时，及时采用科学手段协助教练员调节好运动员身体机能，帮助运动员为进入训练期做好身体上、心理上的准备。

2. 评定特点

较广泛地选择指标，全面检查运动员各个系统机能状态。此时，运动员各指标都应处于正常水平，发现异常应及时进行治疗，或建议教练员推迟进入训练期。

（二）训练期的监测与评定

1. 评定目的

预防过度训练，避免训练不足，提高训练效果。

2. 评定特点

机能检测计划和检测指标要围绕训练周期安排，评定要根据训练目的区别对待。如在大运动量训练期，运动员机能常处于较低水平，这是正常反映，可采取一定的促进恢复的措施，尽可能地维持系统训练。

此期的测试要根据每个运动员在不同训练中出现的不同问题确定指标，进行随时检测。在重要训练期应加大测试评定的密度，以及时地发现和解决问题。训练期的监测与评定工作对于保证科学系统的大运动量训练有着重要的意义；然而更重要的是，还在于通过监测评定及时发现机体机能状况异常，进而用科学的方法进行合理的干预和保护。

（三）赛前监测与评定

1. 评定目的

确定运动员是否达到或将要进入良好的竞技状态。

2. 评定特点

测试指标的选择要少而精，并且尽量选用无创伤或微创伤的测试方法。

此时运动员各项机能指标都应达到本人的优档水平，如有差距要及时调整训练安排或采取干预措施。

（四）训练监控综合评定的原则

1. 根据训练手段选择指标

综合评定要通过数项指标的检测和分析才能做出正确的判断。根据排球项目特点选择的指标，不同训练手段对人体机体各器官、系统的刺激方式不同，会使人体产生不同的生物化学变化；测试指标选择应注意与训练手段的生理、生化机制高度相关，应能较敏感地反映排球运动训练负荷对身体机能的影响程度。

无论是科研人员还是教练员都必须要搞清楚主要训练方法、手段在不同的量和强度条件下对生理、生化、心理等过程的作用与影响，并以此为依据确定和选择适宜的评定指标。

训练负荷对人体机能的影响因素是多方面的，单一指标评定训练负荷往往有一定的局限性或发生某些误差。应该考虑到训练负荷由强度和训练时间共同构成，因而，指标的选择必须全面，既要有反映训练强度的指标，还应有反映训练量的指标，才能客观地评价身体机能状况。

2. 根据运动员特点选择指标

训练监控要对运动员对训练负荷的适应情况、恢复能力进行评定，要充分考虑运动员的个体差异，评定标准在某些时候应因人而异。

3. 纵向追踪综合评价

由于人体机能变化的复杂性，在评定中要对各个指标进行综合分析，不能遇某一指标的异常便匆忙下结论，而掩盖运动员机能状态的真相会给训练带来错误的导向。在评定中还应对运动员进行纵向追踪观察，在某一训练周期机能水平的下降可能是良好负荷刺激的结果属合理现象，在另一训练周期则也许提示疲劳状态，因此不可孤立地看待机能水平的下降与提高。

因此，纵向比较是运动员训练负荷监控中的重要方面，它比横向对比更有意义。如可以通过运动前后，次日晨各指标的变化乃至一周、一个月或更长时间的追踪研究，得出更科学的判断。

（孙平、谭思洁、潘迎旭）

第九章

伤病预防与康复

第一节　排球运动常见损伤部位及原因

一、常见损伤部位

现代排球比赛对抗激烈，攻防转换快，运动强度大，技术动作大部分是在腾空起跳或移动中瞬间完成的，这使运动员在训练和比赛中损伤的机率增加，极大地影响了系统训练和比赛中技战术的发挥，成为高水平排球训练的难题。

对现代排球比赛中419名选手的流行病学调查显示，我国排球运动员在比赛中的损伤发生率为4.1人次/1000小时，远远高于训练中1.8人次/1000小时。

排球运动员最常见的损伤部位是肩、膝、腰。肩部以肩撞击综合征、肩袖损伤、肱二头肌腱腱鞘炎最多；膝伤以髌骨软骨病、末端病、半月板损伤最多见；腰伤以腰肌劳损、椎板骨折与棘突骨膜炎较多。此外，指和腕的扭挫伤也较常见。

排球损伤主要集中于肩、腰、膝、踝，急性伤少而慢性伤多，小伤、重复损伤多而严重损伤少，急性损伤多为关节部位的扭伤和肌肉等软组织损伤。

二、常见损伤原因

专项训练过度、技术失误、大强度大运动量高密度训练和力量训练不当等。也有人认为损伤原因与技术训练和身体素质训练的不合理运用有关。情绪低落、紧张、害怕等心理因素都可导致肌肉张力增加、动作协调性下降、反应速度减慢而发生损伤。

排球运动员屈膝、起跳、扣球等动作的重复次数多，容易造成膝、肩、腰等局部负担过重，而导致慢性损伤发生，且极易出现重复损伤。从解剖学的角度看，人体存在某些结构的弱点，如膝关节：杠杆长，保护少，屈膝时关节不稳定；踝关节：外踝长、内踝短，外踝的韧带较薄弱，内翻肌群的力量较外翻肌群的力量大；腰部：负担重（腰骶关节以上负担着60%以上的体重），保护支持相对较少，肌肉的活动复杂。在正常情况下，这些弱点并不会表现出来。但当这些弱点与技术动作结合时，就会成为潜在的损伤因素。

排球运动中的各种助跑以弧线或斜线的助跑居多。在扣球过程中，当弧线助跑到最后一步时，由右脚迅速跨出一大步，左脚及时并上踏在右脚之前，两脚尖稍向内转，以脚跟先着地迅速过渡到全脚掌着地，准备猛力蹬踏起跳扣球。当右脚右转幅度偏大，加之右脚在蹬踏落脚时，足尖有上勾动作（背屈）时，常伴有足外翻趋向，蹬踏时踝关节已不处于正常的解剖体位，内侧韧带处于拉紧状态，外侧韧带处于挤压状态，易造成踝内侧韧带损伤。还有当人体处于扣球腾空阶段时，足自然就有跖屈内翻倾向，若落地不稳、向一侧倾斜或踩在他人脚上或球上，导致距腓骨韧带的损伤。再如移动时前脚掌内侧需要蹬地发力，增加了踝关节的负荷，造成踝关节的劳损。

膝关节在屈曲状态下可轻微地旋转。在排球运动中膝关节损伤主要是髌骨劳损和半月板损伤。髌骨劳损主要是由于膝关节经常过分伸屈、超常范围的内外翻，髌骨下面的软骨面与股骨的相应面长期碰撞挤轧致伤。排球的半蹲起跳和救球都要求膝于半蹲位发力，膝关节屈曲扭转，髌骨和股骨的关节面之间必然会产生撞击、挤压和碾磨，造成软骨损伤。半月板的损伤主要是在膝屈伸时，膝关节屈曲时半月板向后，伸直时则向前方移动。膝关节屈伸过程中如果同时又有膝的扭转内外翻动作，则半月板本身就出现不一致的活动。小腿固定，股骨内外旋或内外翻，再突然伸直或下蹲，此时半月板处于不协调运动之中。常见于运动员起跳或落地时，膝关节过度内扣或外展，在此情况下，如果进行缓冲或蹬伸用力都易造成半月板的损伤。因此，排球运动中的错误动作是产生膝关节运动损伤的最重要和最直接的原因。

肩关节为多轴关节，关节囊薄而松弛，关节本身韧带少而弱，因此它是人体最灵活，但稳定性较差，最容易受伤的一个关节。在排球运动中扣球和发球是排球运动的关键，肩关节的功能强弱决定着扣发球质量的好坏。训练比赛中，肩关节运动频繁，运动幅度较大，过度使用现象严重，当大运动量高强度长时间训练时，连续不断地挥臂扣球练习会导致肩袖与肱骨大小结节之间反复挤压、磨擦，久而久之出现运动损伤。其次由于肩部力量较弱，盲目发力扣球，出现不到位的错误动作，会使损伤发生几率大大增加。扣空球或挥臂扣球动作不正确、上肢鞭打动作僵硬、直臂下压扣球等，都极易造成肩部韧带损伤，这也是造成肩关节高损伤率的主要原因。此外，肩部损伤与场上职责分工和技术特点密切相关，主攻手擅长强攻，进攻时挥臂幅度大、力量强，肩关节承受的负荷更大，更易受伤。对于肩关节来说，多以肩袖损伤和肱二头肌长头腱腱鞘炎居多。

第二节　排球运动员常见损伤的预防

一、肩部损伤

肩关节为多轴关节，关节囊薄而松弛，关节本身韧带少而弱，因此它是人体最灵活，但稳定性较差，最容易发生损伤的一个关节。有些运动员肩部力量较弱，或肩部各方向力量不均衡，扣空球或技术动作不正确，错误的动作模式等都极易造成肩部损伤，严重的可产生撕裂伤；有些运动员不注重运动前的热身准备活动，特别是小肌肉群的激活，仓促上场，赛后牵拉放松不足，疲劳肌群得不到足够的恢复，容易造成肩部肌肉拉伤或劳损。

（一）肩袖损伤

肩袖是由冈上肌、冈下肌、小圆肌、肩胛下肌的肌腱分别在肱骨头上、后、前方形成的袖套样结构。肩袖损伤又称肩袖创伤性肌腱炎，系指肩峰下滑囊炎、肩袖肌腱炎而言。原发性损伤，一般主要是在肩袖肌腱，以后又继发滑囊炎。

1. 损伤原因

以扣球动作为例，引臂时肘远离身体，蓄积能量，击球时上肢迅速向前上方挥动，胸大肌、背阔肌以近侧端固定进行爆发式收缩，肱三头肌也急剧收缩、伸肘，使前臂迅速跟随上臂挥动。在这一过程中，肱骨头在关节囊内有旋转有位移，肩袖力量的强弱决定了肱骨头的稳定，肱骨头的稳定决定了肩关节的稳定，决定着动力链末端的力量速度，即扣球效果。当大运动量高强度长时间训练时，连续不断的挥臂扣球练习会导致肩袖与肱骨大小结节之间反复挤压、摩擦，当运动员肩部力量较弱，盲目发力扣球，出现不到位的错误动作，会使损伤发生几率大大增加，特别是扣空球或挥臂扣球动作不正确、上肢鞭打动作僵硬、直臂下压扣球等，都极易造成损伤。

2. 主要症状

肩痛，其次是肩活动受限，辗轧声，外展或外旋无力。压痛点常常在肱骨大结节，外展或内外旋克服阻力时亦痛，外展受限。

3. 治疗

急性炎症疼痛剧烈时，应制动休息，并将上臂外展30°固定。可以进行封闭疗法或物理治疗（如微波、超声波等）。

4. 预防

肩袖损伤的预防重点在于改善肩带的稳定性和肩关节的稳定性。肩带的稳定性的改善是通过改善肩胛骨的稳定性而实现的。肩胛骨的稳定性则与肩带的多种相关结构有关。比如肩带前群：三角肌前部、胸大肌、胸小肌；肩带后群：菱形肌、肩胛提肌、斜方肌、肩胛下肌的力量有关。肩关节的稳定性主要是通过肩袖肌群（冈上肌、冈下肌、小圆肌、肩胛下肌）的功能实现。过去我们只强调肩袖肌群的保护作用，只重视发展肩袖肌群的力量，并没有很好地解决肩部损伤的预防问题。

（二）肱二头肌长头腱腱鞘炎

1. 损伤原因

排球中的扣球、发球等动作需要反复进行伸手过肩的动作，也就是躯干、上臂、前臂和手掌等多个运动环节共同组成鞭打动作。该动作以肩关节为轴，肘关节围绕肩关节，以肱二头肌为主动肌由后下方向前上方做回旋加速鞭打动作，以肩为轴带动肘，腕关节向前上方做加速运动扣球。由于频繁扣球，使肩关节长期超范围的转肩活动或臂上举后又突然向后伸，使肱二头肌长头肌腱在结节间沟内不断抽动或横向滑动，长期滑动磨损而发生退变、粘连，加上有时局部负担过重，使该肌腱的腱鞘受到反复摩擦而产生肱二头肌长头肌腱腱鞘炎，也有因一次突然的牵扯致伤。

2. 主要症状

受伤当时即有不适，随即加重，肱二头肌长头肌腱处有剧烈压痛，关节活动明显受限，提重物或肱二头肌克服阻力收缩时有疼痛。

3. 治疗

急性炎症疼痛剧烈时，应制动休息，并用三角巾将上肢悬吊。可以进行封闭疗法或物理治疗（如微波、超声波等）。

4. 预防

肱二头肌长头腱腱鞘炎的预防，应从以下几方面入手解决问题：一是合理安排训练内容，不要在短时间内将训练的负荷都集中于肩部；二是注重肩部原动肌和拮抗肌的力量平衡；三是增加肩带的稳定性，减少肩部的异常活动；四是注重柔韧素质的发展和柔韧素质均衡发展。柔韧素质差，在扣球或大力发球时，为了获得更大的加速度，运动员会自觉不自觉地使肩关节背伸，而增加了肱二头肌长头腱腱鞘的压力；五是柔韧素质发展不均衡，在扣球或跳发球时，髋部不能够充分打开，而将应力主要集中在肱二头肌腱鞘上。预防肱二头肌长头腱腱鞘炎损伤，必须充分发展髋部和肩部的柔韧性，而且必须从小抓起，始终坚持。

二、手部损伤

手部肌肉力量属于小肌群力量，平时训练容易被忽视，尤其是手指力量。手腕骨位于手骨的近侧部，共有8块，分为两列，均以其形状命名。近侧列由桡侧向尺侧依次是舟骨、月骨、三角骨和豌豆骨；远侧列为大多角骨、小多角骨、头状骨和钩骨。不同的动作有不同的骨连接承受，其间的动力传递和连接角度都极其复杂而精细。

8块腕骨虽借关节和韧带连结构成一个整体，但并不处于同一额状面上，背侧面凸隆，而掌侧面凹隐，叫作腕骨沟。腕骨沟的上方由于腕横韧带跨过而形成一管，称为腕管，内有屈指肌腱及神经血管等通过。

腕骨与掌骨基底部组成掌腕关节，属微动关节。掌骨头与近侧指骨基底组成掌指关节，两侧有桡侧及尺侧副韧带加强。除拇指为两节指骨外，Ⅱ—Ⅴ指骨有3节指骨，只能屈伸，不能做侧向及旋转运动，有侧副韧带加强。指关节间的韧带连接薄弱，其缓冲能力非常有限，容易在争抢与防守过程中发生损伤。

指间关节扭挫伤，出现在传接球中手形不正确时，很容易引起手指挫伤；拦网时，要求五指分开，呈屈曲状，但有时进攻方变换手腕用力方向，瞬间改变扣球路线，使跳起拦网的人一时判断错误而造成手部损伤；又如进攻方在跳起扣球时利用时间差或空间差，快速而有力地将球直接砸向拦网者，若起跳晚拦网时手低于球，手指就容易脱位，出现指骨扭挫伤。

（一）损伤原因

手指损伤多是由于运动员拦网时手形不对造成的。按照排球运动要求在拦网时手指要绷紧、微曲手形做包球状态，这符合手的解剖结构。指间关节两侧有侧副韧带，关节屈曲时侧副韧带松弛，伸直时韧带紧张，关节囊及侧副韧带处在紧张状态拦网时手指才有力量。当球速过快、力量过大时，手指强烈快速向侧方偏曲或过伸，关节囊及侧副韧带处于松弛状态，而韧带没活动开，来不及反应，造成韧带、关节囊损伤。

（二）主要症状

一侧韧带损伤时常有脱位，但患者常可自行复位矫正，故就诊时常有扭伤没有脱位。由于关节表浅、缺乏结缔组织，故肿胀明显，且经久不易消失，伴有压痛，关节活动受限。

（三）治疗

单纯关节扭挫伤可用粘膏支持带保护固定，48 小时后开始屈伸活动。指间关节稍有肿胀及侧方活动时，宜采用铝制夹板将指屈曲固定 3 周，然后练习活动。可配合冰敷、物理治疗消肿止痛。

（四）预防

手部损伤的预防应注意以下要点：正确地掌握排球的技术动作；注意手指及腕关节的力量练习；注意手腕的柔韧素质发展。

三、腰部损伤

腰部是脊柱运动中负重大、活动多的部位，为身体活动的枢纽。腰部的肌肉主要有竖脊肌、腰方肌、腰大肌等。竖脊肌位于躯干背面，从骶骨到枕骨，纵裂于棘突的两侧，是强大的脊柱背伸肌；腰方肌位于腰椎外侧，在第 12 肋骨与髂嵴之间，有使脊柱侧弯的作用；腰大肌位于腰方肌的前面，胸 12 和腰部椎体的两侧，有使脊柱屈曲的作用。

腰背筋膜分为前、中、后三层。前层覆盖于腰方肌的前面；中层位于骶棘肌与腰方肌之间，附着于腰椎横突、髂嵴与第 12 肋之间；后层向上与颈部深筋膜相连接，向下附着于骶外侧嵴，内侧附于腰椎棘突和棘间韧带。前、中、后三层在骶棘肌的外侧缘相融合，成为较厚的腰背筋膜，并向腹侧形成腹横筋膜，各椎骨的棘突由棘上韧带和棘间韧带连接，形成韧带联合。其有限制脊柱过度前屈的作用。

一般来说，排球运动所致的腰痛可能是肌肉的问题，也有可能是椎骨或椎间盘的问题。所以，要将排球运动中常见的肌肉拉伤或劳损与后两种严重的病症区别开来。

（一）腰肌劳损

1. 损伤原因

对于排球运动员而言，腰肌力量不足或者左右侧肌力不平衡，长期反复的过度腰部运动及过度负荷，均可使腰肌长期处于高张力状态，久而久之可导致慢性腰肌劳损。准备动作不正确（腰背肌肉过于放松），在训练和比赛中身体往往处于屈曲的姿态，致使背部的张力增加，久而久之会影响局部的血液循环和代谢，诱发腰背部及下腰部肌肉劳损。另外，在训练中过多地安排屈肌的力量练习，导致了背伸力量的不足，也加剧了屈肌和伸肌的力量不平衡，这也是导致排球运动员腰背肌劳损多发和腰部损伤多见的原因。

2. 主要症状

腰部酸痛或胀痛，部分刺痛或灼痛；劳累时加重，休息时减轻；适当活动和经常改变体位时减轻，活动过度又加重；不能坚持弯腰工作；常被迫伸腰或以拳头击腰部以缓解疼痛；腰部有压痛点，多在骶棘肌处，髂骨嵴后部、骶骨后骶棘肌止点处或腰椎横突处；腰部外形及活动多无异常，也无明显腰肌痉挛，少数患者腰部活动稍受限。

3. 治疗

理疗、中草药外敷、矿泉浴等均有一定疗效。对个别病程较长、久治无效者，亦可采用封闭疗法，同时加强腰背肌锻炼，多可获得令人满意的疗效。

4. 预防

注重核心区的稳定练习，提高核心区的稳定性；注意训练和比赛后腰背肌的放松，以改善局部的血液循环，改善肌肉质量，加速恢复过程；及时更换大量出汗后的服装，保持局部的温度。

（二）急性腰扭伤

1. 损伤原因

在肌肉力量不足、技术动作不合理、准备活动不充分、没有思想准备的情况下，腰部屈伸或扭转发力时突然发生。大力扣发球时，发力过猛，突然过度扭转腰部也经常造成急性腰扭伤。常见的类型有腰肌拉伤、棘间韧带捩伤、小关节扭伤、小关节滑膜嵌顿、骶髂关节扭伤。

2. 主要症状

患者伤后立即出现腰部疼痛，呈持续性剧痛，次日可因局部出血、肿胀使腰痛更为严重；也有的只是轻微扭转一下腰部，当时并无明显痛感，但休息后次日感到腰部疼痛。腰部活动受限，不能挺直，俯、仰、扭转感困难，咳嗽、喷嚏、大小便时可使疼痛加剧。站立时往往用手扶住腰部，坐位时用双手撑于椅子，以减轻疼痛。腰肌扭伤后一侧或两侧当即发生疼痛；有时可以受伤后半天或隔夜才出现疼痛、腰部活动受阻，静止时疼痛稍轻、活动或咳嗽时疼痛较甚。检查时局部肌肉紧张、压痛及牵引痛明显，但无淤血现象。

3. 治疗

腰部急性扭伤后，应立刻停止活动，让患者平卧。如果剧烈疼痛，则用担架抬送医院诊治。处理后，应使用硬板床或腰下垫个软枕头，以减轻疼痛，使肌肉韧带处于放松状态。也可针灸、外敷伤药或按摩。对于软组织损伤，可以采用针灸治疗；对于关节扭伤、嵌顿，可以采用手法复位。严重的肌肉、筋膜、韧带损伤除应卧床休息1周左右外，还可局部冷敷加压包扎，消肿后或疼痛减轻后采取针灸、按摩、理疗等治疗手段。

4. 预防

学习和掌握正确的准备动作；提高核心区的稳定性；在力量训练时，应注意屈肌和伸肌的力量平衡；改善肌肉质量，加速恢复过程。

四、膝关节损伤

膝关节是人体最复杂的关节之一。膝关节由股、胫、髌、腓骨构成。就膝关节的结构而言，本身存在着损伤的潜在因素，如膝关节上下杠杆长，周围肌肉的保护少，屈曲时由于两侧的副韧带放松，关节的稳定性下降等；就排球运动的技术动作特点而言，在运动训练及比赛过程中，有大量的以下肢为支撑的奔跑、起跳、屈伸、扭转的技术动作，势必会导致膝关节局部负担过重。因而，膝关节是较容易发生运动损伤的关节。另外，如果训练安排不合理，训练方法单一，也极易导致膝部的过用性损伤。

膝关节解剖结构复杂、辅助机构较多，一旦损伤，对运动员生活、运动能力影响较大。究其原因，主要是因为排球动作需要膝关节处于半屈曲位（130°~150°），由屈伸状态扭转、蹬伸发力，而此位置正是它的解剖生理弱点，致使关节稳定性相对减弱，关节轻微的内外旋，加大了股骨与胫腓骨之间的摩擦，因而使膝关节的韧带、半月板容易损伤。在发球、扣球和拦网过程中都需要全力起跳，股四头肌的强烈收缩常使髌骨和股骨间相互碰撞，这种反复的撞击极易损伤髌骨和股骨的软骨而造成骨关节病，股四头肌的反复强烈牵拉也容易造成膝关节末端病。在防守中，不正确的倒地动作会导致膝关节与地面的剧烈碰撞，髌骨和股骨软骨面的碰撞也会引起膝关节软骨损伤。

（一）髌骨劳损

亦称髌骨软化、髌骨软骨病、髌骨软骨软化症、髌骨软骨炎，是指髌骨软骨面及其相对的关节软骨面因慢性损伤后，而形成髌骨骨关节炎症的一种退行性疾病，是膝部常见的运动损伤（图9-1）。

1. 损伤机制

排球运动需要运动员反复起跳落地、屈膝转体，经常过分伸屈、超常范围的内外翻，以及髌腱反复牵拉，都会使髌骨下面的软骨面与股骨的相应面长期碰撞挤轧致伤。

研究表明，排球运动员在一堂综合训练课中（2.5 小时）平均跳跃次数达 250~350 次，而在一场正规比赛中跳跃次数多达 100~200 次，跳跃频繁使膝关节负担加重，使稳定膝关节的主要肌肉——股四头肌一直处在紧张的屈伸状态，当股四头肌的力量不足或因疲劳造成股四头肌的力量减弱时，就会反复牵拉髌骨下缘的腱附着点，髌骨就会受到反复的牵拉及磨损。

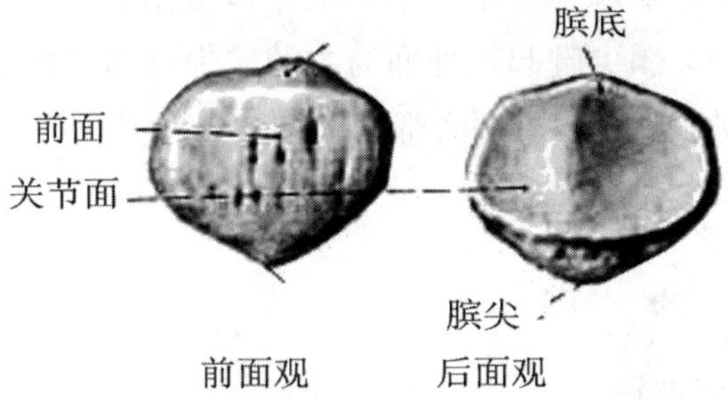

图 9-1　髌骨

2. 主要症状

软骨肿胀、龟裂、破碎、侵蚀、脱落，膝部不适，活动有摩擦感，疼痛水肿，双腿发软等。初期开始活动时局部酸痛，活动后减轻，活动结束经一段休息后又加重，没有明确的固定疼痛部位。症状持续时间久时，则上下楼梯有明显“膝软”的感觉，严重时关节内积液肿胀。单纯髌骨软骨损害时，可继发滑膜炎而出现关节积液。病程长者，股四头肌萎缩。本病多发生于青壮年。

3. 治疗

调整训练安排，避免半蹲发力，加强股四头肌力量练习，进行物理治疗，特别是超短波治疗，可注射强的松龙加普鲁卡因封闭，还可贴扎支持带进行保护。

4. 预防

髌骨劳损的预防应从以下几方面入手：

①合理安排运动训练，比如，不要过多地将膝关节负荷集中安排在训练的某一阶段、某一周或某一次课中，避免局部负担过重导致的膝部软骨损伤。

②掌握合理的落地、起跳技术及正确的落地、起跳姿势，避免膝关节内扣。注意下肢力量的训练及下肢动力链（踝关节力量、膝关节力量、髋关节力量）的均衡发展，特别是踝关节及足底肌肉的力量练习，以求在落地时得到更好的缓冲，减少膝关节的压强。

③训练时注意膝关节内外侧（股内肌、股外肌）力量的平衡，以及臀部力量（臀中肌、臀小肌、梨状肌）的训练，以增强加下肢的稳定性，并使髌骨在运动中处在滑

车关节的功能位置。

④在出现症状以后要及时调整训练安排，减少局部负担，并及时补充维持软骨健康的补剂，如氨基葡萄糖类物质，以防止软骨结构的退行性病变及损伤。

（二）髌腱腱围炎

髌腱腱围炎，又称跳跃膝，系指引起髌尖下髌腱附着点及髌腱、腱围部疼痛的创伤性病变而言。可分为以髌尖腱起点处痛为主的髌尖型即“髌尖末端病”和以髌腱部症状为主的单纯髌腱腱围炎，也可两者都有（图 9-2）。

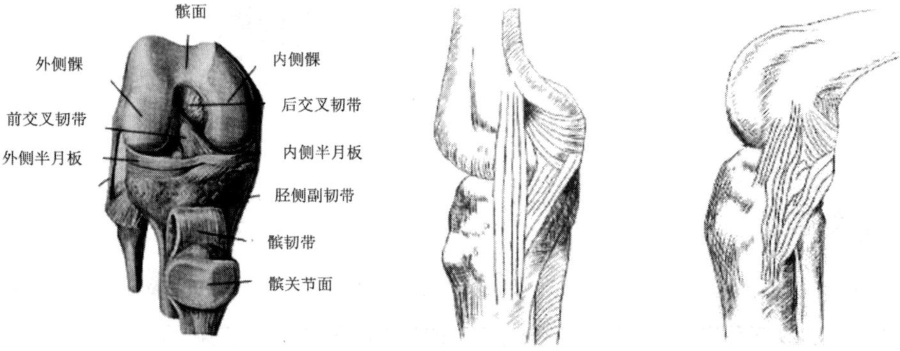

膝关节软组织　　伸直时紧张　　半屈时松弛

图 9-2　膝关节韧带

1. 损伤机制

排球运动员训练比赛中长期处于半蹲姿势，并需要反复跳跃，长期大量专项训练过多，股四头肌力量相对薄弱，反复牵拉髌腱及髌腱附着处，可引起血液供应障碍，进而增生变性出现症状。此外，反复牵拉劳损，血供受损，内膜增厚，也会引起变性出现症状。排球运动员弹跳落地时，由于股四头肌参与收缩，给髌腱施加巨大的“离心性载荷”。在这种载荷的反复牵拉下，髌腱极易发生损伤。在落地瞬间，对髌腱施加的载荷可达体重的 9~11 倍。因此，容易引起跳跃膝。

2. 主要症状

半蹲、上下楼、跳跃发力时出现膝前痛，严重时伴有“软腿”，运动后加重，抗阻伸膝痛，髌尖或髌腱部有压痛。

3. 治疗

可进行封闭治疗、物理治疗（微波、超声波、冲击波）、按摩、针灸等，严重时可手术。同时要加强股四头肌力量。

4. 预防

合理安排运动训练，比如，不要过多地将膝关节负荷集中安排在训练的某一阶段、某一周或某一次课中，避免局部负担过重导致的髌腱及腱围组织损伤；合理地实施离心力量训练，促进髌腱及腱围组织的适应性变化；掌握合理的落地、起跳技术及正确的落地、起跳姿势，避免腱围组织负担过重；注意下肢力量的训练及下肢动力链（踝关节力量、膝关节力量、髋关节力量）的均衡发展，特别是踝关节及足底肌肉的力量练习，以求在落地时得到更好的缓冲，减少髌腱及腱围组织的负担。

（三）膝关节内侧副韧带损伤

1. 损伤原因

损伤多发于膝屈曲近130°~135°时，小腿突然外展外旋，或小腿固定时大腿突然内收、内旋，使关节内侧副韧带损伤。膝关节过度外翻时，被牵拉的韧带超出生理负荷而发生撕裂、断裂等损伤，以膝关节肿胀、疼痛、功能障碍、有压痛点等为主要表现的疾病。膝伸直位，膝或腿部外侧受强大暴力打击或重压，使膝过度外展，内侧副韧带可发生部分或完全断裂。一般内侧副韧带损伤伴随前交叉韧带和内侧半月板可同时损伤。例如，拦网落地时不提踵的全脚掌着地习惯以及在屈膝内收夹腿防守时（大腿内收，小腿外翻），膝关节内侧附韧带因屈膝而变得放松，稳定性减弱，如果突然起动及制动等，都会使内侧附韧带受伤。

2. 主要症状

膝关节内侧疼痛；肿胀、触痛，膝关节不稳定且负重时疼痛；膝关节侧扳试验阳性。膝关节内侧副韧带损伤可分为扭伤、部分断裂和完全断裂三种。

3. 治疗

损伤早期主要以冰敷、固定为主，防止继续出血和二次损伤。出血停止，治疗转为热敷、理疗、按摩，促进出血吸收。后期要加强康复训练。如韧带完全断裂需手术缝合治疗。

4. 预防

排球运动员膝关节侧副韧带损伤相对较少。预防主要应从以下几方面入手：发展膝关节及核心区的力量，提高膝关节稳定性。配合进行适量的本体感受功能练习和快速伸缩复合练习来提高膝关节自动平衡能力，及膝关节在高速离心和向心运动中的位置控制能力，以减少对侧副韧带的不良刺激和过度牵拉。

（四）膝关节交叉韧带损伤

1. 损伤原因

交叉韧带由前交叉韧带和后交叉韧带组成，前交叉韧带在伸膝时最紧张，防止胫骨前移，同时也防止膝过伸、过屈及膝内翻，后交叉韧带在屈膝时最紧张，防止胫骨后移，保证膝关节的后向稳定作用。一般前交叉韧带损伤较为多见。前交叉韧带损伤多见于扭转、半屈曲、急停、碰撞、突然过伸或“踢漏脚”等动作。后交叉韧带损伤多见于过伸伤和屈膝位小腿受到前向后的暴力作用，如撞击等动作。在排球运动中从起跳到落地的进攻区内常发生交叉韧带损伤。由于在扣球过程中，击球一侧的手与肩常高于对侧，导致击球一侧的脚比对侧提前离地。如此一来，落地时对侧脚便会早于击球侧的脚提前落地。单腿落地对该韧带造成的冲击更大，加上运动员落地动作欠佳，膝关节受到冲击程度加强，易造成交叉韧带损伤。

2. 主要症状

受伤时关节内有撕断感，随即产生疼痛及关节不稳，不能完成正在进行的动作和走动，继而出现关节出血肿胀。前交叉韧带断裂后，膝向前活动度加大。后交叉韧带损伤表现为膝关节后向不稳及向侧方旋转不稳。

3. 治疗

部分断裂以石膏固定即可，完全断裂一般建议手术治疗。后期进行康复功能锻炼。

4. 预防

发展膝关节及核心区的力量，提高膝关节稳定性。训练时注意膝关节内外侧（股内肌、股外肌）力量的平衡，以及臀部力量（臀中肌、臀小肌、梨状肌）的训练，以防止起跳及落地时膝关节内扣动作的形成。掌握合理的落地、起跳技术及正确的落地、起跳姿势，避免膝关节内扣。配合进行适量的本体感受功能练习和快速伸缩复合练习来提高膝关节自动平衡能力，以及膝关节在高速离心和向心运动中的位置控制能力，以减少对十字交叉韧带的不良刺激和过度牵拉。

（五）膝关节半月板损伤

1. 损伤原因

多由扭转外力引起。当一腿承重，小腿固定在半屈曲、外展位时，身体及股骨在内旋和外旋的状态下，突然进行膝关节伸展动作，内侧半月板就会在股骨髁与胫骨之间受到旋转挤压和撕扯，即所谓半月板的“矛盾运动”，而致半月板撕裂。且扭伤时膝关节屈曲程度愈大，撕裂部位愈靠后。外侧半月板损伤的机制相同，但作用力的方向相反。破裂的半月板如部分滑入关节之间，会使关节活动发生机械障碍，妨碍关节伸屈活动，形成“绞锁”。在严重创伤病例中，半月板、十字韧带和侧副韧带可同时损伤。半月板损伤的部位可发生在半月板的前角、后角、中部或边缘部。损伤的形状可为横裂、纵裂、水平裂或不规则形，甚至破碎成关节内游离体。如在扣球、防守技术中，膝关节经受不规则的屈伸和突然的内外旋转，致使半月板受到牵拉和挤压而损伤。又如拦网时，要用最大的冲量获得垂直向上的速度，因此错误的起跳动作或来的球角度不好使膝关节超过了屈伸范围，也会造成半月板损伤。

2. 主要症状

膝关节疼痛，肿胀，出现关节绞锁现象。有明显压痛，检查时将膝置于半屈曲位，在膝关节内侧和外侧间隙，沿胫骨髁的上缘（即半月板的边缘部），用拇指由前往后逐点按压，在半月板损伤处有固定压痛。麦氏（McMurray）试验（回旋挤压试验）阳性。

3. 治疗

急性期如关节积血明显需在无菌条件下抽出积血，加压固定；如有“绞锁”应设法“解锁”。慢性期如没有症状的陈旧性半月板损伤不必治疗，加强肌力练习稳定关节即可；症状严重，痛肿明显，经常绞锁妨碍训练者，应手术治疗。

4. 预防

急性半月板损伤预防的关键在于，养成正确的技术动作定型，即在膝关节屈曲状态下，做转身动作同时伸展膝关节的动作时，应脚尖触地，并保证脚尖与大腿以及整个身体的方向一致。

五、外踝关节损伤

踝部的关节由踝关节、距下关节和距舟关节 3 个关节组成。踝关节的韧带主要有 3 组：内侧副韧带、外侧副韧带和下胫腓韧带。踝关节复杂的韧带构成是踝关节稳定的重要结构。

踝部的肌肉群主要有跖屈肌群（小腿三头肌、胫骨后肌、踇长屈肌、趾长屈肌、腓骨长肌和腓骨短肌），背伸肌群（胫骨前肌、踇长伸肌、趾长伸肌和第三腓骨肌），内翻肌群（胫骨后肌、踇长屈肌和趾长屈肌）和外翻肌群（腓骨长肌、腓骨短肌）。足与踝形成了一个功能强大的复杂关节。步态周期中足趾离地时，它能够提供牢固的支持基础，并转变成刚性结构。然而，足踝部必须灵活才能完成复杂的运动技术动作、减震并适应位置变化。

踝关节稳定性主要由两侧韧带支撑，外侧韧带由三条较细的韧带组成，内侧韧带是一束较宽、厚的三角韧带，外侧韧带相对内侧韧带而言，其承力程度要差很多。同时，由于足内弓较高，作用力指向外侧。排球运动中的各种助跑以弧线或斜线的助跑居多，在扣球过程中，当弧线助跑到最后一步时，由右脚迅速跨出一大步，左脚及时并上踏在右脚之前，两脚尖稍向内转，以脚跟先着地迅速过渡到全脚掌着地，准备猛力蹬踏起跳扣球。这样的跑动路线加剧了踝关节潜在的不稳定性，脚不正常地内翻或外翻所产生的巨大压力都会引起踝关节的扭伤。当人体处于扣球腾空阶段时，足自然就有跖屈内翻倾向，若落地不稳、向一侧倾斜或踩在他人脚上或球上，会导致距腓韧带的损伤。此外值得注意的是，通过调查显示，大部分排球运动员右脚存在“外八字”现象，蹬踏落脚时，背屈幅度大，而此动作常伴有足外翻趋向，内侧韧带处于拉紧状态，外侧韧带处于挤压状态，落地不稳时易造成踝关节韧带损伤。

（一）损伤原因

外踝扭伤是一种急性损伤，即踝的旋后损伤，事实上是一个联合动作，包括踝的内旋（即胫骨外旋）、跟距舟关节内翻及前足内收，在损伤过程中很难割裂开来。常见损伤姿势如图 9-3 所示。在排球运动过程中，由于某些原因或动作使身体失去重心，或跳起落地时踩在别人脚上，或运动中脚被踩被绊等，使踝关节暴力性的跖屈、内翻造成的损伤，通常伴随外踝韧带的损伤，甚至韧带撕裂，引发骨折，最常见的是距腓前韧带损伤。如力量再大，则跟腓韧带相继受伤。

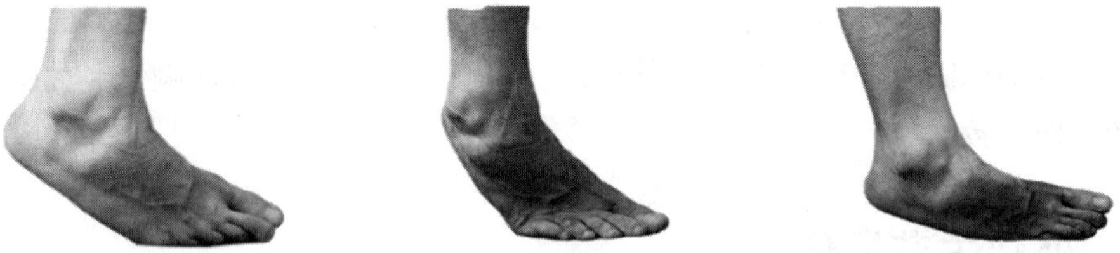

图 9-3　外踝扭伤

（二）主要症状

踝关节外侧肿胀疼痛，活动受限，走路和活动关节时最明显，韧带、关节囊等撕裂后毛细血管破裂出现皮下淤血。

（三）治疗

急性期应采取 PRICE 处理（P = Protection 保护，R = Rest 休息，I = Ice 冰敷，C= Compression 压迫，E = Elevation 抬高），韧带断裂者应考虑手术修补。

（四）预防

踝关节损伤的预防应从以下方面入手：增强踝关节周围的肌肉力量，以提高踝关节的稳定性。增加踝关节本体感受功能的练习，以增强其自稳能力（homeostasis），即运动过程中的自动控制和自动调节能力。排球训练比赛中攻防转换、战术配合十分迅速，且有较大的偶然性，必须随机进行调整。但无论是扣球、拦网、跳发球，也无论是双脚起跳还是单脚起跳，起跳后要养成双脚落地的习惯。在起跳后落地的瞬间，下肢要承担大约5倍的体重，如果是单脚落地，其受伤的可能性会大大增加。

第三节 排球运动员常见损伤康复训练方法

一、肩部损伤康复训练方法

（一）肩带稳定性练习

1. 前群

（1）不同角度卧推——平板、上斜、下斜（图9-4A～图9-4C）

起始位：仰卧在长凳上，双手略宽于双肩，正手握杠铃，双肩后张夹紧肩胛骨，杠铃下降至胸前乳头附近。

练习动作：胸肌紧张，双肩发力，将杠铃向肩部正上方推，至臂伸直，稍停，然后缓慢还原。

主要肌群：胸大肌、三角肌、肱三头肌、前锯肌。

动作要点：上举时快，下降时慢，上举时呼气，下降时吸气，举至最高点时略有停顿（图9-4A）。上斜卧推将平板的角度向上倾斜45°～60°，下放的位置不是乳头附近，而是下放到锁骨（图9-4B）。下斜卧推杠铃是下放到乳头往下3cm的位置（图9-4C）。

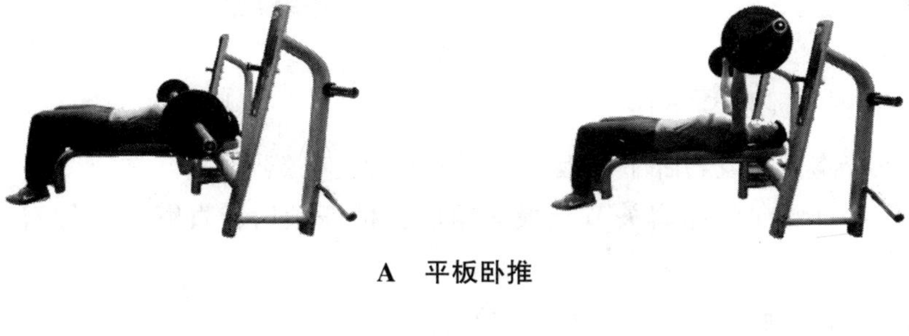

A 平板卧推

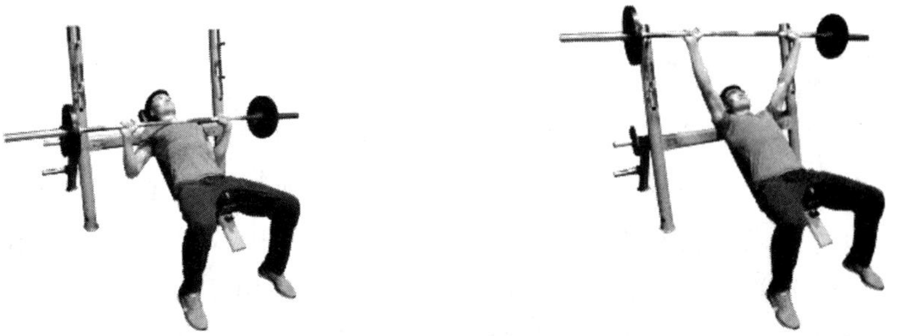

B　上斜平板卧推

图 C　下斜平板卧推

图 9-4　不同角度的卧推

（2）俯卧撑（图 9-5）

起始位：两手支撑在地上或支架上，略宽于肩，全臂伸直，两腿并拢，以脚趾点地支撑，挺胸收腹收臀，躯干保持为一平面。

练习动作：弯曲手臂屈肘下降身体至胸部距离地面或水平面 2～3cm，稍停顿后，伸肘向上撑起身体，直至两臂伸直。

主要肌群：胸大肌、肱三头肌、三角肌前束、前锯肌和喙肱肌。

动作要点：始终保持身体的姿势，防止伸髋塌腰或屈髋提臀。

图 9-5　俯卧撑

（3）上臂屈伸（图 9-6）

起始位：身体直立或斜卧于平板上，双手握哑铃自然下垂。

练习动作：直臂向前屈肩关节至最大角度，稍停顿后，直臂向后伸肩关节至最大角度。

主要肌群：胸大肌、肱三头肌、三角肌。

动作要点：腰腹臀收紧，双肘伸直。

图 9-6 上臂屈伸

2. 后群

(1) 负重卧拉 (图 9-7)

起始位：身体俯卧于平板上，双手握杠铃自然下垂。

练习动作：背肌紧张，屈肘，将杠铃向肩部正下方拉至最高点，稍停，然后缓慢还原。

主要肌群：斜方肌中部、菱形肌、背阔肌下部、三角肌后方、胸大肌、肱二头肌。

动作要点：上拉时快，下降时慢，至最高点时略有停顿。

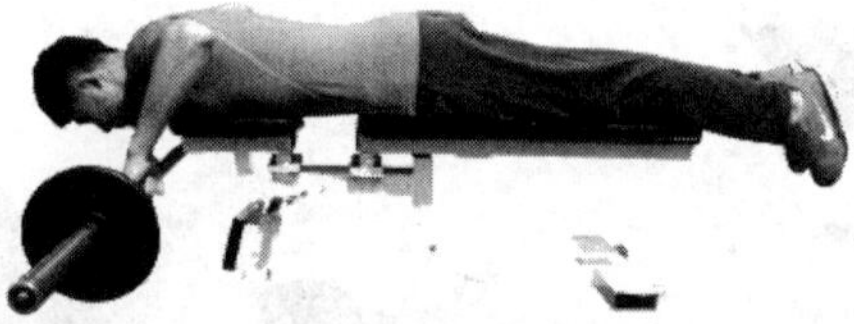

图 9-7 俯卧负重

(2) 负重高翻练习 (图 9-8)

起始位：双脚与肩同宽，屈膝屈髋，臀部后坐，直背。

练习动作：身体浅蹲，挺胸抬头，从地面拉起杠铃。杠铃超过膝关节时，开始爆发性地向上提拉杠铃。稍作停顿，利用硬拉产生向上的惯性，将杠铃拉起到胸部高度，迅速翻转前臂，同时屈髋关节、膝关节，降低重心，将杠铃杆架在肩上锁骨位置。

主要肌群：斜方肌、菱形肌、肩胛提肌、肱二头肌、三角肌。高翻练习不仅可以提高肩带的稳定性，而且也是发展爆发力和排球运动员弹跳能力的有效方法。值得注意的是，负重高翻的重量不应过重，约为运动员 1 个 RM 的 40%~50%为宜。

动作要点：杠铃从地面到膝过程中膝关节伸展，背与地面角度不变，杠铃过膝关节后髋伸，伸直时顶髋提踵耸肩，杠铃速度为零时翻肘屈肩，重心下降，用肩接住，整个过程中杠铃贴着身体，手臂引导，一气呵成。

图 9-8　负重高翻

（3）引体向上（图 9-9）

起始位：两手略宽于肩正握（掌心向前）单杠，两脚离地，身体自然下垂。

练习动作：用背阔肌的收缩力量将身体往上拉起，当下巴超过单杠时稍作停顿，静止一秒钟，使背阔肌彻底收缩。然后逐渐放松背阔肌，让身体徐徐下降，直到回复完全下垂，重复再做。可以弯曲膝关节、将两小腿向后交叉，使身体略微后倾，能更好地锻炼背部肌肉。

主要肌群：斜方肌、背阔肌和肱二头肌。

动作要点：上拉时意念集中在背阔肌，把身体尽可能地拉高，不要让身体摆动。下垂时脚不能触及地面。可在腰上钩挂杠铃片来加重。身体上拉时吸气，下垂时呼气。

图 9-9　引体向上

（4）直立水平屈肘向后牵拉（图 9-10）

起始位：身体直立，手握哑铃或弹力带，侧平举，屈肘 90°。

练习动作：上臂保持水平，肱骨外旋，前臂向后牵拉至竖直，稍停顿，缓慢恢复水平。

主要肌群：三角肌、冈上肌、冈下肌、肩胛下肌、大圆肌、小圆肌、胸大肌、背阔肌。

动作要点：肩、肘、手在同一水平面。

图 9-10　直立水平屈肘向后牵拉

(5) 直立直臂向后牵拉（图 9-11）

起始位：身体直立，手握哑铃或弹力带，自然下垂。

练习动作：伸肘，上臂后伸至最高点，稍停顿，缓慢恢复。

主要肌群：三角肌、冈下肌、大圆肌、小圆肌、肱三头肌、背阔肌。

动作要点：身体保持直立，收腹收臀。

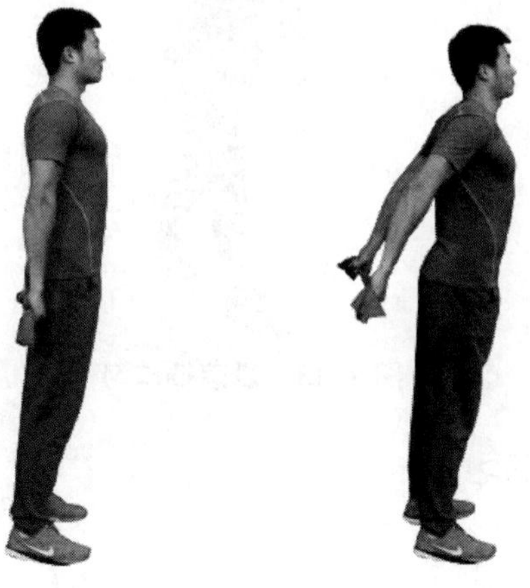

图 9-11　直立直臂向后牵拉

(6) 俯卧负重 W 型练习（图 9-12）

起始位：俯卧在长凳上，双手握哑铃，自然下垂，掌心相对。

练习动作：两臂向两侧上举至肩部高度，保持肩肘腕在同一水平面，屈肘 90°，手心向下，然后控制缓慢还原。

主要肌群：三角肌、斜方肌、菱形肌、前锯肌、背阔肌。

动作要点：保持肩肘腕在同一水平面。

图 9-12　俯卧负重 W 型练习

（7）震荡棒练习（图 9-13）

起始位：结合专项动作，站立位、俯卧位、仰卧位、侧卧位等均可。

练习动作：可双手正/反握或单手握住震荡棒中间部分，上下或左右来回晃动。

主要肌群：斜方肌、前锯肌、菱形肌、肩胛提肌、三角肌、肱二头肌、肱三头肌。

动作要点：动作幅度小，保持稳定的振动频率及幅度。

图 9-13　震荡棒练习

（二）肩关节稳定性练习

1. 侧卧外旋（图 9-14）

起始位：侧卧，腋窝下放一个卷起的毛巾或枕头，手臂置于对着腹部的位置。

练习动作：慢慢外旋肩关节，抬起手、前臂向上直到接近垂直位。慢慢回到起始位，重复。

主要肌群：冈下肌和小圆肌。

动作要点：确保练习者使用小重量、多重复次数的方式，不要用大肌群代偿。

图 9–14　侧卧外旋

2. 俯卧伸展（图 9–15）

起始位：俯卧于训练床上。手臂向下直指地面（肩关节屈曲 90°）开始。手臂应该外旋使拇指指向外。

练习动作：抬起手臂向后伸展，保持肘关节伸直，直到与地面平行或与髋水平。慢慢地回到起始位。

主要肌群：肩带后部肌群。

禁忌症：肩关节伸展超过中立位（髋关节以上），使肩胛骨前部紧张。

图 9–15　俯卧伸展

3. 俯卧水平外展（图 9–16）

起始位：俯卧于训练床上。手臂向下直指地面（肩关节屈曲 90°）开始。手臂应该外旋使拇指向外。

练习动作：保持肘关节伸直和拇指指向外，抬起手臂向外展，直到比平行地面稍低的位置，慢慢回到起始位。

主要肌群：肩袖肌群，肩胛骨稳定肌群。

动作要点：可以在瑞士球上做这个练习增加核心稳定性。

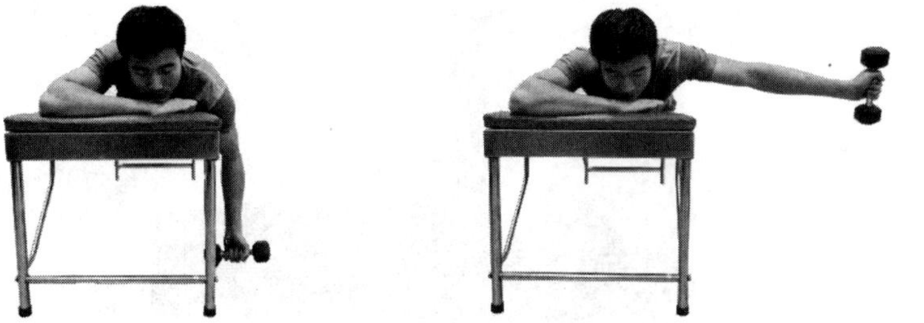

图 9–16　俯卧水平外展

4. 外展 90°增强式内旋（图 9-17）

起始位：距离 30cm 面向墙站立。抬起（外展）肩关节到 90°并屈曲肘关节至 90°。手里拿一个 2~4 磅（1~2 千克）的医疗球，为了获得最理想的结果，医疗球应该是凝胶或有弹性的种类，练习在外旋 90°位（前臂垂直位）开始。

练习动作：用力对墙掷球并接住反弹回来的球。重复几组练习，增加力量和局部肌耐力。

图 9-17　外展 90°增强式内旋

5. 前锯肌推（图 9-18）

起始位：仰卧在稳定支持面上。肩关节屈曲 90°，手里拿一个 5~6 磅（2~3 千克）的药球或重物。肘关节伸展并在练习过程中保持不动。

练习动作：通过外展肩胛骨向上推球。保持最大外展的终末位（称为加位）片刻，然后回到起始位。

主要肌群：前锯肌。

动作要点：在进行这个练习时，首先通过感觉和引导肩峰来确保患者只进行肩胛骨外展运动。代偿会降低这个练习的价值。

图 9-18　前锯肌推

6. 杠铃卧推（图 9-19）

动作要求：仰卧于训练凳上，两腿屈膝，两脚着地，双手正握杠铃，握距稍宽于肩，手臂伸直，头正颈直。吸气后慢慢放下杠铃至胸部。当杠铃轻轻接触胸部后，再将杠铃推起，同时呼气。

主要功能：主练胸大肌、胸小肌、三角肌前束、肱三头肌和肘肌，兼练前锯肌、肱二头肌、喙肱肌及前臂肌群等。激活肩关节稳定性。

图 9-19　杠铃卧推

7. 杠铃划船（图 9-20）

动作要求：练习者呈半蹲位，躯干挺直，斜向前方，先将横杠拉引至小腿前下端；以背阔肌收缩的力量，屈肘将横杠沿小腿提至膝上；继续以背阔肌之力，将横杠提拉至胸部。最后还原，呼气。在还原过程中，一定要用背阔肌的控制力将杠铃原路慢速放下，直至臂、肩完全放松，背阔肌充分伸展。

主要功能：锻炼背阔肌和身体整体控制能力。同时激活肩关节稳定性。

注意事项：提铃发力过程中，上体始终保持挺胸，收腹、紧腰，不得弓背松腰。

图 9-20　杠铃划船

二、腰部损伤康复训练方法

（一）四点支撑练习

1. 躯干恢复性练习（图 9-21）

开始动作：四点支撑，手掌与膝关节受力均匀，腰椎自然伸展。
练习动作：将腰椎完全伸展并同时转动骨盆和臀部。
主肌肌群：腹部，上肢伸展肌，臀屈肌，臀部伸展肌。
动作要点：确保练习者保持矢面运动避免转动脊椎。

图 9-21　四点支撑腰部运动

2. 躯干稳定性练习（图 9-22）

开始动作：双手和双膝四点支撑，腰椎处于屈伸运动的适中范围。

练习动作：单手前伸，再回到开始动作。单腿后伸，再回到开始动作。将对侧的手和腿向前方和后方伸直，再回到开始动作。

主要肌群：肩部屈肌，肩胛缩肌，脊柱伸肌，深脊柱稳定肌，腹外斜肌，髋伸肌，腘肌。

动作要点：监督练习者保持正确的姿势。注意避免脊椎出现旋转（由腹肌力量不足造成）和过度伸展以及腰椎出现旋转（髋关节伸肌力量不足造成）。

图 9-22　四肢对侧交叉躯干稳定性练习

3. 平板支撑（图 9-23）

开始动作：俯卧，用肘关节和脚尖支撑身体，身体离开地面。

练习动作：保持姿势直到力竭。
主要肌群：肩胛带，腹部肌群，脊椎伸肌和稳定肌，髋屈肌和伸肌。
动作要点：腰腹部同步紧张，与床面平行，肘关节与躯干成90°角。

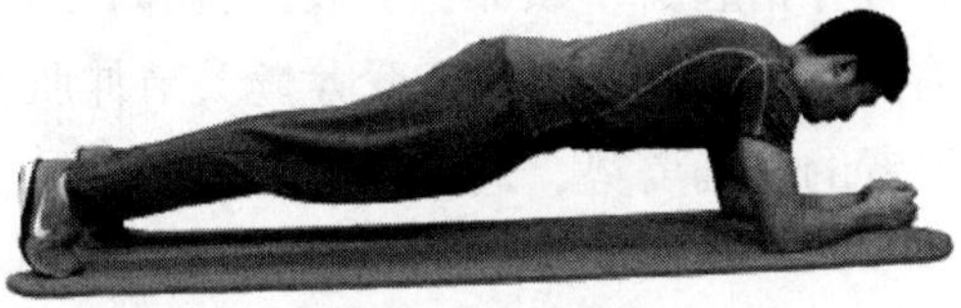

图 9-23 平板支撑

4. 侧桥（图 9-24）

开始动作：开始时用肘和脚做侧面支撑，让身体离开地面。
练习动作：保持姿势的平衡。开始动作可左右互换，要保持此姿势直到力竭。
主要肌群：肩胛带，腹部肌群，脊椎伸肌和稳定肌，髋屈肌和伸肌。
动作要点：躯干保持笔直，动作质量下降即结束。
侧桥练习可在此基础上不断增加难度，以求达到更好的训练效果。如单腿外侧支撑、单腿内侧支撑，以及在不稳定界面上的支撑练习等。

图 9-24 侧桥

（二）躯干练习

1. 动态躯干伸展（图 9-25）

开始动作：俯卧，手臂在两侧。
练习动作：收回肩胛骨并抬起头、颈部和胸廓。
主要肌群：肩胛收缩肌，肩胛骨和脊柱，骨盆髋关节伸肌。
动作要点：强大的肩胛收缩运动是发起脊柱伸肌收缩的关键。

图 9-25 动态躯干伸展

2. 躯干活动拉伸（图 9-26）

开始动作：双手前伸。

练习动作：收缩肩胛骨并抬起头、颈部、上肢、胸廓和下肢。

主要肌群：肩胛收缩肌，肩胛骨和脊柱，骨盆髋关节伸肌。

动作要点：监测练习者的正确姿势，避免拉伸和腰椎旋转。

图 9-26　躯干活动拉伸

（三）髋部练习

1. 仰卧双足支撑顶髋（图 9-27）

起始位置：仰卧，用臀部和膝关节弯曲支持在体操球上。

练习动作：通过腿推动体操球，抬起臀部，从而延长并移动从腰椎屈曲的起始位置至平衡或略有延长结束位置上。

主要肌群：髋关节伸直肌，腹部肌肉的控制躯干旋转，脊柱伸肌。

动作要点：监测练习者的正确姿势，避免腰椎旋转。

图 9-27　仰卧双足支撑顶髋

2. 持实心球弓步转体（图 9-28）

起始位置：站立，持球在身前。

练习动作：随着弓步降低身体的位置，旋转球向左边或者右边。再返回到正常位置，使球回到中间。

主要肌群：脊柱伸肌，肩胛收缩肌和旋转肌，髋关节和膝关节伸肌，腹部控制腰椎旋转肌肉。

动作要点：旋转运动起始位置应通过臀部，而不是通过腰椎。

图 9-28　持实心球弓步转体

3. 实心球过顶抛（图 9-29）

起始位置：蹲下并将球放于两腿之间。

练习动作：通过脚踝发力推动身体加速站立，同时站立起来将球举过头顶。

主要肌群：脊柱伸肌，肩屈肌，肩胛骨上旋肌，髋关节和膝关节伸肌，腹部控制腰椎旋转运动肌肉。

动作要点：肩带、躯干和下肢协调的平稳运动。

图 9-29　实心球过顶抛

三、膝关节损伤康复训练方法

（一）闭链功能练习

1. 股四头肌静蹲（图 9-30）

阶段：双侧到单侧的静蹲。

起始位置：两脚开立与肩同宽。

练习动作：屈膝，膝关节不超过脚尖，然后返回起始位。如单腿练习，慢慢抬起受试腿，用未受试腿重复练习。

主要肌肉：下肢肌群。

动作要点：在双侧练习，练习者的体重应该平均地分配到双下肢，骨盆在非对称性条件下需要保持稳定性。

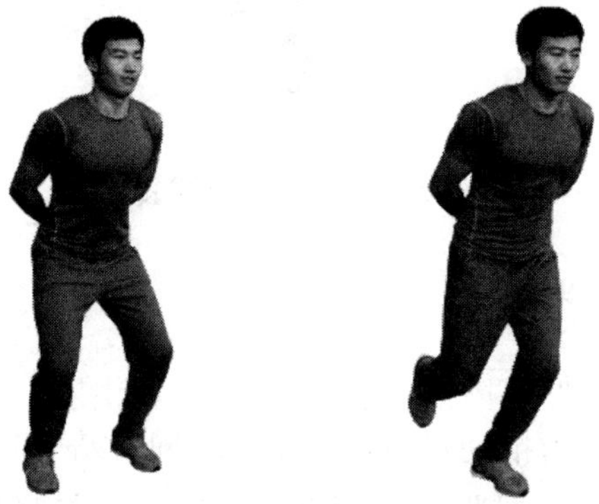

图 9-30 股四头肌静蹲

2. 前弓步（图 9-31）

项目类型：下肢运动链的闭链运动阶段，逐渐过渡到负重练习。

起始位置：双足与肩同宽站立。

练习动作：受试腿在前，屈曲 90°，然后回到起始位置。

主要肌肉：下肢肌群。

动作要点：练习者保持身体直立位，练习中屈膝不要超过 90°，向前迈步的时候需要保持上半身直立位。

图 9-31 前弓步

3. 下台阶练习（图 9-32）

项目类型：下肢运动链的闭链运动。

平面：5cm、10cm 或 15cm 规格的台阶。

起始位置：先进行 5cm 的步法练习，然后可以增加到 15cm，重心在支撑腿上，非支撑腿伸展到体前方。

练习动作：弯曲支撑腿直到非支撑腿的脚趾接触到地面，然后回到起始位置。

主要肌肉：下肢肌群。

动作要点：练习者应缓慢屈膝弯腿，先脚趾接触地面，移动中应该保持骨盆的稳定性，并且不引起股骨、髌骨痛。

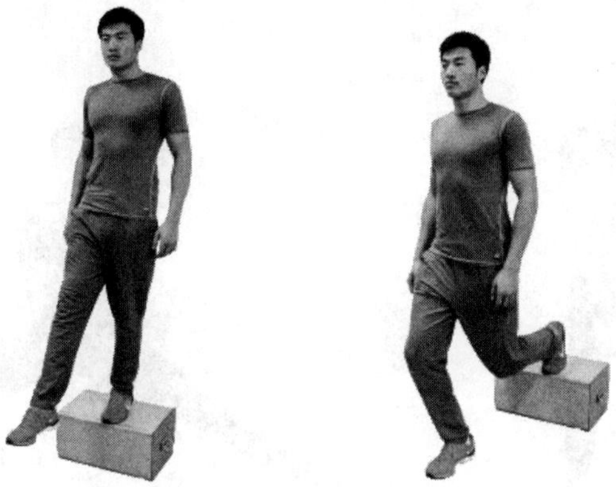

图 9-32 下台阶练习

4. 靠墙马步静蹲（图 9-33）

练习动作：双手放于胸前，背靠墙，膝关节屈曲 90°静蹲。

主要肌肉：下肢肌群，腰腹肌群。

动作要点：练习者保持身体直立位，练习中屈膝不要超过 90°，躯干稳定不要偏移。

图 9-33 靠墙马步静蹲

5. 壶铃侧弓步（图 9–34）

起始动作：持壶铃，两腿与肩同宽站立。

练习动作：受试腿侧迈一步，然后屈曲 90°下蹲，之后回到起始位置。

主要肌肉：下肢肌群。

动作要点：练习者保持身体直立位，练习中屈膝不要超过 90°，侧迈步的时候需要保持上体直立位。

图 9–34　壶铃侧弓步

6. 单腿台阶上燕式伸展（图 9–35）

起始动作：单腿站立于台阶上。

练习动作：支撑腿下蹲，健腿抬起与地面水平，同侧手臂向前平举。

主要肌肉：下肢肌群。

动作要点：练习者保持躯干稳定不要偏移，支撑腿屈膝不要超过足尖。

图 9–35　单腿台阶上燕式伸展

7. 台阶单腿下蹲（图 9–36）

起始动作：单腿站立于台阶上。

练习动作：支撑腿下蹲，健腿抬起，同侧手臂向前平举。
主要肌肉：下肢肌群。
动作要点：练习者躯干尽量挺直，保持稳定不要偏移。

图 9-36　台阶单腿下蹲

（二）开链功能练习

1. 股四头肌直腿抬高（图 9-37）

起始位置：休息位，受试腿在身体前方，保持伸直位，未受试腿约弯曲 110°，保持受试腿伸直，旋转臀部使足轻微外旋。

练习动作：坐位，抓住受试腿，用贴近大腿肌肉来锁住受试者，抬高腿大约 2～3cm，保持 5 秒钟，缓慢放下。

主要肌群：股四头肌。

动作要点：练习不引起髌骨、股骨疼痛，移动限制在 90°到 45°。允许更大的力量，通过髌骨的分散来限制疼痛。

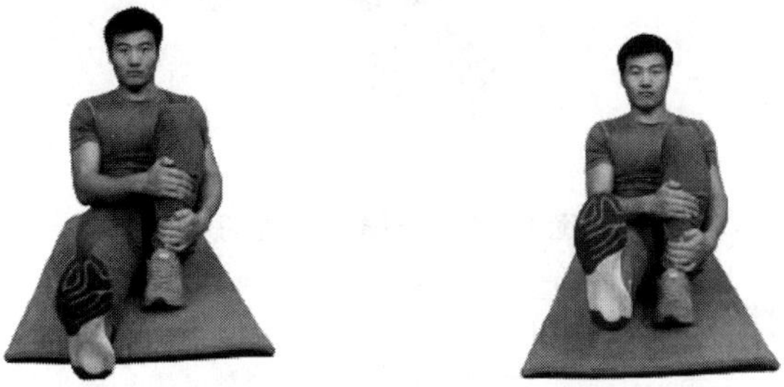

图 9-37　股四头肌直腿抬高

2. 腿部（双腿和单腿）伸展练习（图 9-38）

初始姿势：坐位，膝弯曲，足位于胫骨垫后方。

练习动作：通过直腿抬起胫骨垫，然后缓慢放回。可双腿及交换单腿进行。

主要肌群：股四头肌。

动作要点：髌骨出现疼痛则不宜进行该项练习。关节屈曲的角度应在 90°到 45°之间，完成动作时力量应通过髌骨正中，以保证训练质量，限制或减少疼痛。

图 9-38　腿部伸展练习

（三）力量与本体感受功能练习

1. 单腿平衡垫蹲（图 9-39）

起始位置：单腿立于平衡垫上。

练习动作：支撑腿弯曲，保持平衡。

主要肌肉：下肢肌群。

动作要点：躯干挺直，保持骨盆稳定，膝关节不要内扣。

图 9-39　单腿平衡垫蹲

2. 单腿平衡垫捡球（图 9-40）

起始位置：单腿立于平衡垫上，微俯身前倾。

练习动作：保持身体平衡，弯腰捡起地上的医疗球，然后再俯身放于治疗师指定位置。

主要肌群：下肢肌群。

动作要点：保持骨盆稳定，膝关节不要内扣。

图 9-40　单腿平衡垫捡球

3. 单腿平衡垫上扔球（图 9-41）

起始位置：单腿立于平衡囊上，手持练习球。
练习动作：保持身体平衡，向墙上扔球然后回接。
主要肌群：下肢肌群。
动作要点：保持身体平衡，可按要求向不同方向扔球。

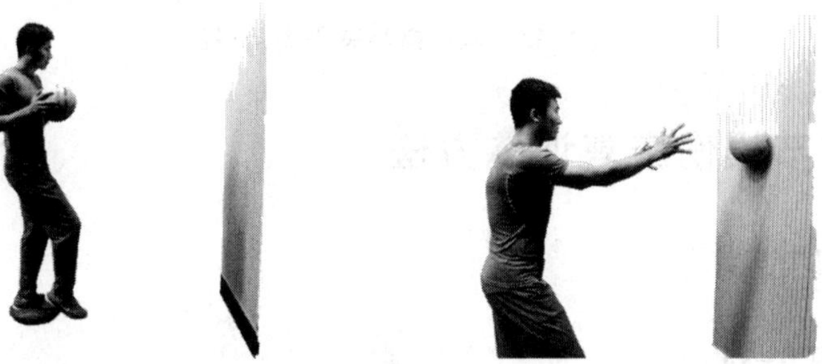

图 9-41　单腿平衡垫上扔球

4. 单腿平衡垫下蹲（图 9-42）

起始位置：单腿立于平衡垫上。
练习动作：保持身体平衡，屈膝 90°下蹲，同时双手向前平举。
主要肌群：下肢肌群。
动作要点：保持身体平衡，下蹲时膝关节不要超过足尖，身体尽量挺直。

图 9-42　单腿平衡垫下蹲

5. 双手持哑铃平衡垫弓步（图 9-43）

起始位置：双腿与肩同宽立于平衡垫上。

练习动作：受试腿在前，屈曲 90°，落于另一平衡垫上，然后回到起始位置。

主要肌群：下肢肌群。

动作要点：练习者保持身体直立位，练习中屈膝不要超过 90°，向前迈步的时候需要保持上体直立位，身体不要左右摇晃。

图 9-43　双手持哑铃平衡垫弓步

四、踝关节损伤康复训练方法

（一）闭链功能练习

1. 提踵（图 9-44）

起始姿势：双脚站立与肩同宽，重心平均分布。

练习动作：踮脚尖站立并尽量向上。缓慢放低，重复上述动作。

主要肌群：腓肠肌、比目鱼肌。

动作要领：为推进练习进程，练习者逐渐将重心移至患足，直到能完成单腿的小腿肌上抬。

图 9-44　提踵

2. 提踵行进（图 9-45）

起始姿势：双腿与肩同宽，提踵站立。
练习动作：踮脚尖向前行进。
主要肌群：腓肠肌、比目鱼肌。
动作要领：踝关节保持稳定，身体直立。

图 9-45　提踵前进

3. 足背屈行进（图 9-49）

起始姿势：双腿与肩同宽，足背屈站立。
练习动作：翘脚尖向前行进。
主要肌群：小腿肌群。
动作要领：踝关节保持稳定，身体直立。

图 9-46　足背屈行进

4. 台阶交叉腿练习（图 9-47）

起始位置：支撑腿直立，另一腿放于台阶上。
练习动作：支撑腿抬起，缓慢落于另一侧的同时，台阶上的腿保持原位。

主要肌群：下肢肌群。

动作要点：立于台阶上的腿要保持原位，躯干面向前方。可抬高台阶增加难度。

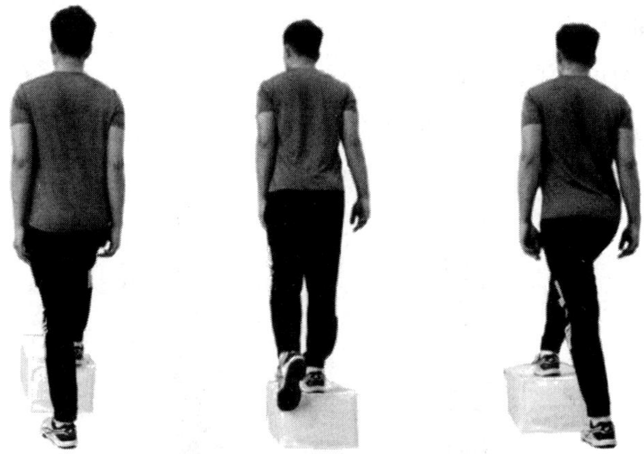

图 9-47　台阶交叉腿练习

（二）开链功能练习

1. 弹力带踝关节跖屈（图 9-48）

起始位置：坐于垫上，弹力带系于足掌。

练习动作：膝关节伸直，踝关节对抗弹力带阻力跖屈。

主要肌群：小腿肌群。

动作要点：练习者做踝的屈伸时需要有人看护，练习难度的增加要适当。

图 9-48　弹力带踝关节跖屈

2. 弹力带踝关节背屈（图 9-49）

起始位置：坐于垫上，弹力带系于足掌。

练习动作：膝关节伸直，踝关节对抗弹力带阻力背屈。

主要肌群：小腿肌群。

动作要点：练习者做踝的屈伸时候需要有人看护，练习难度的增加要适当。

图 9-49　弹力带踝关节背屈练习

3. 迷你带双足外旋（图 9-50）

项目名称：迷你带双足外旋。
起始位置：坐于垫上，迷你带系于双足部。
练习动作：膝关节伸直，双侧踝关节外旋，然后返回。
主要肌群：小腿肌群。
动作要点：练习者做踝的屈伸时候需要有人看护，练习难度的增加要适当。

图 9-50　迷你带双足外旋

（三）力量与本体感受功能练习

1. 平衡垫提踵（图 9-51）

起始姿势：双腿与肩同宽，站于平衡垫上。
练习动作：踮脚尖站立并尽量向上。缓慢放低，重复上述动作。
主要肌群：小腿肌群。
动作要领：踝关节保持稳定，身体直立。

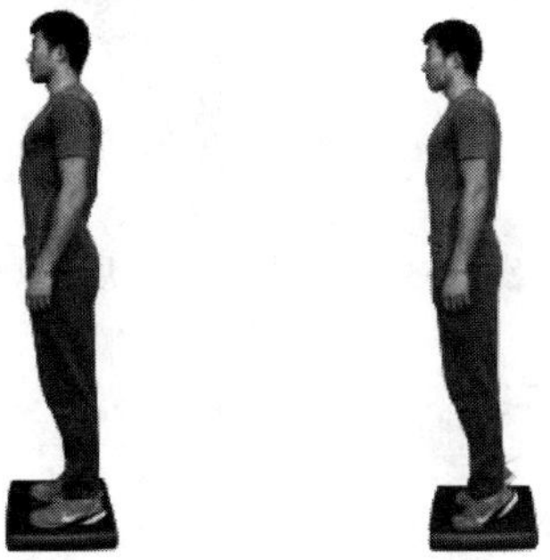

图 9-51　平衡垫提踵

2. 三点平衡垫下蹲（图 9–52）

起始姿势：单腿立于平衡垫上，保持重心。

练习动作：俯身屈膝下蹲触碰地面上左、中、右三个标志点，然后循环。

主要肌群：下肢肌群。

动作要领：踝关节保持稳定，身体保持平衡。

图 9–52　三点平衡垫下蹲

3. 平衡垫弓步后抬腿（图 9–53）

起始姿势：双腿与肩同宽站立。

练习动作：双手叉腰抬起患肢向前弓步，前脚落于平衡垫上。然后另一侧腿顺势向前呈单腿站立姿势，最后抬腿向上保持平衡。

主要肌群：下肢肌群。

动作要领：踝关节保持稳定，站立平衡垫时躯干平衡，大腿尽力抬高。

图 9–53　平衡垫弓步后抬腿

4. 平衡垫侧弓步（图 9–54）

起始姿势：双腿与肩同宽站立。

练习动作：患侧腿侧迈一步，然后屈曲 90°下蹲，患腿落于平衡垫上，之后回到起始位置。

主要肌群：下肢肌群。

动作要领：踝关节保持稳定，站立平衡垫时躯干尽力挺直。

图 9-54　平衡垫侧弓步

5. 平衡垫侧移（图 9-55）

起始姿势：双腿与肩同宽站立，患肢踩于平衡垫上。

练习动作：双腿在平衡垫上侧移，然后返回。

主要肌群：下肢肌群。

动作要领：踝关节保持稳定，双眼直视前方，尽力保持平衡。

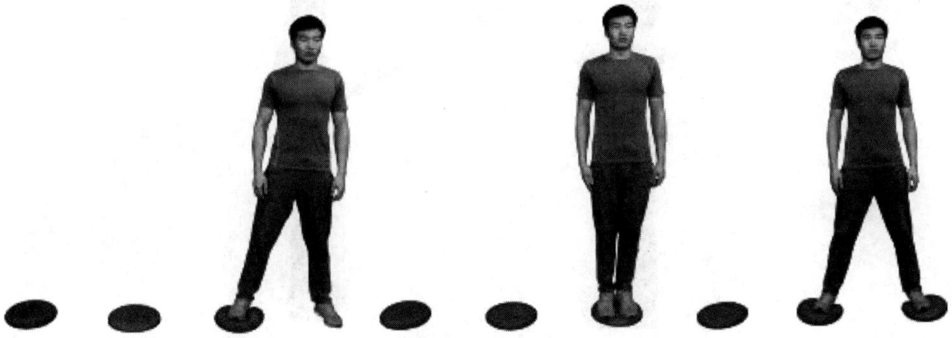

图 9-55　平衡垫侧移

6. 平衡垫上进退（图 9-56）

起始姿势：面对平衡垫站立，受试腿踩在前方平衡垫上。

练习动作：双腿在平衡垫上前移，然后退回。

主要肌群：下肢肌群。

动作要领：踝关节保持稳定，双眼直视前方，两脚同时站于平衡垫后再迈出下一步，尽力保持平衡。

图 9-56　平衡垫上进退

7. 双人平衡垫上抛接球（图 9-57）

起始姿势：两人相对双腿与肩同宽，站于平衡垫上。

练习动作：相互抛接球。

主要肌群：下肢肌群。

动作要领：站立时保持平衡，面向前方，抛球方向随机改变，可以单腿站立增加难度。

图 9-57　双人平衡垫上抛接球

（王安利、谭思洁）

参考文献

[1] 袁伟民．我的执教之道［M］．北京：人民体育出版社，1988.

[2] 黄健．挑战高度——一个教练的回忆［M］．北京：同心出版社，2000.

[3] 钟秉枢．成绩资本和地位获得［M］．2 版．北京：北京体育大学出版社，2007.

[4] 钟秉枢．做 No. 1 的教练——团队管理与领导艺术［M］．北京：北京体育大学出版社，2012.

[5] 马滕斯・雷纳．执教成功之道［M］．钟秉枢，等，译．北京：北京体育大学出版社，2007.

[6] 张然．排球技术战术若干理论问题的商榷［M］．北京：人民体育出版社，1976.

[7] 张然．排球［M］．北京：人民体育出版社，1979.

[8] 张然．论战术意识［J］．体育科学，1984.

[9] 张然．排球技术的发展与演变规律［J］．中国排球，1987.

[10] 张然．排球纵谈［M］．南京：江苏人民出版社，2001.

[11] 张然．排球训练杂谈［M］．南京：南京出版社，2011.

[12] 曲绵域，于长隆．实用运动医学［M］．4 版．北京：北京大学医学出版社，2003.

[13] 王亦璁．骨与关节损伤［M］．3 版．北京：人民卫生出版社，2001.

[14] 徐少勇，党洪胜，常巍，等，译．临床骨科诊疗手册［M］．北京：人民卫生出版社，2009.

[15] 薛建平．食物营养与健康［M］．2 版．合肥：中国科学技术大学出版社，2009.

[16] 中国营养学会．中国居民膳食营养素参考摄入量［M］．北京：中国轻工业出版社，2006.

[17] 中国营养学会．中国居民膳食营养素参考摄入量速查手册［M］．北京：中国标准出版社，2014.

[18] 彭望霆，王忠信．实用运动生物力学［M］．武汉：湖北省体育运动委员会，1989.

[19]《运动解剖学》编写组．运动解剖学［M］．北京：北京体育大学出版社，2013.

[20] 排球精品课程团队．排球．国家级精品课程教材［M］．北京：北京体育大学出版社，2009.

[21] 石作砺，于葆．运动解剖学．运动医学大辞典［M］．北京：人民体育出版社，2000.

[22] 运动医学编写组．实用运动医学［M］．北京：北京科技大学出版社，2003.

[23] 龚云．运动创伤学［M］．兰州：甘肃科学技术出版社，2008.

[24] 任玉衡，史和福，田得祥，等．优秀排球运动员的运动创伤流行病学研究［J］．体育科学，1999（02）：72-74.

[25] 修艳．对少年体校排球运动员肩关节损伤情况的调查分析［J］．体育博览，2011（13）：116，118.

[26] 波格（Berg D.），沃赞拉（Worzala，K.）．成人检体诊断学图解［M］．刘德铭，译．北京：科学出版社，2009.

[27] 马雷（McRae R.）．骨科临床检查图解：［M］．5 版．王延宙，译．济南：山东科学技术出版

社，2005. 10（2011. 重印）.
[28] 关骅，张光铂．中国骨科康复学［M］. 北京：人民军医出版社，2011.
[29] 王怀经，译．奈特人体解剖彩色图谱［M］. 北京：人民卫生出版社，2005.
[30] 刘勇．踝关节韧带损伤因素与防治［J］. 中国临床康复，2003（04）：647.
[31] 付秋玲，孙栋．辽宁省青少年女子排球运动员运动创伤的流行病学调查［J］. 中国临床康复，2004（03）：512-513.
[32] Margareta Nordin Victor H. Frankel. 肌肉骨骼系统基础生物力学［M］. 3 版．邝适存，郭霞，译．北京：人民卫生出版社，2008. 11.
[33] 王安利．运动损伤预防的功能训练［M］. 北京：北京体育大学出版社，2013.
[34] 全国体育院校教材委员会．运动解剖学．体育院校通用教材［M］. 北京：人民体育出版社，2000.
[35] 卡潘德吉（Kapandji. A. I.），骨关节功能解剖学［M］. 6 版．顾冬云，戴尅戎，译．北京：人民军医出版社，2011.
[36] 柏树令．系统解剖学［M］. 北京：人民卫生出版社，2001.
[37] 陆爱云．运动生物力学（体育院校通用教材）［M］. 北京：人民体育出版社，2010.
[38] 葛春林．最新排球训练理论与实践［M］. 北京：北京体育大学出版社，2003. 122-123.
[39] 麦基（Magee，D. J.）. 骨科检查评估［M］. 罗卓荆，译．北京：人民军医出版社，2007.
[40] 黄希庭. 心理学导论［M］. 北京：人民教育出版社，2001.
[41] 格里格（Gerrig，R. J.），津巴多（Zimbardo，P. G.）. 心理学与生活［M］. 王垒，王甦，等，译. 北京：人民邮电出版社，2003.
[42] 钟伯光，姒刚彦，张春青．正念训练在运动竞技领域应用述评［J］. 中国运动医学杂志，2013，32（1）：65-74.
[43] 姒刚彦，张鸽子，苏宁，张春青．中国运动员正念训练方案的思想来源及内容设计［J］. 中国运动医学杂志，2014，33（1）：58-63.
[44] 王韵，胡凯，殷晓旺．对“逆境与应对”领域在我国研究现状的探析［J］. 贵州体育科技，2013（3）：31-33.
[45] 姒刚彦．追求“最佳”还是强调“应对”——对理想竞技表现的重新定义及心理训练范式变革［J］. 体育科学，2006，26（10）：43-38.
[46] 张力为．运动员的自我控制：重要理论及研究进展［J］. 心理科学，2013（3）：5-13.
[47] 张力为，林岭，赵福兰．运动性心理疲劳：性质、成因、诊断及控制［J］. 体育科学，2006，26（11）：49-56，74.
[48] 林岭．运动性心理疲劳的概念模型、多维评定、影响因素及干预措施［D］. 北京：北京体育大学，2006.
[49] 田麦久，刘大庆．运动训练学［M］. 北京：人民体育出版社，2012.
[50] 国家体育总局青少年体育司，排球运动管理中心．中国青少年排球训练教学大纲［M］. 北京：北京体育大学出版社，2012.
[51] 杨桦，李宗浩，池建．运动训练学导论［M］. 北京：北京体育大学出版社，2007.
[52] 李宗浩，张然，曲正中．中国体育教练员岗位培训教材——排球［M］. 北京：人民体育出版社，2003.

[53] 葛春林．优秀排球运动员运动能力的研究［M］．北京：北京体育大学出版社，2013.
[54] 全国体育院校教材委员会审定．排球运动［M］．北京：人民体育出版社，1990.
[55] 金宗强，葛春林．优秀排球运动员专项体能评价与诊断系统的开发与应用［J］．北京体育大学学报，2012，35（10）：115-121.
[56] 钟秉枢．训练理念与创新思维［J］．体育科研，2011，32（4）．
[57] 李宗浩，孙敬，张欣．高水平排球队核心竞技能力、制胜规律及其对策研究［J］．北京体育大学学报．2008（07）：865-867.
[58] Paul Gamble. 集体性项目的体能训练——高水平竞技运动专项身体准备［M］．2 版．潘迎旭，译．北京：北京体育大学出版社，2015.
[59] Jay R. Hoffman. 殷泽农审校．体能训练设计指南［M］．周志雄，译．北京：北京体育大学出版社，2015.
[60] 田野．运动生理学高级教程［M］．北京：高等教育出版社，2003.
[61] 姚鸿恩．体育保健学［M］．北京：人民体育出版社，2001.
[62] 蒲钧宗，等．优秀运动员机能评定手册［M］．北京：人民体育出版社，1989.
[63] 刘洵．运动生理实验学［M］．北京：人民体育出版社，2009.
[64] 曲绵域，高云秋，浦钧宗，等．实用运动医学［M］．北京：北京科学技术出版社，1996.
[65] 冯连世，冯美云，冯炜权．优秀运动员身体机能评定方法［M］．北京：人民体育出版社，2003.
[66] 冯连世，冯美云，冯炜权．运动训练的生理生化监控方法［M］．北京：人民体育出版社，2006.
[67] 谭思洁．运动机能评定理论与实践［M］．天津：天津出版传媒集团，2012.
[68] 张然．The Trainning Method［M］．FIVB "Volley Tech"，1993-1994.
[69] Tibone J，Patek，R，Jobe，F W，et al. The Shoulder：Functional anatomy，biomechanics and Kinesiology［J］．InJC，1994.
[70] Kendall Florence Peterson. Muscles Testing and Function with Posture and Pain［M］：Lippincott Williams & Wilkins，2005.
[71] Bryan R. Picco，Steven L. Fischer，Clark R. Dickerson. Quantifying scapula orientation and its influence on maximal hand force capability and shoulder muscle activity［J］．Clinical Biomechanics，2010，25：29-36.
[72] Pascal Edouard，David Gasq，Paul Calmels，et al. Shoulder sensorimotor control assessment by force platform：feasibility and reliability［J］．Clin Physiol Funct Imaging，2012，32：409-413.
[73] D. David Ebaugh，Philip W. McClure，Andrew R. Karduna. Effects of shoulder muscle fatigue caused by repetitive overhead activities on scapulothoracic and glenohumeral kinematics［J］．Journal of Electromyography and Kinesiology，2006（16）：225-235.
[74] Lephart M S，Jari R. The role proprioception in shoulder instability［J］．Operat Tech Sports Med，2002，10：2-4.
[75] Hardman A E. Exercise，nutrition and health. In：Maughan RJ，ed. Nutrition in Sport，Vol Ⅶ of the Encyclopaedia of Sports Medicine. Oxford，London：Blackwell Science，2000：39-52.
[76] Williams C. Metabolic aspects of endurance exercise. In：Simopoulos AP，Pavlou KN，eds. Nutrition

and fitness, metabolic studies in helath and disease. World Rev of Nutr and Diet, Basel: Karger 2001, 90: 55-72.

[77] Montoye H J. Eergy costs of exercise and sport, In: Maughan RJ, ed. Nutition in sport. Vol Ⅶ of the Encyclopaedia of Sports Medicine. Oxford, London: Blackwell Science, 2000, 53-72.

[78] Tranopolsky M. Protein metabolism in strength and endurance activities, In: Lamb DR, Murray R, eds. Perspectives in exercise science and sports medicine. 1999, 12: 125-157.

[79] Hale T. Exercise Physiology. Chichester, West Sussex: John Wiley & Sons Ltd, 2003: 37-77.